中公文庫

ガンジー自伝

マハトマ・ガンジー
蠟山芳郎訳

中央公論新社

目次

第二部

第三部

ガンジー自伝

ソ　連
中　国
イラン
アフガニスタン
カブール
カイバー峠
ペシャワル
ラワルピンディ
カシミール
スリナガル
インダス河
パキスタン
アムリッツァー
ムッスーリ
アルモラ
ナイニ
ミーラット
デリー
ニューデリー
ガンジス河
ネパール
カトマンズ
シッキム
ブータン
チョウリ・チョウラ
ラクナウ
タジ・マハール
ゴラクプル
ムザファルプル
カラチ
ハイデラバード（シンド）
アラハバード
ベナレス
パトナ
ガヤ
パランプル
バングラデシュ
ビルマ
シャンティニケタン
ダッカ
アーメダバード
アサンソル
バードワン
アリポール
カルカッタ
インド
ラジコット
ポルバンダル
ジュナガート
スーラト
ナグプル
ダンディー
アジャンタ
ワルダ
エローラ
プリー
ボンベイ
アーメドナガル
アラビア海
プーナ
イェラヴダ
ハイデラバード
ラングーン
ベルガウム
ベンガル湾
タミール
バンガロール
マドラス
マンガロール
アンダマン諸島
マイソール
ケララ（トラヴァンコル）
サレム
カリカット
アレッピ
コモリン岬
スリランカ（セイロン）
ニコバル諸島
コロンボ
インド洋
0
500
1000km

はしがき

わたしの共働者の幾人かから、たっての要請があったので、わたしは自伝を書くことに同意した。わたしが書き始めて、第一ページを終わるか終わらないかのとき、ボンベイに騒動[*1]が起きた。そして、仕事はそのまま中絶の形になってしまった。それから一連の事件が続いた結果、わたしはイェラヴダ刑務所に投獄されてしまった。

わたしの同囚者の一人であったスリジャット[*2]・ジェラムダスから、ほかのことはいっさいたな上げして自伝を書いてくれ、と頼まれた。わたしは、もうすでに私自身の研究の予定[*3]が決まったあとのことであり、その研究がすむまではほかのことをやる考えはない、と答えておいた。もしわたしがイェラヴダ刑務所で刑期の全部[*4]を過ごしていたならば、自伝までも完成したことであったろう。ところが、その完成までにあと一ヵ年というときに、わたしは放免になった。

今度はスワミ・アナンド[*5]が同じ提案をくり返してきた。わたしは『南アフリカにおける非服従運動』を書き上げたところなので、『ナヴァジヴァン』[*6]紙のために自伝を引き受けてもよい気になった。スワミは、新聞のとは別に、一冊の本として出版できるように書いてくれ、と言った。しかし、わたしには時間の余裕がなかったし、一週間に一章ぐらいしか書くことができなかった。しかし、毎週『ナヴァジヴァン』紙のために、何かしら書かなければならなかった。それを自伝にしたらよいではないか。スワミもこの案に賛成した。ここでわたしは、ようやくのことで仕事についた。

しかし、信仰深い友人の一人がこれについて疑念をいだいて、わたしの「沈黙の日」[*7]にそれを打ち明けた。

彼は尋ねた。

「君はどうして、この冒険を始める気になったのか。自伝を書くということは、西洋特有の習わしである。東洋では、西洋の感化を受けた人たちを除くと、だれひとり自伝を書いた者がいないことは、よく知られている。そこで、君はいったい何を書こうというのか。たとえば、君が今日原理であるとしているものを明日捨てたとしたら、また君が今日計画としているものを明日修正したとしたら、話したり書いたりした君の言葉の権威に従って行動した人々は、それこそ欺かれたことになるではないか。自伝のようなものは、とにかく今は書かないほうがよくはないのか」

この議論には、わたしは考えさせられた。しかし「本格的な自伝にしてやろう」というのは、わたしのねらいではない。わたしは単純に、わたしの行なった数々の真実に関する実験について話をしようと思っているにすぎないのである。そしてわたしの生涯《しょうがい》は、これらの実験だけでできあがっているのだから、話といえば自伝の形をとってしまうことはまちがいない。さらに、たとえその一ページ一ページがみんな真実に関する実験の話ばかりになったとしても、わたしはべつにかまわない。すべてのこれらの実験に関連しての話も、読者のためにならないということはあるまい、とわたしは信じている。とにかく、心ひそかにそう思っている。

政治の分野でのわたしの実験[*8]は、今日、インドのみならず、ある程度「文明化された」世界にも知られているところである。わたしにとっては、それらは、それほど貴重な価値のものではない。したがってまた、それらの実験によってわたしに与えられた「マハトマ」[*9]の称号は、いっそう価値の少ないものである。その称号は、しばしばわたしを苦しめた。そして、それがわたしを喜ばせたというような瞬間を、一度も覚えていない。

しかしわたしは、精神の分野で行なったわたしの実験を、ぜひ話しておきたいのだ。というのは、それは私自身にしかわかっていないことだからである。またその実験から、わたしは、政治の分野の活動にわたしがもっている力を引き出してきたのであった。もしも実験が真に精神的なものであれば、自己礼讃が入りこむ余地がありうるはずはない。それは、わたしに謙譲を加えるのみである。過去を熟考し、回顧すればするほど、ますますはっきりとわたしの限界を感じてくるのである。

わたしがなしとげようと思っていること――ここ三十年間[*10]なしとげようと努力し、切望してきたことは、自己の完成、神にまみえること、人間解脱《モクシャ》[*11]に達することである。この目標を追って、わたしは生き、動き、そしてわたしの存在があるのである。語ったり、書いたりするやりかたによるわたしの行為のいっさいと、政治の分野におけるすべてのわたしの冒険は、同じ目的に向けられている。

しかしわたしは、一人の人に可能なことは、万人に可能である、とつねに信じている。だから、わたしの実験は、密室の中で行なわれたのではなく、公然と行なわれてきた。そして、わたしはこのことのために、実験の精神的価値が減じたとは考えない。世の中には、個人とその創造者のみにしかわからないものがいくつかあって、それらは、明らかに他の人に伝達不可能のものである。わたしがこれから話そうとする実験の数々は、そのようなものではない。それらは、あくまでも精神的なものである。あるいは、道徳的なものといったほうがよいかもしれない。というのは、宗教の本質は道徳性にあるからである。

宗教上の事柄といっても、この話のなかにあるものは、子供たちや老人たちにも理解できるような事柄のみだろう。もしもわたしが感情に左右されない、謙譲な精神でそれらの話をすることができれば、多くのほかの実験者はそのなかから前進のための糧《かて》を発見できるだろう。これらの実験に何か完全めいたものを要求することは、わたしの思いもよらぬことである。わたしが実験に要求するものは、科学者が要求するのと同じものである。彼は非常な正確さ、熟慮、そして細心の緻密《ちみつ》さをもって実験を行なうけれども、彼の得た結論に最終的な決定を要求しないのみならず、その結論につねに公平な心を持ち続けている。わたしはこれまで深い自己省察を続けてきたし、徹底的に私自身を調べまわった。あらゆる心理的な場面を検討し、さらに分析してきた。それでもなお、そうして得られた結論は、とても、これでもう決まったとか、これでまちがいはないとか、主張できるものではない。しかしわたしは、たった一つ言っておきたい。それはつぎのことである。

すなわち、わたしにとって、それが絶対に正しいと思われ、しばらくは最終的のものであるとも思われることである。

そうでなければ、わたしはそれを土台にして行動するはずはなかったからである。しかし、わたしは一歩ごとに、受け入れるかしりぞけるかの選択を行なった。それから、その選択に従って行為に移った。そしてわたしの行為が、わたしの理性と感情を満足させるかぎり、わたしはその結論を原型のまましっかりと守っていかねばならない。

もしもわたしが、ただ学理的な原則を論ずるのであったならば、自伝なんかを企てるべきでないことは明らかである。しかしわたしの意図は、これらの原則をいろいろと実際的に応用してみたところを話してみようというのにあった。それでわたしは、これから書くものに「真実をわたしの実験の対象として」という副題をつけたのであった。

もちろん、このなかには、非暴力、独身の生活、そして真実とは性質を異にするもろもろの原則の実験も含まれよう。しかし、わたしにとっては、真実こそ、ほかの無数の原則をそのなかに含んでいる大原則なのである。この真実は、言葉の使いかたにおける誠実さのみならず、考えかたにおける誠実さでもある。さらに私たちの真実に関する相対的な観念であるのみならず、絶対の真実、永遠の原則、すなわち神でもある。

この世の中には、神に関して数えきれないほどの定義がある。というのは、神の現われかたが無数であるからである。それらは、驚きと畏《おそ》れとでわたしを満たし、また一瞬圧倒する。しかしわたしは、神を真実としてのみ礼拝する。わたしはまだ神を発見するにいたっていないし、また、今も捜し求めている。この探求のためには、わたしにとって最も貴重なものでも犠牲に供する覚悟を持っている。たとえその犠牲がわたしの生命であったとしても、喜んでそれを犠牲に供するだろう。

だが、わたしがこの絶対の真実を会得しないかぎり、それまでは、相対的な真実と思ったものに固執していなければならない。その間は、この相対的な真実をわたしの道しるべとし、楯《たて》としなければならない。この道は直線で狭く、剃刀《かみそり》の刃のようにきりたっているけれども、わたしにとってはこの道がいちばん短く、しかも簡単なものであった。わたしのやった「ヒマラヤの誤算[*12]」にしても、わたしがこの道を厳重に守っていたので、いとも小さいことのように思われた。なぜならば、この道こそわたしを悲嘆におちいることから救ってくれたし、わたしは光に導かれて前進していったからである。

前へと進んでいくうちに、わたしは、ときどき、絶対の真実、神をかすかながら見ることができた。そしてさらにわたしのうえに、神のみが実在であって、ほかのいっさいのものは非実在である、との信念が日ましに育ってきたのである。この信念がどのようにして育ってきたか、希望する者にそれを知ってもらいたい。また、もし可能ならば、わたしの実験を彼らに分かち、またわたしの信念をも分けてあげたい、と思うのである。さらにわたしは、わたしに可能なことは、子供にも可能だという信念を持つようになった。そのように言える筋の通った理由が、わたしにはあるのである。

真実探求のための手段は、むずかしいものだが、また簡単なものである。それは、傲慢《ごうまん》な人には、全く手のつけられないもののように見える。しかし、邪心のない子供たちには、すぐできるように思えるのだ。およそ真実の探求者は、塵芥《ちりあくた》より控え目でなくてはならない。世の人は、塵芥をその足下に踏みつけている。しかし、真実の探求者は、その塵芥にさえ踏みつけられるほど、控え目でなくてはならない。そのときにのみ、そして、そのときになって初めて、彼は、真実をちらりと見ることができるだろう。ヴァシシュタとヴィシュヴァミトラとの間に行なわれた対話[*13]は、このことを十分に明らかにしている。キリスト教とイスラム教もまた、このことを確証している。

わたしがこれまでに書いたことのなかで、読者が何か傲慢めいた印象を受けたとすれば、わたしの探求のなかに何か正しくないものがあるのではないか、そしてわたしの見たきらめきも、蜃気楼《しんきろう》にすぎないのではないか、と読者は思うにちがいない。わたしのごとき凡人は滅びてもよい。しかし真実は勝たせなくてはならない。私自身のような、あやまち多い人間を判断するに当たって、いささかも真実の規準を引き下げてはならない。

わたしは、以下の諸章のなかにまき散らされている忠告を、だれも権威あるものと見ないように期待し、また祈るものである。わたしが話す実験は、どれも例証と見なくてはならない。そしてそれに照らしながら、各自が彼自身の性向と能力に従って、彼自身の実験を実行すればよいのである。このように範囲を限ると、これらの例証が実際の助けとなるだろう、とわたしは信じている。というのは、わたしは醜いことを語る場合にも、何一つ隠したり、言いのがれをしたりするつもりはないからである。

わたしは読者の前に、わたしの欠点やあやまちをことごとくさらけ出してみたいと思う。わたしの意図していることは、サッティヤーグラハ学[*14]に照らして実験を述べることであって、わたしがどれくらい善良であるかを述べることではない。私自身を判断するに当たって、できるだけきびしく誠実であることに努めよう。わたしはまた、他人にもそうであることを望んでいる。

そのような規準に立って私自身を測定しながら、わたしは叫ばなくてはならない。

われのごとく　小賢《こざか》しく

いやしき者ありや

造り主を見捨てたるわれ

われはかく　不信の徒なりし

というのは、わたしの生命の一呼吸一呼吸をつかさどっており、私自身を生んでくれた神、その神からわたしがいぜんとして遠くにとどまっていることは、わたしの不断の苦しみであるからである。このようにわたしを神から遠く引き離しているものが、内心に宿る邪悪な欲情であることはわたしも知っている。しかし、それから逃げ出すことができないでいる。

だが、筆をこのあたりでおこう。つぎの章から、実際の物語をとりあげることにしよう。

一九二五年十一月二十六日

サバルマティの道場《アシュラム》にて[*15]

M・K・ガンジー

第一部

1　生まれと両親

　ウッタムチャンド・ガンジー、通称オタ・ガンジーといわれたわたしの祖父は、一見識を持った人だったにちがいない。ポルバンダル国*1の首相《デイワン》*2だった彼は、お家騒動のためポルバンダルを去るはめになって、ジュナガート国に身を寄せた。彼はそこで国主《ナワブ》*3に挨拶《あいさつ》するのに、左手を使う*4のだった。だれにもわかるほどはっきりしたこの無礼を、ある人が見とがめてそのわけを問いただした。すると、

「右手はもうとっくにポルバンダルに捧げてあるから」

という、彼の答えが返った。

　オタ・ガンジーは、最初の妻と死別したので二度結婚した。先妻との間に四人の息子《むすこ》が、二度目の妻との間に二人の息子があった。この六人兄弟の五番目がカラムチャンド・ガンジー、通称をカバ・ガンジーと言った。そして六番目はトゥルシダス・ガンジーであった。あ

いついで、両人ともポルバンダル国の首相になった。カバ・ガンジーがわたしの父だ。カバ・ガンジーはどの妻にも先だたれてしまって、つぎつぎに四たび結婚した。最後の妻、パトリバーイに娘一人と息子三人ができ、わたしはその末子であった。

わたしの父は、一門の敬愛の的であった。誠実で勇敢で寛大だった。しかし気短だった。彼の土侯国への忠誠は有名であった。政治駐在官補のイギリス人が、彼の主君であるラジコット・タコーレ・サヘブに侮辱する言葉を使ったというので、彼は立ち上がってやり返した。立腹した駐在官補は、カバ・ガンジーに謝罪を迫った。彼はあやまろうとはしなかったので留置場に入れられてしまった。しかし、カバ・ガンジーがあくまで降参しないのにあきれて、その駐在官補はついに彼の釈放を命じたのである。

私の父には、蓄財の考えが全然なかった。私たちに残された財産はきわめて少なかった。彼は経験から学んだ以外は、無学だった。よくいって、第五学年級程度[*5]のグジュラート語読本なら読めたかもしれない。歴史や地理の知識はなかった。しかし、実務の経験の豊富な彼は、非常に混みいった問題を解決したり、またおおぜいの人間を取り扱うことにかけては、なかなかの手腕をみせた。宗教上の教養は低かった。しかし、ときどき寺院に参詣したり、ヒンドゥ教徒なみに説教を聞いたりして、一般の宗教的修養は身につけていた。晩年には、一家と交際のあった学識のあるバラモン[*6]のすすめで、ギーター[*7]を誦《しょう》し始めた。そして礼拝の時間になると、そのなかの文句を声を出して唱えるのが、彼の日課となった。

母についての記憶のなかで、いちばんあざやかな印象を残しているのは、清らかさであった。彼女は非常に信心深かった。毎日のお祈りをすまさないうちは、食事をとろうとしなかった。ヴァイシュナヴァ派[*8]のハヴェリ[*9]にお参りすることは、彼女の日課の一つであった。いくら記憶をたぐっていっても、彼女が、チャトゥルマス[*10]を怠ったことを思い出すことはできない。彼女はいちばん守りにくい誓いをたてて、ためらうことなくそれを守った。病気も誓いをゆるめる口実にはならなかった。わたしは、彼女がチャンドラヤナ[*11]の誓いをたてているとき、急に病気になったことを覚えている。しかし、病気でも勤行《ごんぎょう》をやめようとはしなかった。二、三回続けて断食するくらい、彼女にはなんでもなかった。チャトゥルマスの間じゅう、一日一食ですますのが彼女のならわしであった。彼女はそれでも満足しないで、あるチャトゥルマスのときには、一日おきの断食を行なった。別のチャトゥルマスのときに、彼女はお日さまを拝まないうちは、食物を口にしない誓いをたてた。そういうとき、幼かった私たちは、戸外に立って、お日さまが姿を見せるのを母に知らせようと、空をにらみながら待ちかまえていた。だれでも知っているように、雨季の真最中には、よくお日さまは引込んでしまって、姿を見せてくださらないことがあった。それで、お日さまの突然のお出ましがあると、一目散に家に駆けこんでいって、彼女にそのことを告げたものだった。彼女は自分でお日さまを見ようと小走りに外へ出ていった。が、そのときには、気まぐれなお日さまは隠れてしまっていた。

「なんでもないのよ」

彼女はケロリと言うのであった。

「神さまが、きょうは食べないようにとおっしゃるの」

そうして彼女はいつものとおり仕事にとりかかった。

わたしの母は非常に常識が発達していた。彼女は自分の国のことにはなんでも通じていた。土侯に仕える女たちは、彼女の物知りを高く評価した。わたしはたびたび、子供の特権を使って彼女のお供をして土侯の邸へ行った。そこでは、土侯タコーレ・サヘブの母君で未亡人になったかたの話相手になって、彼女がおもしろそうにいろいろ話をしていたことを思い出すのである。

2　学校時代

わたしはポルバンダルで、子供の時代を過ごした。わたしは学校に入れられたことを覚えている。九九の表を覚えるのに、かなり苦労をした。あのころのことといえば、ほかの児童といっしょになって、私たちの教師をありとあらゆるあだ名で呼ぶことを習った以外は、何一つ覚えていない。このことは、どうやらわたしの知能の発達がおそく、わたしの記憶力が劣っていることを明白にしているようだ。

父がラジャスタニク家の家臣になることになって、ポルバンダルからラジコット[*12]に移ったとき、わたしは七歳ぐらいだったろう。わたしはそこの小学校に入れられた。そのころのことは、教師の名まえや、その他、教師の細かいことまでよく覚えている。ここでも、ポルバンダル時代のように、わたしの勉強のことについて、特に書いておくほどのことはほとんどなかった。わたしはようやく人なみの児童になれたのだった。やがてわたしはこの学校から近郊の学校に移り、そこから高等学校*13に行った。そのとき、わたしは十二歳になっていた。わたしはこの短い期間じゅう、教師に対しても、また学友たちに対しても、一度も嘘《うそ》をついた覚えがない。いつも、非常な引込み思案で、だれとも交際するのを避けた。書物と課業だけがわたしの伴侶《はんりょ》だった。始業の鐘で登校し、学校が終わるとすぐ、家に飛んで帰った。——それが毎日のしきたりであった。わたしは、文字どおり走って家にもどった。というのは、ひとと話をする気になれなかったからであった。わたしはだれかにからかわれはすまいか、と心配さえしたのだった。

高等学校の一年のとき、試験の際、ある事件がもちあがった。これは書き留めておいてよいことだった。視学官*14のジャイルス氏が視察にやってきた。彼は私どもに、書き取りの試験として五つの単語を出した。その単語のなかに「ケトル」kettle という言葉があった。わたしはつづりをまちがえて書いてしまった。教師が靴の先でわたしをつついて気づかせようとした。しかし、わたしが気づこうはずはなかった。隣の生徒の石板をのぞいてつづりをまねするように、と教師が合図していたとは、知るよしもないことであった。というのは、教師がそこにいるのはカンニングを監視するためだとばかり思っていたから。こうして、わたしを除くほかの生徒全部は、どの単語も正しくつづっていたという結果になった。のろまなのはわたしだけだった。教師は、あとからわたしにそののろま加減をわからせようとしたが、むだだった。とうとうわたしは「カンニング」の術を覚えずに卒業した。

　こんな事件があっても、教師に対するわたしの尊敬の念は少しも失《う》せなかった。わたしは生まれつき目上の人のあやまちについては盲目だった。後には、わたしもこの教師の欠点をいろいろとたくさん知るようになった。しかし、彼に対する尊敬の念に変わりはなかった。というのは、目上の人の行ないについてはとかくの口をさしはさまず、その命令に従うということに慣れていたからであった。

　同じころ、わたしがよく思い出す二つの事件が起こった。いつも、わたしは毎日の勉強をすまさないうちは、教科書以外のものを何も読もうとはしなかった。わたしは教師にせきたてられるのを好まなかったし、また同じく教師をだますことも好まなかった。したがって、わたしはまず先に勉強をすませた。もっとも、たまには心ここにあらずということもあった。こういうことであったから、勉強がうまくすまないときは、課外の読物などは、もちろん問題にならなかった。

　ところが、何かのはずみで、父が買い求めた一冊の本がわたしの目に止まった。『シュラヴァナ・ピトリバクチ・ナタカ』〔親孝行者シュラヴァナの劇〕[*15]という本だった。わたしは夢中になって読んだ。ちょうどそのころ、紙芝居の一団がわたしの町にやって来た。わたしの見た紙芝居の絵のなかに、シュラヴァナが負いひもで盲《めし》いた両親を背負い、巡礼に出る一場面があった。この本とこの絵とは、わたしの心にぬぐいがたい印象をとどめた。「ここに、おまえが習うべき手本がある」と、わたしは自分に言ってきかせた。死体となったシュラヴァナにすがって嘆き悲しむ両親の姿は、今なおわたしの記憶のなかに生き生きとしている。消えいるような調べは、非常にわたしの心を動かした。そしてわたしは、父に買ってもらった手風琴で、そのメロディを鳴らしてみた。

これと同じようなことが、もう一つの芝居についても起こった。ちょうどそのころであった。わたしは父に頼んで、ある劇団が演ずる芝居を見に行ってもよいことになった。この芝居――『ハリシチャンドラ』[*16]――にわたしはすっかりとりつかれてしまった。しかし、そうたびたびわたしに芝居見物が許されるだろうか。矢もたてもたまらなくなって、わたしは幾度となく自分でハリシチャンドラを演じてみるのだった。「だれもが、ハリシチャンドラのように真実になれないのはなぜか」、わたしは夜となく昼となく、この質問を自分自身に浴びせた。真実に従うことと、ハリシチャンドラが耐え抜いた試練のことごとくを、自分でも耐え抜きたいという思いにかきたてられて、一つの理想となった。わたしはハリシチャンドラの物語を文字どおり信じた。それを考えては、わたしは涙を浮かべた。今日では、わたしの常識は、ハリシチャンドラが歴史上の人物であるはずはないじゃないか、と教えてくれる。それでもなお、ハリシチャンドラとシュラヴァナは、いずれもわたしにとって生ける実在である。そして今日ふたたび、これらの芝居本を読んだら、きっと昔と同じように感動を覚えることだろう。

高等学校時代のわたしは、劣等生とは見られていなかった。わたしはいつも教師たちからかわいがられていた。学業の進歩と操行についての通信簿は、毎年両親あてに送られるのが

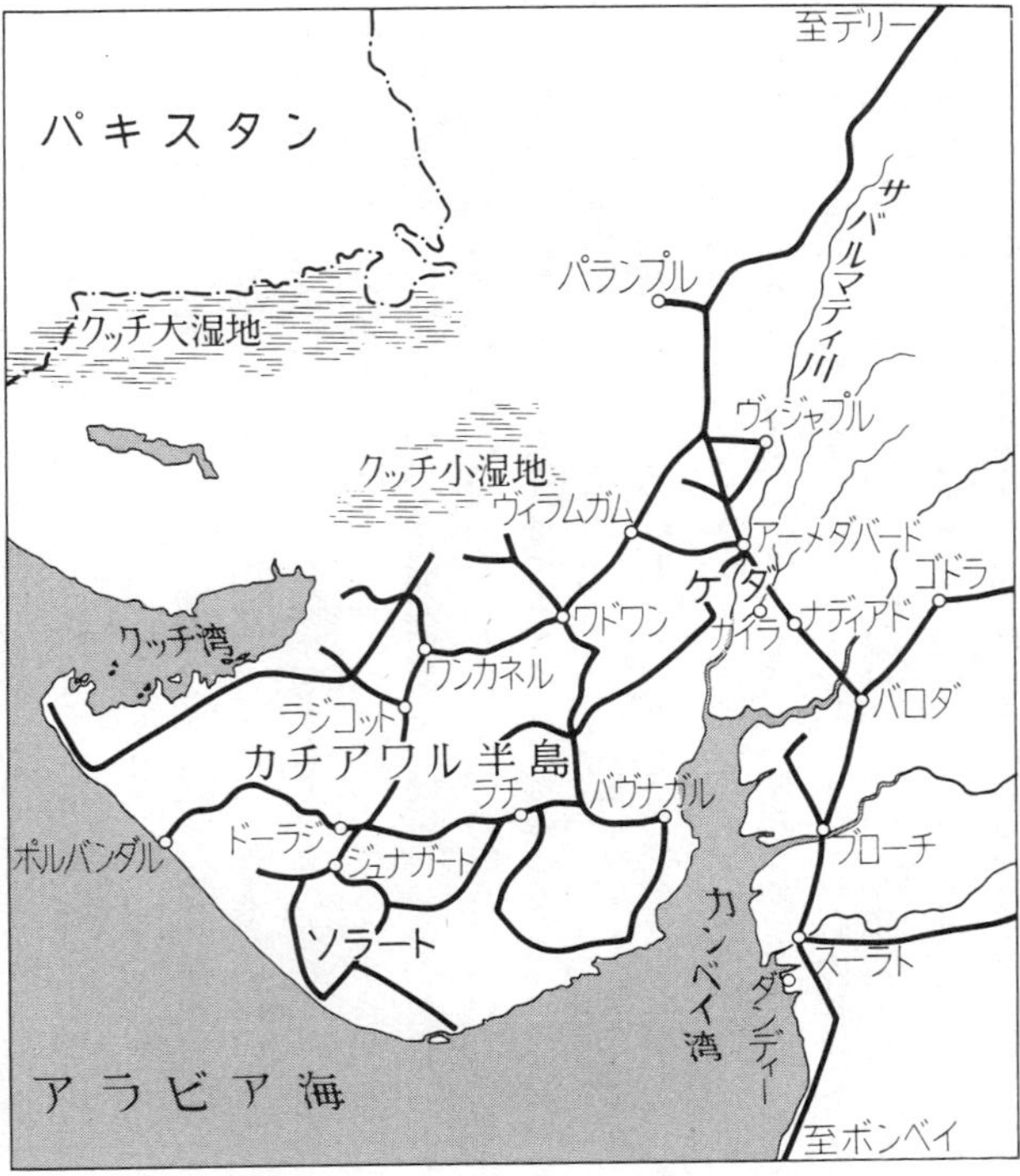

グジュラート州カチアワル地方

ならわしだった。わたしは、一度も悪い点をもらったことはなかった。第二学年を終えたときには、賞までもらった。第五と第六学年のときには、わたしはそれぞれ四ルピーと一〇ルピーの奨学金をもらった。この好成績はわたしの努力というわけではなく、むしろ幸運のおかげによるものであった。というのは、奨学金制度は、全部の生徒に開放されているのではなくて、カチアワル地方のソラート県[*17]出身者のなかの、何人かの最優秀生のために設けられたものだった。そして、そのころ、一級四十名から五十名のなかで、ソラート出身の生徒はそう多くなかった。

私自身の記憶では、わたしは自分に能力があるとは思っていなかった。賞金や奨学金をもらうたびに、いつも自分で意外に思った。しかし自分の操行については、全く油断なく十分に気をつけた。どんなにささいな落度でも、それに気がつくと、わたしの目から涙がぽたぽたと落ちた。しかられることをしたとか、教師にしかられそうになるとかは、わたしには耐えられないことだった。あるとき、体罰をくった。その罰は自分のしでかしたことに対する当然の報いなのだから、罰そのものをわたしは気にかけなかった。そのとき、わたしは泣けて泣けてしかたがなかった。それは、わたしの第一学年か第二学年のときのことであった。

第七学年のときにも、同じような事件がまた起こった。当時の校長は、ドラブジ・エドゥルジー・ギーミといった。彼はしつけのやかましい、几帳面《きちょうめん》な人で、善良な教師として、生徒間にも評判がよかった。彼は上級の生徒に対して体操とクリケット競技を正課にした。わたしは両方とも好きでなかった。わたしは正課になる前は、クリケットにしろ、フットボールにしろ、一度も練習に加わったことがなかった。

このように寄りつかなかった理由の一つには、わたしが人一倍恥ずかしがりやだということもあった。今では、それはまちがいだったと思っている。そのころわたしは、体操などは教育には全く関係がないという、あやまった考えを持っていた。今日わたしは、体育も、教育課程のなかで知育同様の地位をもつべきである、という考えになっている。

けれども、練習をしなかったからといって、からだは悪くならなかった、ということを述べておきたい。それは、わたしがいろいろの本から、長い時間をかけて戸外散歩をする功徳を知って、その忠告に従い、散歩を欠かさぬ習慣をつくりあげていたからであった。この習慣は今でも続いている。これらの散歩のおかげで、かなりがんじょうな体格が与えられた。

わたしが体操をいやがったわけは、父の看護に尽くしたいという強い願いのためであった。学校が終わるとすぐ、わたしは急いで家へ帰って父の世話をした。しかし、練習が必修になって、たちまち世話ができなくなった。わたしはギーミ校長に、父の世話がよくできるように体操を免除してもらいたい、と申し出た。しかし彼は、わたしの言うことを聞き入れてくれなかった。そこで事件が起きた。ある土曜日のことだった。午前は登校したが、午後は四時に、体操をするためにまた学校へ行かなければならなかった。時計を持っていないわたしは、雲にだまされてしまった。わたしが学校に着いた時分には、生徒たちはみんな帰ったあとだった。その翌日、ギーミ校長が出席簿を点検すると、わたしのところに「欠」の印がつけられているのを見つけた。欠席の理由をただされ、わたしはありのままを彼に話した。彼はわたしの言うことを信じられないとして、一アンナ[*18]だったか二アンナだったか〔いくらだったか、今わたしには思い出せない〕の罰金を払いなさい、と命じた。
わたしが嘘《うそ》をついた！　そのことは耐えがたく辛《つら》かった。どのようにして、わたしは無実のあかしをたてたものだろうか。どんな方法もなかった。わたしは苦しみもだえ、大声をあげて泣いた。真実の人はまた、よろしく細心の人であらねばならない、ということをわたしは悟った。学校生活で慎重さを欠いたことは、このことが最初で、最後だった。

さて、練習を怠ったことは、わたしにとって悪いことにはならずにすんだけれども、わたしはもう一つ怠慢なことがあったため、今でもその罰を受けている。わたしは、習字の上《じょう》手《ず》下手《へた》は教育上どうでもよいものだ、という考えをもっていた。その考えをどこから仕込んできたものか、どうも覚えがないのである。

わたしの学校時代の思い出に、ここに書き留めておきたいことが、あと二つある。

わたしは自分の結婚のために、一ヵ年損をした。教師はわたしに学年を飛び越して、損をとり返すようにと言ってくれた。――よく勉強する少年に普通許された特権であった。わたしはそこで、第三学年はわずか六ヵ月ですませ、夏休み前に行なわれた試験を受けて第四学年に進級した。ところが第四学年からは、たいがいの科目の授業で英語が使われた。わたしは全く途方に暮れた。とくに新規科目の幾何には、参った。おまけにそれを英語でやられたので、なおさらむずかしくなった。教師は非常にていねいに教えてくれたが、わたしはついていけなかった。ときには、失望して第三学年にもどろうかとも考えた。二ヵ年分の勉強を一ヵ年で詰め込もうとしたのは、あまりに大それた望みだという感じがした。しかし、それはわたしの不名誉であったばかりか、教師の不名誉でもあった。というのは、わたしの努力ぶりをあてにして、彼はわたしに進級をすすめたからだった。

そうした、二重の不名誉の思いが、わたしに二の足を踏ませた。けれどもわたしが懸命に努力して、ユークリッド幾何学の第十三命題[19]にたどり着くと、突然その学課がいとも単純なものであることがわかった。人間の推理力の純粋かつ簡単な応用を要求するだけの科目が、むずかしいはずはなかった。そのときから、幾何は、わたしにとってやさしくておもしろいものになった。

そうは言っても、サンスクリット語[20]になると、いっそう辛い学課だった。幾何では記憶する必要はなかったが、サンスクリット語は、万事記憶しなければならないようにわたしは思った。この科目もまた、第五学年から始められた。

第六学年になるとまもなく、すっかりファイトをなくしてしまった。教師は大変な詰込み教育をする人で、非常に熱心なあまり、生徒たちを強制するように思えた。

サンスクリット語の教師とペルシア語の教師の間に、競争意識めいたものがあった。ペルシア語の教師は寛大であった。生徒たちはお互いの間で、ペルシア語は非常にやさしいし、ペルシア語の先生は大変よい先生だし、生徒のことを考えてくれる、などとよく噂《うわさ》をしたものであった。

その「やさしい」ということにひかされて、ある日、ペルシア語の授業に出てみた。サンスクリット語の教師は悲しんだ。そして、わたしをそばに呼んで話しかけた。

「君は、ヴァイシュナヴァ派のお父さんの息子《むすこ》であることを忘れたのかい？　自分の宗派の言葉を習いたくないのか？　むずかしいと思ったら、なぜわたしのところに来ない？　わたしは、力の限りを尽くして、君ら生徒にサンスクリット語を教え込もうとしているのだ。先に進むにつれて、おもしろくてたまらないことがいっぱいわかってくるよ。元気をなくしてはいけないよ。サンスクリット語の授業に、また出なさい」

この情け深さに、わたしは、自分のやったことを恥ずかしく思った。わたしは教師の愛情を無にすることはできなかった。今日、わたしは、感謝の念をもってクリシュナシャンカル・パンディア先生を思い起こす。というのは、あのときサンスクリット語を習って少し覚えたが、もしそうでなかったならば、聖典[21]に興味を寄せることは、むずかしかったからである。実際わたしは、この言葉をもっと十分に覚え込まなかったことを深く後悔している。それ以来、わたしは、ヒンドゥの少年少女は、だれでも必ず十分にサンスクリット語を習得しておくべきである、と悟った。

今では、インドの高等教育の全教科のなかに、地方語はもちろんのこと、そのほかに、ヒンディ語[22]、サンスクリット語、ペルシア語、アラビア語、および英語を必ず入れておかなくてはならない、というのがわたしの意見である。このようにたくさん並べられても、驚く必要はない。もしわれわれの教育がより系統だったものになり、生徒たちが外国語で授業を受けなくてはならない重荷から解放されるならば、これらの外国語を全部習っても、退屈どころか、かえって非常におもしろいことになるものとわたしは確信している。一つの言語を科学的に習得すれば、他の言語の習得は比較的容易になるものである。

3　結　婚

わたしが十三歳という年で結婚したことを、ここに書いておかねばならぬことは、辛《つら》いことである。今日、わたしが面倒をみている同じ年ごろの若者たちを眺《なが》め、そして私自身の結婚のことに思い及ぶと、自分を哀れに思い、わたしと同じ目にあわないですんだ彼らを喜ばずにはいられない。このように非常識な早婚をよしとする道徳的論拠は、どこにも見つけられない。

ヒンドゥ教徒にとって、結婚は、けっして簡単なことではなかった。花嫁や花婿の両親は、そのために落ちぶれてしまうことがしばしば起きた。彼らは資産を傾け、そして時間を浪費した。衣装や装飾品を整えたり、結婚披露《ひろう》宴の費用の捻出《ねんしゅつ》などの結婚準備のために、何ヵ月もかけた。各自が、ごちそうの皿数やその取り合わせで、他家をしのぐものを準備しようとした。そして、結婚式となると、いい声であろうがなかろうが、女たちは声がかれるまで、また病気になるまで歌い、隣近所の平穏を乱すのである。隣近所のほうでも、乱痴気騒ぎや祝宴の残り物の汚物を黙って大目にみている。というのは、やがて彼らもまた、同じようなことをするときが来ることを知っているからである。

わたしは、結婚式は、よい着物を着たり、太鼓が鳴ったり、山海の珍味が出たり、そして見知らぬ娘といっしょに遊ぶ、という以上の意味を持つものとは思っていなかった。私たちはだんだん気もほぐれてきて、そしてお互いに心おきなく話し合うようになった。私たちはおない年だった。しかし、わたしが夫の威厳を示したのは、さして後のことでなかった。

結婚したころ、一パイセだか、一パイ[*23]だか〔今はいくらだか思い出せない〕の値段で、小冊子がたくさん発行されていた。そのなかには、夫婦愛、勤倹貯蓄、小児結婚やその他いろいろの問題を論じてあった。これらのうちの何かを見つけると、わたしはいつも表紙から裏表紙まですっかり読んでしまった。わたしには、きらいなことは忘れるが、好きなことは実行してみるくせがあった。これらの小冊子に、夫の義務として、妻への生涯の貞操が説かれてあった。この教えは、わたしの心にいつまでも刻みこまれていた。それに、真実への情熱はわたしの生まれつきのものであった。だから、わたしが彼女に対して不貞であることはありえなかった。しかも、まだ、わたしは世慣れない年ごろであったから、不貞をする機会はほとんどなかった。

しかし貞節であれとの教えは、また困ったことにもなった。わたしは自分自身に言った。

「もしわたしが妻への貞操を誓うべきであるならば、彼女もまたわたしに対して貞操を誓うべきである」

この考えから、わたしは嫉妬《しっと》深い夫になった。

わたしには妻の献身を疑うべき理由は一つもなかった。しかし嫉妬というものは、理由をまって起こるものではない。わたしは彼女の動静を四六時中監視していなければ気持がおさまらなかった。したがって、彼女はわたしの許しが出なければ、どこへも出かけられなかった。こんなことが、私たちの間に気まずい喧嘩《けんか》の種をまいた。

制限を加えることは、一種の監禁に近かった。しかも、カストゥルバは、こんなことを黙ってなすがままにさせている娘ではなかった。彼女は、好きなときに好きなところへ出かける、と言い張った。わたしがいよいよ制限をすると、彼女はいよいよ勝手にふるまうことになった。そしてわたしはますます多く叱言《こごと》を並べるようになった。お互いに口をきき合わないことが、わたしども少年夫婦の日常茶飯事になった。彼女がわたしの束縛に対してどのように勝手にふるまおうとも、彼女には少しも罪はなかった、とわたしは思う。無邪気な少女が、お寺参りに行ったり、友だちをたずねたりすることを禁じられて、どうして黙っていられただろうか。わたしが彼女に何か制限する権利を持ったとすれば、彼女にもまた、同じ権利がありはしなかったか。今日では、事理は明白である。しかしあのころは、わたしは夫としての威厳をほしいままにしたかったのである！

そうは言っても、読者のみなさん、私たちの生活が、救いようのない不愉快なものであったと思ってはいけない。というのは、わたしの口やかましさはみな愛情に根ざすものだったからである。わたしは妻を理想の妻に仕上げようと思った。わたしの強い望みは、彼女の生活を清らかなものに変えたい、わたしが習い覚えたことを習わせ、そして彼女の生活と考えをわたしの生活と考えに一致させたい、ということであった。

わたしは、カストゥルバが、このような願いごとを持っていたかどうか知らない。彼女は読み書きができなかった。生まれつき、彼女は単純で独立心が強く、忍耐強かったし、そして少なくともわたしには、あまり口をきくほうではなかった。彼女が自分の無学を気にかけているようすはなかったし、わたしの勉強が彼女を一念発起させて、同じ冒険に走らせたというようなことは思い出せない。

4　友情の悲劇

高等学校のわたしにはわずかな友人しかなかった。そのなかに、つき合った時代は違っていたが、親友と呼んでよい友人は二人いた。[*24] これらの友情の一つは、長く続かなかった。けれども、わたしがその友人を見捨てたのでは絶対になかった。彼のほうがわたしから離れて行ったのだ。というのは、わたしがもう一人の友人と交際し始めたからだった。あとのほうの友情は、わたしは生涯の悲劇に数えているのだが、長く続いた。わたしは宗教改革者の精神で友情を結んだ。

友人というのは、もとはわたしの兄の友人であった。彼らは同級生だった。わたしは彼のよくないところを知っていた。しかしわたしは、彼を誠実な友人であると思った。わたしの母、長兄、それから妻は、わたしに向かって、悪い仲間をこしらえたものだ、と忠告してくれた。わたしには自負心があったから、妻の忠告には高飛車に出た。しかし、母や長兄の意見にはさからおうとはしなかった。それでもわたしは、彼らに向かって弁解しながら、つぎのように述べた。

「わたしにだって、あなたがたの言うように、彼に欠点のあるのはわかっています。しかしあなたがたは、彼によい点があることをご存じないんです。わたしが彼とつき合っているのは、彼を直してやろうと思ったからなので、彼がわたしを悪いほうに踏み込ませられるはずはありません。もし彼が自分の生活を改めれば、彼はすばらしい人物になれるでしょう。どうぞ、わたしのことはご心配なさらないように」

このように言われて、彼らに得心がいったとは、わたしも思わない。しかし、彼らはわたしの言うことにうなずいて、わたしの思うままにさせてくれた。

その後になって、わたしは計算違いをしたことを悟った。一人の改革者は、改革してみようとする相手の人とひどく親密になってはならない。真の友情は魂と魂の一致であって、そういう世界はまれにしか見つからない。似かよった性質の者同士の間にのみ、その名に価する、長続きのする友情が生まれるのである。友だちは互いに反応し合う。だから友情にあっては、改革を受け入れる余地は非常に少ない。ほかのものを全然受けつけない親密さは避けたらよい、というのがわたしの意見となった。

というのは、人間は善を取り入れるよりは、悪に染まりやすいからである。そこで、神を伴侶《はんりょ》にしようと欲する者は、孤独を持するか、それとも全世界を伴侶にするかせねばならない。わたしはまちがっているかもしれないが、親密な友情をつちかおうとするわたしの努力は、失敗に終わった。

わたしがこの友人と初めて知り合ったとき、「改革」*25の風潮がラジコット国をおおっていた。彼は、私たちの教師のなかに、ひそかに牛肉を食い、酒を飲んでいる人が多い、とわたしに教えた。彼は、ラジコットの著名な人の名前をたくさんあげて、彼らもその仲間だと言った。また、そのなかには、高等学校の生徒も幾人か混じっている、と聞かせてくれた。

わたしは驚いた。そして心が痛んだ。友人にそのわけを尋ねると、彼はこう言った。

「ぼくたちは牛肉を食べないだろう。だから弱いんだよ。イギリス人がぼくたちを支配できるのは、彼らが肉を食べているからなのだ。ぼくがこんなにがんじょうなのも、ものすごい走り手なのも、じつはぼくが肉を食べているせいだよ。肉を食べていると、あのブツブツの吹出物や、腫物《はれもの》ができない。できてもすぐ直るんだ。ぼくたちの先生や偉い人も、肉を食べている者は頭がいいよ。あの人たちはききめがあることを知っているんだ。きみも一度やってみないか。何事も試すにしかずさ。どのくらい力がつくものか、やってごらんよ」

こうした肉食のすすめは、一度だけ受けたのではなかった。これらのすすめは、友人がわたしを説き伏せようとして、長い間、折りにふれてはわたしに試みた、手のこんだ論証の大要なのである。わたしの長兄はとっくに陥落していた。だから彼は、わたしの友人の議論の肩をもった。わたしは兄やこの友人のそばでは、確かにひ弱なからだつきであった。彼らは双方とも、ずっとたくましくて、からだつきは強そうで勇ましかった。

このすばらしい友人は、わたしにとって魅力的だった。彼は長距離を走れるし、ものすごく速く走った。彼は高跳《たかとび》、幅跳の名手でもあった。彼はどのような体罰でも平気でこらえた。彼はときどきわたしに、彼のすばらしいところを披露してくれた。だれでも自分の持たない資質を他人に見つけた場合、羨《うらや》ましいと思うように、わたしもこの友人のすばらしさを羨ましいと思った。そして、彼のようになりたい、という切なる願いが起こった。わたしは跳ぶことも、走ることもうまくできなかった。なぜわたしが彼のように強くなってはいけないのか。

そのうえに、わたしは臆病者だった。わたしはいつも、どろぼう、幽霊、それから蛇《へび》の恐怖につきまとわれていた。夜中に戸外に出ることも、わたしはなかなかしなかった。暗闇《くらやみ》は、わたしには恐ろしかった。真暗な中で寝ることなど、とてもできなかった。というのは、暗闇の中から幽霊が現われる、と思うと、片方からどろぼうが出る、そしてまた他の一方からは蛇が……というような気がしたからである。

したがってわたしは、部屋に明りをともさずに寝る、ということはしなかった。どうしてわたしは、この恐怖心を、そばに寝ている、もう子供ではない、おとなになろうとしている妻に打ち明けることができようか。彼女がわたしより勇気のあることは確かだ。そしてわたしはわが身を恥ずかしく思った。彼女は蛇や幽霊のこわさを知らなかった。彼女は暗闇の中を、どこへでも出かけて行けた。わたしの友人は、わたしの持っている、これらの弱いところをみんな知っていた。彼はわたしに向かって、彼が生きている蛇を手づかみにした話、どろぼうを打ちのめした話、それから幽霊はこの世にいない話をした。しかも、こういうことはみんな肉食をした結果であるのはいうまでもない、と。

わたしたち学校の生徒の間に、グジュラートの民衆詩人ナルマッド[*26]の作った、つぎのような歌がはやっていた。

見ろよ　でっかいイギリス人
チビのインド人負け犬だ
肉を食べてるそのせいで
身の丈《たけ》すぐれて二メートル

あれやこれやが、それ相応の影響をわたしに与えた。わたしは負けた。肉を食べてもかまわない。そうすれば強くなるし、大胆になれる。もし国じゅうの人が肉食をすることになれば、イギリス人にうち勝つこともできよう。こんな考えがわたしに生まれた。

そこで、ある一日が実験を始める日と決められた。その実験は、わたしの両親がヴァイシュナヴァ派の信心深い信徒だし、またわたしはたいへん親思いだったから、ひとに知られないようにしなくてはならなかった。わたしが肉を食べたことが知れたら、それこそ父母は死ぬほどの打撃を受けるだろう。そのことをわたしは知っていた。さらに、真実を愛するあまり、わたしは格別に用心深かった。わたしは、肉食をしたならば両親を欺かなければならないということを、そのとき承知していなかったとはいえない。しかし、わたしの心は「改革」に傾いていた。それは味覚を楽しませる問題ではなかった。わたしは、それが特別うまいものであるとは知らなかった。

わたしは強くなりたい、大胆になりたいと思った。同胞もまたそうなって、私たちがイギリス人をうち負かし、インドを独立させられるようになってほしいと思った。「スワラジ」*27という言葉を、わたしはまだ耳にしていなかった。しかし、どのようなことが自由を意味するのか、わかっていた。「改革」熱はわたしに物を見えなくさせてしまった。そして、秘密の守れることが確かになったので、わたしは、その行為を両親に隠れてするだけなら、真実から背反したことにならない、と自分に言ってきかせた。

そうして、その日がやってきた。そのときのわたしの心理状態を述べ尽くすことはむずかしい。一方には、「改革」への熱情と人生の重大な門出に立ったもの珍しさがあった。他方には、この重大なことをやるのに、どろぼうのように隠れてする恥じらいがあった。この二つのどちらがより強くわたしを圧倒したか、どちらともいえない。私たちは、人気《ひとけ》のないところを捜しながら、川べりを歩いた。そしてそこでわたしは生涯で初めて、肉というものを見た。

そこには、また、パン屋からパンも買ってきてあった。両方とも、わたしにはうまいものではなかった。山羊《やぎ》の肉は皮をかむように固かった。わたしには、どうしてもそれが食べられなかった。むかむかして来たので、食べるのをやめてしまった。

それから後の夜は、非常に恐ろしかった。恐ろしい夢にうなされた。とろとろと眠ろうとすると、生きた山羊がわたしのからだの中で、メーメーと鳴いているような気がした。そして、後悔の念でいっぱいになって跳《は》ね起きた。しかし、そのとき、肉食は義務なのだと思うと、わたしはいくらか元気をとりもどすのだった。

友人というのは、たやすくあきらめるたちの人ではなかった。彼は今度は、肉でいろいろうまい料理を作り始めた。そしてそれをおいしそうに盛りつけした。しかも、食べるところは川べりの人気のない場所ではなくて、食堂のある迎賓館《ステート・ハウス》で、しかも椅子《いす》に腰かけ、テーブルについてであった。それらは友人が、そこのコック長としめし合わせて、とりしきったのだった。

この餌《えさ》にわたしはうまくひっかかった。わたしはパンぎらいを克服し、山羊に同情する心をすっかり捨て、肉そのものはそうでないとしても、肉料理を楽しむようになった。こんなことがほぼ一ヵ年続いた。しかし、肉料理のごちそうを楽しむことができたのは、全部で六回にもならなかった。というのは、迎賓館は毎日開いているわけではなかったからである。

わかりきったことだが、お金のかかるぜいたくな肉会食を、そうたびたび開くのは困難だった。わたしはお金を持っていなかったので、この「改革」にお金を払うわけではなかった。したがって、いつも友人がなんとか都合をつけねばならなかった。わたしには、彼がどこから工面してくるのかわからなかった。しかし、彼は見つけてきたのである。というのは、彼はわたしを肉食家に仕立て直すことに熱中していたからである。しかし、さすがの彼の財源にも限りがあったにちがいない。それで、このごちそうは、どうしても回数を減らし、間隔をあけることが必要であった。

わたしが、このようなごちそうに隠れてあずかったときはいつでも、家に帰ってからは夕食どころではなかった。母はいうまでもなく、わたしに食卓に来て食べるようにと言ったし、なぜわたしが食べようとしないのか、そのわけを知ろうとした。わたしは彼女に言った。

「きょうは食欲がないんです。どうもおなかの調子がおかしくって……」

　こんな言いのがれを言って、心が痛まないわけではなかった。わたしは、嘘《うそ》をついている、しかも母に向かって嘘をついていることを意識した。また、父と母が、わたしが肉食家になったのを聞き知ったならば、どんなに大きな打撃をこうむるか、それも承知していた。この意識のために、わたしの心はかきむしられるようだった。

　そこでわたしは、自分に言ったのである。

「肉を食べることは大切だし、また、国で食物の『改革』を取り上げることも大切だけれども、だからといって、父や母をだましたり、嘘をついたりすることは、肉食をしないことより、いっそう悪いことではないか。だから、彼らの存命中は、肉食をやめにしなければならない。彼らがもうこの世にいなくなり、わたしが自由の身になったとき、公然と肉を食べよう。そのときが来るまで、わたしは慎《つつし》もう」

　この決意を友人に伝えた。そしてそれ以後、わたしは肉食にもどらなかった。両親は、息子《むすこ》二人が肉食家になったことがあるとは、ついに知らずにすんだ。

　自分の両親に嘘を言うまい、という純粋な望みのゆえにわたしは肉を断った。しかしわたしは、友人との交際は断たなかった。彼を改革してやろう、というわたしの熱情が、災をなすものであることは、もうわかりきっていた。しかしわたしは、初めから終わりまで、このことに全く気がつかなかった。

この同じ友人が、わたしを妻に対する不貞に導き入れた。しかし、危機一髪のところで助かった。彼が、一度わたしを売春婦のところに連れて行った。彼は必要なことを教えて、わたしを送り込んだ。何もかも手はずは整っていた。支払いもすでにすんでいた。わたしは罪の顎《あぎと》に足を踏み入れようとした。しかし、神は測り知れない慈悲をもって、わたしを私自身から守ってくださった。わたしはこの魔窟《まくつ》の中に入って、目はほとんど見えなくなり、舌は動こうとしなかった。わたしは自分の男性が傷つけられたように感じた。そして、恥ずかしさで穴に入りたい思いであった。しかし、神が救いたもうたことを、わたしは絶えず感謝してやまないのである。

わたしと妻との喧嘩《けんか》の理由はいろいろあるが、その一つにこの友人との交際があったことはまちがいない。

わたしは誠実な夫であったとともに、嫉妬《しっと》深い夫でもあった。そしてこの友人は、妻に対するわたしの疑惑をしきりにあおりたてた。わたしは、彼の言うことを真実として、いささかも疑ったことがなかった。そして、しばしば彼の言うことをうのみにして行動し、妻を苦しめた暴力の罪深さについて、私自身を許すことができない。このような苦痛に耐えられるのは、おそらくヒンドゥの妻ばかりであろう。それが、婦人を寛容の権化《ごんげ》だと、わたしがみなすゆえんである。

雇い人なら、まちがって疑いをかけられれば、職をなげうつだろう。息子がそのような目にあえば、父の家から出て行ってしまうだろう。そして友人なら絶交してしまうだろう。もしも彼女が夫を疑っても、彼女は黙って忍ぶだろう。しかし、夫が彼女を疑えば、彼女の破滅になろう。彼女はどこに逃げたらよいのか。ヒンドゥの妻には、法廷に訴えて離婚を要求することはできない。法律は彼女にとって救いにはならない。わたしは、そのような絶望のふちに妻を追いやったことを、けっして忘れられないし、許すこともできない。

疑うということの害毒は、わたしがアヒンサ*28のあらゆる含蓄をくまなく了解したときになって初めて、根こそぎにされた。そのときわたしはブラフマチャリア*29の栄光に接し、妻は夫の奴婢《ぬひ》ではなく彼の伴侶《はんりょ》であり、助力者であり、そして喜びも悲しみも、みんな折半して分かち合う仲間——夫のように自由に、彼女自身の歩む道を選んでよい——であることを悟った。わたしはいつも、疑りと邪推のあの暗黒の日々を思い出すとき、わたしの愚かさと色恋沙汰《ざた》のうとましさにうんざりし、また、友人に対する無分別な献身に悔いを感ずるのである。

5　盗みと贖い

この肉食の時代、すなわち、わたしが結婚する少し前から結婚直後までの間に、わたしがしでかした、しくじりのいくつかを、なお書いておかなくてはならない。

一人の親戚《しんせき》の者とわたしは、たばこを吸うのが好きになった。私たちは、喫煙すれば何かよいことがあるとか、紙巻きたばこの匂いが特別好きだ、とかいうわけではなかった。私たちは、口から煙の輪を吹き出したら、さぞおもしろかろうと、簡単に思ったのにすぎなかった。煙を吹き出す癖のある伯父《おじ》がいた。私たちは彼がたばこをのんでいるのを見て、ぜひ彼のまねをしたいと思った。しかし、お金がなかった。そこで、私たちが始めたのは、伯父が投げ捨てた紙巻きたばこの吸い殻《がら》を、こっそり拾い取ることだった。

　そうは言っても、吸い殻がいつも手に入るものではなかった。また、吸い殻はどれもこれも、煙をたくさん出しはしなかった。そこで、私たちは、インドの紙巻きたばこを買うために、召使いのへそくりから、銅銭をちょろまかし始めた。しかし、盗んだお金をどこにしまっておくかが問題だった。私たちはもちろん、目上の人たちの面前で、たばこをのむことはしなかった。私たちは、この盗んだ銅銭で、二、三週間はなんとか持ちこたえた。そのうちに、ある植物の茎には穴がたくさんあいていて、紙巻きたばこのように煙を吹かすことができる、ということが私たちの耳に入った。私たちは、その植物を手に入れて、たばこのように吹かし始めた。

　だが、こんなことではとても、満足できなかった。私たちは、独立したい気持が強くなり始めた。何をやるにも、目上の許しがなければやれないということは、がまんのできないことだった。ついに全くいや気がさして、とうとう私たちは自殺をすることを決意した。

　しかし、私たちはどのようにしてそれをやるのか。どこから、毒物を手に入れるのか。ダアトゥラ*30の種子《たね》が有毒だということを聞いた。私たちは、この種子を捜しに森に出かけて行って、それを見つけ出した。日の暮れどきが、格好の時刻だと思われた。私たちはケダルジー寺院《マンディル》に行って、灯明をつけ、手を合わせて拝んだ。[*31] それから人気のないところを捜しに出た。しかし、私たちは勇気がくじけた。すぐ死ねなかったら、どうなる。自殺して、なんの益があろう。独立できなくとも、がまんぐらいはできないはずはなかろう。それでも私たちは、二、三粒種子を飲みこんだ。それ以上はもう飲めなかった。私たち二人は、死ぬのがこわくなった。そこで今度はラムジー寺院に行って、心を落ち着かせ、自殺する考えをやめることに決定した。

　自殺をするということは、自殺を思い立つことほど、容易でない、ということをわたしは悟った。それ以来、だれかが自殺するぞと言っているのを聞いても、わたしは少しも、いや全く騒がなくなった。

　結局、自殺をする考えを起こしたことで、わたしたち両人は、紙巻きたばこの吸い殻を吹かしたり、そのために召使いのお金をちょろまかしたりする癖に、さよならをした。

　わたしはおとなになってから、一度もたばこをのもうと思ったことはないし、喫煙の習慣は、野蛮、不潔、有害であると、いつもみなして今日にいたっている。わたしは、世界全体にわたって、なぜこんなに喫煙が盛んなのか、そのわけがいっこうにわからないのである。たばこをのんでいる人でいっぱいになっている汽車で旅行することは、わたしにはとてもできない。わたしはむせてしまうばかりである。

　しかし、この盗みよりはるかに本式の盗みを、わたしは少したってからやった。わたしが銅銭をちょろまかしたのは、わたしの十二、三歳のころ、あるいはもっと前だったかもしれない。別の盗みを犯したのは十五の年だった。わたしは、肉を食べた兄の腕輪から、金片を盗み取ったのである。この兄は、二十五ルピーばかりの借金をこしらえていた。彼は腕に純金の腕輪をはめていた。その腕輪から、少しばかりの金を削り取ることは、むずかしいことでなかった。そこで、兄にかわって、わたしがそれをうまくしてやった。そして、借金はきれいにされた。

しかし、このことで、わたしは耐えられない気持になった。わたしはもう二度と盗みはすまいと誓った。また、父に告白することを心に決めた。ところが、わたしには打ち明ける勇気がなかった。父にぶたれるのをこわがったのではない。いや、父が私たちのだれかをぶったことは、一度もない。わたしは、わたしのことで父の心が痛むのではないかと恐れたのである。わたしは、どうしても危険を冒さなければならない、きれいに懺悔《ざんげ》をしないかぎり、心が清らかになるはずはないという気がした。わたしはとうとう、懺悔を文章にすること、それを父に差し出して、父の許しを乞うことに決めた。わたしはそれを一枚の紙片に認《したた》めて、自分で父に手渡した。このノートでは、自分の犯した罪を懺悔しただけではなかった。それに対して応分の罰をしてくださるように求めた。そして最後のところで、わたしの罪ゆえに、父が父自身を罰することのないようにと、お願いした。わたしはまた、今後絶対に盗みをすまいと自分に誓った。

懺悔文を父に渡すとき、わたしは震えていた。そのとき父は痔《じ》を病んで寝床についていた。父の寝床は、木を削っただけのものだった。わたしは父にノートを渡して、寝台に向かいあって腰をおろした。

父はそれを読み終わった。真珠の粒が頬を伝わり落ちて、その紙をぬらした。一刻、父は目をつぶって何かを考え、それからそのノートをひきちぎってしまった。父は起き上がってそれを読んでいたのであった。父はもとのように横になった。わたしもまた声をあげて泣いた。わたしは父の心の中の葛藤《かっとう》がよくわかった。わたしに絵がかけたら、このときの光景を始めから終わりまで、一つの絵にすることもできたろう。それは今なお、わたしの心のなかに生き生きとしている。

あの愛の真珠の粒で、わたしの心はすがすがしくなった。また、わたしの罪を洗い流してくれた。それは、このような愛を体験した人だけが知ることである。讃歌にも、

慈悲の矢に射止められし者のみ
慈悲の力を知る

とある。

このことは、わたしにとって非殺生《アヒンサ》の実物教育であった。そのときは、そのなかから父の愛よりほかに何も読み取ることはできなかった。しかし今日になってみると、それこそ本ものの非殺生だったことがわかった。このような非殺生が大きくなって、万物を抱擁するようになれば、それはそれの触れるあらゆるものを変化させてしまう。その力は際限を知らないのである。

これほどの崇高な寛容さは、父の生来のものではなかった。父は怒るだろう、きついこと

を口にするだろう、そして、自分で額をたたくことだろう、とわたしは想像した。ところが、父は奇妙にたいへん穏やかであった。それは、わたしが心から懺悔したためであったと信ずる。

二度とあやまちを犯すまいとの誓いと結びついた、心からの懺悔が、それを受ける権利のある者の前で行なわれるとき、それは改悛《かいしゅん》の最も純粋な型となる。わたしの懺悔で、父はわたしのことでは全く心配しなくなった。そして、父はわたしへの愛情を、測りしれないほど深めた。

6　父の病と死

これから話すことは、わたしの十六の年のことである。父は痔がいたんで、病床についていた。母、老いた下僕、そしてわたしが主になってつきそっていた。わたしには看護の仕事があった。傷口の手当をしたり、薬を飲ませたり、そして自家製の薬のときにはいつもその薬を調合したりするのが、主なことであった。毎夜わたしは、父の脚《あし》をマッサージした。そして、父に言葉をかけられてからか、それとも眠ってしまってから、初めてひきさがった。わたしは快くこの奉仕をした。一度もそれを怠った覚えはない。日常の勤めをすませたあとの、わたしの自由になる時間はすべて、学校に行くことと、父を看護することに分けられた。彼の許しが出るか、それとも彼の気分のよいときだけにしか、わたしは夕方の散歩に出なかった。

このころ、わたしの妻は身ごもっていた。今から思えば、この事情はわたしにとって二重の恥辱であった。一つの恥辱は、わたしはまだ生徒の間は節制すべきであったのに、それをしなかったことである。また第二の恥辱は、この肉欲が、勉学というわたしが義務とみなしていたもの、そのうえ子供のときからシュラヴァナ[*32]を理想として、より大きい義務としていたもの、すなわち両親への孝養をも押しのけてしまったことである。

父の容態は、日ごとに悪くなるばかりだった。『アユル・ヴェーダ』の医者[*33]が、彼らのあらゆる軟膏《なんこう》を試してみた。ハキム[*34]は彼らの膏薬を、そして土地の医者は彼らの家伝の秘薬を試した。イギリス人の外科医も、いろいろ手を尽くしてくれた。彼は最後の手段として、外科手術をするようにすすめた。しかし家のかかりつけの医者から異議が出た。彼は、父のような高齢の人に外科手術をすることには反対だった。この医者は有能だし、高名だったので、彼の意見が勝ちを占めた。手術はやめになった。その代わりに買い求めたさまざまの薬も、いっこうききめがみえなかった。

父はどんどん弱っていった。おしまいには、用を足すのも寝床で、と言われるほどになった。しかし最後まで寝床でするのをいやがって、いつも床《とこ》を立って用を足す無理をし続けた。ヴァイシュナヴァ派のからだを清浄にしておく掟《おきて》は、それほど絶対のものだった。

そうした清潔さが、全く不可欠なことは疑いない。西洋の医術は、入浴をふくめて、すべてのこうしたはたらきが、清潔について厳格に気を配りながら、患者にいささかの不快感も

イギリス留学から帰国したガンジーと妻カストゥルバ（1891年）

少年時代のガンジー（1886年）

与えず、しかも床に一点のしみも残さずに、寝床の中でできることを教えている。わたしは、こうした清潔さは、ヴァイシュナヴァ派の教義と一致するものと思いたい。しかし、父が床から立とうとがんばったことに対して、当時のわたしはただ驚くのみで、感嘆するよりほかなかった。

あの恐るべき夜だった。午後十時半か十一時かだった。わたしはマッサージをしていた。叔父《おじ》がわたしに交代しようと言ってくれた。わたしはありがとうと言って、まっすぐ寝室に行った。妻はかわいい寝顔でぐっすり眠っていた。しかし、わたしがそこにいて、どうして彼女は眠っていられようか。わたしは彼女を揺り起こした。ところが、それから五、六分たつと、下僕がとびらをたたいた。わたしは驚いて起き上がった。彼は言った。

「お起きください。お父さまが非常にお悪いのです」

もちろん、わたしは父が重態であることを知っていた。だから、その瞬間「非常にお悪い」という意味がぴんと来た。わたしは寝台からとび起きた。

「どうした？　ええ？」

「お父さまがおなくなりです」

こうして、すべては終わった。手を合わせるよりほかなかった。わたしは心の底から恥じいり、そして悲しかった。わたしは父の部屋に走った。

もし獣欲に目がくらんでいなかったならば、わたしは父が息をひきとるいまわのきわに父のそばにいなかった嘆きをせずにすんだのだ、ということを悟った。それは、わたしが消すことも、忘れることもけっしてできないでいる汚点である。

つねに思い出すことなのだが、両親に対するわたしの誠実は果てしのないものであって、そのためなら、どんなことでもなげうって辞さなかったとはいえ、しかもなお、それは揺らいでいたし、そして、許すべからざる欠陥をさらけ出してしまった。というのは、わたしの心情はあの瞬間に、肉欲のとりこになっていたからであった。肉欲の足かせからわたしが解き放たれるまでには、長くかかった。そしてそれをわたしが克服するまでには、幾多の試練を通り抜けなければならなかった。

わたしの二重の恥辱を語る一章を閉じるに当たって、わたしは、妻に生まれたかわいいちびが、三、四日もたたぬうちに息をひき取ったことを述べておきたい。どうぞ、すべての結婚をしている人たちよ、わたしの実例によって戒めとなされよ。

7 宗教をかいまみる

ヴァイシュナヴァの宗派に生まれたので、わたしは、ときにはハヴェリにお参りに行った。しかしそこには、わたしの心に訴えるものがなかった。わたしは、そのピカピカ光った輝きや、ゴテゴテときらびやかな装飾がきらいだった。また、そこでいろいろと不道徳なことが行なわれているという噂《うわさ》を数々耳にした。だから、全然それには興味をなくした。わたしは、ハヴェリからは何も得るところがなかった。

わたしがそこから取りそこなったものを、家に住みついていた、子守の年老いた召使いからもらった。わたしは彼女のわたしに対する愛情を、今でも覚えている。先刻、わたしには山羊《やぎ》やお化けに対する恐れがあると言った。その名をランバといった彼女が、その恐怖心の妙薬には、何度も「ラーマナマ」[*35]を口に唱えるのがよい、と教えてくれた。わたしは彼女の妙薬よりも、彼女のほうを信じた。そこでわたしは、山羊やお化けのこわがりを直そうとして、十代から「ラーマナマ」を唱え始めた。もちろん、これは長続きしなかった。しかし子供のときにまかれた良質の種子《たね》は、むだに終わるものではない。今日、「ラーマナマ」が、わたしにとって手放せない妙薬になっているのは、あの心のよい婦人、ランバのまいてくれた種子のおかげであると思う。

父は、病床についてからも、一時ポルバンダルにいた。そこでは夕方になると必ず、彼は『ラーマヤナ』に聞き入った。読み手は、ラーマの大の信心家だった。彼は朗々とした声の持ち主だった。彼はドゥス〔対句〕やチョーパイス〔四行詩〕[*36]をうたった。そしてそれについて説教をした。彼は説教しているうちに無心の境に入り、すると聞き手も思わず引き入れられるのだった。そのときわたしは、たしか十三歳であった。しかし、彼の読誦《どくじゅ》に心を奪われたことを、よく記憶している。そのことが、わたしが『ラーマヤナ』に深く傾倒する土台となった。今日わたしは、トゥルシダスの『ラーマヤナ』[*37]を、すべての信仰文学中の最大の書とみなしている。

ラジコットでわたしは、ヒンドゥ教のすべての宗派とその姉妹宗教に対する寛容さの最初の土台をつくった。というのは、父と母はハヴェリにもお参りすれば、同じようにまたシヴァ宗派[*38]やラーマ宗派[*39]のお寺にお参りをし、私たち若い者を連れて行ったり、行かせたりしたからである。ジャイナ教[*40]の坊さんがまた、しばしば父のところをたずねてくれた。そして、私たち——ジャイナ教徒でない——から斎食《とき》を受けるなど、彼らの道からはずれることさえした。彼らは、宗教上や世俗のさまざまな事柄について、父と話し合っていた。

そのほかに父には、イスラム教徒やパーシー教徒[*41]の友だちがあった。彼らは彼ら自身の信仰について、父に話しかけた。すると父は、いつも尊敬の念をこめて、ときには興味をもって、彼らの言うことに聞き入った。父の看護をしていたわたしは、こうした会話の席に居あわせる機会にときどきぶつかった。これらのことどもがいっしょになって、すべての信仰に対する寛容さが、わたしに教え込まれたのだった。

当時、キリスト教だけが一つの例外であった。[*42]わたしはそれに一種の嫌悪《けんお》の念をいだいた。それには理由もあった。当時、キリスト教の牧師たちは、いつも高等学校近くの四つ角で説教に立って、ヒンドゥ教やヒンドゥの神たちに悪口を浴びせたものだった。わたしはこれを聞くに耐えない思いがした。わたしは一回だけそこに立ち止まって、彼らの説教を聞いたことがあった。しかしそれだけで十分で、二度とその経験をくり返す気を起こさなかった。

同じころだと思う。わたしは高名なヒンドゥ教徒がキリスト教に改宗してしまったことを聞いた。洗礼を受けてしまうと、彼は牛肉を食べ、そしてアルコールを飲まなければならなかった。また彼は、インドのとは違った服装をしなくてはならなかった。それからのちは、帽子をはじめヨーロッパ風の衣装をつけた暮らしを始めたというのが、町での噂だった。こんなことが、わたしの神経にさわった。人に牛肉を食べさせ、アルコールをとらせ、そして自分自身の衣装を変えさせる宗教は、断じてその名に価しはしない、とわたしは考えた。また、彼は改宗するとすぐ、自分の祖先の宗教、自分の習慣と自分の国をののしり始めた、と聞いた。

あれやこれやで、わたしのなかにキリスト教ぎらいができあがった。

ところで、わたしがほかの宗教に対して寛容であることを覚えたのは、何も、わたしが生ける神の実在を信じたからではなかった。しかし、ある一つのこと——徳はいっさいの土台である。そして、真実はすべての徳の実体をなすという信念——は、わたしの心のなかに深く根をおろした。真実はわたしのただ一つの目標となった。それは、日ごとに荘厳さを加え始めた。そしてそれに関するわたしの定義も、いよいよ広げられた。

グジュラートのある教訓歌[*43]は、同じようにわたしの心情をつかんだ。その教え——善をもって悪に報いよ——は、導きの原理となった。わたしはそれに熱情を打ち込んだので、それについて数々の実験を始めた。ここに、その〔わたしにとって〕すばらしい数行をひいておこう。

一杯の水を与えられなば
　山海の珍味をもってこれに報いよ
親しく挨拶《あいさつ》されなば

誠心をもって　ひざまずきてこれを受けよ
一銭の施しを受けなば　黄金をもって返せ
一命を救われなば　一命を惜しむなかれ
いかに小さき奉仕であれ　十倍にして報いん
されどまことに心貴き人は　万人を一人と知り《とうと》
悪に報いるに善をもってし　これを喜ばん

8　イギリス行きの準備

わたしの家の者たちは、わたしが大学入学資格試験に受かったのちは、大学に入れて勉強を続けさせようとした。大学はバヴナガルとボンベイにあった。そしてバヴナガルのほうが学費が安いので、そこに行ってサマルダス大学に入る方針を決めた。わたしは出かけて行った。しかし、すっかりとまどってしまった。万事がむずかしかった。もちろん、興味はもったのだが、教授たちの講義にわたしはついて行けなかった。彼らに罪はなかった。あの大学の教授連は一流とされていた。だが、わたしは全くの山だしだった。第一期の終わりになって、わたしは家に帰った。

私たちは、頭のよい、そして博学なバラモンのマヴジー・ダーヴェと友だちづき合いをし、また家族の相談役になってもらっていた。彼は、わたしの父が死んでからも、しじゅうわたしの一家と行き来を続けていた。彼がわたしの休暇中に、私たちをたずねてきたことがあった。母や兄たちと話をしているうちに、彼はわたしの勉学の模様を聞き始めた。わたしがサマルダス大学に行っていることがわかって、彼は言った。

「時代は変わったのだよ。だから、おまえさんたちはまともな教育を受けていないと、おまえさんたちのお父さんのような高職《ガージ》*44は継げないだろうなあ。ところで、この子はまだ勉学中ということだから、ひとつおまえさんたちは、この子に高職を取ってもらうことにすべきだね。彼が修士の学位をもらうまでには、四、五年はかかるだろう。それでうまくいって、一ヵ月六十ルピーぐらいの職がせいぜいだね。首相《ディワン》とはいくまい。もしわたしの息子と同じに、彼が法科を目ざすとなると、もっと長くかかる。その時分になると、首相をねらって、法律家がうじゃうじゃいるだろうよ。それよりおまえさんたちは、彼をイギリスへやりなすったらどうかね。ついこの間イギリスから帰って来たばかりの弁護士がいたが、そりゃもうたいした暮らしさ。首相なんか、彼にはお茶の子さ。わたしはおまえさんたちに、ぜひことし、モハンダスをイギリスに送りなさいとすすめるね。わたしの息子のケヴァルラムの知り合いが、たくさんイギリスにいる。息子が紹介状を書いてくれるだろう。そうすれば、モハンダスはあちらで楽にやっていけるよ」

ジョシジー——私たちは日ごろ、マヴジー・ダーヴェ老をそう呼んでいた——は、全く自信ありげな顔をわたしのほうに向けた。そして問いかけた。

「ここで勉学するより、イギリスへ行かんかね」

わたしにとってこれほど喜ばしいことはなかった。わたしは、むずかしい勉学にはおじ気がついていた。そこで、わたしはその提案に飛びつき、早く行かれるならば早いほどいい、と言った。長兄はあれこれと心配した。わたしをイギリスにやるお金はどのように捻出《ねんしゅつ》したものか、わたしのように年端《としは》のゆかぬ者を信頼して、海外に一人旅させて大丈夫だろうか、と。

母は、すっかり思案に暮れていた。彼女は、わたしと別れるのは考えるのもいやだった。彼女は、つまらない質問を並べ始めた。だれかが、イギリスに行くと青年はだめになってしまう、と告げ口したのだ。また、だれかが、彼らは肉を食べると告げた。しかももう一人のだれかが、彼らは酒なしの生活をしていない、と言ったのだった。

「こんなことはどうなの？」

彼女はわたしに尋ねた。わたしは言った。

「お母さんは、わたしを信用してくださらないんですか。わたしは、お母さんに嘘なんかつきません。わたしは、そういうものにいっさい手を触れないことを誓います。そんなおそれがあるのなら、ジョシジーがわたしに行くことをすすめるでしょうか」

彼女は言った。

「そりゃ、わたしはあなたを信用しますよ。けれども、遠い国にいるあなたを、どうやって信用したらいいのです？　わたしはもう考えただけでぼうっとして、思案に暮れているのです。わたしはベチャルジー・スワミにお尋ねしましょう」

ベチャルジー・スワミの出身はモード・バニアだった。[*45] しかし今は、ジャイナ教の坊さんになっていた。彼もまた、ジョシジーと同じように、私たち一家の相談役だった。彼はわたしの肩をもってくれた。そして言った。

「わたしが、お子さんに厳粛な誓いを三つ誓わせましょう。それから行くことにしたらよいでしょう」

彼を前にして、わたしは酒、女と肉に触れないことを固く誓った。これがすむと母から許しが出た。

高等学校では、わたしのために送別の会を開いてくれた。若い者がイギリスに行くことは、ラジコットでは、めったにないことであった。わたしは謝辞を二、三書きつけておいた。ところが、いざとなるとどもってしまって、ほとんど言えなかった。謝辞を読もうと立ち上がったとき、どんなに頭がくらくらし、全身がどんなに震えたかを、わたしは覚えている。

母から許しをもらい、祝福を受けて、わたしは喜んでボンベイに出発した。あとに妻と生後二、三ヵ月の赤ん坊を残してであった。ところが、ボンベイに着くと、友人たちは兄に、インド洋は六月と七月には荒れると言い、今度はわたしの初航海だから、九月まで船出させてはいけないと説いた。

そのうちに、わたしと同じカーストの人々が、わたしの外国行きのことで騒ぎ出した。カーストの総会が開かれて、わたしはそれに出席するようにと呼ばれた。わたしは行ってみた。どうして、にわかにそんな勇気がわいたか、わからない。何ものにもひるまず、少しのためらいもなく、わたしは集まりに出かけた。シェート——カーストの親方で、わたしには遠い親戚《しんせき》に当たり、父とはずいぶん気を許した仲だった*46——は、わたしに向かって口を切った。

「カーストの意見によると、イギリスに行きたいという君の申し出は妥当を欠いている。われわれの宗教は、海の旅を禁じている。われわれはまた、われわれの宗教を汚さないで、かの地で生活していくわけにいかないということも聞いている。ヨーロッパ人といっしょに飲み食いしなくてはならない！」

これに対して、わたしは答えた。

「イギリスに行くことは、私たちの宗旨に反しているとは少しも思いません。わたしは勉学をきわめるために、かの地に行こうとしたのです。そしてわたしは、すでに母に対して、あなたがたが最も恐れる三つのことには触れない、と厳粛に約束しました。その誓いで、わたしは十分に安全だと思います」

シェートが口をはさんだ。

「しかし、言って聞かせるが、かの地でわれわれの宗教を守り通すのはできないことだよ。君は君のお父さんとわしとがどんな仲だったか知っている。だから、君はわしの忠告に従ったらよい」

わたしは言った。

「そのご関係は知っています。そして、あなたはわたしにとって目上です。しかしわたしは、この問題ではどうすることもできません。わたしはイギリス行きの決心を変えるわけにはいきません。父の友人であり、相談によくのってくださる人で、博学なバラモンである人は、わたしのイギリス行きに反対しませんでした。そして母や兄もまた、わたしに許しをくれました」

「では、君はカーストの掟《おきて》を破る気か」

「わたしは実際どうすることもできないのです。わたしは、この問題にカーストは干渉すべきではない、と思います」

この一言がシェートを激怒させた。彼はわたしをののしった。わたしはじっとすわっていた。そこでシェートは、彼の命令を読みあげた。

「ここなる少年は、本日よりカーストから追放された者として取り扱うものとする。彼に援助の手を差し伸べた者、見送りに波止場に行った者は、全員一ルピー四アンナの罰金に処する」

この命令は、わたしにはなんでもなかった。それからわたしは、シェートに挨拶して、その場を去った。だが、兄がそれをどのように受けとるか、わたしには確かでなかった。幸いなことに、彼に動ずる気配はなかった。そして、シェートの命令には関係なく、行ってもいい許しを出したことを、書面ではっきりさせてくれた。

友人たちがわたしのために、ジュナガート出身の弁護士《ヴァキル》*47、シリ・トリアンバクライ・マズムダルと同じ船室に寝台を取ってくれた。彼らはまた、わたしを彼に紹介してくれた。彼は、年輩の、経験に富み、世情に通じた人だった。わたしはまだ世間知らずの、十八歳の青二才だった。シリ・マズムダルは、友人たちに、わたしについては心配無用と言ってくれた。

とうとう、わたしはボンベイを出帆した。九月四日であった。

9　船中で

わたしは英語の会話には全く不慣れだった。ところでシリ・マズムダルを除くと、二等船室の乗客はみなイギリス人だった。わたしは、彼らと話をすることができなかった。というのは、彼らがわたしに話をしに近寄って来ても、わたしが彼らの話に追いつけるのがまれだったからである。そしてわたしに了解できたときでも、答えることができなかった。わたしは口に出す前に、一文一文《いちぶん》、頭のなかで組み立てなければならなかった。わたしはナイフやフォークの使い方を知らなかったし、メニューにある料理の何という名のものに肉が入っていないのか、ひとに聞く大胆さを持ち合わせなかった。

したがって、わたしは食堂で食事をとったことは一度もなく、いつも船室でとった。だから、食べ物といえば、自分で運んで来た甘味のものと果物《くだもの》が主なものだった。シリ・マズムダルは少しも困らなかった。それに彼は、だれともうちとけた。彼は甲板に出て自由闊達《かったつ》に歩き回った。一方わたしは、ひねもす船室の中に隠れていた。ただわずかしか人影がないときに、おずおずと甲板に上がって行った。

シリ・マズムダルは、いつもわたしに向かって、他の船客とつき合って、気軽に彼らと話し合ったらどうかとすすめてくれるのだった。彼はわたしに、弁護士はおしゃべりなのがよろしい、と言った。そして彼の弁護士界の経験をわたしに教えてくれた。彼はわたしに、英語を話せる機会は、できるなら一つものがさないようにすること、そして外国人がまちがうのは絶対に避けられないことだから、まちがいを気にしないことを忠告してくれた。ところが、なんとしても、わたしには自分の引込み思案が征服できなかった。

一人のイギリス人船客が、わたしに親しくしてくれて、わたしを会話のなかに引き入れてくれた。彼はわたしより年上だった。彼はわたしに、食べ物のこと、職業のこと、どこへ行くのかとか、どうしてそんなに引込み思案なのかなどと、いろいろ尋ねてくれた。彼はまたわたしに、食堂に出るようにとすすめた。私たちが紅海を通っているときであった。彼は、肉を食べない誓いを守っているわたしを笑った。そして友情にあふれて言った。

「今まではそれで万事うまく行っただろうが、ビスケー湾に入ったら、君は決心を変えなくてはなるまい。そして、イギリスはとても寒いから、肉を食べないとやっていけないのじゃないかな」

「しかしわたしは、肉を食べなくとも、あそこでやっていける、と聞いていましたが」

とわたしは言った。彼は言った。

「嘘だなあ、それは。わたしの知っているかぎりでは、肉を食べない人は、一人もあそこにはいないよ。わたしは君に、お酒を飲めとまではすすめない。もっとも、わたしは飲んでいるけれどさ。しかし、君は肉を食べるべきだと思う。肉なしでは君はやっていけないから」

「親切なご忠告に感謝します。しかし、わたしは母に、肉に触れないと厳粛な約束をしています。だからわたしは、食べようとは思いません。もしも肉なしでやっていけないことになったら、あそこに居残ろうとして肉を食べるよりも、さっさとインドに帰っていきます」

私たちはビスケー湾に入った。しかしわたしには、肉を食べたい、酒を飲みたい、という気が起きなかった。私たちはサウサンプトンに到着した。わたしの記憶では、土曜日であった。船では、わたしは黒い服を着ていた。友人たちがくれた白いフランネルの服があったが、それは上陸するときに着ようと、特にしまっておいた。陸にあがるときは白服のほうがいいだろう、とわたしは前から考えていた。だからわたしは、白のフランネル服に着かえて上陸した。

時節は九月の末だった。そこで、そんな服を着ているのはわたしだけ、ということに気がついた。しかし、わたしの荷物は鍵《かぎ》まで入れて全部、グリンドレイ会社の代理店に預けてしまっていた。ほかの人がおおぜい同じことをしていたので、わたしもまねてそのように処置したのだった。

わたしは四枚の紹介状をもらっていた。P・J・メータ博士あてのもの、シリ・ダルパトラム・シュクラあてのもの、ランジト・シンジー殿下にあてたもの、それからダダバイ・ナオロジ[*48]にあてたものだった。船の中でだれかがわたしに、ロンドンではヴィクトリア・ホテルに泊まるといい、と教えてくれた。シリ・マズムダルとわたしは、そのとおりにそこへ行った。自分だけただ一人白服を着ている恥ずかしさに、わたしはもうたまらなかった。しかもホテルに着いて、あしたは日曜日だから荷物はグリンドレイから受け取れない、と聞かされたときは、すっかり憤慨してしまった。

わたしはメータ博士には、サウサンプトンから電報を打っておいて、その日の夕方八時ごろにたずねて行った。彼は心から迎えてくれた。彼の顔はわたしのフランネル服を見て、微笑していた。私たちの話の最中に、なんの気なしにわたしは、彼のシルクハットを取り上げた。そして、それのなめらかさを調べようとして、逆なでしたので[*49]ケバを立ててしまった。メータ博士は、わたしのすることを腹立たしげに見ていて、それからわたしにやめさせた。しかし、すでにいためてしまったあとだった。この出来事は、わたしに、将来の戒めとなった。これはわたしにとって、ヨーロッパのエチケットのレッスン第一回となった。メータ博士がユーモアを交えて、エチケットをくわしく手ほどきしてくれた。彼は言った。

「ほかの人の持ち物に手を触れてはいけない。私たちはインドでよくやっているけれども、初めて知り合いになった人には、多くを尋ねてはいけない。大声で話さないように。彼らと話しているとき、よくインドでやっているように、『サー』と呼びかけてはいけない。召使いと下僕だけが、彼らの主人をそう呼んでいる」

そのほかいろいろ教えてくれた。彼はまた、ホテル生活は金がかかるから、個人の家庭に同居したらいい、と忠告してくれた。私たちは月曜日に改めて考えることにした。

シリ・マズムダルとわたしは、ホテルを試してみることにした。それはやはり費用がかさんだ。けれどもマルタ島から同船者になったシンド人[*50]でシリ・マズムダルと親しくしていた人がいた。彼はロンドンが初めてではなかったので、私たちのために部屋を見つけてくれた。私たちはこれに同意した。そして月曜日に、荷物を受け取るとすぐ、ホテル代を払って、シンド地方出身の友人が借りてくれた部屋に行った。

　わたしのホテル代が三ポンドになっていたのには驚いた。そしてこの高いホテル代にもかかわらず、わたしは飢え死にせんばかりだった。というのは、わたしはうまいものを少しも食べられなかったからであった。わたしはある一つのものがきらいだと、別のものを注文した。そして双方にちょうど同じくらいずつ支払わなくてはならなかった。実際は、その間じゅう、わたしはボンベイから持って来た食料にたよっていた。

　わたしは新しい部屋に移ってからも、非常に落ち着かなかった。わたしは、絶えず自分の家のこと、自分の国のことに思いをはせた。母の愛情が、わたしを悩ませた。夜になると、涙が頬を流れ伝わった。そしてありとあらゆる家庭の楽しい思い出で、眠るどころではなかった。わたしの気の滅入《めい》りをだれかにまぎらしてもらうわけにはいかなかった。たとえ、それがわたしにできたとしても、なんの役にたつだろうか。わたしは、どんなものでもわたしを落ち着かせてくれることができないことを知った。人々、彼らの風習、そして彼らの住居さえも——すべてが不慣れだった。わたしは、イギリスのエチケットに全くの新参者[*51]だったし、四六時中、気を配っていなくてはならなかった。そのうえに、菜食主義者の誓いのために、不便なことがあった。わたしに[*52]食べられるものでも、塩気がなくてまずかった。こうして、わたしはシラとカリブディスにはさまれた自分を見いだした。イギリスにわたしは耐えられなかった。しかしインドに帰ることは、考えもしなかった。やって来たからには、今後三ヵ年を、わたしはやり抜かなければならない、と内なる声は叫ぶのだった。

第二部

10　ロンドンにて

メータ博士は月曜日に、ヴィクトリア・ホテルに行った。わたしに会えると思ったからであった。彼は私たちがひき払ってしまったことを知った。彼は新しい住所番地を聞いて私たちの下宿までたずねてくれた。メータ博士はわたしの部屋とその契約を調べてくれた。そして賛成しかねる、と頭を横に振った。彼は言った。

「この場所はいけない。私たちがイギリスに来たのは、勉学の目的よりも、イギリスの生活と風習について経験を積むためであった。そしてそのためには、君はある家庭に同居してみる必要がある。まあ君がそうする前に、一時期、見習いをするのがよかろう。わたしが君をそこへ連れて行ってやろう」

わたしはその提案を喜んで受け入れて、その友人なる人の部屋に引越した。その人は、たいへん親切で、よく世話をしてくれた。その人は、わたしを実の弟のように扱ってくれ、イギリスのしきたり、作法の手ほどきをしてくれた。そしてわたしを英語の会話に慣れさせた。けれども、わたしの食事がめんどうなことになった。塩や薬味を使わないで作ったゆで野菜は、わたしにはうまく食べられなかった。

下宿のおかみは、わたしに何を作ってやったらよいのか、困ってしまった。私たちは、朝食にはオートミールのお粥《かゆ》を食べた。これはかなりおなかのたしになった。しかし、昼食と夕食には、いつもわたしは空腹をかかえた。その友人はわたしに、肉を食えと、絶えず理を説いて聞かせた。しかし、わたしはいつもわたしの誓いを弁護し、それから沈黙に入ってしまった。昼食と夕食には、ほうれん草とパン、それにジャムがついた。わたしは大食家だったし、胃はじょうぶだった。だが、わたしはパンを二、三片以上もらうのはどうもよくない、と思われたので遠慮した。加えて、昼食にも夕食にもミルクがつかなかった。

あるとき、その友人は、わたしのこうした態度に愛想をつかして、言った。

「君が僕の実の弟だったら、僕はとうに君を送り返していたよ。無学のお母さんの前や、こちらの状況を知らないところで誓った誓いに、どのような値打ちがあるだろう。それは誓いなどといったものじゃない。それは法律では誓いとは認められないものだ。そんな約束を守るのは、全くの迷信というものだ。ねえ君、いくらがんばっても、ここではなんの得にもならないよ。君は、昔肉を食べてうまかった、と告白した。君はそれを全く必要としないところでそれをした。そして絶対必要としているところでは、それをしないんだね。困った人だ」

だが、わたしは頑《がん》として動じなかった。

明けても暮れても、その友人は論じたてた。しかしわたしは、永遠の否定で彼に立ち向かった。彼が論じたてればたてるほど、わたしはいよいよ非妥協的になった。毎日、わたしは神さまの加護をお祈りして守ってもらった。わたしは神の観念といったものを持ち合わせてはいなかった。誠実さが働いたのだった。善良な子守ランバが、種子《たね》をまいてくれた誠実さだった。

ある日、その友人がわたしに向かって、ベンサムの著『功利主義の理論』を読み始めた。わたしは困ってしまった。その用語は理解するのにはむずかしすぎた。彼はそれを解釈し始めた。わたしは言った。

「どうか許してください。こんな難解なことはわたしには歯が立ちません。肉を食べることの大切なことはわたしも認めます。さりとて、誓いを破るわけにはいきません。わたしはそれについて議論はしません。あなたと議論しても、わたしはあなたに太刀《たち》打ちできやしません。しかし、どうぞわたしをばか者でも、あるいは頑固者でも、なんなりと好きなようにして、見のがしてください。わたしは、あなたの愛情をありがたいと思っていますし、また、あなたが、わたしによかれと願ってくださっていることも承知しています。しかし、どうすることもできないのです。誓いは誓いです。それを破るわけにはいきません」

その友人は、驚いてわたしの顔を見た。彼は本を閉じて、言った。

「よろしい。もうわたしも議論はすまい」

わたしは感謝した。彼は二度とこの問題を取り上げて議論はしなかった。しかし、わたしについての彼の心配がなくなったのではなかった。彼はたばこをのみ、そして酒を飲んだ。だが彼は、わたしにそれをすすめはしなかった。実際には、わたしにこの二つから遠ざかっているようにと言ってくれた。彼のたった一つの心労は、肉を食べないでいて、わたしがからだを弱らしてしまいはせぬか、そしてそのためにイギリスで気楽に過ごせなくなりはせぬか、ということだった。

これが、わたしが見習いとして一ヵ月過ごした模様だった。その友人の家はリッチモンドにあった。だから、ロンドンに行けるのは週に一回か二回で、それ以上は行けなかった。そこで、メータ博士とシリ・ダルパトラム・シュクラとは、わたしをどこかのある家庭に置くことにしてくれた。シリ・シュクラは、西ケンジントンにあるアングロ・インディアンの家を思いついた。そしてわたしをそこに置いた。おかみはやもめだった。わたしは誓いのことを彼女に話した。この老婦は、めんどうをよくみてくれると約束した。

そこでわたしはその家に居を定めた。ここでもまた、わたしはすきっ腹をかかえなければならないのは同じだった。わたしは家から甘味のものと、そのほかの食料品を送っておいたのだったが、まだ、何も着いていなかった。食べるものは何もかもまずかった。毎日、老婦はわたしに食事が口に合うかどうかを尋ねてくれた。しかし、彼女に何ができようか。わたしは相も変わらずはにかみやで、もっとたくさん出してくれ、とは言いだせなかった。彼女には娘が二人いた。彼女らは、わたしには、特大か、それとも二切れのパンをつけるように

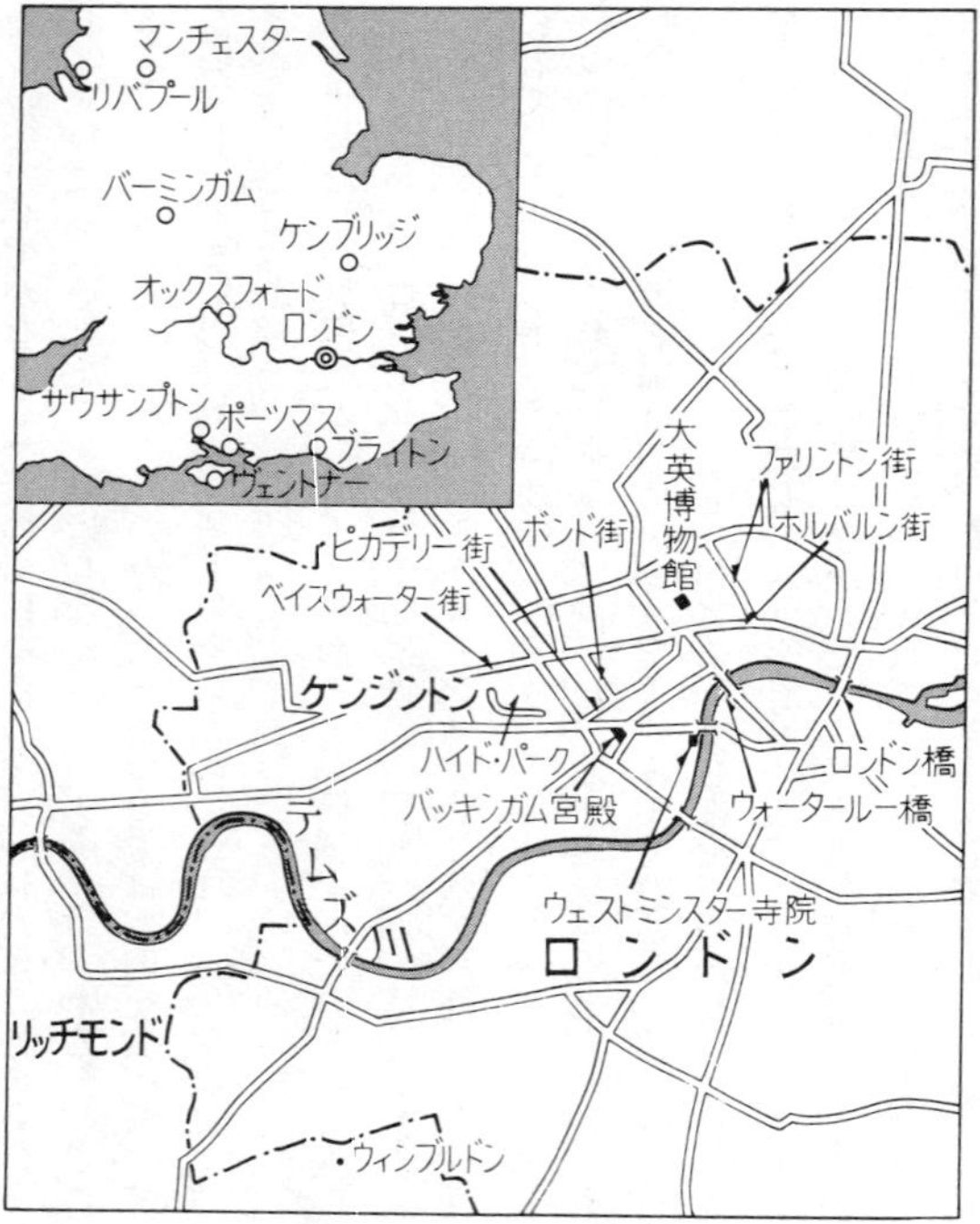
マンチェスター
リバプール
バーミンガム
ケンブリッジ
オックスフォード
ロンドン
サウサンプトン
ポーツマス
ブライトン
ヴェントナー
大英博物館
ファリンドン街
ホルバルン街
ボンド街
ピカデリー街
ベイスウォーター街
ケンジントン
ハイド・パーク
ロンドン橋
バッキンガム宮殿
ウォータールー橋
テムズ川
ウェストミンスター寺院
ロンドン
リッチモンド
ウィンブルドン

ロンドンとその周辺

と言った。しかし、娘たちは、ロール一本でなければわたしのおなかはいっぱいにならないことを、少しもご存じなかったのである。

　ところで、ようやくわたしの足もとが明るくなってきた。わたしはまだ、正規の勉強は開始していなかった。わたしはシリ・シュクラの世話で新聞閲読を始めたばかりだった。インドでわたしは、これまで新聞を読んだことがなかった。ここでわたしは、規則正しく読むことで、新聞への愛着心を養成するのに成功した。わたしはいつも、『デーリー・ニューズ』、『デーリー・テレグラフ』、それから『ザ・ペルメル・ガゼット』[*1]にざっと目を通した。これにわたしは一時間もかからなかった。だからわたしは、ほうぼうを歩き回ることを始めた。

　わたしは野菜食の食堂捜しにのり出した。おかみはわたしに、街にはそのような場所があった、と話したことがあった。わたしは、日に十マイルから十二マイルくらいを、てくてく歩いた。大衆食堂をのぞいて、腹いっぱいにパンを食べた。しかし、それでも満足はいかなかった。こんな歩き回りをやっているうちに、わたしはファリントン街で一軒の野菜食の食堂に行き当たった。それを見たとき、わたしの胸は、幼児がほしいほしいと思っていたものを手にしたときに感ずる喜びと同じような喜びでいっぱいになった。わたしは中に入る前に、入口の近くのガラス戸の中に、本が幾冊か販売用として並べてあるのに気がついた。わたしはその中の一冊、ソールト著『菜食主義への訴え』を眺《なが》めた。わたしは一シリング払ってこの本を買った。そしてまっすぐ食堂に入った。そこでイギリスに到着して以来初めて、腹いっぱいの食事をした。ついに神様がわたしをお助けになった。

わたしはソールトの本を端から端まで読んだ。そして強い印象を受けた。この本を手にした日から、わたしは進んで菜食主義者になった、ということを主張したい。母の面前で誓いを立てた日をわたしは祝福した。わたしはその誓いの日以来ずっと、真実と誓いのために、肉から遠ざかってきた。しかしその一方で、すべてのインド人は肉食家になるがよい、と願った。そして、いつか自分も、自由意志から、そして公然とその一人になること、そしてほかの人をそのたてまえの仲間に加えたい、と望んでいたのだった。

今やわたしは菜食主義を選択することにした。そして、それを広めることがわたしの使命になった。

11　イギリス紳士のまねをして

こうしているうちにも、友人は、わたしへの気の配りをやめないでいたのだった。彼はある日、わたしを誘って芝居を見物に行った。幕が上がる前に、私たちはレストラン・ホルバルンで、いっしょに夕食をとるはずだった。友人は計画的に、わたしをこの食堂に連れて来たのである。内気だから質問なんかはしないだろう、と想定したことは明らかだった。そしてそれは、きわめて大人数の参加した晩餐《ばんさん》だった。

友人とわたしとは、一つの食卓に向きあって着席した。いちばん先に出た料理はスープだった。わたしは、どんな材料で作ったスープだろうかといぶかった。しかし、それを友人に尋ねることまではしなかった。そこでわたしはウェイターを呼び寄せた。わたしの友人は、この動作に気がついた。そして食卓の反対側からはげしい目つきで、事の次第をただした。かなり迷ったのだが、わたしは彼に対して、このスープは野菜スープかどうかを尋ねようと思ったのだ、と言った。彼は語気を強めて言った。

「君はあまり無神経すぎて、上流社会におけないよ。もし、君が行儀よくできなければ、ここを出て行ってくれ。どこかよその食堂で食事をとって、戸外で待っていてくれたまえ」

そこで、わたしは渡りに舟とばかり、外に出てしまった。近くに野菜料理の食堂が一軒あった。しかし閉店していた。それでわたしは、その夜は食べずじまいだった。わたしは友人のお供をして、芝居見物はした。しかし彼は、わたしがひき起こした椿事《ちんじ》には、一言もふれなかった。わたしのほうでも、もちろん何も言わなかった。

私たちの友情の争いとしては、これが最後のものだった。それは私たちの関係には、いささかも影響を及ぼさなかった。わたしは友人が友情から、わたしのためにいろいろと努力してくれたことを理解できたし、また感謝した。そして彼に対する尊敬の念は、思想と行動に違いがあるだけに、いよいよ大きくなった。

けれどもわたしは、彼に安心していてもらおう、無作法をやめて上品になろう、そしてわたしの菜食主義の埋め合わせとして、礼儀ある社会に適した人間になるために才能をみがくことを、彼に約束しようと決心した。そして、この目的を目ざして、わたしはイギリス紳士になるという全く無理すぎることを企てた。

わたしが着ていたボンベイ仕立ての洋服は、イギリスの社会には不似合いに思えた。そこでわたしはデパートのアーミー・アンド・ネーヴィー・ストアで洋服を新調した。わたしはまた、十九シリングもする——あのころとしては法外に高い値段——山高帽を求めた。わたしはこれでも満足せず、十ポンドはたいてロンドンの流行界の中心、ボンド街でイヴニングを作った。そして、わたしは、善良で気前のよい兄に時計の二重の金鎖を送ってもらった。出来合いのネクタイをしめるのも、作法にかなっていなかった。そこでわたしは、自分でネクタイの結びかたを覚えた。

インドにいた間は、鏡はぜいたく品で、家に出入りの理髪師がわたしの顔をそる日だけ、その使用を許されたのだった。ここでわたしは、毎日、ネクタイをしめたり、髪をきれいな形に分けたりする自分を、大鏡に映して、十分間も費やした。わたしの髪はけっして柔らかなほうではなかった。そしてそのために、毎日きまって、ブラシを使って整髪するのに苦労した。帽子をかぶったり、脱いだりするたびごとに、機械的に手が頭のほうに動いて髪をなでつけるのだった。そのほかに、上流社会の仲間入りをしているときなど、ときおり同じ動作をくり返す、文明開化された手の習慣については、言うをまたない。

こうしたことだけでは観察不十分だとばかりに、わたしは、注意力をイギリス紳士になるために必要と思われるその他の諸点に向けた。わたしは、ダンス、フランス語、それから雄弁術のレッスンをとることが必要だ、と言われた。フランス語は隣邦の国語であったばかりか、わたしが一度は旅行したいと思っていた大陸[*2]の「共通語」でもあった。わたしは、教習所に入ってダンスの教授を受けようと決心し、一期分の料金として三ポンドを支払った。わたしは三週間通って、六回ぐらいレッスンをとったはずだ。

ところが、リズムにのった動きをこなすことは、わたしには不得手だった。わたしはピアノについていけなかったから、調子を合わせられなかった。それでは、わたしはどうしたらよいのか。お伽噺《とぎばなし》のなかで、仙人《せんにん》が鼠《ねずみ》を追い払うために猫を飼った、そして猫にミルクを飲ませるために牝牛《めうし》を、それから牝牛を世話するために人間を、というのと同じぐあいだった。

　わたしの欲望も、仙人の一家のようにふくれあがった。わたしは西欧音楽に耳を慣らすために、ヴァイオリンをひくことを覚えなければならないと考えた。そこでわたしは、ヴァイオリンに三ポンドとそのほかに料金若干を投資した。わたしは、雄弁術のレッスンも受けようとして、また先生を捜した。そして彼に、束脩《そくしゅう》として一ギニア[*3]を納めた。彼は教程本として、ベルの『標準雄弁法』を推薦したので、わたしはそれを購入した。そしてわたしは、ピットの演説から始めた。

　ところが、ベル氏はわたしの耳のところで、警鐘を鳴らしてくれた。それで、わたしは目ざめた。

　わたしは自分自身に言って聞かせた。わたしは一生をイギリスで過ごさねばならぬことはなかった。それならば、雄弁術を習って、その使い先はどうか。また、ダンスはどうしてわたしを紳士に仕立てられるか。ヴァイオリンは、インドでも習えた。わたしは学生であった。

わたしの勉強を進めるべきだった。わたしは法曹界に入れるように、資格を取るべきだった。わたしの性格いかんがわたしを紳士にするのならば、それでよい。さもなければ、わたしは野心を捨てたほうがよかった。

このような考えが、わたしから離れなくなった。そこでわたしは、それらを手紙にしたためて、雄弁術の先生のところに送った。そして彼に、今後のレッスンからわたしを除いてくれ、と頼んだ。わたしはまだ、二回か三回しかとっていなかった。

わたしは同じ趣旨の手紙をダンスの先生にあてて送り、そしてヴァイオリンの先生のところへは、自分で行って、どんな売り値でもよいから、ヴァイオリンを処分してもらいたい、と依頼した。彼女は、いくらかわたしに好意的だった。そこでわたしは、彼女にわたしがまちがった理想を追っていたのに気づいた模様を話した。彼女は、すっかり改める決意をしたわたしを励ましてくれた。

こうした迷いは三ヵ月ぐらい続いたにちがいない。身だしなみにやかましかったのは、その後ながながと続いた。しかしそれ以後、わたしは一人の大学生になった。

12　いくつかの変化

わたしがダンスなどに手をそめたことで、わたしの一生のうちに遊びほうけた一時期があった、と思わないでもらいたい。当時にあってもわたしがしっかりしていたことは、読者も気づかれたろう。迷いの時期は、ある程度の自己反省によって救われていないわけではなかったし、わたしのお金の使い方も、注意深い計算のうえだった。

わたしは、自分の生き方について厳格な注意を怠っていなかったので、節約の大切なことを知った。そこでわたしは、これからはある家庭のなかに同居することをやめて、その代りに、自分独自の採算で部屋を借りることにした。そしてまた、わたしの始める仕事に従って、どこにでも気軽に移れて、それで、新しい経験を積めるようにすることにした。

部屋は、わたしの足で歩いて三十分で仕事場につき、またそれで乗物代も省けるようなところを選んだ。それまでのわたしは、どこへ行くにも、いつも何か乗物に乗った。そこで、散歩のために特別の時間をつくらなくてはならなかった。今後の手順は、散歩と節約を兼ねた。つまり、乗物の節約はできたし、一日八マイルか十マイルの散歩ができることになったからである。

わたしのイギリス滞在中、ずっと無病息災で過ごせたのは、主にこの長時間の散歩という習慣のたまものであった。

こうしてわたしは、寝室用の一間《ひとま》と居間用の一間の、一続きの部屋を借りた。

ここまでが第二段階で、第三段階はこれからだった。

これらの変化で、出費を半分節約した。だが、時間のほうを、どのようにわたしは利用したか。わたしは弁護士試験には、たいした勉強は必要でないことを知った。それで、わたしは時間に追われている気はしなかった。わたしが英語に弱いこと、それが、ついて離れないわたしの心配事だった。わたしはただ弁護士の資格を取るばかりでなく、何か修辞学上の学位をぜひ取りたいと思った。わたしはオックスフォードやケンブリッジの大学講義課程を問い合わせたり、わたしの友人の二、三に相談もしてみた。そして、もしわたしがこれらの大学通いを選ぶとすると、わたしの用意したものよりずっと多く費用はかさむし、長くイギリスに滞在することになる、ということがわかった。友人の一人は、もしわたしがほんとうに難関の試験合格の満足感を持ちたいならば、ロンドン大学の入学試験に合格したらよい、と提案してくれた。それには相当がんばらなくてはならなかったし、わたしの一般教養の知識はかなり不足だった。ただし、予定外の出費は、それほどのことでなかった。わたしはその提案に賛成した。しかし講義要目を見て、わたしはびっくりした。正課のなかにラテン語と現代語一つがあった！　どうやって、わたしはラテン語をものにするか。しかし友人は、強硬にそれを弁護した。ラテン語は弁護士に非常にたいせつだ。ラテン語の知識をもっていれば、法律書を理解するのに、大いに役だつ。それに、ローマ法の論文は全文ラテン語で書かれたものがある。そのほかに、ラテン語の知識は、英語に強くなることになる。これに得心がいって、わたしはどんなにむずかしかろうとも、ラテン語を習う決意をした。わたしはすでに、フランス語を始めていた。わたしはフランス語も現代語だと思った。わたしは私設入試クラスに入った。入学試験は六ヵ月ごとに行なわれた。わたしには、余すところ五ヵ月しかなかった。

それはわたしにとっては、不可能に近い課題だった。そこで、イギリス紳士になろうと希望した志願者が、みずからの意志で転向してまじめな学生になった。わたしは詳細な自分自身の予定表を作った。しかし、わたしの知能にしても、また記憶力にしても、与えられた期間のうちに、ほかの諸科目といっしょに、ラテン語とフランス語に挑《いど》むほどの力はなかった。結果は、わたしのラテン語は落第だった。わたしは悲しかったが、失望まではしなかった。わたしはラテン語に少し興味を覚えたし、またわたしのフランス語は、もう一度試験を受け直せば、いっそう良い成績だろうと思った。また、科学からは新しい科目を選ぼうと考えた。わたしの選んだ科学の科目は、化学だった。化学は実験不足のために魅力はなかったが、興味しんしんの勉強であるはずだった。それはインドでは、正課の一つだった。そこでわたしは、ロンドン大学の入試には、それを選んだ。けれども、わたしは今度は化学の代わりに、熱学と光学を選ぶことにした。それはたやすいと言われたし、事実わたしにもたやすかった。

再度の試験のための準備とともに、わたしは生活をいっそう簡便化することに努めた。わたしの生活のしかたはまだ、自分の家族の多くはない収入には不似合いだった。わたしが定期的にお金の援助を頼んでも、これに広い心で応じてくれる兄の奮闘を思うとき、わたしの胸はひどく痛んだ。わたしは、月に八ポンドから十五ポンドも使っている人の大半は、奨学金の恩恵を受けていることを知った。わたしの眼前には、もっとずっと簡素な生活の手本があった。わたしはわたしより質素に暮らしている貧乏学生にたくさん出会った。その一人は、スラム街の週二シリングの部屋に住み、ロックハートの安いココア・ルームで、一食二ペンスのココアとパンで生活していた。彼のまねをしようとはさらさら思わなかった。しかしわたしは、二部屋を一つにして食事の何回かを自炊することは、きっとやれると思った。それだと、月に四ポンドか五ポンドの節約になった。わたしはまた、簡易生活の本を見つけた。わたしは二間続きの部屋をやめて、一部屋を借りた。その代わりストーブを張り込んだ。そして朝食の自炊を始めた。自炊といっても、オートミールのお粥《かゆ》を作ることと、ココアを入れるためのお湯を沸かすだけだから、ものの二十分とはかからなかった。昼は外で食べて、夕食は自宅でパンとココアですませた。こうしてわたしは、努力のすえ、一日一シリング三ペンスで生活することに成功した。このときはまた、猛烈に勉強したときだった。簡易な生活によって、わたしは時間を非常に節約できた。そして、わたしは試験に合格した。

このような生活のしかたのために、わたしの生活そのものが、なにか殺風景なことになったのではないか、と読者は考えないでほしい。その反対に、変化はわたしの生活の、内的のものと、外的のものとの調和をつくりだした。それはまた、わたしの家の収入にいっそう見合ったものだった。わたしの生活がいっそう誠実さを加えたことは確かで、わたしの魂の歓びには際限がなかった。

わたしが費用を切りつめ、生活のしかたを変更するとまもなくのこと、あるいはその前であったかもしれないが、わたしは食事の改良を始めた。わたしは故郷から取り寄せた甘味のものと、薬味を使うことをやめてしまった。気持に変化が起きてからは、薬味に対する嗜好《しこう》は薄れていった。そして今では、リッチモンドでまずくてしかたのなかった、薬味なしのゆでたほうれん草をおいしく食べた。このような経験の数々によって、わたしは、ほんとうの味覚は舌ではなく、気持であることを教えられた。

もちろん、節約を心がけることは、いつもわたしには必要だった。そのころ、紅茶やコーヒーを有害であるとし、ココアを愛用する世論が相当行なわれた。それでわたしは、人間はからだに力をつける食物だけをとればよい、と信じていたから、規則としてお茶とコーヒーをよして、ココアに代えた。

主要な実験と並行させて、小さな実験をいくつか行なった。例をあげると、あるときは澱《でん》粉《ぷん》食をやめたり、別のときにはパンと果物《くだもの》だけをとって生活してみたり、またあるときは、チーズ、ミルク、それから卵で生活してみたりした。

この最後の実験について、ちょっと述べておきたい。それは二週間とは続かなかった。澱粉抜きの食物を推奨する改革家は、卵をほめて、卵は肉とは違うと称した。明らかに、卵を食べても、生物には害は加えられなかった。わたしはこの説に賛成して、わたしの誓いを無視して卵を食べた。しかし、このあやまちは、ほんの一時にすぎなかった。わたしが誓いに新しい解釈を加えるべきではなかった。わたしには誓いを宣誓した母の解釈こそが重要であった。彼女の定義によると卵は肉のなかにふくまれていたことを、わたしは知っていた。そしてわたしは、あの誓いの真の重要性に気がつくやいなや、卵をとることや、同じような実験をやめてしまった。

イギリスでのわたしの実験は、節約と保健の見地から行なわれた。その問題の宗教的方面は、わたしが南アフリカに行って、そこで激しい実験を重ねるまでは考えていなかったことである。それについては、あとで話そう。

菜食主義の初心者に見られる熱情にあふれて、わたしはわたしの地区ベイスウォーターに、菜食クラブを始める決心をした。わたしはそこの住人のサー・エドウィン・アーノルド[*4]に、副会長を引き受けてもらうことを頼んだ。雑誌『ザ・ヴェジテーリアン』の主筆のオルドフィールド博士が会長になった。私自身は事務書記になった。クラブの運営は、しばらくの間順調だった。しかし、二、三ヵ月たって解散になった。というのは、ある期間ごとに引越す習慣どおりに、わたしがそこから出てしまったからである。

しかし、この短期に終わった地味な経験によって、わたしは小さいながら、協会などを組織して運営していくうえの訓練を、いくらか受けた。

13　引込み思案、わたしの心の楯

わたしは菜食主義協会の理事会に選出された。それで、催される会合には、必ず出席することになった。しかし、いつもわたしは舌が重くなって、うまく話せなかった。

オルドフィールド博士はかつて、わたしに言った。

「君はわたしにはうまく話している。ところが理事会の席上というと、黙ってしまうが、それはいったいどうしたのだい？　君は雄蜂《おばち》だよ」

わたしはこのひやかしをもっともなことである、と思った。働き蜂はいつも忙しい。雄蜂は全くの怠《なま》け者である。これらの会合でほかの人たちが、彼らの意見をそれぞれ発表するのに、わたしが黙ってすわっているのは、少なからず奇妙なことであった。わたしは、話そうと思わないわけではなかった。しかしわたしは、どういうふうに表現したらよいかに困ってしまうのである。ほかの理事はみんな、わたしよりずっといろいろの事情に通じているように思えた。それで、わたしが勇を鼓してしゃべろうとすると、新しい問題に変わってしまうことが、しばしば起きた。このようなことが、長い間続いた。

ベイスウォーターのガンジーが住んだ家

わたしは、イギリス滞在中、ずっとはにかみやであった。わたしはひとを訪問した場合でも、訪問先に、六人かもっとそれ以上の人が居合わせると、黙り込んでしまった。

イギリスで演説をしようと思った最後は、わたしが帰国する前夜のことであった。わたしは菜食主義者の友人たちを、前にふれたことのあるレストラン・ホルバルンに招待した。わたしは私自身に言った。

「菜食料理のごちそうを、菜食料理屋で食べることは当たり前のことである。菜食料理屋でないところでも、なんで菜食料理を食べられないことがあろうか」

そこでわたしはホルバルンの支配人に相談して、菜食料理一点張りの食事を準備してもらうことにした。菜食主義の連中は、この新しい試みを大いに喜んで歓迎してくれた。すべて饗宴《きょうえん》というものは、享楽を意味している。しかし西欧の人々は、それを一つの芸術にまで育てあげたのである。それらは、大喝采《かっさい》、音楽、それから演説でにぎにぎしいものになる。わたしが開こうとした小さい宴会にも、これと同じ余興がつきまとった。だから、演説も行なわれた。わたしは非常に注意しながら、いくつかの短い文章からなる演説文を作った。それなのに、わたしは最初の文章のところで、先へ進めなくなったのだった。

わたしは以前、イギリスのアッディソン下院議員が、下院で彼の処女演説をしたとき、「わたしは思う」という文句で始め、三たび「わたしは思う」をくり返し、そしてそれ以上先へ進めなくなってしまうと、一人のひょうきんな議員が席から立ち上がって、「議員さんは三たび考えたが何事もなかった」と言った、という話を読んだことがあった。わたしは、この逸話を題材にして、こっけいな演説をしようと考えた。わたしは、その話から演説を切り出して、そこで立往生してしまった。わたしは、わたしの言うことをすっかり忘れてしまった。そしてこっけいな演説をしようとして、私自身を笑い物にしてしまった。

「諸君、私の招待にご親切にも応じていただきまして、感謝します」

とわたしは言ったきりで、そのまま着席してしまった。

わたしがこの引込み思案にうち克《か》ったのは、南アフリカに行ってからだが、そのときでも、完全に引込み思案を押えつけられたわけではなかった。即興的に話し出すことは、わたしにはできなかった。わたしは初めての聴衆の前に出なくてはならないときは、いつもしりごみをして、できるだけ演説を避けた。ときには笑い草にされることはあっても、それ以外、わたしの体質的はにかみは何も都合の悪いことではなかった、とわたしは言わなくてはならない。事実、その反対に、それはわたしにとって都合がよかったことを知っている。演説するときのためらいは、困ったとかつては思ったが、今では喜びだった。その最大の恩恵は、そのおかげで、考えを抑制する習慣ができてしまったことだった。

経験によって、わたしは、沈黙こそ真実の信奉者に対する、精神修養の一部であることを教えられた。

知ってか知らずにか、いずれにせよ、真実を誇張したり、押えつけたり、あるいは修飾したりしたい癖は、人間の生まれつきの弱点をなすものである。そしてこれを克服するのに必要なのが、すなわち沈黙である。寡黙の人は、演説のなかで、考えなしのことを言うことはまれである。彼は一語一語を検討する。私たちは、黙っていられない人がたくさんいることを知っている。そうした発言がみんな、何かこの世の中に恵みをもたらすとは、とても言えることではない。それは、時間の大変な浪費である。実をいうと、わたしのはにかみは、わたしの楯《たて》であったのである。わたしはそのおかげで、大きく成長することができた。それは、真実を見分けるのに、わたしの助けになってくれた。

14　虚偽の害毒

　今から四十年前には、イギリスに来ているインド人学生は比較的に数少なかった。彼らはすでに結婚していても、独身を装うことが、彼らのつねだった。イギリスの大学生は、みんな独身者である。勉学は結婚生活とは両立しないものとされている。したがって、イギリスに来ているインドの青年は、恥ずかしくて、彼らが結婚していることを告白する気にはなれなかった。また、もう一つ、独身者を装うことになる理由があった。すなわち、事実がばれた場合、青年たちには、彼らが住んでいる家の若い娘たちと、散歩したり、ふざけたりすることができなくなってしまうからである。ふざけたりすることは、とにかく邪気のないことだった。なかにはそれを勧める両親もいた。若い男と若い娘とが、その種の交際をすることは、若い男がだれでも、やがて彼の相手を選びださなくてはならないという見地からすれば、必要事でさえあるだろう。

　けれども、インドの青年がイギリスに来て、こうした関係に耽溺《たんでき》するならば、それはイギリスの青年にはきわめて自然なことでも、彼らには、今までにしばしばあったように、みじめなことになるおそれがある。わが青年たちが誘惑に負けて、イギリスの青年の場合なら無邪気とすませられるが彼らには不道徳な交際のために、虚偽の生活に入ったのを、わたしは見た。わたしもまた、この弊風のとりこになった。わたしには妻があり、一子の親でもあったけれども、なんのためらいもなく独身者で通した。しかし、偽善者なので、少しも愉快ではなかった。

　わたしがヴェントナー[*5]に行ったとき泊まったような家庭では、その家の娘が同居人を散歩に連れ出すことは、ごく当たり前のことだった。わたしのいた家の娘が、ある日、わたしをお供にヴェントナーの町の近くにある美しい丘に行った。わたしの歩き方はおそいほうではなかった。しかし、わたしの相手はそれより足ばやだった。彼女は、わたしを引っ張るように先を歩き、ひっきりなしにおしゃべりを続けた。わたしは彼女のおしゃべりに対して、ときには「ええ」とか、「いいえ」とか、多くは、「そうですね、なんて美しいんでしょうね」などと小さい声であいづちをうった。彼女が小鳥のようにぴょんぴょんはねながら歩いているとき、わたしはいつ家にもどれるか、心配していた。こうして私たちは丘の上にのぼった。今度は下りかたが問題だった。かかとの高いブーツをはいていても、この二十五歳になる活発な婦人は、矢のように丘を駆けおりた。わたしは赤面の至りで、大苦労をして下りた。

　彼女は麓《ふもと》に立って笑いながら、わたしを元気づけ、そして、「さあ、引っ張ってあげましょうか」などと言った。なんとわたしは臆病者《おくびょうもの》だったのだろうか。大変に苦労しながら、ときには四つんばいになったりして、ようやく麓にたどりついた。彼女は「うまい」と大声をたてながら笑った。そして彼女が笑えば、ますますわたしは恥ずかしさを増した。

　しかしわたしはどこへ行っても、無傷にすますことはできなかった。というのは、神さまがわたしを虚偽の害毒から免れさせようとなさったからだった。わたしは一回、ヴェントナーに似たもう一つの海水浴場、ブライトンに出かけた。ヴェントナーに行く前のことだった。わたしはそこのホテルで、質素な身なりの一人の老寡婦と知り合った。メニューの料理名は、みんなフランス語で書かれていたので、わたしにはわからなかった。わたしはその老婦人と同じテーブルについた。彼女は、わたしが外国人で、困っているのを察して、すぐ声をかけてくれた。彼女は言った。

「お見かけしたところ、外国のおかたですね。お困りのようですね。何もご注文なさらないのは、どうなさったのですか」

わたしはメニューを一字一字読んで、ウェイターから料理の中身を確かめようとしていた。そのとき、老婦人がこのように、声をかけてくれたのだった。わたしは彼女に礼を言って、フランス語がわからないので、料理のどれが菜食料理なのか、わからないで困っている、という意味のことを話した。

彼女は言った。

「見てあげましょう。わたしがこのメニューを説明してさしあげます。そうすれば、あがるものがおわかりになりましょう」

わたしは彼女に感謝しながら、彼女のするとおりにまかせた。こうして、一つの近づきが始まった。それは成長して友情となり、そしてわたしがイギリスに滞在中、それからも長く、ずっと続けられた。彼女は、わたしに彼女のロンドンの住所を教えて、毎日曜日、彼女の家に来て夕食をするように招待してくれた。また特別の機会にも招いてくれて、わたしのはにかみ征伐を助けたり、わたしに若い婦人を紹介したり、わたしを彼女らとの会話のなかに引き入れてくれたりした。特にこうした会話の相手にさせられたのは、彼女といっしょにいる若い娘であった。そして、よく私たちは、二人きりにさせられた。

わたしには最初のうち、これらのことがひどく骨の折れることだった。わたしは会話のきっかけをつくれなかったし、冗談一つ言えなかった。しかし彼女のほうが、わたしに機会を与えてくれた。わたしは会話を覚え始めた。そしてしばらくするうちに、日曜日のくるのが待ち遠しくなり、若い友だちとの会話が好きになった。

老婦人は、日ごとに彼女の網をひろげていった。彼女は私たちの会合に関心を持った。おそらく私たちについては、彼女の計画があった。

わたしは当惑してしまった。わたしは自分自身に言った。

「あの善良な婦人に、前もってわたしが既婚者だということを話しておいたらよかったのに！　その時分には、彼女は私たちを結びつけることは、考えていなかったろう。けれども、改めるのにまだおそすぎはしない。もしわたしが真実を言明すれば、わたしはこれ以上みじめになることから救われるかもしれない」

このような考えを頭のなかに置きながら、わたしは、だいたいつぎのようなことを手紙にして、彼女に書き送った。

「ブライトンで私たちがお会いしてからの、あなたさまの私に対するご親切、まことにありがとうございます。あなたさまは実の母のように、私をお世話くださいました。あなたさまはまた、私に良縁を捜してやらなければなるまいとお考えになられ、その目的で、私に若いご婦人のかたがたをご紹介くださいました。事態をこれ以上進ませる代わりに、私はあなたさまに対して、ご厚情に価しない者であることを告白せねばなりません。私は、お宅におうかがいし始めたとき、結婚していることをお話し申しあげておくべきだったのでした。イギリスにいるインド人学生は、彼らが結婚していることを隠していることを知って、私はそのとおりをまねました。今私は、そんなことをすべきでなかったことに気がつきました。私はまたここに、私が子供のとき結婚し、そして一男の父であることを付け加えなくてはなりません。私はかくも長い間、このことをあなたさまにお知らせせずにおいたことを後悔しております。しかし今日神さまが、真実を打ち明ける勇気を私にお与えになられたことを感謝します。お許し願えるでしょうか。

あなたさまがご親切にもご紹介くださったご婦人に対しては、けっして礼を失したふるまいをしておりませんことを確言いたします。私は、自分の限界を心得ています。あなたさまは、私が結婚していることをご存じなかった。そのため、私たちの縁結びをお望みになられたのは、もっともでございます。事を現在の状況以上に進ませないために、私はあなたさまに真実を申しあげなければなりません。

この書状をお受け取りになって、もしあなたさまが、私をあなたさまのご好意に価しない者とお感じになりましても、私は、それをけっして不当とは思わないことを確言します。あなたさまは、ご親切とご配慮によって、永久に続く感謝の負債の下に私を置かれました。もし、今後ともあなたさまが私をお退けにならず、私をあなたさまのご好意――そのためには、私はどのような苦労もいといませんが――それに価する者とみなしていただけますならば、もとより私の喜びとするところですし、またそれを、あなたさまのいっそうのご親切のしるしに数える所存であります」

わたしがこの手紙をひといきに書いたのではなかったことを、読者は知っておかれたい。わたしはまず下書きを書き、それを何度も書き直した。しかしこれで、わたしに重くのしかかっていた重荷がなくなった。ほとんど折り返しに、彼女から、だいたいつぎのような返書がとどいた。

「わたしは、あなたの偽らぬお手紙をいただきまして、うれしく存じあげます。私ども両人は、非常にうれしく思い、心からお笑い申しあげました。あなたが言われているご自分の犯した不真実は、許されるべきです。ともかくあなたが、私どもに実情をお知らせくださったことは、結構なことでございます。わたしのお招きはなお有効ですし、私どもは、日曜日、あなたのおいでを待っております。そして、あなたから幼児結婚のことをくわしく聞かしていただき、あなたをさかなにして、笑えるのを楽しみに待ちのぞんでおります。私たちの友情が、今回の事件によっては、いささかの影響もこうむっていないことを、あなたに確言することが、必要でございましょうか」

こうしてわたしは、不真実の害毒から自分自身を洗い清めた。そしてわたしは、それ以後、必要に応じていつも、結婚していることを少しもためらわずに話した。

わたしの記憶しているかぎり、イギリス滞在の最後の年、すなわち一八九〇年に、ポーツマスで菜食主義者大会が開かれ、それにインド人の友人とわたしが招かれて出席した。ポーツマスは、大きい海軍人口を持った海港である。そこには芳しくない噂《うわさ》の婦人、実際には売春はしていないが、同時に、かなり風紀の乱れた婦人の住んでいる家がたくさんあった。私たちは、そういう家の一軒に泊められた。もちろん接待委員会は、そんなことは何一つ知らなかった。

私たちは、夕方、大会から帰ってきた。夕食がすんで、私たちはブリッジをしようと席に集まった。その席には、イギリスでは上流の家庭でも習わしになっているように、その家のおかみが加わっていた。トランプをする人はみんな、当たり前のことだが、悪気のない冗談をかわし合うものである。ここでも、わたしの連れとおかみは、ついにみだらな冗談まで始めた。わたしは、連れがその道の達人であることを知らなかった。わたしはとりこになり、わたしもまたその仲間に入りこんだ。わたしが限界を越えんばかりになって、カードもゲームもほうり出したとき、神さまが、その気のよい友だちの口を借りて、祝福の戒めを伝えられた。

「魔がさしたぞ、早く逃げろ、早く」

わたしは恥ずかしくなった。わたしは忠告に気がついて、心のなかで友人に感謝の言葉を言った。わたしは母の前で誓ったことを思い起こして、その場から逃げた。わたしはぶるぶるがたがた震え、心臓をどきどきさせながら、追手の手からのがれた獲物になって、自分の部屋にもどった。

そのころわたしは、宗教や神の本質、それから神が私たちのなかでどのように作用するのか、などは知っていなかった。ただ漠然《ばくぜん》と、わたしは、あの場合は神さまに助けていただいたのだということを了解した。すべて試練のときに、神さまはわたしをお救いになった。希望がいっさい消えうせたときでも、わたしにわからないどこかから、とにかく助けの手が差し伸べられたのであった。祈願、礼拝、お祈りなどは、迷信ではない。それらは、食べたり、飲んだり、すわったり、歩いたりすることなどよりも、現実の行為なのである。それらのみが現実のもので、そのほかのいっさいは非現実である、と言っても言いすぎではない。

15　宗教に近づく

わたしのイギリス滞在二年目の終わりになって、わたしは二人の接神論者《セオソフィスト》*6にめぐりあった。二人は兄弟で、二人とも未婚だった。彼らはわたしに、ギーターについて教えてくれた。彼らは、サー・エドウィン・アーノルドによるギーターの英訳『天来の歌』を輪読していた。彼らはいっしょに原典を読もうと、わたしを誘った。わたしはしりごみした。わたしはサンスクリット語にしろ、グジュラート語にしろ一度も読んでいなかったからである。わたしはやっとの思いで、彼らに、実はギーターを読んでいないこと、しかしそれを彼らといっしょに読んでみたいこと、さらに、わたしのサンスクリット語の知識はたいしたことでないけれども、翻訳のどこが意味を訳しそこなっているかを指摘するぐらい、原典を理解できる力をもっていると思っていること、などを話した。わたしはギーターを、彼らといっしょになって読み始めた。第二章のなかのつぎの一節、

——人もし
その官能の対象に執着すれば　対象の魅力おのずから湧かん
魅力から欲望の生じ来たるあり　欲望はやがて激しき情熱の炎と燃え　情熱は無分別の
種を　宿すにいたる
かくて追憶——すべてはかなき——に高き望みは失われ　心は涸《か》れて　ついには志操
心情　身命ともに失われてあらん

が、わたしの心に深い感銘を与えた。その響きはいまだにわたしの耳に残っている。その書物は、わたしに無上に貴重なものと思われた。そのときにうけた感銘は、日を経るにつれてますます深くなった。今日わたしは、それを、真実の知識を得るための最もすぐれた書物だとみなしている。それは、わたしの気分のすぐれないとき、わたしに測りしれない助けを与えてくれた。

その兄弟はまた、エドウィン・アーノルドの著わした『アジアの光』をすすめた。わたしはそれまで、アーノルドは『天来の歌』を訳したにすぎぬと思っていた。それでわたしは、『バガヴァッド・ギーター』のときよりも、大きい興味を寄せながら、それを読んだ。読みだすと、わたしは巻をおくことができなかった。彼らはまた、わたしを、あるときブラヴァ

ツキー・ロッジ[*7]へ連れて行った。そしてわたしをマダム・ブラヴァツキーとベサント夫人[*8]に引き合わせた。ベサント夫人はちょうどそのとき、接神協会に入ったばかりだった。そこでわたしは、彼女の改宗問題をめぐっての議論を、大きな関心をもって聞いた。友人たちは、わたしにその協会に入るようにすすめた。しかし、わたしは丁重な言葉で断わりながら言った。

「わたしはまだわたしの宗教についても未熟なのですから、どの宗教団体にも属したくありません」

わたしは兄弟がたってというので、マダム・ブラヴァツキーの『接神術の案内』を読んだことを覚えている。この本は、わたしに、ヒンドゥ主義を論じた本を読む気持を起こさせた。また、ヒンドゥ主義は迷信だらけだという、キリスト教会の宣教師たちに言いふらされた見解のまちがいを、晴らしてくれた。

アンニー・ベサント（1889年）

同じころ、わたしは菜食主義者ばかりの宿舎で、マンチェスター生まれの善良なキリスト教徒に出会った。彼はわたしに、キリスト教について教えてくれた。わたしは彼に、ラジコットでの思い出を物語風に話した。彼はそれを聞いて気の毒に思ってくれた。彼は言った。

「わたしは菜食主義者である。わたしは酒を飲まない。肉を食べ、酒を飲むキリスト教徒はたくさんいる。それはたしかであるが、肉食も、飲酒も、聖典によって命じられたものではない。どうぞ聖書をお読みなさい」

わたしは彼のすすめを受けいれた。彼はわたしに一冊の聖書を持ってきてくれた。わたしはそれを読み始めた。だが、旧約は通読できなかった。わたしは『創世記』を読んだ。さらにそれに続く章になると、きまって眠くなった。だが、それを読み終えてしまいたいばかりに、大変な苦労をしながら、そして少しも興味を起こさずに、また意味もわからないままに、その他を読み続けた。わたしは『民数記略』は好きでなかった。

しかし新約になると、感銘が違ってきた。「山上の垂訓」[*9]は、特別であった。それには、じかにわたしの胸に響くものがあった。わたしはそれをギーターと比べてみた。

「されどわれはなんじらに告ぐ、悪《あ》しき者に手向かうな。人もしなんじの右の頬を打たば、左をも向けよ。なんじを訴えて下着を取らんとする者には、上着をも取らせよ」

という句にいたっては、わたしを限りなく愉快にし、そしてシャマル・バットの、

「一杯の水を与えられなば、山海の珍味をもってこれに報いよ」

などを、思い出させた。わたしの若い心は、ギーターや『アジアの光』の教えと、「山上の垂訓」の教えを一つに結び合わせようと試みた。自己放棄こそ、わたしには最も強く訴えるものをもった宗教の最高の形式であった。

わたしの宗教への接近は、これ以上にはならなかった。試験勉強のために、それ以外のことには、ほとんど時間が残されていなかったからである。だがわたしは、宗教関係の本をも

っとたくさん通読しておくべきであり、主な宗教はすべてに通暁しておかなければならない、ということを心に銘記したのだった。[*10]

16　インドに帰る

これまでわたしは、なぜイギリスに行ったか、その目的、すなわち弁護士の免許を取ることについては何も書かずにきた。ちょっとそれにふれておこう。

イギリスでは、学生が正式に弁護士の免許を受けるには、二つの条件を満たすことが必要だった。[*11]所定の学期数を出席すること、すなわち約三ヵ年に相当する十二学期に出席することと、それから学課試験に合格することであった。所定の学期数を出席するということは、学期を飲み食いに過ごすこと、つまり一学期に約二十四回の会食が行なわれるうち少なくとも六回に出席することである。飲食するということは、実際の会食をいうのではない。定められた時間に報告を行ない、ほかの時間も会食の終わるまで、その席に残っていることをいうのである。

学課は楽であった。弁護士は「会食弁護士」という冗談めいた名前で知られていた。試験は事実上値打ちのないものであることは、みんな知っていた。わたしのときには、ローマ法と慣習法[*12]の二課目の試験があった。試験問題はやさしく、試験官は寛大だった。ローマ法の試験合格者の率は、九五から九九パーセントであり、最終試験でさえ、七五パーセント以上であった。落第するおそれはなかった。また試験は一ヵ年に一回でなくて、四回も行なわれた。むずかしいとはとても思えなかった。

私は試験に合格して、一八九一年六月十日に弁護士の免許を得た。そして十一日付で高等法院に登録された。翌十二日に、わたしは本国に向け出帆した。

だが、わたしの勉学は進んだにもかかわらず、自信のなさと臆病は直らなかった。わたしには、自分に弁護士をやる資格があると思われなかった。

弁護士の免許を取ることは、たやすくすんだ。しかし法廷で実際にやることはむずかしかった。わたしは法規を学んだ。しかし法律実務を習得しなかった。そのうえ、インド法については、全く何も学ばなかった。わたしはヒンドゥ法ならびにイスラム法には全然知識がなかった。告訴状の書きかたさえ習いもしなかった。それで全く途方に暮れた感じだった。

わたしは、サー・フェロズシャー・メータが[*13]法廷に立って、ライオンのように堂々と弁じた、ということを耳にしたことがあった。彼はそんな腕前をイギリスで磨いたのだろうか、と不審に思った。彼のように鋭い法律の勘を持つことは、わたしにはとうていできることでなかった。わたしがこの職業によって、はたして生活の資を得られるものかどうか、内心不安でならなかった。

わたしは法律を勉強している間、このような疑念や心配に悩まされた。わたしはその辛《つら》さを、友だちにこっそり打ち明けたのだった。彼らの一人が、それではダダバイ・ナオロジの意見を聞きに行くように、と提案してくれた。わたしがイギリスに来たとき、ダダバイへの紹介状をもらっておいたことを、すでにわたしは書いておいた。わたしは紹介状を今日まで使わなかった。わたしごときが面会に行って、あのような偉大な人を煩《わずら》わす権利はない、と思ったからだった。

彼の演説があるときはいつも、わたしは行ってみた。講堂の片隅から彼の演説を耳をすましながら聞き入った。そして、わたしの目と耳に十分供養して帰ってきた。彼は学生たちとの接触を深めるために、一つの協会をつくった。わたしは協会の会合には欠かさず出席した。そして、ダダバイが学生に対して世話好きなこと、それから彼に対して学生が尊敬の念をいだいていることに心がなごんだ。あるとき、わたしは勇気を出して、紹介状を彼に差し出した。彼は言った。

「君の来たいと思ったときに、いつでも来て、わしに意見を聞いたらどうだ」

しかしわたしは、彼の申し出を利用しなかった。よほどのさし迫ったことのないかぎり、彼を煩わすのはまちがっている、と思った。それでわたしは、ダダバイに困ったことを相談に行け、という友だちのすすめを受け入れなかった。

わたしにフレデリック・ピンカット氏に会いに行くようにと言ってくれた人がいたが、その同じ友だちだったかどうだったか、忘れてしまった。

ピンカット氏は保守党員だった。しかし彼のインド人に対する愛情は純粋で、利己的なものでなかった。おおぜいの学生が彼に意見を求めに行った。そこでわたしも、彼に面会を申し込んだ。彼は許してくれた。わたしは今でも、その会見を忘れていない。彼はわたしを友人のように迎えてくれた。彼はわたしの悲観主義を聞いて、それを笑いとばした。彼は言った。

「みんながそろって、フェロズシャー・メータにならなければならないのかねえ、君。フェロズシャーやバッドラッディン[*14]は、めったに出ない人だ。安心なさい、並みの弁護士になるのに、なにも特別の腕は必要としない。普通の正直さと勤勉さで、結構暮らしていけるさ。事件という事件が全部、こみいっているわけでもない。さあ、どれくらい君は本を読んでいるのか、聞かしてくれ」

わたしが少しばかり読んだものを、彼に紹介すると、思いなしか、彼はいくらか失望の色を見せた。しかし、それは一瞬のことだった。たちまち彼の顔は楽しそうな笑いを浮かべ、そして言った。

「君の心配はよくわかった。君の一般読書は足りないね。君には、弁護士《ヴァキル》の必須《ひっす》条件の世間の知識がないね。君はインドの歴史を読んでいないね。弁護士《ヴァキル》は、人間の性質を心得ていなくてはならない。人間の顔から、その人の性格を読み取ることができなくてはならない。さらにインドの歴史を知っておく必要がある。これは法律業務とは関係はないが、君はその知識をぜひ持っていなくてはならない。君はまだ、ケーとマレッソンの『一八五七年の反乱の歴史』[*15]を読んでいないようだね。すぐ手に入れなさい。それからもう二冊、人間の性質を理解するために読みなさい」

その二冊は、人相学に関するラヴェトルとシェムメルペッニクのものだった。翌日、ラヴエトルの本を買った。シェムメルペッニクのは本屋になかった。わたしはラヴェトルの本から、新しい知識は得られなかった。わたしはイギリスでは、ケーとマレッソンの本を読めなかった。

しかし、機会があったらまっ先に読むつもりだったので、南アフリカでとうとうそれを読んだ。

こうして、絶望とともに希望のかすかな芽生えをまじえて、わたしはアッサム号からボンベイに上陸したのだった。

毎年六月と七月に、アラビア海が荒れるのは普通のことだった。海上は、アデンからずっと荒れ続きだった。船客で船酔いしない者は、ほとんどいなかった。ただわたし一人だけが、しゃんとしていた。甲板に立って、荒れる大波を眺めたり、波頭のしぶきを楽しんだりした。

このような外界の嵐は、わたしにとっては、内心の象徴のように受け取れた。しかし外の嵐に平静を保てたわたしであったから、内心の嵐にも同じことだ、と考えた。

長兄は、ボンベイの波止場まで、わたしを出迎えに来ていてくれた。彼はすでに、メータ博士や彼の兄たちと昵懇《じっこん》になっていた。それでメータ博士がわたしを自分の家に泊めたいとしきりに言うので、私たちはそこへ行った。こうして、イギリスに始まった交友は、インドでも続けられた。そして、両家庭の永久的な友情にまで発展した。

わたしは母に会いたい、とそればかりを思っていた。兄は、母の死をわたしに知らせずにいた。母はわたしがまだイギリスにいたあいだに、みまかったのだった。兄は、異郷の土地でわたしに打撃を受けさせまいと気を使ってくれた。それにもかかわらず、その知らせは、わたしにとって大きな衝撃だった。わたしの悲しみは、父の死のときより大きくさえあった。わたしが胸にえがいていた希望のおおかたは、こなごなにこわされた。しかし、悲しみを粗野に表わしはしなかった。わたしは涙の出るのをさえこらえた。また、何事もなかったかのように生活を始めた。

　メータ博士は、わたしに数人の友人を紹介してくれた。そのなかに彼の兄のシリ・レヴァシャンカル・ジャグジヴァンがいた。この人とは、わたしは終生の交わりを結ぶようになった。しかし、特にわたしが述べたいのは、メータ博士の兄の養子で、レヴァシャンカル・ジャグジヴァンという名の宝石商会の共同出資者、レイチャンドまたの名ラジチャンドラに紹介されたことであった。当時彼は、二十五歳にはなっていなかった。しかし、わたしが彼に会った最初から、彼が偉大な性格と学識の人であることを知った。わたしが感心したのは、彼が経典に精通していること、非の打ちどころのない性格であること、自己実現（神にまみえること）を目ざして燃えるような熱情を注いでいることなどで、これらのことをわたしは後日知ったのだった。わたしは、彼が自己実現のために生活していることがわかった。

　彼はダイヤや真珠の鑑定家だった。こみいった商売上の問題も、彼は簡単に処理した。しかしこれらのことはすべて、彼の生活の中心をなしてはいなかった。生活の中心は、神にまみえたい、という熱烈な思いであった。彼は仕事がすむとすぐ、宗教書か、日誌を開いた。彼の著作がたくさん公けにされたが、その多くは、この日誌を印刷したものだった。山ほどの商取引の話をすますと、ただちに、内に隠れている精神について書きとめ始める人は、確かに商売だけの人ではない。真実の真の追求者である。

　彼をわたしに結びつけたのは、商売やその他の利己的な結びつきではなかった。当時わたしは、駆け出しの弁護士にすぎなかった。それでも、わたしが彼に会うと、いつも彼はまじめな宗教的な話をわたしにしたのだった。当時わたしは、模索を続けていた。そして宗教論議に少しも興味を持っていなかったけれども、わたしは彼の話に魅せられてしまった。それ以後わたしは、たくさんの宗教指導者や教師に会見した。わたしはいろいろの信仰の指導者に会おうとした。その結果、レイチャンド・バイのような印象をわたしに与えてくれた人はほかにはいなかった。

　しかもなお、わたしの彼に対する崇敬にもかかわらず、わたしは彼を心のなかで、わたしの教師《グル》[*16]に奉ることはできなかった。教師の座は空《あ》いている。そして、わたしの探求は続けられている。

　わたしは、教師に関するヒンドゥ教の説くところを信じ、また精神的実現（自己実現と同義）に当たって、教師のはたす重要さを信じている。わたしは、真の知識は教師なくしてはつかみえないという教義のなかに、真理が多分にふくまれていると思う。世俗的なことでは、不完全な指導者でも任に堪えられよう。しかし、精神的なことではそうでない。完全な求道者のみが、教師の座につくことができる。したがって、完全を目ざして絶えず努力することのみである。というのは、それに価する者のみが教師の座を得るのだからである。完全を望んで、無限の努力をすることは、人間の権利である。それの当然の報いはある。その他は、神さまの手中にある。

わたしの生涯に、深刻な印象を残したのみならず、わたしをとりこにした人に、現代では三人がある。生ける交わりをしたレイチャンド・バイ、『神の国は汝《なんじ》自身のうちにあり』のトルストイ、[17] そして『この最後の者に』のラスキン[18]である。

17　生活の門出

わたしの海外旅行をめぐって、わたしのカーストのあいだに起きた嵐は、まだ吹き荒れていた。カーストは二派に分かれた。その一つは、ただちにわたしをカーストに再加入させたが、他の一派は、わたしを除籍したままだった。わたしは、加入を拒否している一派に頼もうとはしなかったし、その派の頭《かしら》のだれにも反感を持ってもいなかった。これらの人々の何人かは、わたしを毛ぎらいした。しかし、わたしは用心深く彼らの感情を傷つけるようなことは避けた。わたしはカーストの除籍規約を完全に守った。その規約によると、わたしの親《しん》戚《せき》の者はだれでも、義理の父や母、姉妹や義兄弟までも、わたしを歓待するわけにいかなかった。そしてわたしは、彼らの家の中では水さえ飲めなかった。彼らは、そのような禁止にひっかからない用意をひそかにしていた。しかし、わたしが公けの場所では行なわないことをひそかに行なうとすれば、それはわたしの天性に反することだった。

わたしが行動を慎《つつし》んだために、一度もカーストでめんどうな目にあわずにすんだ。いや、いぜんとしてわたしを除《の》け者にしている一派のたいがいの人からも、好意と寛大以外のものを持たれたためしはなかった。彼らは、仕事をしているわたしを手伝ってくれた。彼らは、わたしに対して、カーストの一員らしくすることを期待しなかった。こうしたことはすべて、無抵抗の結果であったというのが、わたしの確信であった。わたしをカーストに加入させるようにと運動していたら、カーストをいっそう細かい党派に分裂させようとしていたら、同じカーストの人々を挑発していたら、彼らが報復してきたことは確かであった。そして、嵐を静めるどころか、わたしはイギリスから到着したときは、騒動の大嵐の中心に置かれ、たぶん虚偽の仲間入りをしていたにちがいない。

ラジコットで開業すれば、物笑いの種にされるのは確かだった。わたしは免許を取った弁護士《ヴァキル》ほどの知識も持たなかった。しかも彼の料金の十倍の報酬を期待した。どんな訴訟依頼人でも、わたしと契約するようなばか者はいないだろう。そして、そんな人がいるとすれば、わたしの無知に傲慢不遜《ごうまんふそん》と嘘《うそ》八百がつけ加わり、わたしがこの世に負うている重荷が重さを加えることになってしまうだろう。

友人たちはわたしに、しばらくボンベイに行って、高等法院で経験を積んだり、インド法を勉強したり、また、わたしがどのような訴訟事件を取り扱えるか、試しにやってみたら、とすすめてくれた。わたしはその勧告を入れて、行ってみた。しかし、ボンベイでのわたしの暮らしは四、五ヵ月以上は続かなかった。どしどしかさむ出費に釣り合う収入がなかった

からであった。そのころ、わたしは一人のマミバイ[*19]の訴訟を引き受けた。それは「小さい訴訟事件」だった。わたしは、

「君は口ききにいくらかお礼を出すべきだ」

と言われた。わたしは言下に拒絶した。わたしはお礼をしなかったが、やはりマミバイの事件を扱うことにした。それは簡単な事件だった。わたしは報酬に三十ルピーを請求した。その仕事は、一日で終わる仕事だった。


　これが小法廷でのわたしの初舞台だった。わたしは弁護人として出廷し、そして原告側の証人を反対尋問しなくてはならなかった。わたしは立ち上がった。ところが、びくびくしてしまった。わたしの頭はふらふらしたし、法廷全体が揺れ動いているような気がした。わたしは尋問する問題を一つも思い出せなかった。裁判官は笑い出したにちがいなかった。そして弁護士《ヴァキル》もその光景を楽しんだことは疑いない。しかしわたしは手の下しようがなかった。わたしは腰をおろし、代理人に向かって、

「わたしはこの事件を取り扱えなくなった。パテルに依頼したらよい。それから料金はわたしからそちらにお返しする」

と言った。パテル氏は、そこで五十一ルピーで引き受けた。彼にとって、その事件が子供だましのようなものであったことは、いうまでもなかった。


　わたしは法廷から大急ぎで出て行った。わたしの訴訟依頼人が勝ったか負けたか、決まるのを待たなかった。わたしは自分自身を恥ずかしく思った。そしてわたしに勇気が出て、事

件を処理できるようになるまで、新しい事件を引き受けない決心を固めた。そこで、わたしは教師の職についたらよかろう、と思った。わたしの英語の知識は十分であった。そしてわたしは、どこかの学校で入学試験を志す少年に、英語を教えていたらよかったのだ。そうすれば、わたしは出費の一部ぐらいはかせげたのだった。わたしはある日の新聞で「英語教師一名入用。条件一日一時間の授業、俸給七十五ルピー」という広告を見つけた。ある有名な高等学校の出した広告だった。わたしは申し込んだ。そして、面会することになった。わたしは元気よくそこへ行った。しかし、わたしがそこの学校の卒業生でないことがわかると、校長は残念そうに断わった。

「ですがわたしは、ラテン語を第二外国語として、ロンドン大学の入試に合格しているのです」

「そうですか。しかしここで必要なのは卒業生なんです」

どうすることもできなかった。わたしは気落ちして、両手をもんだ。兄もまた、非常に心配してくれた。私たち両人は、これ以上ボンベイでお金を使うのはむだである、という結論に達した。

落胆したわたしは、ボンベイを去って、ラジコットに行った。そこに、わたしは事務所を設けた。ここではわたしは、順調にやっていった。申請書や陳情書を代書して、平均して月三百ルピーが手に入った。この仕事は、私自身の能力よりも、むしろ縁故のおかげだった。というのは、兄の同僚が、安定した業務を持っていたからであった。実際に重要だったり、また、彼が見て重要だと思われた申請書などは全部、法廷弁護士《バリスター》*20の大先生に送ってしまった。わたしにあてがわれた分は、貧しい依頼人のために申請書を代書することだった。

18　最初の打撃

兄は、ポルバンダルの故ラナ・サヘブが土侯の位につく前、秘書兼顧問を勤めていた。そしてそのとき、あやまった具申を行なったといって、非難が兄の頭上にふりかかってきた。事件は、兄に悪意を持つ政治理事官*21のところに移された。さてわたしは、イギリスにいたとき、この役人と知り合いであった。そして彼はわたしに対してかなり親密であった、と言ってもよかった。兄は、わたしがその友情にあやかって、中にたって自分のために弁護し、政治理事官の悪意解消に努めるべきである、と考えた。わたしは初めから、この考え方を好まなかった。わたしは、イギリスでのちょっとした知り合い関係ごときを利用すべきでない、と思った。もし兄にほんとうに過失があるなら、わたしの勧告はなんの役にたとうか。また、無罪なら、兄は適切な手続きで請願を行なうべきである。そして自分の無罪を確信して、結果を待つべきであった。このようにすすめると、兄はおもしろくなかった。兄は言った。

「おまえはカチアワルの事情を知らないんだ。おまえにはまだ世間というものもわかっていない。ここであてになるのは、ただ縁故だ。また、おまえの知り合いの役人に対して、兄のために大いに弁護できるくせに、義務を逃げるとは、弟のおまえらしくない」

わたしは拒否できなかった。そこでわたしは自分の意志に反したが、役人のところに出かけた。わたしは、彼に近づく資格のないことは知っていたし、わたしの自尊心が傷つけられることは十分わかっていた。でも、わたしは面会の約束をとりつけてからたずねた。わたしは彼に久しぶりの挨拶《あいさつ》を述べた。ところが、カチアワルとイギリスとではようすが違っているのに気がついた。休暇で帰っている役人と、勤務についている役人とは、こうも違うことを知らされた。政治理事官はわたしを覚えていた。しかし、久闊《きゅうかつ》の情を述べると、彼は硬化したようだった。

「まさか、わたしとの友人関係を利用しに来たのではあるまいね。そうだね」

と言いたげのふうに見えたし、それが顔の動きにありありとわかった。それにかまわず、わたしは本題に入った。イギリスの旦那《サヒブ》はいらだった。

「君の兄さんは陰謀家だ。わたしは、君からもう何も聞きたくない。忙しいのだ。君の兄さんに、何か言いたいことがあるなら正当な筋道を通して申請するようにさせなさい」

それで答えはわかったし、たぶん当然のことだったろう。しかし、利己というものはやみくもである。わたしは話を続けた。旦那は席から立ち上がって、言った。

「もう帰ってくれ」

「そうおっしゃらずに、終わりまでわたしの言うことを聞いてください」

とわたしは言った。これで彼はいっそう怒り出した。彼は小使い《ペオン》を呼びつけ、彼にわたしを戸口まで案内するように命じた。わたしはそれでもぐずついていると、小使いが入って来た。

彼はわたしの両肩に手をかけて、わたしを部屋から押し出した。

旦那は行ってしまった。小使いもあとについて行った。そしてわたしは、ぷりぷり怒って引き揚げた。わたしは、急いでつぎのような意味のノートをしたためて旦那にとどけた。

「わたしは貴殿に侮辱された。貴殿は小使いに命じて、わたしに暴行をなさった。もし謝罪をなさらないようならば、わたしは貴殿を告訴します」

さっそく、彼の従卒《ソワール》が返答を持って来た。

「貴下こそわたしに無礼を働いた。わたしは貴下に出て行ってくれと要求し、貴下は出て行かなかった。わたしには、小使い《ペオン》に命じて戸口まで案内させるよりほかに、選択のしようがなかった。彼が貴下に事務所から出るように要求しても、貴下はそうされなかった。そこで彼は、貴下を送り出すために、少し力を使った。貴下が告訴をなさろうと、それは貴下のご自由です」

この返事をポケットにしまって、わたしはしょんぼりと家に帰った。そして兄に一部始終を話した。兄はこれを聞いて、心痛した。しかし、わたしをどう慰めようもなかった。兄の友だちの弁護士《ヴァキル》に話してみた。というのは、わたしは旦那《サヒブ》を告訴する手続きを知らなかったからだった。折りよくこのときに、サー・フェロズシャー・メータが、ある事件のことでボンベイからやって来て、ラジコットに居あわせた。だが、どうしたら、わたしのような若僧の弁護士が、彼に面会できるのか。そこでわたしは彼に、わたしの事件の調査書を、彼と会見する約束を取っていた弁護士《ヴァキル》の手を通してとどけてもらった。そして彼に意見をお願いした。

「ガンジー君にこう伝えてください」

と彼は言った。

「こんなことは、たくさんの弁護士たちが、ざらに経験していることだ。彼はイギリス帰りのほやほやだし、気負いたっている。彼にはイギリス人の役人がわかっていない。もし彼が、ここでいくらかでも収入をはかり、楽な生活をしようと思うなら、ノートを破って侮辱をこらえることだ。旦那を告訴しても、彼は一文の得にもならない。反対に、自分のほうを破滅させるようになるばかりだ。彼はまだ、人生を知っていない」

この忠告は、わたしには毒物に劣らず苦かった。しかし、それを飲み込まなくてはならなかった。わたしは侮辱をこらえた。しかし、それで得るところもあった。

「今後、わたしは、二度とこんな虚偽の場所に入り込むまい。二度とこんなふうに友情を利用すまい」

と、わたしは自分自身に言った。そしてそれ以来、わたしはその決意を破る罪を犯したことは一度もなかった。この打撃のために、わたしの人生行路に変化が起きた。

あの役人のところに出かけて行ったことは、疑いもなくわたしの失敗であった。しかし彼の気短さと横暴な怒りっぷりは、わたしのあやまちに比べても、度を過ぎたものだった。退去令も正常なものでなかった。さて、わたしの仕事の大半は当然、彼の法廷でやることになっていた。彼との和解は、わたしにはできかねた。わたしは彼のきげんをとり結びたい気持にならなかった。実のところ、一度は彼を告訴しようとしたのだから、わたしは沈黙したままでいる気はなかった。

そうこうするうちに、わたしは、この国のくだらない政争のいくつかを知るようになった。カチアワル地方は、小さい土侯国の寄せ集めだったので、当然、政争はさかんであった。国と国との間のつまらぬ策謀や、役人の権力争いは日常茶飯事だった。土侯たちはいつも、ほかの人の動かすままになっていて、おべっか使いに耳をかすのだった。あの旦那の従者でさえ、おべっかを使われたりされた。さらに旦那の裁判所書記《シラステダル》は彼の主人以上であった。というのは、裁判所書記は旦那の目、耳、そして通訳であったからである。裁判所書記の意志は法律になった。そして彼の収入は、旦那よりいつも多い、という評判だった。このことは、あるいは、誇張であったかもしれなかった。しかし、彼が俸給以上の生活をしていたのは、確実であった。

この雰囲気は、わたしには有害に思われた。そして、どのようにしたら毒されずにすむかを、わたしはいつまでも問題にした。

わたしはすっかり元気を失った。それが兄にもはっきりわかった。もしわたしが何か職業につけるならば、わたしはこの策動の世界から脱出したらいい、と私たちは両人ともそう思った。しかし、策動なしでなれる大臣職や裁判官職は、とても考えられなかった。旦那との喧嘩《けんか》が、わたしの実務の妨げをした。

わたしは心中、平らかでなかった。

話変わって、ポルバンダル出身のミーマン人[*22]の一商会から、兄のところに手紙が来て、つぎのような求人をしてきた。

「私どもは、南アフリカで事業をいたしておる者です。当方は大きな商会です。そして今、当地の裁判所に訴訟事件を起こしております。私どもの請求しております損害賠償額は四万ポンドです。それは長年続いております。私どもは以前に、腕ききの弁護士たちのお世話を願ったこともあります。もし貴下がご令弟を当地へ差し向けていただければ、私どもにとって好都合でありますし、また、ご令弟ご自身のお役にもたつことだろうと思います。ご令弟なら、私どもよりも結構なお知恵を貸していただけましょう。また、ご令弟といたしましても、南アフリカにおける新天地の見物ができ、かたがた新しい知己を得られる便宜もおもちいただけるでしょう」

わたしは尋ねた。

「どのくらい働くことになるでしょうか。それから、報酬はどのくらいでしょうか」

「一年とはかかりますまい。私どもは、貴下に帰りの一等船賃と、全部で一〇五ポンドお支払いします」

これは、弁護士として行くことではなくて、一会社の使用人として行くことであった。しかしわたしは、ともかくインドを出たい気がした。新しい国が見られたり、新しい経験にぶつかれる機会という魅力もあった。また、兄に一〇五ポンドを送金でき、一家の家計の足しにすることもできた。

わたしは値上げもせず、その条件で話をつけ、すぐ南アフリカにたつ用意にかかった。

第三部

19　南アフリカに到着

ナタルの港はダーバンで、それはまたナタル港として通っている。アブドゥラ・シェートが、そこまでわたしを迎えに来てくれた。船が桟橋に横づけになった。わたしは、迎えの人々が彼らの友だちをつかまえようと、船にのぼって来るのをじっと見ていた。そのときわたしは、インド人がたいして尊敬されていないことに気づいた。わたしは、アブドゥラ・シェートの知り合いの人々が彼に示す態度、動作のなかに、横柄さがあるのを見落とさなかった。そしてそれがわたしを辛《つら》くさせた。アブドゥラ・シェートは、それに慣れきっていた。人々がわたしを眺める目には、はっきりわかるほどの好奇心といっしょに、それがあった。わたしの服装のために、わたしは他のインド人とは違って見えた。わたしはフロックコートを着こんで、頭にベンガル・プーグリ[*1]をまねしたターバンをのせていた。

わたしは会社の構内に連れて行かれて、わたしのために設けられた部屋に案内された。ア

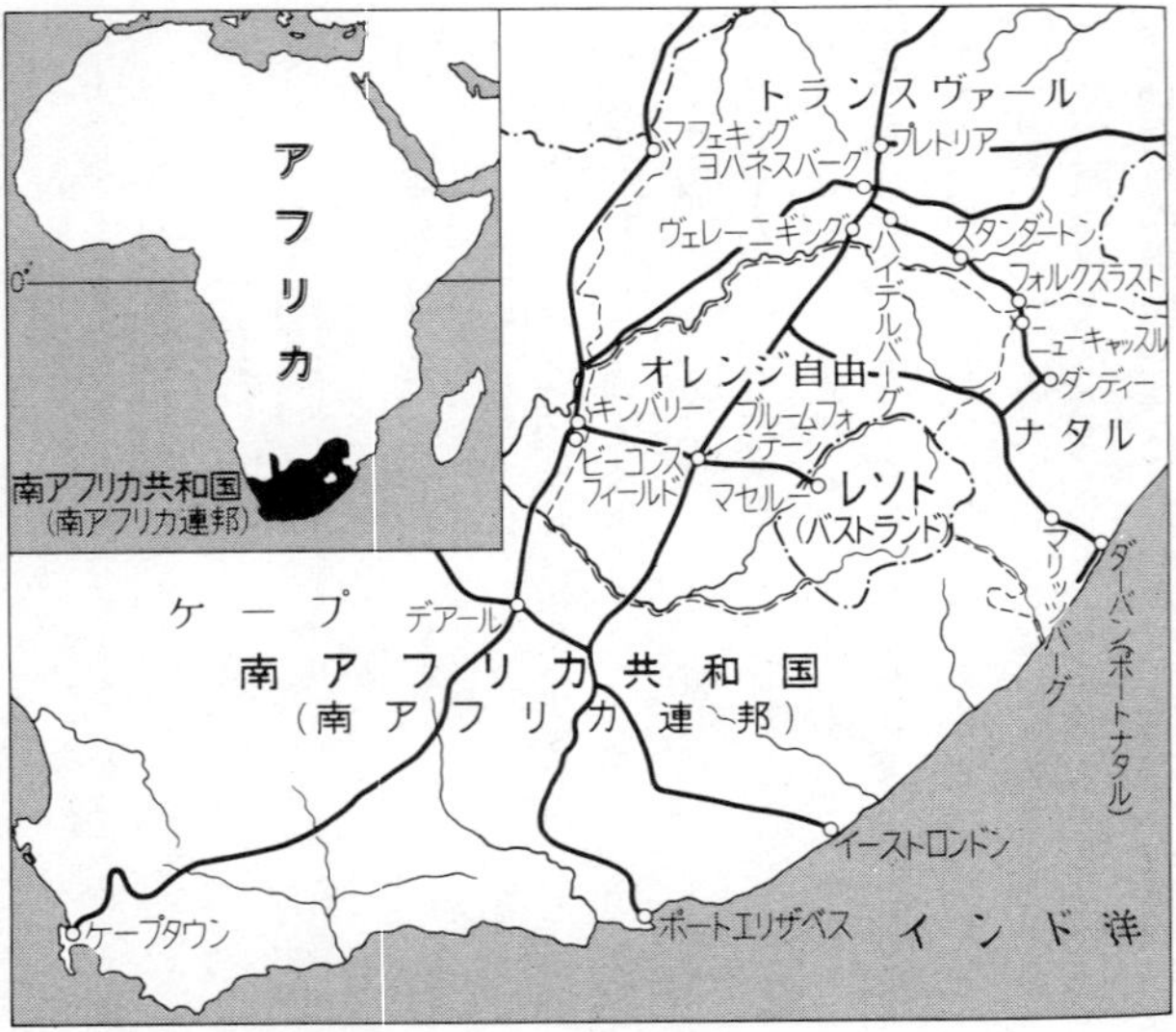
アフリカ
南アフリカ共和国
(南アフリカ連邦)
0°
トランスヴァール
マフェキング
プレトリア
ヨハネスバーグ
ヴェレーニギング
スタンダートン
フォルクスラスト
ハイデルバーグ
ニューキャッスル
ダンディー
オレンジ自由
キンバリー
ブルームフォンテーン
ナタル
ビーコンスフィールド
マセルー
レソト
(バストランド)
マリッツバーグ
ダーバン(ポートナタル)
ケープ
デアール
南アフリカ共和国
(南アフリカ連邦)
イーストロンドン
ケープタウン
ポートエリザベス
インド洋

南アフリカ共和国

ブドゥラ・シェートのすぐ隣だった。彼は、わたしがどういう人間かわからなかった。わたしも、彼がどういう人間かわからなかった。彼は、彼の兄弟がわたしに持たせてよこした紹介の書類を読んだ。そして、いくぶん迷惑に感じた。彼は兄弟が、一匹の白象[*2]を送ってくれた、と思った。わたしの服装とか生活の様式[*3]を、彼はヨーロッパ人のように金のかかったものと思った。

当座は、わたしがやる仕事は、これといってなかった。彼らの訴訟事件は、トランスヴァールで進められていた。今すぐわたしをそこに派遣したところで、なんの意味もなかった。しかも、彼は、どれくらいわたしの能力と正直さを買っていただろうか。彼は警戒して、わたしにプレトリアに行かせなかった。事件の被告はプレトリアにいた。そして彼の知らぬまに、彼らはわたしの買収にかかるかもしれなかった。しかも、問題の事件に関連した仕事をわたしにまかせられないとしたら、どんな仕事をわたしにやらせられるだろうか。というのは、ほかの仕事は残らず、彼の事務員のほうが、よほどうまく処理していたからであった。事務員たちにまちがいがあったならば、賠償させられた。もし、わたしにもまた、まちがいが起きたとしたら、同様に賠償させられるだろうか。そこで、事件に関連した仕事にわたしをつかせられないならば、わたしを手もとに置くことはなかった。

アブドゥラは、読み書きができなかった。しかし彼は、経験を豊かに持ち合わせていた。彼は鋭い知力を持っていたし、自分もそれを意識していた。実地によって、会話ぐらいの英語は十分に覚えていた。それが役にたって、彼は、銀行の支配人やヨーロッパの商人などとの交渉でも、あるいは自分の考えを彼の顧問に説明することでも、彼の業務全部をなんでも処理した。インド人たちは、彼を非常に尊敬していた。当時彼の商会は、インド人の会社のなかで、いちばん大きい会社か、少なくとも最大のものの一つであった。

わたしが到着してから、二、三日たつと、彼はわたしをダーバンの裁判所見物に連れて行った。そこで彼は、二、三の人にわたしを引き合わせてから、彼の顧問弁護士の隣にすわらせた。その間じゅう、じっとわたしを見ていた裁判長は、ついに口を開いて、わたしに向かってターバンを取れと要求した。わたしは、そんなことはいやだと言って、そのまま裁判所を出た。

というようなわけで、ここでもまた、闘《たたか》いが私を待ちかまえていた。

わたしはこのことを新聞に投書して、わたしが法廷でターバンを取らなかったことを弁明した。この問題は新聞紙上で大変な論議を起こした。新聞はわたしを「歓迎されざる訪問者」だと書きたてた。こうしてこの事件は、わたしがかの地に到着してから二、三日もたたないうちに、南アフリカ全体に思いがけない広告を、わたしのためにしてくれた。わたしに賛成する者がいくにんかいたが、他方では、わたしの無鉄砲さを手きびしく批判する者もいた。わたしのターバンは、南アフリカ滞留の終わりまで、わたしから離れることはなかった。

20　プレトリアへ

弁護士から会社あてに手紙が来た。それには、裁判の準備を始めなければならないので、アブドゥラ・シェートが自分でプレトリアに来るか、代理を送るかしてもらいたい、とあった。アブドゥラ・シェートはその手紙を読んでくれとわたしに渡し、そしてプレトリアまで行ってくれるかどうか尋ねた。わたしは言った。

「あなたから事件をうかがったうえでなければ、わたしはなんとも返答できません。今のところわたしは、かの地で何をしたらよいか、見当がつかないのです」

そこで、彼は書記を呼んで、事件をわたしに説明させた。

到着してから七日目か八日目に、わたしはダーバンをたった。わたしのために一等車の席を予約してくれた。寝台をほしい人は、五シリングを別に払うのが、この土地の習いだった。アブドゥラ・シェートは、ぜひ寝台を取るべきだと強く言った。しかし、頑固《がんこ》さと誇りと五シリングを節約する目的から、わたしはそれを断わってしまった。アブドゥラ・シェートはわたしに注意をうながして言った。

「ちょっと待ちなさい。ここはインドとは違う国なんですよ。さいわい、私たちはお金なら十分すぎるほどあります。あなたがお入用でしたら、どうぞ、なんでもけちけちしないでください」

わたしは、お礼を言って、気を使わないでくれと頼んだ。

汽車は、ナタルの州都マリッツバーグに、午後九時ごろになって着いた。寝台は、この駅で準備するのがつねだった。車両給仕が来て、寝台が入用かどうか尋ねた。わたしは言った。

「いや、一つ持っている」

彼は行ってしまった。ところが、一人の旅客がつぎにやって来た。そして、わたしをじろじろ眺めた。彼にはわたしが「有色」人種であることがわかった。このことが彼の気にさわった。彼は出て行き、駅員を一、二名連れてもどって来た。彼らはみんな黙っていた。するともう一人別の駅員が、わたしのところにやって来て、言った。

「ちょっと来い、君は貨物車のほうに乗るんだ」

わたしは言った。

「だが、わたしは一等車の切符を持っているんだよ」

ほかの一人が口うらを合わせて言った。

「そんなことは、どうでもいいんだ。君は貨物車に移るべきだ、と言うんだ」

「聞いてくれ。ダーバンでわたしは、この客車で旅行するのを許されているんだ。だから、わたしはどうしても、これに乗っていく」

駅員が言った。

「いや、君はだめだ。君はこの客車から出て行け。そうでないと、巡査を呼んで来て、君を追い出すぞ」

「どうぞ、君のお好きなように。わたしは自分で出て行くのはごめんだよ」

巡査がやって来た。彼はわたしの腕をつかまえて、押し出した。荷物もまた、ほうり出された。わたしは他の客車に移るのを断わった。そして汽車は出発した。わたしは待合室まで行って、腰をおろした。わたしは、手さげかばんは離さなかったが、ほかの大荷物はほうり出されたままだった。それは、駅の当局で保管していてくれた。[*4]

冬だった。南アフリカの高原の冬は、きびしい寒さだった。マリッツバーグは緯度が高いので、寒さは身にしみるように感じた。外套《がいとう》は、大荷物の中にあった。また侮辱されはすまいか、と思ったので、それを出してもらわなかった。そこで、わたしは腰かけたままふるえていた。待合室には明りがなかった。

真夜中ごろ、乗客が一人入って来て、わたしに話しかけたそうだった。しかし、わたしは話をする気になれなかった。

わたしは、義務について考え始めた。わたしは権利のために闘《たたか》うべきか。それともインドに帰るべきか。それとも、侮辱を気にしないで、このままプレトリアにおもむき、そして事件のすみしだい、インドに帰るべきか。わたしが責務をはたさずに、インドに逃げ帰ったら、それこそ卑怯《ひきょう》というものである。わたしのこうむった艱難《かんなん》は皮相にすぎなかった。――人種偏見という根深い病気の[*5]一つの症状にすぎなかった。できることなら、わたしはこの病気の根絶やしをやってみるべきだし、そしてそのための苦難は甘受すべきである。不正の償《つぐな》いにしても、わたしはただ人種偏見の除去に必要な範囲に限って追及すべきである。

そこでわたしは、つぎのプレトリア行きの汽車に乗ることにした。

あくる朝になって、わたしは、鉄道会社の総支配人にあてて、長文の電報を打った。そしてまたアブドゥラ・シェートにも通知した。アブドゥラ・シェートは、ただちに総支配人に会見してくれた。総支配人は、駅の当局者の処置を正しいと言ったが、しかし、彼はわたしが目的とする土地に安全に到着するよう手配せよ、と駅長に指令ずみだ、とアブドゥラ・シェートに告げた。アブドゥラ・シェートは、マリッツバーグ在住のインド人商人とその他の場所に住む友人たちに電報を打って、わたしのところに行って、面倒をみるように頼んだ。商人たちは、出迎えに駅まで来てくれた。そして、彼ら自身がなめた艱難を話してくれたり、あるいは、今回の事件などは、けっしてまれに起こることではないと説明したりなどして、わたしをいたわってくれた。

彼らはまた、一、二等で旅行をするインド人は、駅員や白人の乗客から、必ず無理難題をもちかけられる、と話してくれた。こうして、それらの悲しい物語を聞いているうちに、その日は過ぎた。夕方の汽車が着いた。それには、寝台が予約して取ってあった。わたしは今度は、ダーバンで予約を断わったことのある寝台をマリッツバーグで買い求めた。

汽車は、つぎの朝チャールスタウンに到着した。当時チャールスタウンとヨハネスバーグの間には、鉄道はなくて、駅馬車があっただけだった。それは、途中夜になると、スタンダートンに停車した。わたしはその駅馬車の切符を持っていた。わたしは、マリッツバーグでまる一日旅行を中断したが、切符は別に無効にならなかった。それに、アブドゥラ・シェートが、チャールスタウンの駅馬車の出張所に電報を打っておいてくれた。

しかし、出張所のほうでは、わたしを一馬車おくらせるために、何か口実を捜していた。そこで彼は、わたしが土地不案内の者だとわかると、言った。

「あんたの切符は無効になっているよ」

わたしは当然の返答をしてやった。彼の心の裏にある理由は、座席の不足ではなかった。全く別のことであった。乗客は馬車の中ほどに乗せねばならなかった。ところが、わたしは「クーリー」[*6]にされ、また他国者のようすをしていたので、わたしを白人と同席させないのが適当だろう、と「リーダー」は考えた。「リーダー」というのは、駅馬車の車掌をしている白人を、そういう名で呼んでいたのだ。

御者台の両側に席があった。リーダーはその席のうち、どちらか一つにすわるのがきまりだった。ところが今日は、彼が車内の席にすわって、彼の席をわたしに与えた。それは全くの不正であったし、また侮辱でもあった。しかしわたしは、ここが我慢のしどころと思った。わたしは、車内に入れろと無理強《じ》いはできなかった。もしわたしが抗議をするとなると、駅馬車はわたしを乗せずに出発してしまうだろう。そうすれば、またもう一日損することになる。そしてあくる日には、またどんな出来事が起きてくるか、天が知るばかり、ということになろう。そこでわたしは、内心怒りながらも、そっと御者の隣に腰をおろした。

三時ごろに、駅馬車はパーデコフに着いた。今度はリーダーが、今までわたしの腰かけていたところにすわりたいと所望した。たばこをのみたかったからか、あるいは、新鮮な空気をちょっと吸いたかったからかもしれない。そこで彼は、御者のところから、きたない布袋を取り出し、それを足台の上にひろげ、そしてわたしに向かって、

「サミ、[*7]おまえ、ここにすわれ、おれは御者のそばにすわるからな」

この侮辱には、我慢がならなかった。恐れおののきながら、わたしは彼に言った。

「わたしをここにすわらせたのは、おまえさんなんだ。もともとわたしは、車内に席が取れていたはずだ。わたしはその侮辱を我慢してきた。それが今度は、外にすわりたいとか、たばこをのみたいとかで、おまえさんの足の下にすわらせようとしている。わたしは断わる。車内に腰かけるぞ」

わたしが、懸命になってこれらの文句を言っているとき、その男がわたしのそばに来て、平手でわたしの両耳をしたたかなぐり始めた。彼はわたしの腕をつかまえて、引きずり倒そうとした。わたしは御者台の真鍮《しんちゅう》の手すりにしがみついて、手首の骨が折れても放すまいと決意した。おおぜいの乗客がその場に立ち会っていた。その男は、わたしをののしったり、引きずったり、なぐったりした。それでもわたしは動かなかった。彼は強く、わたしは弱かった。乗客の幾人かは、かわいそうに思って大声で言った。

「おい、彼を放してやれ。彼をなぐってはいかん。彼が悪いんじゃない。彼は正しい。彼があそこにいられないなら、われわれのところに腰かけさせろ」

くだんの男は、「かまうもんか」と叫んだ。しかし、彼はいくらか元気がなくなり、なぐるのをやめた。彼は腕を放し、わたしに少し悪態をついた。それから彼は、御者台のもう一

方の側にある席にすわっていたホッテントット人の召使いに、足台のところに来てすわるように命じ、こうしてあけさせた席についた。

乗客たちがそれぞれ席にもどった。そして合図の笛が鳴って、駅馬車は走り出した。わたしの心臓は破れんばかりに動悸《どうき》を打った。わたしは、生きて目的地に着けるものやら、心細くなった。くだんの男は、ときおり、わたしに向かって怒りのまなざしを投げつけた。そして、わたしを指さしながら、うなった。

「用心しろ。スタンダートンに着いてみろ。おれが何をするか見ていろ」

わたしは口もきけずにすわって、神に助けを祈った。

夕暮れになって、私たちはスタンダートンに到着した。わたしは幾人かのインド人の顔が見えたので、安堵《あんど》の胸をなでおろした。わたしがおりて行くと、これらの友人たちが言った。

「私どもはあなたをお迎えに来ました。さあ、イサ・シェートの店へお連れしましょう。ダダ・アブドゥラ[*8]から電報が参っていました」

わたしはありがとうと言った。そして私たちは連れだって、シェート・イサ・ハジ・スマールの店に行った。シェートの家族と事務員たちが、わたしのまわりに集まった。わたしは彼らに、これまでの事の次第をみんな話して聞かせた。彼らはそれを聞いて気の毒に思い、彼ら自身がなめた苦い経験をいろいろと話して、慰めてくれた。

わたしは、駅馬車会社の支配人に万事を知らせようと思い、出来事を、残らずありのままに書いた手紙を彼に出した。そして彼の部下がしでかした脅迫に、注意を喚起した。また、明朝出発するときは、駅馬車の中に、わたしをほかの乗客と同席させるよう、確約を要求した。これに対して、支配人はつぎのように回答してきた。

「スタンダートンからは、別の係員が乗って、もっと大型の馬車が出ます。貴下がご不満を述べておられる者は、明日そこにはおりません。そして貴下には、他の乗客といっしょの席を用意しております」

これで、わたしも少し救われた思いがした。

もちろん、わたしは暴行を加えた男を訴える意志をもっていなかった。だから暴行の話はこれくらいで終わりにしよう。

その翌日の午前、イサ・シェートの店の者が、わたしを馬車まで連れて行った。わたしはよい席が取れて、その夜、無事にヨハネスバーグに到着した。

スタンダートンは小さい村であるが、ヨハネスバーグは大都市である。アブドゥラ・シェートは、ヨハネスバーグにも電報を打っておいてくれ、またわたしにも、そこにあるムハンマッド・カサム・カムルッディン商会の名称と所番地を教えてくれた。商会の人が、わたしを出迎えに駅まで来てくれた。ところがわたしは彼を見つけられなかったし、彼もわたしがわからなかった。そこでわたしは、ホテルに泊まることにした。わたしは、いくつかホテルの名前を知っていた。馬車に乗ったわたしは、グランド・ナショナル・ホテルにやってくれ、と言った。わたしはマネージャーのところに行って、泊めてくれと言った。彼はしばらくわたしをじろじろ見ていた。それから丁重に、

「恐れいりますが、空き室はございません」

と言って、わたしによそに行ってみるようにと挨拶《あいさつ》した。そこでわたしは、御者にムハンマッド・カサム・カムルッディンの店にやってくれと言った。ここでは、シェート・アブドゥル・ガニがわたしの来るのを待っていた。そしてねんごろに迎え入れてくれた。彼にわたしがホテルでぶつかった経験を話すと、彼は腹の底から笑い出した。

「あなたは、ほんとうにホテルに泊まれると思ったのですか？」

と彼は言った。わたしは尋ねた。

「どうして、いけないのですか？」

彼は言った。

「あなたがここに二、三日おられれば、おわかりになるでしょう。私ども、こんな国に来て生活しているのは、ただ金もうけのためです。侮辱をこらえるぐらい平気です。ですから、ここにいられるのです」

こう言ってから、彼は、インド人が南アフリカでなめている困苦、辛《つら》さの数々を物語ってくれた。

シェート・アブドゥル・ガニについては、読み進むにつれてわかってくるだろう。

彼は言った。

「この国は、あなたみたいな人には向きません。そう、あなたは、明日プレトリアにおたちになるでしょう。それだって、あなたは三等で旅行せねばなりますまい。トランスヴァールの状況は、ナタルよりひどい。インド人には、一等と二等の切符を売ってくれないんです」

「あなたがたは、この問題でがんばり続けられなかったのでしょうね」

「私どもは、代表を出して交渉をしたことがありました。しかし、打ち明けて言いますと、仲間うちでも、一般に一等や二等で旅行をしたがらないんです」

　わたしは、鉄道の諸規則を取り寄せて読んだ。そこには抜け道があった。古いトランスヴァール州の法律用語は、全くでたらめか、実際に合わなかった。鉄道規則のそれは、さらにひどいものだった。

　わたしはシェートに言った。

「わたしは一等で行きたいですね。それができなければ、プレトリアまで馬車に乗ることにしましょう。たかが三十七マイルのことです」

　シェート・アブドゥル・ガニは、それでは時間とお金がよけいにかかる、とわたしの気をひいてみた。が、それでも一等で旅行したい、というわたしの案に賛成した。そこで私たちは駅長あてに書面を送った。わたしはまた、その書面のなかで、なるべく早くプレトリアに着きたいこと、返事を待っている暇がないので、わたしが駅でじかに返事を受け取りたいこと、さらに、わたしはぜひ一等の切符を手に入れたいことなどを書いた。返事をじかにもらいたいと要求した裏には、もちろん一つの目的がひそめられていた。もしも駅長が返事を書きものでくれるとすれば、彼はきっと「不承知」を言ってよこすであろう。彼が「クーリー弁護士[*9]」を想像していたならば、なおさらであった。そこでわたしは、けちのつけようもないイギリス風の服装をして、彼の前に現われ、彼と話し合って説得をし、できれば一等の切符を出させよう、と思った。そこで、わたしはフロックコートを着こみ、ネクタイをしめた姿で駅長のところに出かけ、代金としてソヴリン金貨[*10]一枚を切符売場に置きながら、一等の切符をくれと言った。

彼は尋ねた。

「あなたがあの手紙をくれた人ですか」

「そうです。あなたがわたしに切符をくだされば、大変ありがたいと存じます。わたしはきょうじゅうに、プレトリアに着かなければならないのです」

駅長は微笑し、そして気の毒そうに言った。

「わたしはトランスヴァール人ではないのです。わたしはオランダ人なのです。わたしはあなたの気持がよくわかるつもりですし、あなたに共鳴します。わたしはあなたに切符を差しあげたい。けれども、条件が一つあります。もし車掌が、あなたに三等に移れと要求した場合、わたしを事件のなかにまきこんでいただきたくない。つまり、鉄道会社を相手どって、訴訟など起こしていただきたくない、ということです。旅のご平穏を祈ります。わたしはあなたを紳士と見込んでいます」

このように言い終わって、彼は切符を売ってくれた。わたしは彼に感謝をして、彼の言うとおりの約束をした。

シェート・アブドゥル・ガニは駅まで来て、わたしを見送ってくれた。彼は事の成り行きに驚き、喜んだ。しかしわたしに忠告して言った。

「あなたが無事にプレトリアにお着きになられるように、祈っています。おそらく、車掌は一等にいるあなたを、そのままそっとしておかないのではないか、と心配しています。そして、たとえ車掌がそっとしておいてくれても、乗客のほうがそうはさせないでしょう」

わたしは、一等車の中の自分の席に着いた。そして汽車は発車した。ジャーミストンで、車掌が検札にやって来た。彼は、わたしがそこにいるのを見てぷりぷり怒った。そしてわたしに向かって、三等に移れと指で合図した。わたしは彼に、求めた一等の切符を差し出した。

「そんなものはどうでもいいんだ。三等に移れ」

と彼は言った。

車の中には、たった一人のイギリス人しか乗り合わせていなかった。彼は車掌をとがめた。

「君はこのおかたを困らせて、どうしようというのだ。このおかたは、一等の切符を持っておられるじゃないか？　わたしは、このおかたとごいっしょしても、少しもさしつかえないよ」

彼は、わたしのほうを向いて言った。

「そのまま、どうぞお気楽に」

車掌はぶつぶつ言った。

「あなたがクーリーといっしょに旅行なさりたいなら、どうぞ」

そして行ってしまった。

夜の八時ごろ、汽車はプレトリアに着いた。

21　プレトリアでの最初の一日

わたしは、ダダ・アブドゥラの顧問弁護士の代理としてだれかが、プレトリア駅に出迎えてくれるものと期待していた。出迎えにインド人が一人も来ないことは、わたしにはわかっていた。というのは、わたしはインド人の家に泊まるとは、これといって約束しておかなかったからである。ところが顧問弁護士は、だれも人をよこしてくれなかった。あとになって、わたしが日曜日に到着したため、彼は都合がつかなくてだれもよこせなかった、ということがわかった。わたしは困った。そして、どこのホテルもわたしを泊めてはくれまいと思われて、どこに行こうかと迷った。

一八九三年ごろのプレトリア駅は、一九一四年のものとは全く違っていた。明りはついていたが、うす暗かった。旅客もまばらだった。わたしは、ほかの乗客をみんなやり過ごした。そして改札係が全く暇になったらすぐ、切符を彼に渡して、彼にどこか小さいホテルか、わたしが泊まれるどこかほかの場所に連れて行ってもらおうか、と考えた。さもなければ、わたしは、一晩駅で過ごしてもよいと思った。実はわたしは、このことでも彼に尋ねるのをはばかった。というのは、わたしは侮辱されるのではないかと心配したからだった。

駅からは、乗客の姿は一人もなくなった。わたしは、切符を改札係に渡し、質問を始めた。

彼は丁重に答えてくれたが、彼があまり役にたたないことがわかった。しかし、アメリカの黒人で、そばに立っていた人が、話に割り込んで来た。

「あなたは、ここは全く初めてなんですね。友人も一人もおありでない。もしあなたがいっしょにおいでになれば、小さいホテルにお連れしましょう。そこの主人はアメリカ人で、わたしのよく知っている人です。彼なら、あなたを泊めてくれると思います」

わたしは、その言葉にわたしなりの疑いをかけてはいた。しかしわたしは礼を言って、彼のすすめを受け入れた。彼は、わたしをジョンストンズ・ファミリー・ホテルに連れて行った。彼はジョンストン氏をかたわらに呼んで話した。すると、ジョンストン氏は、その夜は泊めることに同意してくれた。わたしには、自分の部屋で食事をとる、という条件がつけられた。

彼は言った。

「ご安心ください。わたしは別に人種偏見を持っている者ではありません。しかし、わたしのところのお客さんは、ヨーロッパ人ばかりなんです。だから、わたしがあなたに食堂に出て食事をしていただくと、わたしのお客さんのなかには、腹をたてて出て行ってしまう人もいるかもしれません」

わたしは言った。

「今夜だけでも泊めていただいて、ありがとうございます。今では、わたしも多少この土地のようすに慣れてきました。また、わたしはあなたのご事情もわかっています。わたしの部屋で食事をとれ、ということも、いっこうに気になりません。明日になれば、わたしのほうで、なんとかほかの都合がつけられるかと思います」

わたしは部屋に案内された。そこに腰をかけ、夕食を待ちながら、静かに考えにふけった。わたしは全くのひとりぼっちだったからである。わたしは、給仕がすぐ食事を持って来るものと思っていた。ところが、ジョンストン氏自身が顔を出した。彼は言った。

「夕食はここで、と申しあげて、まことに申しわけございませんでした。実は、ほかのお客さまにあなたのことをお話ししまして、食堂であなたが食事されてもさしつかえないかどうかを、お尋ねしましたんです。異存はない、とみなさんがおっしゃいます。それに、みなさんは、あなたのお好きなように、いくら長くお泊まりになってもさしつかえない、とおっしゃいました。だから、よろしかったら、食堂においでください。それから、あなたのお気のすむまで、ごゆっくりなさってください」

わたしはまたお礼の言葉を述べて、食堂に行き、心ゆくばかり食事をとった。

22　キリスト教徒との接触

あくる朝、わたしは顧問弁護士のA・W・ベーカー氏をたずねた。氏については、アブドゥラ・シェートからいくらか説明を受けていた。そこで、彼がねんごろに迎えてくれても、少しもわたしには意外ではなかった。彼は非常に暖かく歓待してくれ、いろいろ親切に尋ねてくれた。わたしは、私自身のこれまでのいっさいを説明した。それを聞いて彼は言った。

「私どもは、ここでは、法廷弁護士《バリスター》としてのあなたにお願いする仕事を持っていません。というのは、私どもは腕ききの相談役を雇っているからです。この事件は、長びいた、やっかいな裁判になりました。そこで、わたしがあなたのご援助を願いたいのは、必要な情報を集めることぐらいでしょう。ですから、わたしの代わりに依頼人との情報連絡を大いにやってもらうことはもちろんです。今後わたしは、これまでわたしが彼からもらっていた情報は全部、あなたを通してもらうことにしますから。そのほうが都合がよいでしょう。わたしはまだ、あなたの住む部屋を見つけていません。あなたがお見えになってからのほうがよかろう、と思っていたのです。ここの人種偏見は、恐ろしいほどです。ですから、あなたのような人のために、宿舎を見つけるのは一苦労です。ところが、わたしは一人の貧しい婦人を見つけました。パン屋のおかみさんで、彼女はあなたに部屋を貸してくれると思います。それで収入の足しにもなりますからね。彼女のところへ行ってみませんか」

そして彼は、わたしを彼女の家に連れて行った。彼はわたしのことについて、人に聞かれぬように彼女と話をした。そして彼女は、週三十五シリングで、間借人としてわたしを引き受けることに同意した。

ベーカー氏は顧問弁護士をしているほかに、忠実な、ひらの説教師だった。彼は今なお存命で、すでに弁護士業はやめて、キリスト教の伝道事業一筋に生きている。彼は何不自由なく暮らしていて、わたしと今でも文通している。彼のよこす手紙では、彼はつねに同じ問題を取り上げており、さまざまの見地から、キリスト教のすぐれていることを説くのである。そしてただ一人の神の子、人類の救済者としてキリストが受け入れられないかぎり、永遠の平和を発見することはできない、と主張するのである。

それこそ初対面の間じゅう、ベーカー氏は、わたしの宗教的見解いかんを確かめた。わたしは彼に言った。

「わたしは生まれながらのヒンドゥ教徒です。しかしわたしは、ヒンドゥ主義については、あまり知っていないし、ほかの宗教については、さらに知りません。実際わたしは、わたしの立場が何なのか、わたしの宗教心が何であって、何であるべきか、ということも知りません。わたしは私自身の宗教について、また他の宗教もできるだけ慎重に研究したいと思っています」

ベーカー氏は聞き終わって、喜んでくれた。そして言った。

「わたしは南アフリカ伝道会の幹事の一人です。わたしは自費で教会を一つ建てて、そこで定期的に説教を行なっています。わたしは人種偏見を少しも持っていません。わたしには協力者が幾人かいます。そして私たちは、毎日午後一時に、五、六分の間ですが集まって、平和と光明を求めて祈っています。もしあなたもそこへ加わられたら幸いですね。わたしの協力者に、あなたをおひき合わせいたしましょう。彼らはあなたにお目にかかれるのを喜んでくれるでしょう。あなたもまた、彼らとのつき合いを好きになりますよ」

わたしは、ベーカー氏にお礼を述べて、できるだけ欠かさずに、毎日の一時の祈りの会に出席することを約束した。

　翌日午後一時に、わたしはベーカー氏のところに行って、祈りの会に出た。そこでわたしはハリス女史、ギャップ女史、コーツ氏その他に紹介してもらった。ハリスおよびギャップの両女史は、ともに年をとった独身の婦人であった。コーツ氏はクェーカー教徒[*11]だった。二人の婦人はいっしょに住んでいた。そして彼らは、日曜日ごとに彼女たちの家で開かれる四時のお茶の会に、正式の招待状を出してくれた。日曜日に私たちが会うとき、わたしはいつも、一週間にわたるわたしの宗教日記をコーツ氏に渡して、わたしが読んだ本や、その本がわたしに残した印象を彼と議論し合うことにした。コーツ氏は、包みかくしのない、忠実な青年であった。私たちは、よくいっしょに連れだって散歩に出かけた。そして彼もまた、わたしをほかのキリスト教徒の友人のところへ連れて行ってくれた。私たちが親密さを加えるにつれて、彼は、自分で選んでは、わたしに本をくれるようになった。しまいには、そういう本で、わたしの書棚《しょだな》はいっぱいになった。わたしは一八九三年には、この種の本をたくさん読了した。

　彼は、わたしに非常な親愛の情をいだいていた。彼は、わたしの首にかけているトゥラシ[*12]の木でできたヴァイシュナヴァ派の首飾りを見つけた。彼はそれは迷信だと思って、そのため心を痛めた。

「そんな迷信は、君らしくもない。さあ、その首飾りをはずそう」

「いや、それはいけない。これは母からもらった神聖な贈り物です」

「しかし、君はそれを信ずるのですか?」

「わたしは、別にこれの神秘的な意義は知りません。もしわたしがそれをつけていなくとも、ばちが当たるとは思っていません。しかし、十分納得のゆく理由がなければ、この首飾りを捨てるわけにはいきません。それは母が、愛情からと、わたしの幸福のためによかれとの信念から、わたしの首にかけてくれたものです。だんだん時の移るとともに、すり切れて、自然にこわれます。そのときには、わたしは新しいものを手に入れようとは思いません。しかし、この首飾りをこわすわけにはいきません」

コーツ氏は、わたしの説明を認めようとはしなかった。彼はわたしの宗教に対して、いささかの尊敬も持ち合わせなかったからである。彼はいつも、わたしを無知の谷底から救おうとしていた。ほかの宗教がなんらかの真理をふくんでいるかどうかに関係なしに、本質的真理を代表するキリスト教精神を受け入れないかぎり、わたしに救いはありえないということ、イエス・キリストのとりなしがなければ、それ以外によっては、わたしから罪は洗い流せないだろうということ、そしてまた、どんなに善行を重ねてもむだであるということを、わたしに納得させようとした。

ベーカー氏は、わたしの将来についていろいろと心配してくれるようになった。彼はわたしをウェリントンの集会に連れて行った。集会は三日間連続だった。わたしはそれに出席している人々の誠実さを理解できたし、また感心もした。しかし、わたしの信仰——わたしの宗教を変える理由は見つけられなかった。ただキリスト教徒になるだけで、わたしが天国にのぼれたり、救いを受けたりする、ということを信ずるわけにいかなかった。そのことを、わたしが善良なキリスト教徒の友人たちに率直に打ち明けたのは、彼らにとって衝撃だった。しかし、それよりほかに、どうしようもなかったのである。

イエス・キリストは彼の死によって、また彼の流した血潮によって、世界じゅうの罪を贖《あがな》ったということを文字どおり信ずることを、わたしの理性は許さなかった。たとえ話としては、そのなかにいくらかの真実はあるかもしれなかった。さらにまた、キリスト教の精神によれば、人間のみが霊魂を持つものであって、他の生物は魂を持たず、死ねば、それは完全に消滅してしまう、というのである。一方、わたしのいだいている見解は、それとは正反対のものである。わたしはイエス・キリストを殉教者、犠牲の体現者、そして神聖な教師としては受け入れられた。しかし、古今を通じて、最も完全であった人間としては受け入れられなかった。

キリスト教徒の敬虔《けいけん》な生活は、ほかの信仰を持つ人の生活が与えてくれなかったと同じように、何もわたしに与えてくれなかった。わたしは、かつてキリスト教徒の間に起こったと聞いている改革と同じことを、他宗徒の生活ででも見つけたのであった。哲学的にいえば、キリスト教の諸原理のなかには、何も変わったものはない。犠牲の点からいうと、ヒンドゥ教徒のほうが、はるかにキリスト教徒をしのいでいる。

このように、わたしはキリスト教を完全無欠、あるいは最も偉大な宗教であると考えることはできなかったが、そうかといって、わたしは、ヒンドゥ教も完全無欠で偉大な宗教であるとは信じられない。ヒンドゥ教のもろもろの欠点は、わたしには明らかすぎるほど明らかである。もしアウトカースト制がヒンドゥ主義の一部であるとすれば、それは腐敗した部分か、あるいは無用の長物というよりほかはない。わたしには、数ある宗派やカースト[13]の存在理由がわからないのである。『ヴェーダ』[14]が神から授かった言葉である、というのはどういう意味なのか。それらが神の霊感によるものならば、聖書もコーランもまた、そうではないのか。

わたしは、わたしの悩みを手紙にしたためて、レイチャンド・バイのもとに送った。わたしはまた、別にインドの宗教の権威とも文通して、彼らから返答を受け取った。レイチャンド・バイの手紙で、わたしはいくらか落ち着きを取りもどした。彼はわたしに対して、辛抱しながら、もっと深く突っ込んで、ヒンドゥ主義を研究することを要求してきた。彼の文章の一節には、つぎの意味のことが書かれていた。

「その問題を冷静に考えても、ヒンドゥ主義のような微妙で、深味のある思想、その霊魂の観照、あるいはその慈悲は、他のどの宗教にも見つからない、とわたしは信じている」

キリスト教徒の友人たちが、わたしを改宗させようと熱心になっていたように、イスラム教徒の友人たちも、劣らず熱心だった。アブドゥラ・シェートは、わたしに、イスラム教を研究するように説いてやまなかった。わたしはセール訳のコーランを買ってきて、読み始めた。わたしはまた、イスラム教について書いた、ほかの書物を手に入れた。

わたしは、イギリスにいるキリスト教徒の友人とも文通した。そのうちの一人が、わたしをエドワード・メートランドに紹介してくれた。わたしは、彼と文通を始めた。彼はわたしに『全き道』という本を送ってくれた。その本は、彼とアンナ・キンズフォードとの共著であった。この本は、現行のキリスト教信仰の否認であった。彼はまた、わたしにもう一つ別の本『聖書の新解釈』を送ってくれた。わたしは両方とも好きだった。彼らは、ヒンドゥ主義に賛成しているように受け取られた。トルストイの『神の国は汝《なんじ》自身のうちにあり』を読んで、わたしは感動で圧倒された。それは、わたしに永遠の印象を刻みつけた。*15

わたしは、キリスト教徒の友人たちの思いに反した道を歩むことになったが、彼らがわたしの心のなかに宗教的な探求心を目覚めさせてくれたことは、一生の恩として忘れることができない。わたしはつねに、彼らとの交友を思い出すだろう。

23　インド人問題

シェート・タイブ・ハジ・カーン・ムハンマッドは、プレトリアで、ナタルのダダ・アブドゥラの地位と同じような地位にあった。彼の指導なしでは、公けの運動は何一つ行なわれなかった。わたしはプレトリアに着いた第一週のうちに、彼と近づきになり、そして、プレトリアにいるインド人の全部に会ってみたい、というわたしの計画を彼に話した。わたしは、そこのインド人の状態を研究したい希望を述べ、わたしの活動に助力を頼んだ。彼は喜んで助力することを約束してくれた。

わたしは最初の措置として、プレトリア在住のインド人全体の集会を開いて、彼らにトランスヴァールのインド人の事情を話して聞かせることにした。わたしは、インド人移民がなめている艱難《かんなん》について、関係当局に申入れを行なうために、ひとつ協会を結成したらどうか、と提案した。そして、わたしの時間と奉仕をできるだけ多く提供したい、と申し出た。わたしの記憶するかぎりでは、この種の会合を、週一回、あるいは月一回だったかもしれなかったが、とにかく開催することが決議されたはずだ。これらは、かなり規則正しく開催された。そしてその機会ごとに、自由な意見交換が行なわれた。その結果、プレトリアでわたしの知らないインド人、わたしが個人的事情に通じていないインド人は、一人もいなくなった。

このことが今度は、わたしをプレトリアのイギリス弁務官、ジェコブス・ド・ウェット氏に近づけた。彼はインド人に同情を持っていた。しかし彼は、ごく小さい勢力しかない人だった。けれども、彼は最善を尽くして私たちを助けてくれると約束し、わたしが会いたいと思ったときにはいつでも会いにやって来い、こちらはかまわないから、と言ってくれた。

わたしは今度は、鉄道当局と連絡をとった。そして彼らに対して、彼ら自身の規則に照らしても、旅行不可能者ということでインド人を苦しめるのは不当ではないか、と言ってやった。

わたしは、礼儀にかなった服装をしたインド人ならば一、二等の切符を発売する、という意味の返事を受け取った。これでも、安心しきることからは、はるかに遠いものだった。なぜかというと、礼儀にかなった服装をしているか、いないかの判断は、駅長の裁量にまかされているからであった。イギリス弁務官は、わたしに、インド人問題を取り扱っている新聞をいくつか見せてくれた。シェート・タイブもまた、わたしのところに、同じような新聞をいくつも持って来た。新聞を読んで、わたしは、インド人がオレンジ自由国から残酷に追い出された模様を知った。[*16]

わたしのプレトリア滞在は短期間のものだったが、この滞在を機に、わたしは、トランスヴァールとオレンジ自由国のインド人の社会的、経済的、政治的状態を、突っ込んで研究してみることができた。わたしは、この研究が、将来測り知れないほどわたしの役にたつことになろうとは、露ほども思わなかった。というのは、そのときわたしは、年の瀬が迫らないうちか、それより早く、帰国する考えだったからであった。もっとも、訴訟事件が年内にかたづけば、であった。ところが、神さまの摂理の御手は、ほかにあった。

トランスヴァールやオレンジ自由国のインド人の状態がどんなであったかをくわしく述べることは、ここではとてもできない。そのくわしいことを知りたい人は、わたしの書いた『南アフリカにおける非服従運動』のほうを読まれることをすすめたい。

トランスヴァールに入るとき、すべてのインド人は、入国料として人頭税[*17]三ポンドずつを支払わねばならないことが、一八八六年改正法に規定されていた。土地を所有するにしても、彼らのためとして指定された地域以外には土地を持つことは不可能であった。そして実際には、それも所有というものではなかった。彼らにはなんら特権はなかった。こうしたことはすべて、アジア人に関する特別法に基づいて決められた。また、アジア人に対しては、有色人種に関するさまざまの取締りが適用されていた。

この有色人種法によると、インド人は白人用の歩道を歩くことを許されなかった。そして午後九時過ぎには、通行証を持たずに戸外に出ることを許されなかった。わたしは、夜分、コーツ氏と連れだって散歩をすることがよくあった。そして私たちが、十時以前に帰宅することは、たまのことであった。

「もし巡査に見つけられてわたしがつかまったら、どうしよう？」

コーツ氏のほうが、かんじんのわたしより、このことを心配した。彼は自分の召使いの黒人に、通行証を出す必要があった。しかし、彼がわたしに通行証を出すには、どうしたらよかったか。召使いにそれを発行できるのは、その召使いの主人のみに限られていた。たとえわたしがそれを出してもらいたくとも、またコーツ氏に意志があったにしても、彼にはできなかったはずだ。というのは、それは不正行為になったからである。

そこで、コーツ氏か彼の友人のだれかが、わたしを州検事のクラウス博士のところに連れて行った。私たちは、同じ法学院出の法廷弁護士《バリスター》であることがわかった。わたしが午後九時過ぎになっても戸外を歩行できるように通行証を願い出たことは、彼にとっては少し手にあまった。彼は、同情はするよ、と言った。彼はわたしのために通行証を発行する代わりに、わたしに一通の書状を寄こした。それは巡査の干渉なしに、いつ戸外を歩行してもよろしい、というものだった。それからは、わたしは外出するときはいつでも、この書状を肌身離さず持っていた。わたしはそれを一度も使わなかったが、それは偶然にすぎなかった。

歩道の使用に関する取締規則のおかげで、わたしはむしろひどい目にあわされた。わたしはいつも、プレジデント通りを通って広い原っぱへと散歩に出かけることにしていた。クルーガー大統領[*18]の家はこの通りに面していた。非常に質素で地味な建物で、庭もなく、隣近所のほかの家屋敷と見分けのつかないほどのものであった。

門前に警備巡査が一人立っていたので、その建物がだれか役人の屋敷である、ということがわかるだけだった。わたしはほとんどいつも、歩道に沿って、この警備巡査の前を通り過ぎて行った。これまでは、少しの事故もなく、じゃまも入らなかった。

さて警備巡査は、ときどき交替するのがつねであった。あるとき、これらの警備巡査の一人が、わたしに一言の注意もなく、歩道から下りろとも言わずに、いきなりわたしを道路の上に蹴り倒した。わたしは虚を突かれた形になった。わたしが彼の仕打ちをただそうとすると、ちょうどコーツ氏が馬に乗って現場にさしかかって、わたしを大声で呼んだ。そして言った。

「ガンジーさん。わたしは一部始終を見ていましたよ。あなたがこの男を訴えるなら、わたしは喜んで法廷の証人になりますよ。こんな乱暴を受けられて、なんともお気の毒です」

わたしは言った。

「ご心配ありがとう。でも、この人になんの関係がありましょう？　彼にとっては、有色人種はみんな一つことなんです。彼はきっと、わたしと同じように、黒人をひどい目にあわせているんですね。わたしは何か個人的な苦情のことでは、裁判沙汰《ざた》にしないことをたてまえにしています。だから、今度も、彼を訴えるつもりはありません」

コーツ氏は言った。

「全くあなたらしいことだ。しかし、ちょっと考えてください。私たちは、こういうやつを、ひとつ教育する必要がありますよ」

それから、彼は巡査を呼んでしかりつけた。どんなことを話しているのか、わたしにはわからなかった。というのは、巡査はボーア人だったので、オランダ語が使われたからだった。彼は、その必要がないのに、わたしに向かって詫《わ》びを言った。わたしはすっかり彼を許していたのであった。

しかしわたしは、二度とあの通りは通らないことにした。あの男に代わって、違った男が立っているだろう。そして、前の事件を知らずに、きっと同じようなことをしでかすかもしれない。何を好んで、もう一度蹴とばされる必要があろう。そこで、わたしは違った道を選んで散歩道にした。

わたしは、南アフリカという国は、自尊心の強いインド人の来るべき国でないことを知った。そしてわたしの心は、いよいよもって、どのようにしたらこの現状が改善されるのか、その問題でいっぱいになった。

24　訴訟事件

わたしは、ダダ・アブドゥラの訴訟事件の事実調査をしてみて、アブドゥラの立場が非常に強固なもので、法は必ず彼の側にあることを知った。[*19] しかしわたしはまた、このうえ訴訟が長びけば、原告も被告もともに破産してしまうことを知った。この両者は親戚《しんせき》同士であって、しかも同じ市の出身であった。訴訟がどのくらい続けられるものやら、だれにもわからなかった。万一、法廷で決着が着くまで争うことにでもなれば、それは際限なく延々と続くだろうし、双方の当事者のどちらにも得にはならないだろう。だから、双方の当事者はともに、なんとかして事件を早く終わりにしたがっていた。

わたしはシェート・タイブに交渉して、仲裁に移すことを要求もしたし、またすすめもした。そして、わたしの忠告に従うのがよい、とも言った。わたしは彼に対して、もし双方の当事者から、ともに信頼を得られる仲裁人が指名されるならば、事件はすぐに終止符を打つことになろう、と言った。弁護士の雇い料は急激にかさんでいく一方なので、その訴訟依頼人はともに大商人であったが、彼らの全財産を食いつぶすに十分だった。彼らは訴訟事件で頭がいっぱいなので、ほかのことをする暇は全くなかった。そうこうしている間に、お互いの反感はしだいにつのっていった。

わたしは、この職業に愛想がつきそうになった。双方の側に雇われている顧問は、弁護士として自分の訴訟依頼人を勝たせるために、いろいろ法律をひねくりまわさなければならなかった。わたしはまた、勝訴者でもけっして費用全部を取りもどすことのできないことを、初めて知った。裁判所報酬内規に基づいて、当事者間の費用には、一定の費用標準というものが許されてあった。しかも顧問弁護士と依頼人との間に実際にかかった費用のほうが、それよりずっと高かった。それにはわたしは我慢がならなかった。わたしは、当事者同士を仲直りさせ、彼らを結び合わせることこそ、わたしの仕事だと思った。わたしは、どうにかして和解を講じようとして、全神経を緊張させた。とうとう、シェート・タイブの同意が得られた。仲裁人が指名され、彼の面前で事件の弁論が行なわれ、ダダ・アブドゥラの勝訴となった。

しかし、それだけでわたしは満足しなかった。もしもわたしの訴訟依頼人が、判定額の即時支払いを請求するとなると、その金額全部の支払いは、シェート・タイブには不可能であった。しかも南アフリカにいるポルバンダル出身のミーマン人の間には、破産するより死を選ぶべし、という不文律があった。ほぼ三万七千ポンドにのぼる額と裁判費用を一挙に支払うことは、シェート・タイブにはできることでなかった。しかも彼は、その金額を一ルピーも欠かさずきちんと支払う、と言うのであった。しかも彼は、破産を宣告されるのを欲しなかった。残されたのは、一つの方法だけであった。すなわち、ダダ・アブドゥラが、寛大な割賦支払いを彼に許すことである。彼はなかなか賛成しなかった。が、結局、シェート・タイブに、非常に長期にわたる年賦支払いを許したのだった。わたしにとっては、この年賦支払いの譲歩にまでこぎつけることは、双方の当事者を仲裁に同意させることよりも、ずっと苦労なことであった。しかし双方ともその結末を喜んでくれた。そして双方とも世間の評判は前より高くなった。わたしの喜びは限りないものであった。これでわたしは、真の法の実践ということが、どんなものであるかを習得した。人間性のよい側面を発見し、人間の心のなかに入り込むことを覚えた。わたしは、法律家の真の任務が、離ればなれにかけ違った事件当事者を結合させることにあることを悟った。この教訓は、ぬぐいきれないほどわたしのなかに深く印象づけられたので、弁護士としてのわたしは、それから二十年間職務にたずさわっていたが、その大部分を、多数の訴訟事件に自主的な和解を講ずることに費やした。わたしは、そのために失ったものはなかった。一銭のお金も、ましてわたしの魂においてをや、である。

25　人が提案し、神が処理する

裁判事件にかたがついたので、わたしはもはやプレトリアに滞在している理由がなくなった。そこでわたしはダーバンにもどって、帰国のための準備にとりかかった。しかし、アブドゥラ・シェートは、送別会もせずにわたしを出帆させてしまう男ではなかった。彼は、サイデナムで[*20]、わたしのために送別会を開いてくれた。

そこでまる一日を過ごそうという提案であった。わたしはいくつかの新聞を手に入れて、一枚一枚をめくって見ていると、そのうちの一枚の片すみに、ふと「インド人の選挙権問題」という題の短評がのっているのを見つけた。それは、当時、立法議会に提出されている一法案に言及したものであった。その法案というのは、ナタル州立法議会の議員を選挙する権利を、インド人から奪い取ってしまうことを提案したものだった。

わたしは、この法案の消息を全然知らなかった。送別会に集まって来た他の客も同様であった。

わたしはそれについて、アブドゥラ・シェートにただした。彼は言った。

「そんなことが、なんで私どもにわかるものですか。私どもにわかることは、私どもの商売に関係したことだけです」

わたしは帰国の矢先であった。このことで、わたしの心のなかをどんなものが横切ったか、それを打ち明けるのはためらわれた。わたしは簡単にアブドゥラ・シェートに話した。

「この法案が通過して法律になると、私たちの運命は、全くむずかしくなりますよ。これで、私たちの柩《ひつぎ》に最初の釘《くぎ》が打ち込まれました。それは、私たちの自尊心の根元に一撃を加えてきたものです」

客たちは、この会話を熱心に聞いていた。彼らのうちの一人が言った。

「何をしたらよいのか、お聞かせください。あなたはこの船でお帰りになるのをやめて、あと一ヵ月ここにいてください。そうすれば、あなたの指導するように、私たちは闘《たたか》いましょう」

ほかの者も全部、これにあいづちを打った。

わたしは胸のなかで、闘いの輪郭をつくってみた。わたしは、選挙人名簿にのっている人の名前を確かめた。そして、一ヵ月居残ることを決意した。

こうして神は、南アフリカでのわたしの生活の基礎を置いてくださったし、民族の自尊心のための戦闘の種子《たね》をまかれた。

私たちは、第一着手として、立法議会の議長に電報を打って、法案の審議を今後延期するように要請した。同じ趣旨の電報が、州の首相にも打たれた。

州議会に差し出す請願書も起案され、わたしは苦心さんたんして、その起案に当たった。わたしはこの事項に関して、入手できた文献を全部読破した。十四日間に、一万人の署名が請願書に集められた。これだけの数の署名を州の全土から集めることは、けっして楽な仕事でなかった。人々が、この仕事には全くの素人《しろうと》であることを思えば、なおさらのことであった。署名者が完全に今回の請願を理解したうえでなければ、一つたりとも署名を取ってはならない、と決定されたので、この仕事には、これだけに専心する志願者を選び出さなくてはならなかった。

村落の人々は、遠距離に散在している。この仕事は、多くの活動家が、彼らの全心をそのなかに打ち込んで初めて、迅速に行なうことができるのであった。しかも彼らは、それをやり遂げた。

とうとう請願書が提出された。一千枚の写しが印刷され、回覧され、頒布された。これがインド人一般大衆にナタルの現状を知らせる最初の機会になった。わたしはこの写しを、わたしの知っている新聞社や政治評論家全部に送った。『ザ・タイムス・オブ・インディア』[*21]紙は、請願運動に関する社説を掲載し、そのなかで、インド人の要求に強い支持を表明した。写しは、イギリスの各政党を代弁する雑誌や政治評論家にも送られた。ロンドンの『ザ・タイムズ』[*22]紙は、私たちの要求を支持してくれた。こうして私たちは、法案の不成立に希望を持ち始めた。

今やわたしは、ナタルを去ることは不可能だった。インド人の友人たちが、四方からわたしをとり囲んだ。そしてここに永住するように、しつこく要求するのだった。

こうしてわたしは、ナタルに腰を落ち着けてしまった。

26　ナタル・インド人会議《コングレス》

選挙権剝奪《はくだつ》の法案について、請願書を提出することだけでは十分とはいえなかった。植民地相を動かすまでになるには、絶えざる宣伝が不可欠であった。この目的を達成するためには、常設の組織を作ることが必要だと考えられた。そこでわたしは、アブドゥラ・シェートやほかの友人に相談をもちかけた。そして私たちは、常設的な大衆組織を持とう、ということを決定した。こうして、五月二十二日にナタル・インド人会議《コングレス》[*23]が誕生した。

ナタル・インド人会議には、南アフリカ生まれのインド人や会社事務員の層は会員として参加してきたが、不熟練賃金労働者、契約農業労働者は、まだ枠外《わく》にとどまっていた。会議は、まだ彼らのものになっていなかった。彼らには、基金を寄付したり、入会したりするなどして、会に所属する余裕のあろうはずがなかった。インド人会議は、こちらから彼らに奉仕をして初めて、彼らを近づけることができた。インド人会議もまたわたしも、実際に用意していなかったのに、一つの機会が訪れてきた。わたしは仕事を始めてから、まだ三、四ヵ月になるかならぬかであった。インド人会議もまた、揺籃《ようらん》期から脱していなかった。

そのとき、ぼろぼろに破れた着物を着て、手に帽子を持ち、前歯二本は折れ、口から血が流れ出ている一人のタミール人が[*24]、ふるえ、すすり泣きながら、わたしの前に現われた。彼は、主人からひどくなぐられたのであった。わたしのところの書記が同郷のタミール人なので、わたしはその書記から彼のことをすっかり聞いた。バラスンダラム——訪問者はこういう名であった——は、ダーバンの知名なヨーロッパ人の下で、契約労働者として働いていた。主人が何かのことで彼に怒りだし、自制心を失ってしまい、バラスンダラムをはげしく打って、彼の歯二本を折ってしまったというのである。

わたしはまず、彼を医師のもとへ連れて行った。あのころは、白人の医者しかいなかった。わたしは、バラスンダラムが受けた傷の症状について、医師に証明書をくれと言った。わたしは証明書を手にして、その場から治安判事[*25]のところへ負傷者を連れて行って、証明書を手渡した。それを読んで、治安判事は大いに怒り、雇用主に召喚状を出した。わたしは、ただ、バラスン雇用主を罰してもらおうとは、わたしは少しも思わなかった。

ガンジーに指導されて、サッティヤーグラハの闘争に
参加した南アフリカのインド人契約労働者（1913年）

ダラムを彼のところから解放してやりたかったのだった。わたしは、契約労働に関する法律を読んだ。それによると、もし普通の下僕なら、彼が通告を怠って職務から離れると、彼の雇用主から民事法廷に訴えられる。それが契約労働者になると、全く話が違ってきて、同じ状況であっても、彼の場合は刑事法廷に訴えられ、そして有罪と判決されて投獄されるのである。これが、サー・ウィリアム・ハンター[*26]が、契約労働制度を奴隷制度に等しい罪悪と呼んだ理由であった。奴隷に似て、契約労働者は雇用主の財産にすぎなかった。

バラスンダラムを解放するには、二つのやりかたしかなかった。その一つは、契約労働者監督官に彼の契約を取り消させるか、彼をほかの雇用主のところに移すかであった。もう一つは、バラスンダラムの雇用主に彼を解放させるかであった。わたしは雇用主のところに行って、言った。

「わたしはあなたを訴えて、罰してもらおうとは思いません。まさかあなたは、あの男をひどくなぐった覚えはない、とは言われますまいね。わたしは、もしあなたが、労働契約書をほかの人にお譲り願えるならば、それでいいのです」

彼は、これに簡単に同意した。そこでわたしは、監督官と会見した。彼もまた、わたしが新しい雇用主を見つけるという条件をつけて、同意してくれた。

それからわたしは、雇用主捜しを始めた。インド人には契約労働者は雇えないことになっていたから、雇用主はヨーロッパ人でなくてはならなかった。そのころわたしは、ヨーロッパ人は二、三人しか知らなかった。わたしは、そのうちの一人のところへ頼みに行った。彼はバラスンダラムを引き取ってくれるなど、非常に親切にしてくれた。わたしは彼の親切に感謝した。治安判事は、バラスンダラムの雇用主に有罪の判決をくだし、そして、彼が労働契約書をほかの人に譲ることを約束したことを書類にとどめた。

バラスンダラム事件は、すべての契約労働者の耳に聞こえた。そしてわたしは、彼らの友人と思われるようになった。わたしは、これを歓迎した。その後、決まったように、契約労働者がわたしの事務所に流れ込んでくるようになった。そしてわたしは、この機会を利用して、彼らの喜びと悲しみを学んだ。

バラスンダラム事件の反響は、遠いマドラスからも聞こえた。マドラス州の各地から、契約によってナタルに労働に来ていた労働者も、彼らの契約労働者の仲間から聞いて、この事件を知った。

事件それ自体には、別に変わったことはなかった。しかし、彼らの味方になって支持してくれ、彼らのために公けに活動してくれる人がナタルに幾人か出てきたという事実は、契約労働者には、喜ばしい驚きであったとともに、彼らに希望をいだかせることになった。

27　三ポンド税

一八六〇年ごろ、ナタルにいたヨーロッパ人は、そこに砂糖きびの栽培に適した土地がたくさんあることを発見したが、労働力の不足に苦しんだ。ナタルのズールー族[*27]は、この型の労働には適していなかったので、外部から労働者を入れないかぎり、砂糖きびの栽培や砂糖の精製は不可能だった。そこでナタル政府は、このことをインド政府に連絡した結果、インド人労働者募集の許可を受けた。こうして募集に応じた者は、五年間ナタルで労働する、という契約に署名することになった。そして契約期間が終われば、自由に定住してもいいし、また、完全な土地所有権を持つこともできた。こういうのが、彼らに差し出された誘いの手であった。

インド人は、彼らに期待されたもの以上を与えた。彼らは野菜を大量に作った。彼らはたくさんのインド野菜を移入して、さらに安価な土地ものを作り出すこともできた。また彼らは、マンゴーの木を移入した。彼らの事業は、農業にとどまらなかった。彼らは、商業界にも進出した。彼らは、土地を購入して建物を立てた。彼らのなかには、労働者の境遇から身を起こして、土地や家屋の所有者になりあがる者が多数あった。彼らに続いて、インドから商人がやって来て、商業を営みながらそこに定住した。その皮切りをなした人がシェート・アブバカル・アッモドであった。彼はまもなく、手広く事業をするようになった。

これには、白人の商人どもがあわてた。初め、インド人労働者を喜んで迎えたときには、彼らは、インド人の商業的才腕を念頭に置かなかった。彼らは、独立の農業者を受け入れることはできても、商売上の競争者となると我慢できなかった。

こうしたことで、インド人に対する反感の種子《たね》がまかれた。その他たくさんの要素が原因になって、その種子は育っていった。この反感が、立法を通じて形になって現われたのが、選挙権剝奪《はくだつ》の法案や、契約労働者課税法案であった。また、これらの立法とは全然関係なしに、いろいろないやがらせが、すでに始まっていた。

最初のいやがらせは、インド人契約労働者を強制的にインド本国へ帰してしまって、そこで契約期間を終わらせよう、という案であった。インド政府はこの案を受諾しそうになかった。そこで、つぎのような提案が行なわれた。

一、契約労働者は、契約期間の終わりしだいインドに帰ること。でなければ、
二、二年目ごとに新契約に署名し、契約更新のたびに、契約労働量を増加すること。でなければ、

三、インド帰国または契約の更新を拒む場合、年額二五ポンドの税金を納めること。

サー・ヘンリー・ビンズとメーソン氏の両名からなる代表団がインドに派遣され、インド政府に対してその提案の承認を求めた。そのとき、インド総督はロード・エルギンで、[*28]彼は二五ポンドの課税は承諾しなかったが、年額三ポンドの人頭税の課税には賛成した。そのときわたしは、これは重大な総督側の失策である、と思った。今でもわたしは、そのように思っている。一家族を四人、すなわち、夫、妻、および子供二人として、一家族から一年合計一二ポンドの税金を徴収することは、[*29]夫の収入の平均が一ヵ月に一四シリング以上を越えたことなし、という場合には、まさに殺人的であって、世界じゅうどこをさがしても例のないことであった。

　私たちは、この課税に対して猛烈な反対運動を組織した。もし、私たちインド人一同が闘争をあきらめたり、インド人会議《コングレス》が反対運動を放棄し、課税は避けられないと屈服したりしたとすれば、この憎むべき税金は、今日までも、南アフリカのインド人および全インドの永久の恥辱として、インド人契約労働者から徴収し続けられていたに相違なかった。

　この日で、わたしは、南アフリカに三ヵ年いたことになる。わたしはインド人という民族を知り、また彼らもわたしを知るようになった。一八九六年、わたしもここに来てから長くなったので、六ヵ月間国に帰ってみたいが、とインド人のみんなに許しを求めた。わたしの弁護士業は、かなり繁盛していたし、人々は、わたしが不在だと困ることもわかった。そこで、帰国してわたしの妻子を連れたうえでここにもどり、定住する決心をつけた。それにまたわたしは、帰国すれば、インドで世論を教育したり、南アフリカのインド人に対する関心をいっそう高めたりなどして、いくらかでも公けのための活動を行なうことができるのではないか、と思った。

28　インドにて

わたしは、ボンベイで休息をとらずに、まっすぐラジコットに行った。[*30] そして、南アフリカの状態に関するパンフレットを書く準備を始めた。パンフレットを書き、発行するまでに、約一ヵ月かかった。その表紙は緑色だったので、後に「緑のパンフレット」として知られるようになった。そのなかでわたしは、南アフリカのインド人の状態を、意識的に筆をやわらげて描写しておいた。一万部を刷って、インド各派の新聞や指導者にもれなく発送した。それを第一に論評したのは、『パイオニア』[*31] 紙であった。その論説の要旨は、ロイター通信社を通じてイギリスに打電された。さらに、要旨のそのまた要旨が、ロンドンのロイター本社からナタルに打電された。この電報は、記事にして三行足らずの短いものだった。それは、ナタルでインド人がこうむっていた扱いを、わたしの筆によって描写されたものの縮図であり、誇張したもので、わたしの言葉そのままのものではなかった。これがナタルに与えた影響については、後ほど述べることにしよう。そうこうしているうちに、有名な新聞はこぞって、この問題を詳細に論評した。

これらのパンフレットをポストに入れるまでが、容易なことではなかった。それはまた、包装するのに人を雇っていたら、費用もかかっていたろう。ところが、わたしは非常に簡単な計画を思いついた。わたしは近所の子供を全部集めて、彼らが学校へ行かない午前中二、三時間、手伝ってくれないかと頼んだ。彼らは、喜んで手伝ってくれることになった。わたしは、いいものがあるよ、と言って、集めておいた古切手をお礼にやることにした。彼らは、またたく間に、その仕事をやり終えてしまった。それは、わたしが小さい子供たちを志願者として集めた最初の経験だった。これら小さい友人のうちの二名が、今日わたしの共働者になっている。

わたしは、ラジコットでパンフレット作りに忙殺されている間に、一度、大急ぎでボンベイへ行ってきた。もともとわたしは、この問題について都市の世論を教育するために、集会を開きたいものだと思っていた。そして、わたしが第一回の都市として選んだのがボンベイだった。まず、わたしはラナード判事に会見を申し込んだ。ラナード判事は、わたしの言うことに熱心に耳を傾けた。そして、サー・フェロズシャー・メータのところへ行ったらどうか、とすすめてくれた。わたしは、彼と会見をすることになった。わたしは、彼が一般の人から呼ばれているあだ名を聞いていたので、彼の前に出たら平伏してしまうものと覚悟をした。とにかくわたしは「ボンベイのライオン」「ボンベイ州の無冠の帝王」に会うことになったのだ。だが、帝王はわたしを威圧しなかった。彼は、慈愛深い父が大きくなった息子にでも会うように、わたしに会ってくれた。サー・フェロズシャー・メータも、熱心にわたしの言うことを聞いてくれた。わたしは彼に、ラナード判事とチャーブジーにも会ったことを話した。彼は言った。

「ガンジー君、わたしは、きっと君を援助しましょう。ぜひここで集会を開きたい」

こう言ってから彼は、秘書のムンシ氏のほうに顔を向けて、彼に集会の日を決めておくように命じた。日は決まった。そして彼は、わたしに別れをつげた。

その集会は、サー・コワスジー・ジェハンギル研究所の講堂で開かれた。わたしは、サー・フェロズシャー・メータが演説するときは、いつも講堂は満員で、主に彼の演説を聞こうとする学生で立錐《りっすい》の余地もない、ということを聞かされていた。このような集会はまた、わたしの経験では初めてであった。サー・フェロズシャー・メータは、わたしの演説を上出来だったと言って喜んでくれた。わたしは、これ以上の幸福はなかろうと思った。[*32] サー・フェロズシャーのおかげで、わたしは楽に前進できた。そして、ボンベイからプーナに行った。ここは、二つの派に分かれていた。わたしは、どのような種類の意見の持ち主であれ、すべての人々から援助を受けたいと思った。

最初にわたしが会見したのはロカマニア・ティラクであった。[*33] 彼は、つぎのように言った。

「君が各党派から援助を受けたいと努力されるのは、ごもっともなことだと思います。南アフリカの問題をめぐって、意見の相違がありえようはずはないのです。しかし君は、どの党派にも属さない人物を、今度の集会の議長に選ばなくてはなりません。バンダルカル教授にお会いなさい。彼は最近、公けの運動にはいっさい顔を見せていません。しかし、この問題なら、彼を引き出せるかもしれませんね。彼に会って、どんなことを彼が言うか聞きたいものです。わたしも、できるだけ君を助けましょう。君の都合のよいとき、もちろんいつでもお会いします。どうぞお気軽に」

　これが、わたしとロカマニアとの初対面であった。彼のたぐいまれな人望の秘密がこれだ、とわかった。

　つぎにわたしは、ゴカーレ[*34]に会いに行った。わたしは、ファーガッスン大学の構内で彼を見つけた。彼はわたしを親しみ深く迎えてくれた。そして彼の動作に、わたしの心はすぐひきつけられた。彼ともまた、わたしは初対面であった。しかも私たちは、久しぶりに会った友だちのようであった。サー・フェロズシャーはわたしから見ると、ヒマラヤ山のようであった。ロカマニアは大海のようであった。ゴカーレはガンジス河の流れのようであった。あの聖河で、人々は水浴を楽しむことができる。ヒマラヤ山はのぼりがたい。そして、大海には簡単に船出することはできない。しかしガンジス河は、その胸に人をいだき寄せる。一《いっ》舟一棹《しゅういっとう》、そのうえに舟を浮かべるのは喜びである。ゴカーレは、学校教師が入学志望者を事細かく点検するように、わたしを試してみた。彼はわたしに、だれに近づいていったらよいか、そして、どのようなやりかたで彼らに近づいていくかを、教えてくれた。彼は、先日行なったわたしの演説文を読みたいと言った。彼は、大学をぐるりと案内してくれ、わたしの都合のよいときに、いつでも会うことを約束してくれたし、バンダルカル教授と会見したら、その模様を教えてほしい、とも言った。そして、狂喜しているわたしを送り出してくれた。

バンダルカル教授は、父親の温容をもって、わたしを迎えてくれた。わたしが彼のところを訪れたのは正午だった。そういう時間にも忙しく人々をたずね歩いているというわたしの熱心さが、この老いても疲れを知らぬ学究に、非常に訴えた。そして、今回の集会の議長には無党派の人物をほしいとわたしが固執したのに対し、彼はたやすく承諾してくれた。

プーナで、このような博学な、そして私心のない一団の働き手たちによって、なんの苦労もなく地味な小さな場所で集会が催された。そして喜びに満ち、自分の使命にさらに自信を持ったわたしを送り出してくれた。

わたしは、つぎにマドラスに向かった。そこは熱気で騒々しかった。バラスンダラム事件[*35]が、集会に強い印象を与えた。わたしの演説は印刷された。それは、わたしにしては、かなり長いものだった。しかし聴衆は、熱心に一語一語に耳を傾けた。集会の終わる時分、いつものように、「緑のパンフレット」がよく売れた。わたしは第二版で、改訂版を一万部出版した。それは、ホットケーキのように売れた。

マドラスからカルカッタに行った。そこでわたしは、ダーバンから、「議会一月開会、急ぎ帰れ」という電報を受け取った。

そこでわたしは、新聞に一文を寄せ、なぜ急にカルカッタを引き揚げてボンベイに向かうのか、その理由を説明した。また、カルカッタを出発する前に、わたしはダダ・アブドゥラ会社のボンベイ代理店に電報を打ち、南アフリカ行きの最も早い便に乗れるように手配してくれることをたのんだ。

ダダ・アブドゥラは、そのときちょうど、汽船クーアランド号を購入したばかりだった。そしてわたしにぜひその船に乗るようにと言い、わたしと家族を無料で運ぶと申し出てきた。わたしは、ありがたくこの申し出を受けた。そして十二月の初めに、今度は妻と二人の息子《むすこ》、それから未亡人になったわたしの姉の一人息子[*36]をひきつれて、二度目の南アフリカへの旅に船出した。もう一隻の汽船ナデリ号も、同じときにダーバンに向けて出帆した。これら両船の乗客の総数は約八百名だったはずで、その半数がトランスヴァール行きとなっていた。

第四部

29　南アフリカへの嵐の到着

二隻の汽船が十二月の十八日ごろ、ダーバンの港に錨《いかり》を下ろした。南アフリカでは綿密な防疫検査がすむまでは、どの港でも、乗客の下船は許されないことになっている。もし船客のなかから一人でも伝染病の患者が出ると、船全体が一定の防疫期間を経なくてはならなかった。私たちが出帆したとき、ボンベイにペストが出ていたので、私たちは短期の防疫期間は経なくてはならないのではないか、と心配した。医師が来て、私たちを検査した。彼は五日間の隔離を命じた。というのは、彼の意見によると、ペスト菌は発病するのに、最大限で二十三日かかるからである。そこで私たちの乗って来た船は、ボンベイ出帆の日から二十三日目まで、隔離に処することを命令された。ところが、この汽船隔離の裏には、保健上の理由以上のことがあった。

ダーバンに住む白人たちは、インド人の本国送還を扇動していた。そして、隔離命令が出されたのも、この扇動のためであった。ダダ・アブドゥラ会社から報告があるので、私たちは市のなかが、どんなことになっているか、よくわかった。白人たちは、毎日わけのわからぬ集会を開催していた。彼らは、ありとあらゆるおどかしの演説をした。ときには、ダダ・アブドゥラ会社に誘いをかけてくることもあった。たとえば、二隻の汽船をインドに送り返せばその損害を会社に支払ってやると申し込んだり、あるいはそれを断わるなら、商売を続けさせない、とおどした。しかしダダ・アブドゥラ会社は、そんなおどかしに恐れをなすものではなかった。シェート・アブドゥラ・ハジ・アダムがそのときの会社の共同経営者であった。彼は、なんとかして汽船を波止場に着けて、乗客を下ろそうと決心した。彼は毎日、事細かく書いた通信をわたしあてにとどけてきた。今は故人となったが、スリジャット・マンシュクラル・ナーザル[*1]がそのときわたしに会おうと思って、幸いダーバンに来ていた。彼は有能で、豪胆な人で、インド人居留民の指導に当たってくれた。弁護士ロートン氏も同様に恐れを知らぬ人だった。彼はインド人居留民に雇われている弁護士としてばかりでなく、彼らの真実の友人として、白人住民の仕打ちを非難して、いろいろとインド人居留民に忠告をしてくれた。

　こうして、ダーバンにはつり合いのとれぬ二者の格闘が行なわれていた。一方の側には、数少ない、貧しいインド人と、その友人のイギリス人二、三名が控えていた。他方の側には、武器を持ち、教育のある、富んだ白人が並んでいた。彼らはまた州政府当局の援護を背にしていた。というのは、ナタルの州政府は公然と彼らを助けていたからである。閣僚のなかで最も有力だったハリー・イスコム氏は、[*2] 公然と彼らの集会に顔を見せた。

私たちは、船客慰安のために、船中にいろいろの遊戯施設をそろえた。わたしも遊びの仲間に入った。しかしわたしの思いは、ダーバンで進行している闘《たたか》いのうえに走った。というのは、真の目標にされているのは、このわたしだったからである。わたしは、二つのことで、けしからぬと攻撃された。

一、インドに帰っていたとき、わたしがいわれのない非難をナタルの白人に行なったということ。

二、わたしが、汽船二隻にインド人を乗せて連れて来て定住させようとするのは、ナタルをインド人で満たすためである。

わたしは自分に責任があることを感じていた。わたしは、ダダ・アブドゥラ会社がわたしのために重大な危険にさらされてしまい、乗客の生命が危ぶまれるにいたったこと、またわたしといっしょに家族を連れて来たために、彼らをもまた同じように、あぶない目にあわせてしまったことを、よく知っていた。

しかし、わたしには絶対にとがめられるものはなかった。わたしは、ナタルに行こうと言ってだれも誘いはしなかった。わたしが客船に乗り込んだときには、乗客のだれとも知り合いでなかった。しかも、親戚の男女一組を除くと、わたしは船内にいる数百人の乗客に、一人としてその名前や生まれを知っている者はなかった。わたしはインドに滞在中、ナタルの白人について、すでにこのナタルにいたとき発言していなかったことを一言たりとも発言したことはなかった。しかも、わたしの発言したことはすべて、これを支える十分な証拠があってのことだった。

こうして、日数は、なかなかたっていかなかった。

二十三日目が過ぎると、汽船は許されて港内に入った。そして船客を下ろしてよいという命令が出た。

そこで二隻の汽船は、波止場に入れられ、船客の上陸が始まった。ところがイスコム氏が船長あての伝言で、白人がわたしに対して非常に激昂《げっこう》していて、わたしの命があぶないから、わたしの家族とわたしは、夕方になってから上陸するようすすめてくれ、上陸したら港湾監督官のテータム氏が私たちを家まで連れて行く、と言ってきた。船長はこの伝言をわたしに伝えてくれた。わたしはそのとおりに行動することにした。しかし、それから三十分もたたぬうちに、ロートン氏が船長のところに来た。彼は言った。

「わたしはガンジーさんをいっしょに連れて行こうと思います。彼に反対がなければです。わたしはエージェント会社の法律顧問として、あなたに対し、あなたがイスコム氏から受け取られた伝言を実行せねばならない義務はない、と申しあげたい」

このあとで、彼はわたしのところに来て、同じ内容のことをちょっと言った。

「もしあなたがよろしかったら、ガンジー夫人と子供さんは、車に乗せてラストムジーさん[*3]の家に連れて行き、あなたとわたしはあとから歩いてついて行く、ということはどうですか。わたしは、あなたがどろぼうのように、闇《やみ》に乗じて町に入るなどということはいやです。あなたに危害を加える心配があるとは思いません。いまは万事平穏です。白人はみんな散っていきました。まあとにかく、あなたはこそこそと町に入るようなことはすべきでないとわたしは信じています」

わたしはすぐに賛成した。妻と子供は、車で無事にラストムジーの家に行った。わたしは船長の許しをもらって、ロートン氏と連れだって上陸した。ラストムジーの家は、波止場から約二マイル離れていた。

私たちが上陸するとまもなく、幾人か連れだっていた若者がわたしを見つけて、

「ガンジーだ、ガンジーだ」

と叫んだ。六人ほどの男が現われて、いっしょになって大声をあげだした。ロートン氏は、群衆がどっと押し寄せて来はせぬかと心配して、人力車を呼んだ。わたしは、人力車に乗るのが大きらいで、これがわたしの初めての経験だった。だが、若者がわたしをそれに乗せようとしなかった。群衆は車夫に、命がないぞとおどかした。車夫は一目散に逃げていった。私たちが歩き出すにつれて群衆は集まって来て、おしまいには、前に進むことができなくなった。彼らはまずロートン氏をつかまえて放さず、私たちを引き離してしまった。それから彼らは、わたしに石や煉瓦《れんが》、それから腐った卵を投げつけた。幾人かがわたしのターバンをひきちぎってしまった。するとほかの者が、棒切れを手にしてわたしをぶったり、蹴ったりした。わたしはへとへとになって、一軒の家の玄関の手すりにつかまって立ち止まり、一息いれようとした。しかしそれはできなかった。彼らがわたしのところにかけつけて来て、殴《なぐ》

り倒したり、棒でたたきつけたりした。そこへわたしの知り合いだった警察署長夫人が、たまたま通りかかった。夫人は勇ましく駆けて来て、彼女のパラソルを開いた。そのとき太陽が照りつけていたわけではなかった。そして群衆とわたしの間に割り込んだ。これが暴徒の怒りを押えた。というのは、アレキサンダー夫人に怪我《けが》をさせないでわたしをなぐろうとしても、むずかしかったからだった。

その間に、事件を目撃していたインド人の青年が、警察署に駆け込んだ。警察署長のアレキサンダー氏は部下の一隊に、わたしを取り囲み、護衛しながら無事警察署まで連れて来い、と命令して現場に急行させた。彼らはまもなく到着した。警察署は、私たちの行き先の途中にあった。私たちがそこまで行ったとき、署長は警察署に避難するようすすめてくれた。しかし、わたしは感謝をしたが、その申し出を断わった。わたしは言った。

「彼らはあやまちに気がつけば、きっと静かになるにちがいありません。わたしは彼らに公正さのあることを信じています」

わたしは警官隊に守られながら、それ以上危害を受けずにラストムジーの家に到着した。わたしは体一面打ち身だらけだった。だが傷になったのは、一ヵ所だけだった。船医のダジバルジョル博士が、その場に居合わせてくれたので、最善の手当をほどこしてもらった。

邸内は、静まりかえっていた。しかし、外では、白人たちが家を取り巻いていた。夜がやってきた。すると、わめいていた群衆のなかから、

「ガンジーを出せ」

という叫び声があがった。慧眼《けいがん》の署長はそこに行って、群衆をしずめようと努めた。彼はおどしではなく、彼らを笑わせながらしずめようとした。しかし、彼は安心しきれなかった。彼はわたしのところに、つぎのような伝言をよこした。

「もしあなたが、友人の家と財産、それからあなたのご家族を救いたいとお思いになるならば、あなたは変装してこの家から逃げ出してください。おすすめします」

署長のすすめるとおり、わたしはインド人巡査の制服を着、一枚の皿をマドラス布で包んでヘルメットのように見せたものを頭の上にのせた。二人の刑事がわたしにつきそった。そのうちの一人は、インド人の商人に変装し、インド人に似せて顔を塗った。もう一人がどのような変装をしたかを、わたしは忘れてしまった。私たちは横道づたいに隣の店に行き、麻袋のうずたかい山の倉庫を通り抜けて店の門から逃げだし、群衆のなかを抜け、通りの端にわたしのために止めておいた荷馬車のところに着いた。

私たちは、荷馬車を警察署まで走らせた。その警察署は、つい先刻アレキサンダー署長が、ここに避難したら、と言ってくれたのと同じ警察署だった。わたしは彼と二人の刑事に感謝した。

こうしてわたしが落ちのびているとき、アレキサンダー氏は、群衆相手にこんな歌をうたって、彼らをおもしろがらせ、引き留めておいてくれた。

老いぼれガンジーの首くくれ
酸っぱいりんごの木のうえで

彼は、わたしが無事に警察署に着いたとの報告を受けると、さっそく、その知らせを群衆に伝えた。

「さあて、諸君のねらっていた犠牲《いけにえ》は、隣の店を通り抜けて、まんまと逃げうせてしまった。こうなっては諸君も帰ったほうがよいだろう」

彼らのうちの何人かは激怒した。ほかに笑い声をたてた者がいた。その話を信じない者も、幾人かいた。

警察署長は言った。

「よろしい。ではもしもわたしの言うことが諸君に信じられないなら、代表を一、二名選びなさい。わたしはその代表に家の中に入ってもらいましょう。もし彼らがガンジーを見つけたら、わたしは彼を諸君に引き渡しましょう。しかし見つけられなかったら、諸君は引きあげてください。諸君にラストムジーさんの家をこわしたり、ガンジーさんの奥さんや子供さんに危害を加える考えのないことは、わたしが承知しています」

群衆のなかから代表が出て、捜索のため家の中に入った。彼らはまもなく、失望の知らせとともにもどってきた。そして、ついに群衆は引きあげていった。彼らの大部分は、警察署長の巧妙な事態処理に感服していたが、ぶつぶつ言っている者も二、三いた。

今は故人となったが、そのとき植民地相だったチェンバレン氏[*4]は、ナタル州政府に電報をよこして、加害者の処罰を要求してきた。イスコム氏は、わたしを呼んで、わたしが受けた傷について、遺憾の意を表した。そして言った。

「わたしを信じてください。あなたのからだに受けた傷がどんなに小さい傷であっても、わたしは遺憾なことと思っています。あなたはロートン氏の勧告をいれる権利と、最悪の目におあいになる権利とをお持ちでした。しかし、あなたがわたしの勧告を善意にお受け取りくださっていれば、このような惨事は起こっていなかったでしょう。もしあなたが加害者を指名してくだされば、わたしは彼らを逮捕し、処罰する方針です。チェンバレン氏もまた、わたしにそのように希望しておられました」

これに対してわたしは、つぎのように返事をした。

「わたしはだれも処罰したいとは思いません。彼らのうちの一、二を指名することは、わたしにもできます。ですが、彼らを処罰して、はたして何の益がありましょうか？　それにわたしは加害者に責めを負わせる気はありません。彼らは、わたしがインドで、ナタルの白人について誇張して言い、彼らを中傷した、と思うように仕向けられたのでした。もしもそれらの報道を正しいと信じれば、彼らが激昂するのは当然のことでした。彼らの指導者、そしてこう言ってよろしければ、あなたこそ責めを負うべきです。あなたは人々を正しく導くことができたはずでした。ところが、あなたもまた、ロイター通信の記事を信じ込んで、わたしが誇張をした、と思い込みました。わたしは、だれをも訴えようとはしません。真実がわかってくれれば、彼らは彼らの行為を悔やむことだろう、とわたしは確信します」

イスコム氏は言った。

「今のことを書いて、わたしに渡してくださいませんか？　というのは、チェンバレン氏に、同じことを打電しなくてはならないからです。急いでとは言いません。あなたがお望みなら、ロートン氏やあなたのほかの友人とご相談ください。だが、ざっくばらんに申しますと、もしあなたがあなたの加害者を訴える権利を放棄してくださると、事態を平常にもどすのに大いに助けになりますし、あなた自身の評判も、特によろしくなるでしょう」

わたしは言った。

「ありがとうございます。わたしはだれとも相談を必要としません。わたしはここに来る前から、そのことについては決心をつけて来ました。加害者を処罰してはいけない、というのがわたしの信念です。そこでただ今、わたしの決心を書いておくことにします」

こう言って、彼に必要な声明書を書いて渡した。

上陸の日、『ナタル・アドヴァタイザー』紙の代表が、会見のためわたしのところに来た。彼はわたしにいろいろの質問をした。わたしはそれに答えながら、わたしに向けられた数々の非難を一つ一つ反駁《はんばく》していった。サー・フェロズシャー・メータに言われたおかげで、わたしはインドでは、あらかじめ草稿を書き、演説のときはそれを読みあげていた。それでわたしは、演説は全部その写しを持っていたし、またほかのわたしの書いたものも持っていた。わたしは会見に来た記者に、これらの文献全部を与えて、南アフリカでわたしがかつて言ったことのないことは、インドでも一度も言ったことがなく、また激しい言葉を使って言ったこともなかったことを、彼に証明した。わたしはまた、クーアランド号およびナデリ号の船客を南アフリカに連れてきたのは、わたしでないことを明らかにした。彼らの多くは、昔の居住者であった。そしてその大半はナタルに住むのではなく、トランスヴァールに行く予定であった。その当時、金もうけのためというのなら、トランスヴァールのほうが、ナタルより見込みがあった。そこでたいていのインド人が、かの地へ行くほうを選んだ。

わたしの新聞記者との会見と、わたしが加害者の処罰を断わったことは、深い印象を与え、そのため、ダーバンのヨーロッパ人は彼らの行為を恥じたほどだった。新聞は、わたしは無実であると書いて、暴徒を非難した。こうしてこの災難は、わたしにとって、つまり大義にとって、禍《わざわい》転じて福となった。それは南アフリカでのインド人の威信を高め、わたしの活動をいっそう容易なものにした。

その後、三、四日して、わたしは自分の家に帰り、まもなくふたたび落ち着いた。

30 子供の教育と看護

一八九七年一月、ダーバンに上陸したが、わたしはそのとき三人の子供を連れていた。十歳になる姉の息子《むすこ》と、九歳と五歳になる二人のわたしの息子であった。わたしは、どこで彼らを教育したらよいか。

わたしは、彼らをヨーロッパ人の子供の学校へやることもできた。しかし、それは自分の子供だけを優遇すればのことであった。ほかのインド人の子供は、そこに入学することは許されなかった。

これらインド人の子供のためには、キリスト教会で創立した学校があった。しかし、わたしは、わたしの子供をそこにやるつもりはなかった。というのは、わたしは、これらの学校で続けられている教育が好きでなかったからである。一例をあげると、授業は英語だけで行なわれた。さもなければ、不正確なタミール語かヒンディ語であった。授業用語としてこれらをとりいれるには、また、むずかしいことがあった。わたしはたぶん、あれやこれやの不利に我慢がならなかったらしい。しばらくの間、わたしは自分自身で彼らを教えていたのだった。わたしは、彼らをインドに送り返すことには反対だった。というのは、その当時でも、わたしは幼い子供たちを両親のそばから離してはいけない、と思っていたからであった。子供たちが、よく行きとどいた家庭で自然に身につける教育は、寄宿寮では得ることのできないものである。それでわたしは、子供を手もとに置いた。

わたしは、子供たちに与えようとした時間のすべてを、彼らのために専心することはできなかった。わたしが彼らに十分注意することができないことと、そのほかの不可避の理由によって、わたしはわたしの望んだような文字教育を彼らに授けることができなかった。そして息子はみんな、この点でわたしに不平を持っていた。彼らがマスター・オブ・アーツやバチェラー・オブ・アーツはもちろん、または大学入学資格者になったとしても、彼らは、学校教育を受けていない心のひがみを感ずるにちがいない。

にもかかわらず、わたしの意見はこうである。もし、わたしが彼らをどこか公立学校で教育してもらったとする。そうすると、彼らは、経験という教室でのみ、あるいは両親との不断の接触からのみ受けられる訓練を奪われてしまうことになる。わたしの知っている範囲でも、今日、わたしの息子と同年輩の青年が多数いる。わたしは、人間対人間の関係で彼らがわたしの息子より少し善良だったり、あるいは、息子が彼らからたくさん学ばなければならない点があるとは考えない。

しかし、わたしの実験の最終結果がわかるのは、未来のことに属している。この問題をここで論じている目的は、文明史の研究者に、規律ある家庭教育と学校教育との差異に、いくらかなりとも気づいてもらいたいからである。

以上のほかに、もしわたしに自尊の精神がなく、そして、ほかの子供たちが受けられない教育を自分の子供たちに授けることで満足していたならば、わたしは、自由と自尊の実物教育を彼らから奪っていただろう。わたしは、学芸教育を犠牲にして、彼らに実物教育を授けたのである。そして自由と博識とのどちらかを選ばなくてはならぬとき、自由は博識にまさること千万倍と、だれが言わないだろうか。

わたしは一九二〇年、青年に対して、奴隷の城——彼らの学校および大学——から脱け出るように呼びかけた。そしてわたしは、彼らに向かって、奴隷の鎖につながれて学芸教育を求めるよりは、自由のために無筆のままにとどまり、最もいやしい仕事をしたほうが、はるかにまさっていることである、と忠告したことがあった。彼らは、今日、このわたしの勧告をそのもとまでさかのぼってよく理解してもらいたいものである。

わたしは、なにか永続性のある人道的な事業はないか、と捜し求めた。ブース博士は聖エイダン・ミッションの病院長だった。彼はやさしい心の持ち主であって、彼のところに来る病人を無料で治療してやっていた。パーシー人のラストムジーから義捐《ぎえん》してもらって、ブース博士を院長にした、小さい慈善病院を開くことができた。わたしは、どうしてもその病院の看護人になって奉仕したいと思った。わたしの仕事は、患者の訴えることをよく聞いて、それを医者に伝え、処方箋《しょほうせん》を作ることであった。それは患者のインド人とわたしを親密にさせた。患者の大部分は、契約労働者のタミール、テルグ、または北インドの人たちであった。このときの経験が、ボーア戦争*5が起きて、わたしから申し出て傷病兵の看護をしたとき、非常に役にたった。

31　簡素な生活

洗濯屋の請求書が高かった。そのうえ洗濯屋は、時間の正確さに気を使わなかったので、二ダースや三ダースのワイシャツやカラーを用意しても、わたしには間に合わなかった。カラーは毎日取り替えねばならなかったし、ワイシャツのほうは、毎日でないとしても、隔日ぐらいには取り替えねばならなかった。これでは、費用が二倍かかることになり、むだなように思われた。そこで、これを節約するために、わたしのところに洗濯用具を備えつけた。わたしは洗濯のしかたを書いた本を買って洗濯方法を研究し、それを妻にも教えた。そんなことをすれば、わたしの仕事がふえるのはわかりきったことだった。しかし、珍しさがそれを楽しいものにした。

　わたしは、自分でカラーを洗ったときのことを、一生忘れられないだろう。わたしは、必要以上にたっぷり糊《のり》を使うのがつねであった。アイロンは温目《ぬるめ》であった。そして、カラーを焦がすといけないと思って、わたしは十分アイロンを押えつけなかった。その結果、カラーの固さはまあまあであったけれども、表面にこびりついた余分な糊が、ぼろぼろ、しじゅうはがれ落ちるというできばえであった。わたしは、そのカラーをつけて裁判所に出かけた。そして同僚の弁護士連中から、からかわれることになった。しかし、そのころはわたしは、からかわれても平気でいられた。

　わたしは言った。

「いや、わたしはカラーを洗うのは、これが初めてでね。だから、糊が柔らかすぎたんですよ。しかし、わたしは別にさしつかえないんです。それに君たちの笑い草になるという余得もあったし……」

　一人の友人が尋ねた。

「それにしても、ここに洗濯屋がないわけではあるまいし……？」

　わたしは言った。

「洗濯代がべらぼうに高くつくんでね。カラーの洗濯代が新しいカラーを一本買うぐらいなんだ。それでいて、洗濯屋をずっと頼っていなくてはならない。自分のものは自分で洗うほうが、ずっとわたしにはいいなあ」

わたしは、わたしを洗濯屋の奴隷になることから解放したのと同じやりかたで、理髪屋の奴隷になることをやめた。イギリスに行った人はみんな、あそこで、少なくとも顔をそることぐらいは覚えてくる。しかし、わたしの知っているかぎりでは、自分の頭髪を刈ることを覚えて来た人は、一人もいなかった。わたしは、それを覚えなくてはならなかった。あるとき、わたしはプレトリアでイギリス人の理髪屋に行った。彼は、わたしの散髪をけんもほろろに断わった。わたしが、むっとなったことは確かだった。しかしわたしは、その足でバリカンを求めてきて、鏡の前に立って、自分の髪を刈り出した。前のほうを刈るのは、どうにかうまくいった。しかし、うしろのほうはやりそこなった。裁判所の友人連中は、腹をかかえて大笑いをした。

「君の髪は、いったいどうしたんだい、ガンジー君。鼠《ねずみ》にでもかじられたのかい？」

わたしは言った。

「白人の理髪屋が、わたしの黒い髪を見て、さわるのを断わったんだよ。それで、わたしは自分で刈ったというわけさ。まずくてもしかたがないよ」

この答えは、友人たちには、別段意外なことでなかった。

理髪屋がわたしの散髪を断わっても、それは何も彼らの落度ではなかった。彼が肌の黒いやつに奉仕をしたら、彼のお客が来なくなることは確実なことだった。私たちも、私たちの理髪屋が同胞のアウトカーストの散髪をするのを許しておかない。わたしは、この報いを南アフリカで、一度ならず、幾度も受けた。そしてそれは、私たち自身が犯している罪の罰ではあるまいか、という信念で、怒ることから救われたのだった。

自助と簡素を求めるわたしの熱情が、ついにどんな極端なことになったかについては、適当なところで述べることにしよう。このように、種子《たね》はとうの昔からまかれていたのである。それが根づき、花を咲かせ、そして実を結ぶには、ただ水をかけてやることが必要だった。そしてこの水かけは、適当に行なわれた。

32　回想と懺悔

わたしの生涯のうちに、雑多な事件がたくさん起きて、はからずも、わたしは違う信仰を持ち、違う社会に属する人々と親密になることができた。そして日ごろわたしは、親類すじとあかの他人、同国人と異国人、白人と有色人、ヒンドゥ教徒とほかの信仰を持つインド人、イスラム教徒、パーシー人、キリスト教徒、あるいはユダヤ教徒など、なんでもかまわないが、そうした差別を感じたことはなかった、と言っていた。彼らとともにわたしが経験したことは、この言い分が嘘《うそ》でないことを証明してくれる。わたしの心には、そのような区別だてをする能力が欠けている、と言ってもよい。わたしは、これを一つの美徳だと主張することはできない。というのは、それはわたしの天性そのものであったからである。

わたしがダーバンで法律商売をやっていたとき、わたしの雇っていた事務員のなかには、わたしといっしょに寝泊まりする者がいた。そして彼らのなかには、ヒンドゥ教徒もキリスト教徒もいた。あるいは、彼らが出て来た地方で区別すると、グジュラート人やタミール人であった。わたしの記憶をたどってみても、わたしは彼らを、わたしの身内の者のように思っていたようだ。わたしは、彼らをわたしの家族の一員として遇した。そして、わたしがこのように遇するのを妻が邪魔すると、必ずわたしと妻との喧嘩《けんか》になった。これら事務員のなかに、アウトカーストだといわれる両親を持つキリスト教徒がいた。

家は西欧風に建てられていて、各室とも下水排出口が全くなかった。そこで、部屋ごとに便器の壺《つぼ》*6が備えられていた。これらの掃除は、下僕や掃除夫よりも、むしろ妻とわたしの受持だった。古なじみの事務員は、当然彼ら自身の便器の壺を洗った。ところが、そのキリスト教徒の事務員は新入りであった。彼の寝室の世話をするのは、私たちの仕事だった。妻はほかの者の壺はどうにかしたが、もとは「アウトカースト」だった人が使ったものを洗うことは、我慢ができないことだった。そこで私たちの間の喧嘩となった。彼女は、わたしに壺を洗ってもらいたくなかったし、さりとて彼女自身でやるのでもなかった。今日になっても、わたしは、彼女が壺を手にさげ、階段をおりながらわたしにくってかかり、怒りで目を真赤にし、大粒の涙が頰を伝わり落ちていた光景を思い出す。さてわたしはといえば、親切に馬鹿がついた夫だった。わたしは、自分を彼女の教師であるとみなした。そこで、彼女に対するやみくもな愛情から、彼女を苦しめたのであった。

わたしは、彼女がただ壺を運んで行くだけでは、とても満足しなかった。彼女に、それを楽しくやってもらいたかった。そこで、わたしは声を張りあげてどなりつけた。

「そのざまはなんだ。この家では許さんぞ」

この言葉は、矢のように彼女に突きささった。

彼女は叫び返してきた。

「ご自分で家のことはおやりなさい。わたしは出て行きます」

わたしはわれを忘れ、憐憫《れんびん》の情などはどこかへ行ってなくなってしまった。わたしは彼女の手をつかみ、無力な女を、階段とちょうど向き合っている玄関まで引っ張って行った。そして彼女を突き出すつもりで、とびらのところまで行った。妻はと見ると、涙が滝のように頬を流れていた。そして彼女は叫んだ。

「これでも、あなたは恥ずかしいとはお思いにならないのですか？　どうしてそんなにお怒りになるのです。わたしに、どこへ行けとおっしゃるんですか？　ここには、わたしを引き取ってくれる親も身寄りもありません。いくらあなたの妻だからといって、ぶたれたり、蹴られたりされて、黙っているとお思いになるのですか？　さあ、早く戸をおしめなさい。こんなところをひとさまに見られたら大変じゃありませんか」

わたしは、動ぜぬ顔をしていた。しかしその実は、恥ずかしくなって戸をしめた。妻がわたしから出て行けないのなら、わたしもまた妻と別れることはできなかった。私たちは、何回となく口論をした。しかし、いつも仲直りで結末がついた。妻は、無比の忍耐力をもって、いつも勝者となった。

現在、わたしはいささか客観的になってこの事件の話をすることができる。というのは、それは、わたしがちょうど、そこから脱け出て来たばかりの時代のことであったからである。わたしはもはや無分別に妻を熱愛する夫ではなかったし、わたしは彼女の教師でもなかった。かつてわたしが彼女に興ざめしていたように、現在ではカストゥルバのほうが、彼女の意志しだいであるが、わたしに愛想をつかしてもいいのである。私たちは、試練を経た友だちとなったのであって、一方が他方を情欲の対象と見ることは、もはやなくなったのである。[*7]

33　ボーア戦争[*8]

一八九七年から一八九九年までの二年間に、このほかにもいろいろの経験をしたが、これらの経験をとばして、わたしはまっすぐボーア戦争までこなくてはならない。

宣戦の布告が行なわれると、わたしの個人的な同情は、ことごとくボーア人側に集まった。しかしわたしは、そのとき、このような場合自分の個人的信念に執着することは正しくない、と思ったのであった。[*9]

この点をめぐって、わたしの内心で闘《たたか》われた闘争については、わたしが書いた『南アフリカにおける非服従運動』のなかでくわしく扱っておいた。だから、ここでまたその議論をむし返そうとは思わない。好奇心を持たれる人は、その本をごらんいただきたい。イギリスの支配に対する忠誠心にかられて、わたしはイギリス側に立ってその戦争に参加した、と言っておくだけで十分であろう。わたしがイギリスの市民として諸権利を要求したとすれば、イギリス帝国の防衛に参加することもまた、当然わたしの義務であると思った。そのころわたしは、イギリス帝国の枠内で、またそれを通してのみ、インドは完全な解放を達成できる、という見解を持っていた。そこで、できるかぎりたくさんの同志を呼び集めた。そして非常な努力をして、野戦病院隊として働くことを彼らに承諾させた。

イギリス人は、一般にインド人は意気地なしで、危険を冒したり、目前の自己の利益を越えたところを見ることができない、と思っている。したがって、イギリス人の友だちのなかには、わたしの計画を止めようとした人が多かった。だが、ブース博士は、全面的に支持してくれた。彼は、私たちに傷病兵輸送の訓練をしてくれた。私たちは、適格者の医療証明書をもらった。ロートン氏や故イスコム氏は、熱心にこの計画を支援してくれ、ついに、私たちは、戦線勤務を申請する運びになった。

私たちの野戦病院隊は兵力一一〇〇名で、約四〇人の指揮官がいた。そのうち約三〇〇名が普通のインド人で、その残りが契約労働者だった。ブース博士も、私たちといっしょだった。病院隊は、りっぱにふるまった。私たちの活動は、火線からはずれていた。そして私たちには、赤十字の保護があったけれども、危機にあっては、火線のなかに入って活動するよう頼まれた。後方勤務は、私たちの求めるところではなかった。当局者は、私たちが火線に立ち入ることを望まなかった。ところが、スピオン・コープの敗北[*10]が起こってから、状況は変わってきた。そして、ブーラー将軍は伝令をよこして、私たちには危険を冒す義務はないけれども、私たちが危険をあえて冒して、負傷者を戦場から連れ帰ってくれれば、政府としてはありがたいと言ってきた。私たちは、ためらわなかった。私たちは、スピオン・コープの戦いでは、砲火をくぐって活動した。そのとき、私たちは負傷者を担架に乗せながら、一日二十マイルから二十五マイル進んだものだった。

私たちが運び出した負傷者のなかには、ウッドゲート大将も入っていた。私たちは、このような軍人を運ぶ栄誉をになった。こうして六週間の勤務を終えて、野戦病院隊は解散した。当時、私たちのつつましい活動は、大いに賞讃された。そしてインド人の威信は高められた。各新聞は「われらは、帝国の息子《むすこ》なり」というくり返しをつけた賞讃の詩を載せた。ブーラー将軍は、彼の通信のなかで、感謝をもって病院隊の活動にふれた。そして病院隊の指揮者の全員に、戦功賞が与えられた。

インド人居留民はますますよく組織されるようになった。わたしは、契約労働者といっそう親密さを深めた。彼らの間に、一大覚醒《かくせい》が起こった。そして、ヒンドゥ教徒、イスラム教徒、キリスト教徒、タミール人、グジュラート人、およびシンド人は、みなインド人であり、同じ母国の子供たちであるという感情が、彼らの間に深く根をおろした。だれでもが、今こそインド人の不平は取り除かれるものと信じた。当時、白人の態度は、明らかに変わったように見受けられた。戦争中に白人との間に形成された関係は、今までにない円滑なものであった。私たちは、何千人ものイギリス兵と接触した。彼らは、私たちに親切で、また、私たちが戦線に出て彼らに奉仕したことに感謝していた。

わたしは、試練の時にこそ人間性の最もよき一面が現われ出るものである、ということについて、一つのうるわしい思い出をここに書かずにはいられない。

私たちは、チーブリーの野営地に向かって進んで行った。そこには、ロード・ロバーツの息子のロバーツ中尉が重傷を負っていた。私たち野戦病院隊は、ロバーツ中尉を戦場から運び出す光栄をになった。

その日——私たちの前進の日——は、むし暑い日だった。だれでものどがかわき、水を求めた。途中に小川があった。私たちは、そこで渇をいやそうとした。けれども、だれがまっ先に飲んだらよいのか。私たちは、イギリス兵が飲み終わってからにする、と申し出た。だが彼らは、初めでは困る、あなたたちが先に、とすすめてくれた。そしてしばらくの間、気持のよい譲り合いの競争が続いたのである。

34　衛生改良

わたしはいつも、インド人居留民の弱点を隠しだてしたり、見のがしてやったりすることや、欠点を清めないでおきながら権利を強く主張することを好まなかった。したがって、ナタルに定住してからというもの、わたしは居留民に対して行なわれるいろいろの非難のうちで、そのなかにある程度の真実があれば、それをとりあげて、居留民に対する非難を除く努力をしてきた。

インド人は生来無精者で、家や近所を清潔にしない、と非難されていた。したがって、居留民の主だった人々は、彼らの家を整頓《せいとん》しだしていたが、一軒一軒の検査は、ペストの発生のおそれありと報ぜられたとき行なわれるだけだった。私たちの協力を望んでいた市の長老と協議し、彼らの承認を得たのち、その検査を行なった。私たちの協力で、彼らも仕事がしやすくなったし、同時に私たちの側でも荷が軽くなった。

しかし、わたしは苦い経験もいくつかなめた。居留民にその義務を行なわせようとするときは、その権利を主張するときのようには彼らの力をあてにできないことを、わたしは知った。わたしは、いくつかの場所では侮辱で、他の場所では丁重な無関心で迎えられた。人々を奮起させ、彼らの隣近所を清潔に保たせることは、できかねることであった。彼らに対して、働いてもらわなくてもよいから、その代わりに費用を出してくれと期待するのは、論外のことであった。

こうしたいろいろの経験は、わたしに、どこまでも忍耐しなければ人々に働いてもらうことは不可能であるということを、前にもましてはっきりと教えてくれた。

改革を欲しているのは、改革者である。社会ではないのである。社会からは、彼は、反対、蔑視《べっし》、そして生命にかかわる迫害のほかに、よりよいものを期待すべきではない。改革者が、命そのもののように大切にしていることでも、社会が退歩だと言わないとはかぎらない。

にもかかわらず、この運動の結果、インド人居留民も、見よう見まねで多少なりとも彼らの家やそのまわりを清潔にする必要を認めてきた。わたしは、当局の好評を獲得した。当局は、わたしが不平を発散させ、権利の主張をこととしていながら、それに劣らず、自分の側の浄化にも鋭くきびしく努めていることを知った。

けれども、なお仕遂げていないことが一つあった。それは、インド人移民を、祖国に対する義務に気づかせることであった。インドは貧乏だった。インド人移民は、富を求めて南アフリカにやって来た。だから、同胞の災厄に際して、彼らのために収入の一部をさいて寄付する義務を持っていた。一八九七年と一八九九年の恐ろしい飢饉《ききん》に当たって、彼らはこれをやったのである。彼らは、飢饉救済のためにりっぱに醵金《きょきん》した。そして一八九九年には、九七年よりも多額の醵金を行なった。

私たちはまた、イギリス人に向かっても、飢饉救済基金を募った。そして彼らは、喜んでこれに応じてくれた。契約労働者のインド人でも、彼らの基金割当を出してくれた。そしてこれらの飢饉のときに発足した組織がそれ以来継続されており、国民的災害のときには、南アフリカのインド人が必ずかなりの額の寄付金を送ったことを、私たちはよく知っている。

こうして、南アフリカのインド人の奉仕は、段階を経るごとに、真実の意味に新しさを加えてくることをわたしに教えてくれた。真実は、大きな樹木に似ている。諸君がそれを養えば養うほど、それだけ多く実を結んでくる。真実の鉱山にあっても、深く探求を進めれば進めるほど、奉仕の種類もいよいよ多様さを加え、そこに埋もれている宝石の発見されることも豊富になってくる。

35　高価な贈り物

わたしは戦争の義務から解放されて、わたしの活動すべき仕事は南アフリカにはもはやなく、インドにこそある、と感じた。本国の友人たちもまた、帰って来いと圧力をかけていた。そしてわたしも、インドでいっそうの奉仕をすべきであるまいか、と思った。そこでわたしは共働者に、やめさせてほしいと頼んだ。非常にむずかしいことだったが、わたしの要請は条件をつけていれられた。その条件というのは、もしも今後一ヵ年以内にインド人居留民がわたしを必要とすることが起きた場合は、喜んで南アフリカにもどって来る、ということであった。わたしには、それはむずかしい条件に思えた。しかし、わたしをインド人居留民に結びつけている愛情から、それを受け入れた。

　神はわが身をとこしえに
　愛の綿糸《いと》もてつなぎたまえり
　われは神の奴隷なり

と、ミラバイ[*11]は歌った。そしてわたしにとっては、わたしとインド人居留民を結びつけた愛の綿糸は、強くてとうてい断ち切れるものでなかった。民の声は神の声である。また、友だちの声も現実的すぎて、わたしには断われなかった。

送別会が、いたるところで開かれた。そして高価な贈り物が、わたしにおくられてきた。

贈り物のなかには、金や銀で作ったものが入っていた。そしてまた、値段のはるダイヤモンド製の品物さえ添えられた。

いったいこれらの贈り物をみんな受け取る筋合いがあるのだろうか。

そういうものを受け取って、わたしは報酬なしにインド人居留民のために奉仕してきたと、自分自身を納得させることができるだろうか。わたしに訴訟を依頼してきた人からの二、三を除けば、すべての贈り物が、インド人居留民に対するわたしの奉仕に対しての純粋なお礼だった。しかもわたしは、訴訟依頼人と共働者とを区別するわけにはいかないのである。というのは、訴訟依頼人もまた、公けの仕事でわたしを助けてくれたからであった。

贈り物の一つに、五十ギニアもする黄金の首飾りがあった。妻への贈り物だった。しかし、その贈り物でさえ、わたしの公共活動がもとになっておくられてきたものである。そこで、それもほかのものとは別のものとして分けるわけにはいかなかった。

うずたかく積まれたこれらの品物を受け取った夜は、眠れなかった。わたしは、ひどく落ち着かないで、部屋の中をあちこちと歩き回った。しかし、解決法は見つからなかった。これら莫大《ばくだい》な金額の贈り物を捨てることは、わたしにはむずかしかったし、それらを受け取ることは、さらにいっそうむずかしかった。

さらに、わたしがそれらを受け取ったとしたら、わたしの子供はどうするだろう。妻はどうするだろう。彼らは、奉仕の生活には奉仕自体が報酬である、ということを理解できるように、訓練を受けているのだった。

わたしの家には、高価な飾り物は置いていなかった。私たちは、生活をどしどし簡易なものにしようとしていた。それでどうして私たちは金の懐中時計を持つことができるだろうか。どうして金鎖やダイヤモンドの指輪を持つことができるだろうか。実はその当時わたしは、宝石に対する惑溺《わくでき》を抑制するよう、人々にさかんに説いていたのだった。さて、わたしのところに積まれた宝石を、どのように始末すべきであったか。

わたしは、これらの品物を持っていてはいけないという決心をつけた。これらの品物をインド人居留民のものとして一つの信託を作り、パーシー人のラストムジーとその他を受託人に任命した一通の書状の案文を書いた。朝になって、わたしは妻と子供たちに相談をもちかけて、とうとうこの重荷を肩からおろした。

わたしは、妻を納得させるのはちょっと骨が折れると思った。そして子供に関しては、そのようなことはあるはずはない、と確信していた。そこでわたしは、子供をわたしの相談役にすることに決めた。

子供たちは、ただちにわたしの提案に賛成してくれた。彼らは言った。

「私たちは、そんな値段の高い贈り物は必要ありません。私たちは、それをインド人居留民にお返しせねばならない。もしそういうものが必要になったならば、私たちは容易に買えますよ」

わたしは喜んだ。わたしは彼らに聞いた。

「では、おまえたちがお母さんを説き伏せてくれるかね？」

ナタル・インド人会議の人々とともに。
後列左から4人目がガンジー（1895年）

彼らは言った。

「はい。それは、私たちがやったほうがいいんです。お母さんは、私たちが飾りをつけたいとは思いません。お母さんは、私たちのために、とっておきたいかもしれません。ですが、私たちがいらないのならば、お母さんも、手放すことに同意するでしょう」

ところが、「言うより行なうは難《かた》しだった。

妻は言った。

「あなたは、あれを必要としませんね。子供たちだっていりますまい。うまくまるめられれば、あなたに調子を合わせるでしょう。あなたが、わたしにあの飾り物や宝石をつけさせないことも、わかっているつもりです。ですが、わたしの嫁にはどういたしますか？　飾り物や宝石がいるに決まっています。しかも、明日どんなことが起きるか、だれが知りましょうか？　あんなに心をこめてくださった贈り物を手放すなんて、金輪際《こんりんざい》いやです」

　こうして、議論のはげしい応酬が続けられた。おしまいには、涙声までまじってきた。しかし、子供たちは頑固《がんこ》だった。そして、わたしも動じなかった。わたしは、穏やかに言った。

「子供たちの結婚はまだまだだよ。私たちは、彼らをあまり若いうちから結婚させたくない。おとなになれば、彼らは自分で自分の面倒をみるがいい。それに、宝石をほしがる嫁が、私たちの子供のところには来っこないよ。結局、宝石を彼女らにやることが必要になったとしても、わたしだって控えていることだ。そのときは、あんたはわたしに頼めばよい」

「ちょっとお尋ねします。わたしは今日までのあなたをよく知っています。あなたは、わたしのところから装飾品を奪っていってしまいました。宝石のことで、黙ってわたしのするままにまかせはしませんでした。あなたが嫁のために宝石を買ってやるなんて、おかしくて。あなたは、今からでも、息子《むすこ》たちを苦行僧にしようとしていらっしゃるんです！　いいえ、宝石は返しません。それにねえ、あなたはわたしの首飾りにどんな権利をお持ちなんですか」

　わたしは、そこで口を入れたのだった。

「だが、贈られた首飾りは、あなたの奉仕に対してだろうか、それとも、わたしの奉仕に対してだろうか？」

「おっしゃるとおりです。しかし、あなたがなさった奉仕は、わたしがした奉仕と同じです。わたしは、昼となく夜となく、あなたのためにあくせく働きました。それは奉仕ではないのでしょうか？　あなたは、何もかもみんなわたしに押しつけました。わたしは、その無情さに泣いたこともありました。しかもわたしは、身を粉《こ》にして働いてきたのです」

この鋭い言葉は、わたしの肺腑《はいふ》をえぐった。けれどもわたしは宝石を返す決心だった。わたしは、なんとか彼女から賛成をもぎとることに成功した。一八九六年と一九〇一年にもらった贈り物は、のちに全部返してしまった。信託証書が作られ、それらを銀行に預けておき、わたしの希望なり、または信託管理者の希望に従って、インド人居留民の役に立つように使用されることになった。

ときどきであったが、わたしが公けの目的のために資金を必要としたり、また、わたしが信託に手形を振り出す必要を感じたときなどでも、委託金に手を触れずに、所要の額を集めることができた。基金は今でもなお、そのまま残っており、必要なときに使用され、またそれは規則正しく積み立てられた。

わたしは、自分のとった措置を遺憾に思ったことは、その後一度もなかった。そして年月がたつにつれ、妻もまた、その知恵を増した。そのため、私たちは、幾多の誘惑から救われたのであった。

公けのために奉仕している者は、けっして高価な贈り物はもらってはならないというのが、わたしの確固とした意見である。

36　会議派との最初の出会い[*12]

インドに到着してから、しばらく国のなかを歩き回った。それは一九〇一年で、会議派はその年次大会を、故サー・ディンショー・ワッチャ[*13]の議長のもとでカルカッタで開いていた。わたしが出席したことはいうまでもなかった。これが、会議派に関してのわたしの最初の経験であった。

カルカッタに到着したわたしは、大会警備員[*14]の一人に、どこに行ったらよいか尋ねてみた。彼はわたしをリポン・カレッジに連れて行った。そこにたくさんの大会代表が泊まっていた。警備員の言うことは、お互いにまちまちだった。警備員の一人に、何かをやってくれと頼んだとする。彼はそれを他の者に任せる。そしてその者がまた、第三の者に任せる。こんな具合に、つぎからつぎへと任せることになる。だから、代表のほうにしてみると、だれがだれだかわからなくなってしまうのだった。

不衛生なことは、このうえなかった。いたるところに水たまりがあった。便所はわずかしかなかった。その悪臭は、今思い出しても気分が悪くなってくるのである。わたしは、このことを警備員に注意した。彼らの言うことは、はっきりしたものだった。

「それは私たちの仕事ではない。それは掃除夫のやることだ」

わたしは、ほうきを貸してくれ、と言った。その人は、驚いたようにわたしを見つめた。

わたしは一本のほうきを手に入れて、便所を掃除した。しかし、それをしたのは、わたしだけだった。用をたす者は、非常に多かったが、便所はごく少なかった。それで、たびたび掃除をしなければならなかった。しかし、わたしにはそれほどできなかった。だから、わたしとしては、ただ、自分のところだけを掃除しておくことで満足しなくてはならなかった。しかし他の者は、その悪臭もきたならしさも、全く気にかからないようすだった。

しかし、それだけではすまなかった。幾人かの代表は、夜分、彼らの部屋の窓ぎわにあるヴェランダを使って、平気で自然の要求を満たした。朝になって、わたしは、警備員を現場に連れて行った。だれ一人掃除しようとする者がいなかった。それをする光栄をわたしとともにになった者は、一人もいなかった。

大会が始まるまでには、まだ二日間あった。わたしは経験を積もうとして、会議派事務局に、奉仕を申し出ようと決心した。バブ・ブーペンドラナート・バースとシリ・ゴシャールが書記だった。わたしはブーペンドラナート・バースのところに行って、奉仕を申し出た。彼はわたしを眺《なが》めた。それから言った。

「わたしのところには仕事がない。しかし、ゴシャール・バブのところには、何か君にやってもらう仕事があるかもしれん。彼のところに行ってごらん」

そこでわたしは、彼のところに行った。彼は、わたしをじろじろ見て、笑って言った。

「事務の仕事なら、君にしてもらおうか。やるかい？」

わたしは言った。

「はい。わたしにできる範囲のことなら、なんでもしようと思ってここに来ました」

彼は言った。

「それはよい心がけだ。お若いの」

彼のまわりにいた警備員に向かって、演説口調で付け加えた。

「この若いのが、今言ったことを聞いたか？」

それから、彼はわたしのほうに向きを変えて、続けた。

「それじゃ、ここに未整理の手紙が山とある。あの椅子《いす》のところへ行って始めてくれ。君も見るとおり、たくさんの人がわしに会いにやって来る。わしは何をやったらいいんだ？　わしは彼らに会うべきか？　それともわしは、押しかけてくるあの厄介《やっかい》な連中に、手紙でおぼれそうだとでも返答すべきか？　わしには、この仕事を任せられるような書記がいないんだ。こんな手紙の大半は、中身のないものだ。しかし、通読しておいてくれないか。なかに大切なものがあったら別にとり除き、返答の必要なものは、わしのところによこしてくれ」

わたしは、このように信用されたのがうれしかった。

シリ・ゴシャールは、わたしに仕事を与えたときには、わたしが何者だか、少しも知らなかった。後になって初めて、彼はわたしに身分を尋ねた。彼は、わたしから経歴を少し聞くと、事務をさせたのを少しすまなく思った。しかし、わたしは彼を安心させて言った。

「どうかお気にかけないでください。あなたの前に出たら、わたしはいったい何でしょうか？　あなたは、会議派に奉仕しながら老人になられたのだし、わたしには先輩です。あなたが、この仕事をお任せくださったことに感謝します。というのは、わたしは、一度会議派の仕事をしてみたかったのです。さらにあなたは、わたしにくわしい内情までわかる、まれな機会を恵んでくださいました」

こうして私たちは、よい友人になった。

シリ・ゴシャールは、いつも彼の召使いに彼のシャツのボタンをかけさせていた。わたしは、その召使いの仕事をしようと志願した。わたしは、先輩に対する尊敬が大きかったので、好んでそういうことをしたのである。このことを彼が知ったときも、彼のために個人的に小さな奉仕をしているのを、別に意に留めなかった。ほんとうは喜んでいた。わたしが、この仕事から得た恩恵は、はかりしれないほどのものだった。

二、三日のうちに、わたしは会議派の活動を知るようになって、たいがいの指導者と顔見知りになった。わたしは、ゴカーレやサレンドラナート[*15]のような中心人物の動きを観察した。わたしは、そこに恐ろしいほど時間の浪費があることに気づいた。わたしはまた、そのときでも遺憾なことだと思ったのだが、私たちの問題を論議するに当たっても、英語が主要な役割を占めていることを観察した。精力の節約については少しも配慮されていなかった。一つの仕事に何人もかかっていた。そして重要事項がたくさんほったらかしになっていた。

これらの事柄を観察して、批判的な気持になったけれども、十分な思いやりもあった。そこでわたしは、たびたび状況に照らして考えたのだが、改善は、結局不可能ではないかと思うのだった。そしてそれが、何ごとについても、ものごとを不当に低く評価しないように、わたしを仕向けてくれた。

サー・フェロズシャーは、南アフリカに関する決議案の提出に賛成してくれた。しかし、だれがそれを大会議事委員会に提出するのか、時期をいつにするのかなど、わからない点があった。というのは、どの決議案にも長い演説が行なわれ、おまけに全部英語でやり、またすべての決議案は、幾人かの著名な指導者がそれを支持していたからであった。わたしのは、これらベテランの打ち鳴らす太鼓の音にまじった、かぼそい笛の音にすぎなかった。

夜が近づくにつれて、わたしの心臓は早鐘のように鳴った。みんな、先を急ぎだした。時刻は十一時をさしていた。わたしは、話をする元気が出なかった。わたしは、すでにゴカーレに会っていた。彼はわたしの決議案を読んでくれていた。そこでわたしは、彼の椅子の近くにすり寄って行って、彼に小声で言った。

「どうか、わたしのこともよろしくお願いします」

彼は言った。

「君の決議案のことは、忘れてはいないよ。みんながしゃにむに決議案を通そうとしているのが、おわかりだろう。しかし、君のが飛ばされてしまうようなことはさせないよ」

「それでは、これでおしまいか」

サー・フェロズシャー・メータが言った。

「いや、いや、まだ、南アフリカの決議案がある。ガンジー君がさっきから、長いこと待ってるんだ」

とゴカーレが大声で言った。サー・フェロズシャーは尋ねた。

「君、その決議案を読んだか」

「もちろんさ」

「君は賛成か」

「よいものだ」

「それじゃ、それを聞かせてくれたまえ、ガンジー君」

わたしは、からだをぶるぶる震わせながらそれを読んだ。ゴカーレが賛成した。全員がこぞって叫んだ。

「全員一致で通過」

ワッチャ氏が言った。

「それについて五分間演説してよろしい。ガンジー君」

わたしには、こうした議事手続きが、どうも気に入らなかった。決議案を理解しようとする者は、一人もいなかった。みんな先を急いだ。そして、ゴカーレが決議案を読んだというので、ほかの者には、それを読んだり、理解したりする必要はなかったからである。

明け方になって、わたしは、自分がする演説が心配になった。五分間に、わたしは何を言うはずであったか。わたしはかなりよく準備していたが、言葉がわたしの口から出てこなかった。わたしの決議案の番が来ると、ワッチャ氏がわたしの名前を呼んだ。頭がふらふらした。なんとかして、わたしは決議案を読み終わった。だれかが、外国への移民を讃美した自作の詩を印刷し、それを代表者間に配布していた。わたしはその詩を読みあげ、そして南アフリカの移住者がなめている困苦に言及した。ちょうどそのとき、ワッチャ氏がベルを鳴らした。確かに、まだわたしは五分間は話していなかった。わたしは、ベルが鳴らされたのは、あと二分で演説を終わりにするよう、警告するためのものだったことを知らなかった。わたしは、ほかの人が三十分や四十五分も演説したのを聞いたことがあった。ところが、ベルは一度だって鳴らされていなかった。わたしは気持を悪くして、ベルが鳴るとまもなく着席した。

決議案が通過することには、少しも問題はなかった。当時は、代表と傍聴者の違いはなかった。だれもが手をあげ、すべての決議案が満場一致で通過した。わたしの決議案もまた、このしかたで通過したので、わたしにとっては、その重々しさがすっかりなくなってしまった。しかし、会議派大会で採択されたという事実そのものは、それだけでわたしを喜ばせた。会議派の免許は、全インドの免許と同じだった。このことだけで人を喜ばすのに十分だった。

37　ロード・カーゾンの接見[*16]

会議派大会は終わった。だが、わたしは商業会議所や南アフリカの仕事に関係を持つ人々に会わなくてはならなかった。それでわたしは、それから一ヵ月、カルカッタに滞在した。このたびは、ホテルに泊まるよりは、むしろインディア・クラブの一室を紹介してもらう手はずをした。そのクラブの会員のなかには、著名なインド人がいくたりかいた。そこで、彼らと近づきになって、南アフリカの仕事に関心を持ってもらいたいと願った。

ゴカーレは、ときには、このクラブに来てビリヤードをやっていた。そして彼は、わたしがしばらくカルカッタに滞在することを知ると、彼のところに移って来るように言ってくれた。わたしは、感謝してこの招請を受け入れたが、自分から出向いて行くのは、礼儀にかなっていないと思った。彼は、一、二日待ったのち、わたしを連れに来た。そして、わたしが遠慮したことを知って、言った。

「ガンジー君、君はこの国にいなくてはいけないよ。そして、こんなふうに遠慮するのはよくない。君は、できるだけたくさんの人々と接触しなくてはならない。わたしは、君が会議派[17]の仕事をしたらいいと思うんだ」

ロード・カーゾンが接見の儀式[18]を行なったのは、このころのことだった。接見の儀式に招請されたラージャやマハラージャ[19]の幾人かはインディア・クラブの会員だった。クラブでは、いつもりっぱなベンガル風のドーティやシャツやスカーフを着た彼らを見かけた。接見の日になると、彼らは給仕《カンサマ》がはくズボンとピカピカの長靴をはいていた。わたしは情けなくなって、その一人にどうして着替えるのかと、その理由を尋ねてみた。彼は答えた。

「わたしたちの不幸な境遇は、わたしたちにしかわからない。わたしたちだけが、富と爵位を持っていたいために忍ばなくてはならない侮辱を知っている」

わたしは尋ねた。

「ですが、この給仕のターバンと光った長靴はどうしたんですか？」

彼は答えて言った。

「君は、給仕とわしたちの違いを知っているか？　彼らはわしたちの給仕で、わしたちはロード・カーゾンの給仕なのだ。もし、わしが接見《レヴィー》に出ないでいようものなら、わしはその報いを受けねばなるまい。もしわしが、平服で出席しようものなら、それこそ無礼に当たる。あそこで、わしがロード・カーゾンと話をする機会をつかまえるつもりになっているとでも、君は思うか。そんなことは露ほども考えていない」

わたしは、このはっきりものを言う友人を哀れに思うまで、感動した。このことからわたしは、もう一つ別の接見の儀式を思い出した。

ロード・ハーディング[*20]がヒンドゥ大学の定礎を行なったときに、接見の儀式が行なわれた。ラージャやマハラージャが列席したことはもちろんであった。ところが、パンディット・マラヴィアジー[*21]が、わたしにも列席するよう、特に招待してくれた。そこでわたしは出席した。

わたしは、マハラージャたちが婦人のように飾っているので、非常に悲しくなった。絹のパジャーマをはき、絹のアチカン[*22]を着、真珠の首飾りをつけ、腕輪をはめ、ターバンにダイヤモンドの房をつけ、そのうえ黄金製の柄《つか》の刀を腰帯にかけているのである。

わたしは、こうした服装が、忠誠のしるしではなくて、隷従のしるしであることを発見した。わたしは、彼らが彼ら自身の自由意志からこうした無力のしるしをつけているのだ、と思っていた。ところがわたしは、このような儀式のときには、彼らの高価な宝石を全部身につけることがラージャたちの義務となっている、と聞かされた。わたしはまた、彼らのうちの幾人かは、これらの宝石をつけるのを非常にきらっている、ということも耳にした。富、権力、および威信のために、人が無理強《じ》いされて行なう罪と過失の価の、なんと大きいことよ。

38　ボンベイにて

わたしがゴカーレのところへ移ったその日から、彼はすっかりわたしを気楽にさせ、ちょうど実の弟のように扱ってくれた。また、わたしの必要とするものを全部察知した。そして、わたしが必要としたものはなんでも、手にすることができるように手配をしてくれた。幸いに、わたしに入用なものはわずかだった。そしてわたしは、自助の習慣をつくっていたので、わたしの身辺の世話は、ごくわずかですんだ。彼は、わたしの自分自身で始末する習慣、からだの清潔さ、忍耐力、そして規則正しさに非常に感銘を受けた。そして、しばしばわたしをほめちぎるのだった。

　そのころ、ゴカーレは馬車に乗る習慣だった。わたしは、彼が馬車が必要になった事情をわきまえていなかった。そこでわたしは、抗議して言った。

「あなたはほうぼうへ行くのに、電車にお乗りにならないのですか？　そうすると、指導者の体面にかかわるのですか？」

彼は少し腹をたてたようだった。そして言った。

「そう、君もやはりわたしがわかっていないのだね。わたしは総督参事会員の俸給を個人の慰みに使ってはいません。わたしは、君が電車に乗って自由にどこへでも行けるのがうらやましいよ。しかし、残念ながらわたしにはそれができない。君がわたしほど顔が広くなったとき、電車に乗ることは不可能でないかもしれないが、むずかしいことになろう。指導者のすることを何から何まで、みんな個人的快楽だと見るのはまちがっている。わたしは、君の簡素な習慣を愛している。わたしも、できるかぎり簡素に生活している。しかし、わたしのような人間になると、出費があるのはほとんど避けられないね」

彼は、こうしてわたしの持っている不満の一つを、満足に解消してくれた。しかし、彼がわたしに満足のゆくまで解決できなかったもう一つの不満があった。

わたしは言った。

「しかし、あなたは散歩にもお出かけになりませんね。あなたがいつも病気ばかりしておられるのは、ふしぎではありません。公けの仕事のために、からだをきたえる時間がないのですか？」

彼は返事をした。

「散歩に出かけて行く暇があるかね？」

わたしはゴカーレを尊敬していたので、彼と争わなかった。彼の返事は、わたしを満足させなかったけれども、わたしは沈黙した。わたしは、当時は、また今日でもなお、どんなにたくさん仕事を持っていようとも、人間に食事の時間があるのと同様に、身体訓練の時間をつねにつくっておかなくてはならない、と信じている。それは、人間の仕事をする能力を減退するどころか、かえって増加するというのが、わたしの素朴《そぼく》な意見である。

ゴカーレのもとに暮らしていたあいだ、わたしが家にぶらぶらしていることはあまりなかった。

わたしは、南アフリカのキリスト教徒の友人に向かって、「インドでは、インド人のキリスト教徒に会って彼らの状況を知ろう」と言ったことがあった。わたしは、バブ・カリチャラン・バネルジーのことを聞いていたし、彼を尊敬していた。彼は会議派のなかで傑出した地位を占めていた。わたしは、会議派にも関係せず、ヒンドゥ教徒やイスラム教徒からも孤立しているという、一般のインド人キリスト教徒にもっていた不満を、彼には持っていなかった。

わたしは彼に面会を申し込んだ。彼は喜んで応じてくれた。わたしが出かけて行ったとき、彼の妻が死の床にあるのを知った。その家は非常に質素だった。彼は会議派の大会では西欧風の上着とズボンを着ていた。しかし今度はベンガル風のドーティとシャツを着ているのを見て、わたしはうれしかった。わたしはそのとき、パーシーの上着とズボンを着ていたが、彼の簡素な服装が気に入った。あまり多くを語らずに、わたしは彼に、わたしの思いあまっていることを持ち出した。彼は尋ねた。

「あなたは原罪の教義を信じますか?」

わたしは言った。

「はい。信じます」

「さて、ヒンドゥ教は許しを与えていませんが、キリスト教は与えています。罪の報いは死である。聖書によれば、人間救済の唯一の道はイエスに帰依することです」

わたしは、『バガヴァッド・ギーター』のなかから、バクチ・マルガ〔献身の道〕[*23]を持ち出した。しかし役にたたなかった。わたしは、彼の好意に感謝した。彼はわたしを満足させなかったが、わたしはこの面会で得るところがあった。

こうしてゴカーレのもとにいるあいだ、カルカッタでのわたしの仕事は、しごく簡単に行なわれた。わたしはベンガルの一流家庭とも近づきを得たが、これがベンガルと密接な関係を持つ緒《いとぐち》となった。[*24]

わたしはやむなく、この記念すべき一ヵ月の数々の思い出を割愛しなくてはならない。ゴカーレとの別れは辛《つら》かった。しかしベンガル、いやカルカッタでのわたしの仕事は終わった。わたしには、これ以上滞在する理由はなかった。

落ち着く前に、三等車でインドを旅行し、三等客の困難を経験してみよう、と思ったことがあった。わたしは、ゴカーレにこのことを話した。彼は、初めはその考えを笑っていたが、彼にわたしが見たいと思っているものを説明すると、喜んで賛成してくれた。わたしは、初めベナレスに行って、当時病の床に臥《ふ》せていたベサント夫人に敬意を表する計画を立てた。旅行は、カルカッタからラジコットまでであった。そして途中、ベナレス、アグラ、ジャイプル、それからパランプルに下車する予定だった。わたしには、これら以外の土地をたずねてみる暇がなかった。この各都市で一泊し、そしてパランプルを除いて、普通の巡礼のようにダルマシャラか、それともパンダー[*25]に宿泊した。わたしの記憶では、この旅行では三一ルピー〔汽車賃をふくめて〕しか使わなかったようであった。

ゴカーレは、わたしがボンベイに定住し、弁護士を開業するとともに、公けの仕事で彼を助けてもらいたい、と言って熱心に希望した。公けの仕事というのは、当時では会議派の活動のことであった。わたしは、ゴカーレの勧めもよいと思った。しかしわたしは、法廷弁護士《バリスター》として成功するかどうかについて、大いに自信があったわけではなかった。これまでの失敗をしたときの不愉快な記憶は、まだわたしから消えていなかった。そこでわたしは、まずラジコットで仕事を始める決心をした。

わたしは、ラジコットで一つの訴訟事件に勝った。もうしばらく、ラジコットにいようと思っていた。そのころのある日、ケヴァルラム・ダーヴェ[*26]がわたしのところにやって来て、言った。

「ガンジー君。私たちは、どうしても君をここで遊ばせておくに忍びない。君はボンベイに移るべきだ。君は、公けの仕事をするように運命づけられている。だから私たちとしても、君をカチアワルの土にさせたくないね。そこでどうだね、いつ君はボンベイに行ける？」

わたしは答えた。

「わたしはナタルからの送金を待っているんだ。それが手に入りしだい、行くつもりだ」

お金は二週間ぐらいしたら届いた。そしてわたしは、ボンベイに出かけた。

わたしの職業は、予想したよりずっと繁盛した。南アフリカで訴訟依頼人になってくれた人が、ときどきいくつかの仕事を頼んできた。それだけで、暮らしていくのには十分だった。

こうしてわたしが、一方で職業にいくぶん安心感を持ち始めると、他方でゴカーレが絶えずわたしに目をかけてくれた。わたしのために計画を立ててくれたりして忙しかった。彼は、毎週二、三回はわたしの部屋をのぞきに来た。ときには、彼がわたしに会わせておきたいと思った友人を連れて来た。こうして彼は、彼の仕事の進めかたをわたしにのみこませた。

しかし、神は、けっしてわたしが自分で立てた計画を許したまわなかった、ということができる。神は、ご自分のやりかたで行ないたもうた。

わたしが自分で思ったとおりに定住できそうになったとき[*27]、南アフリカから思いがけない電報を受け取った。

「チェンバレン氏来たる。すぐ帰れ」

わたしは、「約束」を思い起こした。そして、南アフリカから旅費を送ってくれしだい出発すると電報で言ってやった。すぐ返事の電報が来た。わたしは事務所をたたんで、南アフリカに出発した。わたしの想定では、今度の仕事は少なくとも一ヵ年の契約ものであった。そこで、借家をそのままにし、妻子もそこに残した。

わたしは、当時、インドで運の開けない前途有為の青年は、他国に移住すべきである、と信じていた。それでそのような青年四、五名を連れて行った。そのなかにマガンラル・ガンジー[28]が加わっていた。

39 ふたたび南アフリカへ

日ならずして、ダーバンに着いた。そこには仕事が待っていた。チェンバレン氏がやって来た目的は、三千五百万ポンドという大金の贈り物を南アフリカから受け取るためであり、またイギリス人とボーア人との歓心を買うためであった。だから彼は、インド人代表には、冷淡な態度しか示さなかった。彼は言った。

「君たちの知っているとおり、本国政府は、自治的な植民地には統制力を持っていないのだ。君たちの困難も嘘《うそ》でないようだ。わたしは、できることはなんでもしてあげよう。しかし、君たちがヨーロッパ人といっしょに生活したいなら、全力をあげて彼らと和解するように努めなくてはならない」

この返答を聞いて、インド人陳情団の人たちはすっかり興ざめしてしまった。わたしもまた失望した。それは私たち全部の眼を開かせた。そしてわたしは、みんなで全く新規まき直しに仕事をやり直さなくてはならないことを悟った。わたしは、同僚たちに状況をよく説明した。

彼はナタルからトランスヴァールに急行した。わたしはその地のインド人のために陳情書を作って、それを彼に提出しなくてはならなくなった。だが、どのようにしたら、わたしはプレトリアに行けるのか。あそこにいる私たちの仲間は、わたしが間に合うようにプレトリアに到着できるのに必要な法的便宜を、手に入れられる状態にはなかった。戦争のために、トランスヴァール地方はさびしい荒野と化していた。食糧も衣料も手に入らなかった。避難民でも、商店に食糧が備えられるまでは、帰宅することを許されなかった。だから、トランスヴァールの住民はだれでも、許可証をもらわなくてはならなかった。ヨーロッパ人は、許可証をもらうのに、なんの苦労もいらなかった。しかし、インド人にはそれが非常に困難だった。黒人関係のために特別官庁があったが、アジア人のためにも特別官庁があった。インド人は、この官庁に申請することになっていた。わたしが聞かされたところでは、縁故がなければ絶対に許可証は出されないし、さらに、相当有力な縁故があったにもかかわらず、百ポンドのお金を出さなくてはならなかった場合もあった。こうした状況であったから、わたしは行き詰まってしまって、昔の友人のダーバン警察署の署長のところに行った。そして彼に言った。

「どうか、わたしを許可証発行係に引き合わせていただきたい。なんとか許可が得られるよう、お骨折りを願いたい。あなたは、わたしがその昔、トランスヴァールの住民だったことを覚えておられますね」

彼はすぐ帽子を取って外出し、許可証をもらって来てくれた。わたしはアレキサンダー署長に謝辞を述べて、プレトリアに向け出発した。

プレトリアに到着して、わたしは陳情書を書きあげた。ダーバンでは、あらかじめ代表者名を通知するようにと要求された覚えはない。だが、ここでは官庁[*29]が新設されていて、それがそのように要求してきた。

　私たちは通知をした。するとアジア人局長から、わたしはすでにチェンバレン氏とダーバンで会見ずみであるから、彼との会見に待機する陳情団から除くようにとの手紙を受け取った。その手紙は、わたしの共働者にとっては耐えられないものであった。彼らは、このさい陳情などということは、いっさいご破算にしてしまおう、と言い出した。わたしは彼らに対して、インド人居留民の危機的状態を指摘した。わたしは言った。

「もし、君たちがチェンバレン氏に君たちの訴えを陳情しなければ、インド人には問題はない、と受け取られてしまうだろう。陳情は書面にして出さなくてはならないが、私たちはもう用意してある。わたしが読もうが、ほかのだれが読もうが、たいしたことでない。チェンバレン氏には、問題を私たちと論議する気はないのだ。私たちは、この侮辱に耐えなくてはいけないんだよ」

　わたしの言葉が終わるか終わらないかのうちに、タイブ・シェートが大声をあげた。

「君への侮辱は、インド人全体に対する侮辱じゃないのか。君が私たちの代表者であることを忘れるわけにはいかんね」

　わたしは言った。

「君の言うことももっともだ。しかし、インド人居留民でも、このような侮辱は忍ばなくてはならない。ほかに何かしようがあるだろうか？」

タイブ・シェートは尋ねた。

「どうなってもいい。なぜ、私たちはまたまた侮辱に耐えなくてはいけないのか？　これ以上悪いことは、私たちに起こりっこない。私たちは失うほどの権利をたくさん持っているだろうか？」

それは元気のある回答だった。しかし、それでどうしようというのか。

わたしはインド人居留民の限度をわきまえていた。わたしは、友人たちをなだめた。そして彼らに、わたしの代わりにインド人弁護士のジョージ・ゴッドフレー氏に代表になってもらうことを提案した。こうして、ゴッドフレー氏が陳情団の指揮に当たってくれた。

ヨハネスバーグのガンジー事務所。
中央ガンジー、左端ポラク（1906年）

しかし、これで問題は終わるどころでなかった。インド人居留民の仕事やわたしの仕事が多くなった。私たちは、出なおさなくてはならなかった。

「インド人が戦争を助けたのは、お前が言い出したからだ。このざまを見ろ」

こう言って、幾人かがわたしを嘲《あざけ》った。しかし、嘲られても、なんでもなかった。わたしは言った。

「わたしは自分の忠告を遺憾とは思わない。私たちが戦争に参加してよいことをした、とわたしは思っている。私たちは、私たちの労力に対して何か報酬を望んではならない。しかし、すべての善行は、ついには実を結ばざるをえない、とわたしは固く信じている。過去を忘れ、そして私たちの目前の任務を考えようではないか」

このように言うと、他の人もうなずいた。わたしは付け加えて言った。

「実を言えば、諸君がわたしに頼んだ仕事は、事実上終わった。しかし、たとえ諸君が帰国の許しをわたしに与えても、できるかぎり、わたしはトランスヴァールを離れてはならない、と思っている。以前のように、ナタルでわたしの仕事を続ける代わりに、今日わたしは、当地で仕事をせねばならない。わたしは、もはや一年以内にインドに帰ろうなどと思ってはならない。なおまた、弁護士としてトランスヴァール最高法院に登録しなくてはならない。わたしは、この新設の官庁との勝負には十分自信を持っている。もし私たちが行動しなければ、インド人は、この国から追放されてしまうだろう。そればかりでなく、財産まで全部奪われ、新しい侮辱は日ごとに増大するだろう」

そこでわたしは、運動を開始した。プレトリアとヨハネスバーグ在住のインド人といろいろ相談した。そしてついに、ヨハネスバーグに運動の事務所を設けることを決定した。

第五部

40　ギーターの研究

接神論者《セオソフィスト》の友人たちは、わたしを彼らの協会[*1]に引き入れようと企てた。しかし、それはヒンドゥ教徒のわたしから、何か教えられるものがありはしないか、と考えたからであった。接神論の文献は、ヒンドゥ教の感化を多分にうけていた。それで、これらの友人たちは、わたしが彼らにとって助けになるにちがいないと予想した。わたしは、わたしのサンスクリット研究は、研究したといえるほどのものでないこと、わたしはまだヒンドゥの聖典を原語で読んだことがないこと、さらにその翻訳にさえ、なじみはきわめて少ないこと、などを説明した。しかし、前生の縁《サムスカラ》や再生《プナル・ヤンマ》[*2]を信じている彼らは、ともかくわたしに手助けしてもらえると思った。私たちは、これらの友人の幾人かといっしょになって、スワミ・ヴィヴェカーナンダの『ラージャ・ヨーガ』[*3]を、またほかの幾人かとスリジャット・M・N・ドゥヴィヴェディの『ラージャ・ヨーガ』を読み始めた。わたしは友人の一人とパタンジャリの『ヨーガ・スートラ』[*4]を読み、おおぜいの友人と『バガヴァッド・ギーター』を読むことになった。私たちは、求道者クラブというものを作って、定期的に読書会を開いた。わたしはそのときすでに、ギーターに信仰を持っていた。それはわたしにとっては一種の魅力であった。いまやわたしは、いっそうその深奥をきわめる必要性がわかった。わたしは、一、二の翻訳を持っていた。それを頼りにしながら、原文を理解しようと努めた。またわたしは、毎日一行か二行暗記することにした。この目的のために、わたしは朝の水浴びの時間を使った。全体で、わたしは三十五分かかった。歯を磨くのに十五分、水浴びに二十分であった。そこで正面の壁にギーターの詩を書いた紙片を張りつけておいて、ときおり、それらを参照して、記憶の助けにした。この時間で、毎日暗唱する部分とすでに覚えてしまった詩句を復習するのに十分であった。このようにしてわたしは、十三章分を暗記したことを覚えている。

　ギーターを読むことが、わたしの友人にどんな感化を及ぼしたかについては、友人だけが言えることである。しかしわたしにとって、ギーターは行為における不可欠の指針になった。それは、わたしの日常必携の辞典となった。無所有《アパラグラハ》や平等《サマバーヴァ》という言葉が、わたしの心を捕えた。どのようにして平等を生みだし、そして維持していくかは、問題である。

　たとえば、人を侮辱し、尊大で腐敗した役人や、意味のない反対をして別れた昨日までの共働者と、つねに他人に対して善をなしている者を同じように扱うことが、いったい平等であったか。さて、すべての所有物を捨ててしまうことが、いったい無所有であったか。肉体それ自身、りっぱな所有物ではなかったか。妻や子供は所有物でなかったか。わたしは、わたしの持っていた書棚の本全部を破り捨てるべきであったか。わたしは、わたしの持っていたもの全部をあきらめて、神に従うべきであったのかどうか。その回答ははっきりしている。すなわち、わたしの持っているものをあきらめないかぎり、わたしは神に従うことはできなかったのである。わたしは、イギリス法の研究の助けを借りて、所有ということを考えた。わたしは「受託」[*5]という言葉の意味を、ギーターの教えに照らして、いっそう明らかに理解することに努めた。そしてわたしは、無所有に関してギーターの教えていることは、救いを求める者は莫大《ばくだい》な財産の管理はするが、そのうち一銭たりとも、彼の私有とみなしてはならない、ということであると知った。無所有と平等は、心情の変化、態度の変化を前提とする、ということが、白日のようにわたしに明らかにされた。わたしは、レヴァシャンカルバイあ[*6]てに手紙を書いて、生命保険契約を中止してもらいたいこと、いかほど払いもどしが得られるかということ、あるいはそのほかに、支払いずみの保険料は没収されてしまうのかということなどを尋ねてやった。というのは、わたしは私自身をはじめ、わたしの妻や子供を創造された神は、彼らをも守られるものと確信するようになったからである。また、いままでわたしにとっては親代わりだった兄に対して手紙を書いて、今日までわたしが節約したお金は全部彼に送っていたこと、しかし今後は、節約したお金は、インド人居留民の福利のために用いるから、わたしからはいっさい期待しないようにと言った。

　兄にこのことを理解させることは、わたしにとって簡単なことではなかった。彼は激しい言葉を用いて、わたしの彼に対する義務を説いてきた。彼は、わたしが私たちの父以上に賢くなる必要はない、彼がやってきたように、わたしは家族を養っていかなくてはならない、などと言ってきた。わたしは彼に向かって、わたしの父が行なっていたのと同じことをわたしが行なっていること、もっとも「家族」の意味は少し拡大されたこと、また、わたしのとったことの正しさは、やがて明らかになるだろう、などと書き送った。

兄はわたしに愛想をつかした。そして事実、文通はすべて切れた。わたしは非常に悲しかった。しかし、わたしがわたしの義務と考えているものを放棄することは、いっそう大きい悲しみであった。そこで、わたしは小さい悲しみを選んだ。しかしこのことは、彼に対するわたしの献身には影響を及ぼさなかった。それは永久に純粋で、大きいものであった。彼の生涯の終わりに近づいて、彼はわたしの見解を認めてくれた。ほとんど臨終の床で、彼はわたしの態度の正しかったことを悟って、わたしあてに最も感動的な手紙をよこした。彼はちょうど父がその子に懺悔《ざんげ》するようにわたしにわびたのであった。

41 『インディアン・オピニオン』紙

ちょうどこのころ、シリ・マダンジト[*7]が来て、『インディアン・オピニオン』という新聞を始めたらどうかという案を出して、わたしの意見を求めた。彼はすでに新聞を経営していた。わたしは、彼の提案に賛成した。新聞は一九〇四年に発刊され、シリ・マンシュクラル・ナーザルが最初の編集人になった。しかし実際は、わたしが仕事の衝に当たることになり、時間のほとんどを使って、新聞を運営した。シリ・マンシュクラルがそれをやれなかったのではなかった。彼はインドにいたとき、ジャーナリズムにはかなり年季をかけたが、わたしがいる以上、複雑な南アフリカ問題について論評することは避けたのである。彼はわたしの洞察《どうさつ》力に、このうえない信頼感を持っていた。したがって、論説欄については、いっさいの責任をわたしに任せきった。新聞は今日まで、ずっと週刊であった。

わたしは、この新聞にわたしがいくらかでも投資しなくてはならないとは、考えてもみなかった。しかしまもなく、わたしが財政援助をしなければ、立ち行かないことを発見した。インド人もイギリス人もともに、わたしが『インディアン・オピニオン』紙の主筆では名義上ないけれども、事実上その経営の責任者であることを知っていた。新聞が発刊されていなかったならば、なんでもなかったのであろう。しかし、それがいったん始まった以上は、停止されることは、損失であるとともに恥だった。そこでわたしは、わたしの金を注ぎ込んだ。ついには、事実上わたしの貯金の全部を投じてしまった。毎月七十五ポンドを仕送りせねばならない一時期があったのを覚えている。

しかし、そうこうして年月が過ぎたあと、新聞はインド人居留民のために、ずいぶん奉仕したと思っている。かつて一度も、商業経営にしようと企てたことはなかった。それがわたしの管理のもとにあるかぎり、新聞紙における変化は、わたしの生活の変化のしるしであった。当時の『インディアン・オピニオン』紙は今日の『ヤング・インディア』や『ナヴァジヴァン』に似て、わたしの生活の一部を映した鏡であった。毎週わたしは、その論説欄にわたしの魂を注ぎ込んだ。そしてわたしの理解したところに従ってサッティヤーグラハの原理と実践を説明した。十年間、つまり一九一四年まで、そのうちわたしが強制的に休養をとらせられた在獄の期間を除くと、『インディアン・オピニオン』紙にわたしの書いた論説の掲載されなかった版は、ほとんど見当たらなかった。

わたしは、これらの論説のなかに、一つの言葉にしても、思慮なしに、あるいは熟慮を経ないで書きおろした言葉、意識して誇張した言葉、あるいはただ喜ばすための言葉といったものを思いつくことはできない。実にこの新聞はわたしにとっては自己抑制の訓練をしてくれたし、友人たちにとってはわたしの考えに接する手段になった。そのなかに批評家も反対を唱えたいことは非常にわずかしか見つけられなかった。事実『インディアン・オピニオン』の格調におされて、批評家も彼のペンに抑制を加えてしまった。サッティヤーグラハは、『インディアン・オピニオン』がなかったならば、おそらく不可能であったろう。読者は同紙に、サッティヤーグラハ闘争についてと同様に、南アフリカのインド人の状態の真相についても、信頼のおける情報を期待したのだった。

わたしについて言えば、それは陰に陽にあらゆる人間性を研究するための手段になった。というのは、わたしは、つねに編集者と読者との間に、親密で清潔な紐帯《ちゅうたい》をつくりあげようとしたからであった。わたしの前には、通信員の心中を吐露した通信文が山と積まれてあった。それらは、筆者の気質に従って、親愛的なもの、批判的なもの、痛烈にこきおろしたものと、さまざまだった。これらの通信文を研究し、熟考し、そしてそれに回答することは、わたしにとってすばらしい教育であった。ちょうど、居留民の考えがこの通信文を伝わって、わたしに聞こえてくるようだった。わたしはこれによって、新聞雑誌記者の責任を徹底的に理解できた。またわたしがこのやりかたを通じてつかんだ居留民に対する把握《はあく》力によって、その後の闘争は実行可能なもの、品位のあるもの、抗しがたいほど強力なものになった。

『インディアン・オピニオン』紙を発行した最初の月から、わたしは、新聞雑誌の唯一の目的は奉仕でなくてはならない、と悟った。新聞は大きな力である。しかし堰《せき》を切った激流が、農村を水びたしにし、作物を台無しにするように、統制されないペンはただ破壊に役立つのみである。もしも、その統制が外部からのものであれば、それは統制のないのより有害であることは明らかである。内部から訓練を加えられたときにのみ、それは有益になるのである。

もしこの理論づけの線が正しいとすれば、この世界の新聞雑誌で、この試練に耐えられるものはどれくらいあるだろう。役に立たないものをやめてしまうのは、だれがするのか。さらにその判断を下す者は、だれであったらよいのか。役に立つ立たないということは、一般に善悪と同じようにからみ合っているものである。いずれをとるかの選択は、人間が行なうものである。

42　ふしぎな魅力を持つ本

わたしは、野菜料理の食堂で食事をとる習慣であった。ここでわたしは、アルバート・ウエスト氏[*8]と近づきになった。私たちは、いつも夕方にこの食堂で落ち合い、食事をしたあと、連れだって散歩に出かけた。ウェスト氏は小さい新聞社の共同出資者だった。
一、二日わたしの姿が食堂に見えなかったというので、ウェスト氏はある朝早く、わたしのところをたずねてくれた。そのとき、ちょうどわたしは、散歩に出かける用意をしていたところだった。わたしが戸を開くと、ウェスト氏が言った。
「あなたを食堂でお見かけしなかったので、あなたのところに何か起こったのではないか、と本当に心配しました。それでけさ、あなたのところに伺って、あなたが家にいるのかいないのか、確かめてみようと思ったのです。さて、わたしはこれから、あなたに使っていただきたいのです。あなたもご存じのように、わたしには身寄りが一人もおりません」

わたしはお礼を言った。そして即座に答えた。

「ほかに病人が出ないかぎり、一、二日のうちに暇になりましょう。ええ、あなたに一つ頼みがあります」

「え、それはなんですか」

「あなたに、ダーバンで出している『インディアン・オピニオン』紙をやってもらえますか。マダンジトは、たぶんここで仕事をするでしょう。だからだれかダーバンに必要なんです。もしあなたにご足労願えれば、わたしはどれだけ助かるかしれない」

「あなたは、わたしが新聞をやっているのを知っておられる。たぶんわたしは行けるでしょう。しかし、夕方はっきりした返事をしましょうか。私たちの夕方の散歩のときに、よくお互いに相談してみましょう」

　わたしは喜んだ。私たちは話し合った。彼は行くことを引き受けてくれた。そのあくる日ウェスト氏は、彼の貸金の取り立てをわたしに任せて、夕方の急行でダーバンに向かった。その日から、わたしが南アフリカを去るまで、彼はわたしと悲喜を分かちあう仲間になった。

　以前ウェスト氏と知り合いになったときと同じように、わたしはポラク氏[*9]とその野菜料理の食堂で知り合った。ある夕方、わたしから少し離れた食卓で食事をしていた青年が、わたしに名刺を出しながら、話をしたいと言ってきた。わたしはわたしの食卓に来なさい、と言った。彼はやってきた。

　ポラク氏の率直さに、わたしはひきつけられた。その夕方、肝胆相照らす仲になった。私たちは、人生の根本問題について、非常に似た意見を持っているように見受けられた。彼は簡素な生活を好んだ。彼は知性に訴えかけてくるものはなんでも実行に移していける、すばらしい才能を持っていた。彼の生涯に起きた変化のいくつかは、過激といってよいほどすばやいものだった。

『インディアン・オピニオン』紙は、日ごとにますます金がかかるようになってきた。ウェスト氏の第一回の報告は、大変なことを知らせてきた。彼は書いてきた。

「あなたはたぶん、この会社で利益が出るものと思っていたかもしれませんが、とても利益が出るとはわたしには思えません。かえって損をしないかと心配しています。帳簿はきちんとしていません。未払金も多額になっています。が、どうすることもできません。思いきって検査をしてみなくてはならないでしょう。しかしご心配には及びません。わたしは全力を尽くして、建て直してみましょう。利益のあるなしにかかわらず、わたしはここにとどまってみます」

ウェスト氏の手紙を受け取ったわたしは、ナタルへ出発した。わたしはポラク氏を、心から信用していた。彼が駅まで見送りに来た。そして、汽車の中で読んでみてください、と言いながら、一冊の本をわたしの手に渡した。彼は、わたしがきっと好きになる本だ、と言った。それはラスキンの『この最後の者に』であった。

その本は、一度読み出したら、途中でやめられなくなった。それはわたしをぎゅっとつかんだ。ヨハネスバーグからダーバンまで、二十四時間の汽車の旅だった。汽車は夕方にそこに着いた。わたしはその夜一晩全然眠らなかった。わたしは、この本に書いてある考えに従って、わたしの生活を変えようと決心した。

わたしは、ラスキンのこの偉大な本のなかに、わたしの内心の奥深いところに潜んでいる信念のいくつかが映し出されていると思った。そしてそのことが、こうまでわたしを捕え、そしてわたしの生活を変えさせた理由であった。詩人という者は、人間の胸のなかに隠れているよきものを喚び起こすことのできる者である。詩人はすべてに対して同様な感化を与えはしない。というのは、各人が同等に発展していないからである。

『この最後の者に』の教訓で、わたしに理解できたものをあげてみると、

一、個人のなかにある善は、すべてのもののなかに潜んでいる善である。

二、すべての人が、彼らの労働から彼らの生計を得る権利を持っているかぎり、法律家の仕事と、理髪屋の仕事とは同じ価値を持っている。

三、労働の生活、すなわち地を耕す者の生活や手工業者の生活は、ともに生きるに価する生活である。

これらのうち第一については、わたしは知っていた。第二については、漠然としか理解していなかった。第三については、今までにわたしの心に起こったことは、一度もないものであった。『この最後の者に』を読んで、わたしは、この第二と第三とは第一のなかに含まれていることを、白日のもとで見るように、はっきりと教えられた。わたしは、夜明けとともに立ち上がり、これらの原理を実行に移すことにとりかかった。

43　フェニックス農園《セツルメント》*10

わたしはウェスト氏に事の次第を全部話し、『この最後の者に』がわたしの心にもたらした結果を彼に説明した。そして『インディアン・オピニオン』紙をどこか農場に移してしまい、そこで、だれでもみんなが労働して、同じ賃金をもらい、私たちは時間の余裕をみて、新聞の発行にたずさわることを提案した。ウェスト氏はこの案に賛成してくれ、そして、皮膚の色や国籍にはかかわりなく、一人あたりの俸給を月額三ポンドと定めた。

しかし、新聞に働いている十人以上の働き手の全部が、人里離れた農場に行って、そこに定住し、みすぼらしい生活に満足するかどうかが問題であった。私たちはそこで、この計画に調和できない者には、いままでどおりの俸給を与え、しだいにその農園《セツルメント》の一員に加わる考えを持つように仕向けることを提案した。わたしは、この提案の趣旨に従って、新聞の働き手たちに話をした。

全員でこれらのことを決めてしまうのに、二日とかからなかったと覚えている。そこでわたしはさっそく広告を出して、ダーバンの近郊で、駅の近くに土地を求めた。ところがフェニックスに土地があるという申し出が来た。一週間のうちに私たちは、二十エーカー[*11]ほどの土地を買った。そのなかには美しい小さな泉があり、オレンジとマンゴーの木が数本あった。隣には八十エーカーばかりの土地があり、そこにはその他の果樹がたくさん生えており、一軒の荒れた小屋があった。私たちはそれも買いとった。全部で一千ポンドかかった。

ボーア戦争のとき、わたしといっしょに働いたインド人の大工と石工たちの幾人かが、印刷所の小屋を作るのを援助してくれた。縦七十五フィート[*12]、横五十フィートの建物は一ヵ月足らずでできあがった。ウェスト氏などが、身の危険を冒して、大工や石工たちといっしょに寝泊まりしてくれた。そこは住む人もなく、雑草がぼうぼうと生え、蛇がいっぱいいて、住むにはたいへん危険な土地だった。私たちは、一週間ほどかかって家財道具を馬車に積んでフェニックスに運んだ。そこはダーバンから十四マイル、フェニックス鉄道駅から二マイル半の距離にあった。

さてわたしは、宝を捜しにわたしといっしょにインドから来て、今はいろいろの仕事に従事している親戚《しんせき》の者や友人たちに働きかけて、彼らをフェニックスに引っ張ってこようと努めた。彼らは富を求めてインドから来たのだから、彼らを勧誘することはむずかしかった。しかし、幾人かが賛成してくれたのだが、わたしはただマガンラル・ガンジーの名前だけしか覚えていない。ほかの人は商売にもどっていった。マガンラル・ガンジーは、彼の商売をやめて、わたしと運命をともにした。彼はわたしの道徳上の実験の初めからの共働者のなかで、才能、犠牲、それから献身の点で、一頭地を抜いていた。

こうしてフェニックス農園は、一九〇四年に開設され、そして無数のハンディキャップにもかかわらず、『インディアン・オピニオン』紙の発行は続けられている。

わたしは、だれでもが筋肉労働によって生計をたてていけるようにするために、印刷所の周辺を区画三エーカーずつに分割した。その一つが、わたしにも分けられた。私たちは、これらの地所に、そろってトタンぶきの家屋を建てた。これは、私たちの考えに反したものであった。私たちとしては、通常の農民家屋のように、藁《わら》ぶきの、壁を塗った小屋か、それとも小さい煉瓦《れんが》造りの家がほしかった。しかしそれは不可能だった。それらはいっそう高価だったし、建てるのに時間がかかった。そして、みんなできるだけ早く落ち着こうとしたからであった。私たちがようやく落ち着き、建物も完成するばかりになったとき、わたしはこの新設の根城から出て、ヨハネスバーグに行かなくてはならなくなった。あそこの仕事を長いあいだほったらかしにしておくことは、わたしにはできなかった。

ヨハネスバーグに帰ると、わたしはポラクに、私自身の重大変化について、くわしく話をした。彼は彼の貸し与えた本が、かくも豊かな結実をもたらしたと聞かされて狂喜した。彼は尋ねた。

「その今度の冒険に、わたしは参加できないものでしょうか？」

わたしは言った。

「どうぞ」

彼は彼の上司に一ヵ月の予告で辞職願いを出した。そしてやがてフェニックスに来た。彼は愛嬌《あいきょう》でみんなの人気を得て、まもなくフェニックス家族の一員になった。しかし、わたしは彼を長くそこにいさせることはできなかった。ヨハネスバーグの事務所の重荷を一人で背負うことは、とてもわたしにはできなかった。そこでわたしは、彼に手を貸してもらいたい、弁護士になってほしい、と申し込んだ。

彼はフェニックスからわたしあてに、そこの生活を愛しており、全く幸福であり、そして、農園《セツルメント》を拡大したい希望を持っているけれども、もしわたしが、さらに速やかに私たちの理想を実現しなければならないと考えるなら、ここを去って事務所に加わり、弁護士になってもよい、と書いてきた。

わたしは、その手紙を心から喜んだ。ポラクはフェニックスを去って、ヨハネスバーグに来た。そしてわたしとともに、共同連署をもって論説の陣を張った。

44　家族

このような状態では、近い将来インドに帰る望みは、みんなあきらめなくてはならなかった。わたしは妻に、一ヵ年以内にインドに帰って来ると約束しておいた。その約束の一年は、わたしの帰還の見込みのたたないままに過ぎてしまった。そこでわたしは彼女と子供たちを呼ぶことにした。

簡易生活への傾向は、ダーバン時代に始まった。しかしヨハネスバーグの家では、いっそうきびしくラスキンの教訓を守ることになった。わたしは弁護士の家として許されるかぎり、多くの簡易生活を導き入れた。しかしある程度の家具なしではやっていけなかった。変化は、外面より内面のものが多かった。あらゆる肉体労働を自分でやることが多くなった。そこでその種の訓練を、わたしの子供たちにやり始めた。パン屋からパンを買う代わりに、私たちは、クーネの製法[*13]に従って、パン種を入れないパンを家庭で作り始めた。普通の水車で挽《ひ》いた粉は、これには都合が悪かった。それで手で挽いた粉のほうが、さらに簡易生活、保健と節約を保証してくれると、わたしは思った。そこで、七ポンドを払って、手動製粉機を買い求めた。鉄の車は重くて、とても一人では取り扱えなかったが、二人なら容易であった。普通は、ポラクとわたし、それから子供たちとがそれを動かした。妻もまた、粉挽きの時間が彼女の台所仕事を始める時間であることが普通だったけれども、ときおりは手を貸してくれた。ポラク夫人も到着するとすぐ、私たちに加わった。粉挽きは子供のためによい運動であることがわかった。この仕事も、またほかのどの仕事も、彼らに押しつけたものではなかった。しかしそれは、彼らにとって一つの娯楽だったので、集まってきては手を貸してくれた。そして疲れれば、いつでもやめることは自由であった。

私たちは、家の面倒をみてもらうために、一人の召使いを雇っていた。彼は家族の一員として私たちといっしょに生活した。そして息子たちは、召使いの仕事をよく助けた。大便のほうは市の清掃人が持っていくが、私たちは便所の掃除を召使いに命じたり、やってもらったりせずに、自分自分でやった。これは息子たちにとってよい訓練であった。その結果、わたしの息子のうちには、汚物の清掃をきらったりする者は一人も出なかった。そして彼らは、自然に一般衛生に気を使うよい下地を作った。ヨハネスバーグの家には、ほとんど病人は出なかった。しかし、だれか病気になったときは、いつもその看護は息子たちによって進んで行なわれた。

息子たちの読み書きの教育に対して、わたしが冷淡だった、とは言いたくない。しかし、わたしはためらわずに、それを犠牲にしたことは確かだった。そこで息子たちには、わたしに不平をいだく理由がいくつかある。実際彼らは、ときにはそれを口に出すこともあった。そしてある程度は、わたしが責めを負わなくてはならない。彼らに読み書きを教えておきたい、という希望は持っていた。わたしは私自身で、彼らに教えようと努力してみたこともあった。しかし、なにかと差支えが起こることが多かった。彼らを自宅で教えるには、ほかにこれという工夫がなかったので、わたしは毎日事務所への往復のときに、彼らといっしょに歩くことにした。全部で五マイルの距離だった。これでわたしや彼らには、かなりの量の運動になった。わたしは、もしだれかほかの人がわたしを呼びとめないかぎり、こうした歩きながらの会話によって、彼らを教え込もうと努力した。

インドに行ってしまった長男のハリラル[*14]を除いて、息子たち全部はヨハネスバーグでこういうふうに育てられたのであった。もしもわたしが、彼らの読み書きの教育に、少なくともきちんと一時間をさくことができたならば、わたしの意見では、理想的な教育を彼らに与えられたはずであった。だが、十分な読み書きの教育を彼らに確保してやれなかったことは、彼らの残念とするところだったし、またわたしの遺憾とするところであった。長男はときおり、わたしに個人的に、また新聞紙上で公然と彼の嘆きをぶちまけている。ほかの息子たちは、いたしかたのない失敗として寛大に許してくれている。

わたしはそれを悲しんでいはしない。悔いが残るとすれば、わたしが理想的な父になれなかったことである。しかし、わたしは、わたしが居留民に対する奉仕を一筋に考えていたこと、それはあるいはまちがっていたかもしれないけれども、そのことのために、子供の読み書きの教育を犠牲に供した、と思っているのである。

わたしは、彼らの性格を形成するうえに、役立つと思われるものはなんでも行ない、いさきかの手落ちもなかったことを、はっきり言うことができる。また、適切にこの準備をしておくことは、世のあらゆる親の守るべき本分であると、信じている。わたしの努力にもかかわらず、息子たちに欠点があるとすれば、それはわたしの側の注意の足りなさによるのみならず、彼らの両親の欠点を受けついだものであると確信している。

子供たちは、両親から体つきに劣らず、その性質を受けついでいる。環境は重要な役割を演ずる。しかし子供が人生に旅立つ際の元手というものは、その祖先から受けついだものである。わたしはまた、子供たちが、劣性遺伝の諸結果をよく克服しているのを知っている。それは魂の本質的属性とされている純潔の賜物《たまもの》である。

ポラクとわたしとは、子供たちに英語を教えてよいものか、教えてならないものかをめぐって、しばしば激論した。インド人の両親が、幼少のころから子供を、英語で考え、英語で話をするように教え込んでいることは、子供たちや自分たちの国を裏切ることである、というのがわたしの確信である。このような両親は子供たちから、国民の精神的社会的な遺産を奪ってしまい、その結果、子供たちを国に対する奉仕に適さない者にしてしまうのである。このような信念を持っているので、わたしはつねに、子供たちにはグジュラート語で話しかけることにした。

ポラクはこれに反対だった。彼は子供たちの将来をわたしが台無しにしてしまうのではないかと思った。彼は熱情と愛情のいっさいをあげて、もし子供たちに小さいころから英語のような世界の通用語を覚えさせたら、彼らは人生競争に、ほかの者をしのぐ相当の利点を簡単に得られるではないか、とまくしたてるのだった。彼はわたしを説得できなかった。今日わたしは、はたして彼にわたしのとった態度の正しさが納得できたかどうか、あるいは、わたしが頑固すぎたのであきらめてしまったのかどうか、その点は覚えていない。

これは二十年前の出来事である。そしてわたしの信念は、経験によって深まるのみであった。息子たちは、読み書きの教育の不足に悩んだけれども、彼らが当然のことながら習得した母国語の知識は、彼らのため、国のために大いに役立っている。そうでなければ彼らは外国人くさくなってしまったのだろうが、そうならなかっただけでも、役立っているのである。

彼らはもちろん二国語を使い分けられる。かなり円滑に英語を話しもし、書きもできる。というのは、毎日のように、おおぜいのイギリス人の友人たちと接触していたし、また英語が主要語として使われている国に長く滞在していたからである。

45　ズールー族の反乱[*15]

わたしが、いよいよ落ち着けるぞと思ったとき、新聞はナタルのズールー族の反乱が起こったことを報じた。わたしは、ズールー族に少しも恨《うら》みを持っていなかった。彼らがインド人を傷つけたことはなかった。わたしは、「反乱」ということ自体に疑いを持った。しかし当時わたしは、「イギリス帝国は世界の福祉のために存在している」と信じていた。純粋な忠誠心のために、わたしはイギリス帝国に反感を持つことはなかった。したがって、「反乱」が正義のものであろうとなかろうと、それはわたしの決意にはなんの影響もなかった。ナタルでは、防衛義勇部隊がつくられ、そして、おおぜいの人を募集していた。わたしは、この義勇部隊がすでに「反乱」鎮圧のために動員されたとも聞いた。

わたしは、自分をナタルの一市民と考え、それと緊密に結びついていると考えていた。そこでわたしは、州知事に手紙を書いて、もし必要ならば、インド人野戦病院隊を作る用意を持っていると述べた。彼は折り返しその申し出を受け入れると、返事をよこした。

わたしは、こんなに早く受諾されるとは予想していなかった。わたしが必要な手はずをいっさいしてしまってから手紙を書いたことは幸いだった。もしわたしの申し出が受諾されたならば、わたしはヨハネスバーグの家をたたんでしまうことを決意していたのだった。それで、ポラクはもっと小さい家に移り、そして妻はヨハネスバーグを去って、フェニックスに定住することになっていた。この決意は、彼女から満幅の同意を与えられていた。

わたしはダーバンに行って人々に訴えた。軍医総監は、任務遂行に便利なように、わたしにある身分を与えることにし、従来の慣例に従って、わたしを臨時の准尉に、わたしが選んだ三人を曹長《そうちょう》に、一人を伍長《ごちょう》に、それぞれ任命した。

政府当局はまた、私たちの着る制服を支給してくれた。私たちの部隊はほぼ六週間近くの現役勤務を命ぜられた。「反乱」の現場に到着してみると、「反乱」だということを正当づけるようなものは一つもないことを、わたしは知った。抵抗らしい影は一つも見あたらなかった。この騒ぎが反乱という大仰なものになったわけは、一人のズールー族の首長が、彼の部族の人々に課せられた新税の不納を扇動し、そして税金の徴収に出かけてきた警部が襲撃されたことであった。ともかくわたしの心はズールー族の側にあった。そして前線司令部に到着して、私たちの主要な仕事が、傷ついたズールー族の看護であると言い渡されたときには、わたしは一安心した。軍医長はわたしを歓迎してくれた。彼が言うことによると、白人は負傷したズールー族の看護をいやがるし、そのうちに彼らの傷はどんどん化膿《かのう》してくるので、彼はどうしたらよいか弱っていた、と言うのであった。彼は私たちの到着を、これら無心の人々にくだされた神のお使いだ、と言って喜んだ。そして彼は私たちに、包帯、化膿止めなどを支給し、それから私たちを、仮包帯所に連れて行った。私たちを見て、ズールー族の人たちは喜んだ。白人の兵隊たちは、彼らと私たちとを隔離する柵《さく》の外から、たびたびのぞき込んで、私たちが負傷の手当をするのを妨害した。私たちが、彼らの言うようにしなかったので、ついに彼らは怒り出した。そしてズールー族に、口に出すのも恥ずかしい悪罵《あくば》を浴びせた。わたしは、だんだんこれらの兵隊たちと親密になった。すると彼らは邪魔をするのをやめてしまった。

私たちが世話をした負傷者は、戦闘で負傷した人ではなかった。彼らの一部は、容疑者として捕えられたときに殴打されて、ひどい爛《ただ》れを起こしていた。それが手当を加えなかったために、化膿していた。ほかの人は帰順ズールー族だった。これらの帰順ズールー族は、「敵方」と区別するバッジを持っていたけれども、兵隊たちから誤って撃たれてしまった者であった。

私たちはまた、快速部隊に配属された。それは命令を受けると、危険が報じられたところへ、どこへでも進撃するのであった。それは大半が騎兵であった。私たちの陣地が移るとすぐ、私たちは担架を肩にかつぎ、徒歩で追いかけなければならなかった。二回か三回、私たちは一日に四十マイルを進撃しなくてはならないことがあった。

しかし、私たちがどこへ連れて行かれても、そこで私たちが、不注意から傷つけられた帰順ズールー族を担架に乗せて野営地まで運んだり、看護卒として彼らの世話をしたりしながら、神の御心《みこころ》にかなった善行を行なえたことに、わたしは感謝している。

ズールー族の反乱は、新しい経験で満ち満ちていた。そしてわたしに心の糧《かて》をいっぱい与えてくれた。ボーア戦争は、この「反乱」ほどの生々しさをもって戦争の恐ろしさをわたしに知らせてはくれなかった。これは戦争ではなく、人間狩りだった。これはわたしの見解であるばかりでなく、わたしが話し合ったことのあるイギリス人の多くの見解だった。毎日、朝になると、罪のない村落で、花火のように兵隊のライフル銃が炸裂《さくれつ》するのを聞いたり、そういう彼らにまじって生活したりすることは一つの試練であった。しかし、わたしはこの苦い経験を耐え忍んだ。特にわたしの隊の仕事は、負傷したズールー族の看護だけだったからである。もし私たちがいなかったら、ズールー族をだれも介抱してくれなかったであろう。したがって、この仕事はわたしの良心を安んじさせてくれた。

46 ブラフマチャリア

しかし、考えさせられる問題がほかにたくさんあった。そこは国のなかでもあまり人が住んでいないところであった。[*16] 丘の上や谷の間に、まばらに、しかも遠く離れて、邪気のない、そしていわゆる「未開」のズールー族の村落が、散らばっていた。こうした厳粛な静けさのなかを、ときには負傷者を連れ、ときには負傷者を連れないで進んで行くのであるが、そのときわたしはよく、深い思索のなかに落ち込むのであった。わたしはブラフマチャリアとその意味を考えた。そしてわたしの信念はいよいよ深く根を下ろしていった。わたしはわたしの共働者の人々と議論した。そのときわたしは、自己実現のためにはそれがどんなに不可欠のものであったかを、よく悟っていなかった。しかし、今でははっきりと、人道のために全霊をあげて奉仕しようと願う者は、それなしにはとうてい不可能であることを知った。わたしが今尽くしているような種類の奉仕の機会は、今後いよいよ多くなっていくだろう。それに、もし家庭生活の楽しみや、子供を生んだり、育てたりすることに熱中すれば、わたしという人間が任務に不向きの者になってしまうであろう、としみじみと考えるようになった。

一言でいえば、わたしには肉と霊の双方を求めて生活はできなかった。たとえば、現在のような場合に妻が出産間近であったならば、わたしはこの争いのなかに身を投ずることはできなかったはずである。ブラフマチャリアの遵守《じゅんしゅ》なくしては、家庭への奉仕とインド人居留民への奉仕とは、矛盾したものになる。ブラフマチャリアをともなって、それは完全に一貫したものになってくる。

そう考えてくると、わたしは、最後の誓いをたてようとして、いくぶんあせり気味になった。この誓いのことを想像すると一種の歓喜を感じた。想像はまた自由に活動して、限りな

ブラフマチャリアの生活に入ったころのガンジー夫妻（1906年）

い奉仕の予想をくりひろげるのだった。

このようにわたしが、肉体と精神との激しい仕事の渦中にあるとき、「反乱」鎮圧の作戦は完了に近く、まもなく私たちは解除になるだろう、といった意味の知らせが舞い込んで来た。それから一両日たってから、私たちは解除となった。そして二、三日のうちに、私たちは家にもどった。しばらくしてわたしは、特に野戦病院隊の奉仕に対する感謝の手紙を知事から受け取った。

フェニックスに到着すると、わたしは思いきって新しい方針——生涯、ブラフマチャリアを守りとおす誓い——をとった。正直にいうと、当時のわたしはまだ、になおうとした課題の重要さや広大さを十分に知っていなかった。今日ですら、その困難なことは、わたしの身にひしひしと感ぜられる。その誓いの重大さは、いよいよわたしのうえにのしかかってきている。ブラフマチャリアなしの生活は、わたしにとって味けなく、動物的に見えた。獣は、本来自己抑制を知らない。人間が人間であるのは、彼が自己抑制の能力を持っているからであり、そしてただ彼が自己抑制を訓練する限りにおいてである。私たちの宗教書におけるブラフマチャリアの賞讃を、以前のわたしは賞讃しすぎと見たのだったが、今日では、それは絶対に適正であり、経験に基づいたことのように思われる。それは日ごとに明確さを増してきているのである。

わたしは、ブラフマチャリアは驚くほどの力を持っており、けっしてたやすいことではなく、また確かに単に肉体にかかわることではない、ということを知った。それは肉体の節制から始まる。しかし、そこで終わるものではない。その完成は、不純な想念さえ排除している。真のブラフマチャリアは、肉体の欲望の充足を夢みることすらしなくなる。そして、彼がその境地になるまでには、なすべきことがたくさんあるのである。[*17]

わたしにとっては、肉体の禁欲を守ることでさえも、困難に満ちたものであった。今日では私自身かなり危なげがなくなった、とわたしは言える。しかしわたしは、それこそ本質的なものである思想に対する完全な支配を、まだ達成していないのである。それは、そうしたいという意志や努力が欠けているためではない。好ましくない考えが、どこからかわいてきて、ずる賢く侵入して来るのが、わたしの問題なのである。

私たちのところに、好ましくない考えが入り込まないように閉めだしてしまうための鍵《かぎ》があることは、わたしも疑わない。しかしそれを各人は自分で見つけ出さなくてはならないのである。聖人や求道者は、彼らの経験を私たちに残してくれている。しかし彼らは、私たちに、絶対にはずれることのない、しかも普遍的な処置方法は与えてはくれなかった。というのは、完全とか、あやまりのなさとかは、ただ神の恩寵《おんちょう》からのみ生まれてくるものなのだからである。そこで、神を捜し求めた者たちは、彼らのきびしさによって洗い清め、そして彼らの純潔で満たされたマントラを残してくれた。[18]たとえばラーマナマのようなものがそれである。神の恩寵に無条件に身をゆだねなければ、思想に対する完全な支配は不可能であろう。これは偉大な宗教書のことごとくが教えているところであって、わたしは完全な禁欲を求めて努力しているとき、それが真実であることを悟ったのである。

わたしは、どのようにして課題と取り組んだかに触れて、この章を終わることにしよう。最初のときは熱意に燃えて、わたしは簡単にそれを守ることができた。わたしが生活のしかたに加えた最初の変化は、わたしの妻と寝床を同じくすることを、また人目につかないところで彼女といっしょにいることをやめたことであった。

こうして、一九〇〇年以来、ぐずぐずしながら守ってきた禁欲も、一九〇六年の半ばになって、一つの誓いがたてられたのち、はっきりしたものになった。

47　カストゥルバ[19]の勇気

わたしの妻は、生涯のうちで三回、病気[20]のために死ぬところを危くのがれた。それらの治療は、家庭療法であった。彼女が最初に悪くなったときは、サッティヤーグラハ闘争をやっている最中だったか、それとも始めようとしたときだった。彼女はたびたびの出血に悩まされた。友人の医者は外科手術をすすめた。いくらかためらってから、彼女はそれに同意した。彼女は非常に憔悴《しょうすい》していた。そこで医者は麻酔薬を使わずに、手術をしなくてはならなかった。それはうまくいった。しかし彼女はたいへんに痛がった。けれども彼女は、驚くべき勇気をもって辛抱を続けた。医者も、看護をしてくれた彼の奥さんも、目を見張って驚いた。これはダーバンでのことだった。医者はわたしに、ヨハネスバーグに行ってもよいと許しをくれた。そしてわたしに向かって、患者については何も心配することはない、と言ってくれた。

だが、二、三日たってから、わたしは、カストゥルバの容態が悪化し、病床に起き上がれないほどに弱り、そして一度は意識不明になったこともあった、という手紙を受け取った。医者は、わたしの賛成を得ないで、彼女にぶどう酒を飲ませたり、肉を与えたりしてはいけないことを知っていた。そこで彼はヨハネスバーグにいるわたしに電話をよこして、彼女に牛肉汁《ビーフ・ティー》を与える許しを求めた。わたしは返事として、その許可を与えることはできない、しかし、もしそのことで、彼女が考えを述べられる容態ならば、本人に相談してもらいたい、そして彼女の望むとおりにしていい、と言った。医者は言った。

「だが、このことで患者さんの意志を聞くことは、わたしからお断わりします。それはあなたご自身でやるべきです。もしあなたが、どのような食事にしろ、わたしの思ったとおりに処方する自由をわたしに与えないならば、奥さんの一命には責任を持てません」

わたしはその日にダーバン行きの汽車に乗った。そして医者に面会した。医者はつぎのニュースをもらした。

「わたしがあなたに電話をしたときには、もうガンジー夫人に牛肉汁を与えてしまったあとでした」

「じゃあ、先生、それは詐欺そっくりですね」

わたしは言った。医者は決断とともに答えた。

「患者に薬や食事を処方するのに、詐欺は問題になりません。実際私たち医者は、もし患者の生命を救えると思ったときは、患者から親戚までだましても、それを徳と考えています」

わたしは非常に苦しかった。しかし冷静を保った。医者は善良な人間であったし、個人的な友人だった。彼と彼の妻には、わたしは多くのことで感謝しなければならなかった。しかしわたしは、彼の医療道徳にそのまま引込んでしまう気にはなれなかった。

「先生、今度は何をやりたいと言うんですか。わたしは、肉を食べさせないためにわたしの妻が死んだとしても、肉など与えることは承知できません。もちろん、彼女が希望するなら、話は別です」

「あなたはあなたの哲学をご自由になさるがよい。ですが、あなたが奥さんをわたしの治療にまかせているかぎり、わたしは望むとおりのものを彼女に与える権利を持っていなくてはなりません。あなたにそれが気に入らなければ、残念ですが、彼女をお引き取り願いましょう。わたしのところで彼女を死なせたくない」

「今すぐ引き取れ、と言うんですか」

「いつわたしが、奥さんを引き取れと要求しましたか。わたしはただ、完全に自由にやりたいのです。あなたがその気になれば、私たち夫婦は、奥さんのためにできることはなんでもいたします。そしてあなたは、奥さんのことは少しも心配せずにお家へ帰っていけるでしょう。もしこんな簡単なことがおわかりにならないなら、奥さんを引き取ってください、と言いたくなりますよ」

その場には、わたしの息子の一人がそばにいたと覚えている。彼は全くわたしと同じ意見であった。そして、母親に牛肉汁《ビーフ・ティー》は与えないほうがよい、と言った。わたしはつぎにカストゥルバ自身に話しかけた。彼女はほんとうに弱ってしまっているために、このことを相談できなかった。しかしわたしは、相談するのが、辛いけれども義務ではないかと思った。わたしは彼女に、医者とわたしのあいだにやりとりされたことを話した。彼女はきっぱりと答えてくれた。

「わたしは牛肉汁はいただきません。この世の中に人間として生まれることはまれなことです。ですから、こんな大きらいなもので、わたしのからだを汚すよりは、あなたの腕のなかで死んだほうが本望です」

わたしは彼女に説き聞かせた。わたしは彼女に、

「わたしに従う義務はない」

と言った。少しの遠慮もなく肉や酒を薬としてとっているヒンドゥ教徒の人たちや知人もいる、と例をあげた。けれども、彼女は頑として動かなかった。彼女は言った。

「いいえ。どうかすぐ連れて帰ってください」

わたしはうれしかった。いくらか内心の動揺がないわけではなかったが、わたしは彼女を

連れて帰る決心をした。彼女の決意をわたしは医者に告げた。彼は真赤になって怒って、叫んだ。

「なんてひどい人なんです、あなたは！　こんな容態の奥さんに、こんな問題をきりだすなんて。あなたは控えていなければいけなかったんです。奥さんはね、絶対安静を必要としています。奥さんはほんの少しの無理もできません。奥さんが途中でお亡《な》くなりになっても、わたしは驚きません。ですが、それでもと言われるなら、そうしてもかまいません。もしあなたが奥さんに牛肉汁をおやりになりたくないならば、わたしとしては、奥さんを一日もこの屋根の下にお泊めしておくわけにいきません」

そこでわたしは、そこからすぐ引き揚げることにした。外では細雨が降っていたし、駅まで距離があった。ダーバンからフェニックスまで、私たちは汽車に乗らなければならなかった。そこから私たちの農園《セツルメント》までは、二マイル半の道のりであった。わたしが非常に大きい危険を冒していることは、疑いのないところであった。しかし、わたしは神さまを信じた。そしてわたしの任務に進んだ。わたしは、あらかじめ使いの者をフェニックスにやって、ウエストに、ハンモックと温かいミルク一びんとお湯一びんを持って駅に出迎えに来てもらいたいこと、そしてカストゥルバをハンモックに乗せて運ぶのに、六人の人手がいることを書いた手紙を持たせた。わたしはつぎの汽車に間に合うように彼女を駅まで連れて行くために、人力車を見つけて来て、危険な状態にある彼女をそれに押し込め、そして駅に向かった。

カストゥルバには、元気をつけることはいらなかった。反対に彼女のほうがわたしをいたわりながら言った。

「わたしはなんでもありません。心配しないでください」

彼女は数日間、栄養物を何もとらなかったので、骨と皮ばかりになっていた。駅のプラットホームは非常に広かった。そこに人力車の乗り入れはできなかったので、汽車のところまで行くのに、だいぶ歩かなくてはならなかった。そこでわたしは、彼女をかかえて運び、車の中に入れた。フェニックスからは、私たちは彼女をハンモックに乗せて運んだ。そして農園で、水療法[*21]を受けながら、彼女は徐々に力をつけていった。

48　家庭のなかのサッティヤーグラハ

わたしは一九〇八年に初めて投獄された。[*22]そこでは、囚人が守らなくてはならない規則のなかに、ブラフマチャリアすなわち自己抑制を実行しようと欲する人が、進んで守ってもらいたいようなものがいくつかあることがわかった。たとえば、最後の食事は日没前に終わらせることを要求している規則などであった。インド人もアフリカ人も、囚人は紅茶やコーヒーを飲むことは許されていない。彼らは希望があれば、出された食べ物に塩をふりかけて食べてもよかった。しかし、味覚をただ満足させるものは何一つ食べられなかった。わたしが獄医に対して、カレー粉を私たちに支給すること、それから料理するときに食べ物に塩気をつけてもらいたいことを要求すると、獄医は言った。

「君たちはうまいものを食べに、ここに来たのではない。保健の見地からいうと、カレー粉は不必要なものである。それから、塩気をつけることは、料理するときでも、料理したあとからでも、別に変わりはない」

結局、簡単にはいかなかったけれども、カレー粉と塩の制限はゆるめられた。しかし、どちらも有益な自己抑制の規準であった。外部から課せられた抑制というものは、まれにしか成功しない。しかし自発的な抑制のときには、それらは、はっきり有益といえる効果を持つものである。そこで獄舎から釈放されると、わたしはただちに、この二つの規制を自分に課してみることにした。当時としては、可能なことの最大限であったが、わたしはお茶を飲むことをやめ、そして日没前に夕食をすますことにした。今日ではこの二つとも、特に努力もせずに守れるようになっている。

そうではあったが、ある機会にわたしは、いっさい塩をあきらめざるをえないことになった。そしてこの制限を、わたしは十ヵ年破らずに続けている。あるとき、幾冊かの菜食主義に関する本のなかで、塩は人間にとって必要な食品ではない。その反対に塩気のない食べ物こそ健康によいということを読んだ。わたしは無塩食によって、ブラフマチャリアは益を得るものと思った。からだのひ弱な人は豆類をとらないようにすべきだ、ということを読み、その意味もわかったことがあった。わたしは、それらが非常に気に入った。

さてカストゥルバのほうでは、彼女の手術後出血はちょっとのあいだ止まっていたが、ふたたび始まり、しかも病気は頑固のように見受けられた。水療法ぐらいでは、ききめはなかった。彼女はわたしの療法に抵抗はしなかったけれども、たいして信用をおいていなかった。彼女が外部からの助けを求めていなかったことは確かであった。

それでわたしの療法が全部失敗と決まると、わたしは彼女に、塩と豆類をとらないでくれと頼んだ。わたしの言うことに権威の助けを借りてきて彼女にいくら嘆願しても、彼女は同意しなかった。おしまいには彼女は、たとえどんなに勧められても、これらの食べ物はあきらめられないではないかと言って、わたしに挑戦してきた。わたしは苦しんだ。そしてそれと同じように、うれしくもあった。――わたしの愛情を彼女にふりそそぐよい機会をつかんだので、うれしくなったのであった。わたしは彼女に言った。

「おまえはまちがっている。わたしが病気になって、医者からこれこれをやめなさいとか、そのほか何かをやめなさいと、わたしに勧告があったら、わたしはなんの躊躇《ちゅうちょ》もなくそうするよ。しかしねえ！　なにも医者の勧告がなくても、わたしは塩と豆類を一ヵ年やめよう。おまえがしようとしまいと関係なしだ」

彼女はまったく驚いてしまった。そして深い悲しみのなかから、強く言った。

「お許しください。あなたを知っていながら、ついあなたをけしかけてしまいました。わたしは食べないと約束します。しかし、どうぞ、あなたの誓いは取り消してくださいませ。それではわたしがあまり辛《つろ》うございます」

「これらの食べ物をやめることは、おまえにとって非常によいことだ。それらなしで、かえっておまえは前よりよくなるものと、固く信じている。わたしとしては、真剣になって誓ったあの誓いを、引込めるわけにはいかない。しかもわたしの益になることは請け合いだもの。というのは、抑制というものは、何のためにそれを思いついたにせよ、これすべて人間にとって有益なものだ。それは、わたしにとって試みであるし、また、おまえの決心を実行しようとしているおまえへの道徳的応援になるしね」

こうして彼女は、わたしを説得するのをあきらめてしまった。

「あなたは頑固すぎます。あなたはだれがなんと言ったってお聞きにならないのですもの」と彼女は言った。そしてただ涙にくれた。

わたしはこの事件を、サッティヤーグラハの一例に数えたい。そしてそれは、わたしの生涯で最も楽しい回想の一つである。この後カストゥルバは、めきめきと元気を取りもどし始めた。

わたしは、塩断ち、豆断ちの食事の実験を、わたしの共働者の多くの人にも試したことがあった。そして南アフリカではよい結果をもたらした。医学的にみると、この食事の価値については両論があるようである。しかし道徳的には、わたしは自己抑制はすべて霊魂にとっては益があることを疑わない。自己抑制の人間の食事は、快楽主義の人間の食事とは、彼らの生活全般の様式が違わなくてはならないように、違ったものでなくてはならない。

49 自己抑制をめざして

これより後の段階になると、ブラフマチャリアを実行するために、さらに多くの変化が導き入れられた。これらの変化の最初が、ミルクの中止であった。これは一九一二年で、トルストイ農場での出来事だった。だがこの中止では、わたしは満足していられなかった。このあとまもなくのこと、わたしは果物だけの食事で生活することに定めた。しかも、果物はできるだけ安いものにした。私たちの望みは、最も貧乏な人々の生活をすることだった。

果物食はまた、非常に簡便であることがわかった。事実、果物に煮炊《にた》きはいらなかった。なまの落花生、バナナ、なつめやしの実、レモン、それからオリーブ油で、私たちの食事はできあがった。

ここでわたしは、ブラフマチャリアの希望者に対して、警告を発しておかねばならない。わたしは食事とブラフマチャリアとの緊密な関係をくわしく述べたけれども、確実なことは、精神が中心であるということである。[*23] 汚れを意識している精神は、断食でも清められない。食事を変えても、それには効果はない。強烈な自己点検、神への服従、それから最後に恩寵《おんちょう》による以外、精神から情欲が根絶されることはない。

しかし、精神と肉体との間には、密接な関係がある。そして肉体のなかの精神は、いつも美食やぜいたくを追い求めてやまない。この傾向を未然に防ぐためには、食べ物の制限や断食が必要となってくるようである。肉体のなかの精神は、感覚を支配する代わりに、その奴隷になってしまう。したがって、肉体はつねに清潔な刺激性のない食べ物や、ときどきの断食を必要とする。食べ物の制限や断食を軽くみる人々は、それらにすべてをかけている人々と同じように、誤っている。わたしの経験が教えるところによれば、自己抑制を志すつもりの精神の持ち主にとっては、食べ物の制限や断食は、非常に役に立つものだ。事実、そうしたことの助けがなければ、情欲を精神のなかから根絶してしまうことはできないのである。

ミルクと穀物をとることをやめて、果物食の実験を始めたちょうどそのとき、わたしは自己抑制の手段として断食を始めていた。

ヴァイシュナヴァ派の家庭に生まれ、ありとあらゆる、そして困難きわまる誓いを守った母の子として生まれて、わたしはインドにいたときすでに、エカダシ[*24]やそのほかの断食を行なっていた。しかしわたしがそうしたのは、単に母の真似《まね》をしたり、両親を喜ばせようとしたためだった。

そのときはまだ、わたしは断食の効能を理解もしなかったし、また信じもしなかった。しかし一人の友人がそれを実行してためになっているのを見て、わたしもブラフマチャリアの誓いを支える期待をもって、彼の模範に習い、エカダシの日の断食を始めたのだった。

わたしがこの実験を始めたとき、偶然なことだが、ヒンドゥ教のシュラヴァンの月と、イスラム教のラムザン[*25]の月とがかちあった。ガンジー家の家族の幾人かは、シュラヴァンの月には、いつもその月じゅうプラドーシャ[*26]の断食をする習慣であった。わたしはそれと同じことをしようと決心した。だから、この月の間、わたしはイスラム教徒の青年たちに対して、ラムザンの断食をするようすすめた。わたしはもちろん、自分ではプラドーシャをする決意であった。しかし今回は、ヒンドゥ教徒、パーシー教徒、およびキリスト教徒の各青年たちに、わたしといっしょに断食をすることをすすめた。わたしは彼らに、どんなことであれ、自己抑制のことで他の者と共同して行動することはよいことである、と説明した。農場の仲間の大部分が、わたしの提案を歓迎した。これらの実験の結果、みんなが断食の価値を信ずることになったし、またすばらしい団体精神が彼らの間に成長した。

こうして農場のなかには、自己抑制の雰囲気が自然にわきあがった。今や、農場の仲間はみんないっしょになって、部分的または全面的断食をし始めた。それが非常によいことであることは確かである。わたしは自己抑制が彼らの心にどれほどまで触れ、そして肉体を征服しようとする彼らの努力にどれほどの助けとなったか、はっきりと言うことはできない。しかしながら、わたしに関するかぎりでは、それによって、肉体的精神的の双方に大いに裨益《ひえき》された、と信じている。

断食は、それが自己抑制という見解のもとに企てられて初めて、獣欲を制御する助けとなるのである。友人のうちの幾人かは、断食のあとの影響として、彼の獣欲や味覚が刺激されたことを実際に経験した。つまり、断食も、自己抑制に対する不断の熱望がともなわないと、意味のないことになる。この点『バガヴァッド・ギーター』の第二章にある有名な一節は、ここに記しておくに価しよう。

「感覚を断っている人には、外面上は、感覚の対象は消えうせよう。しかし内面には、それに対するあこがれを残しているのである。しかし、彼が至高と相まみえたときは、あこがれさえ消えうせてしまうのである」[*27]

したがって断食やそのような訓練は、自己抑制という目的に達する手段の一つである。しかしそれが全部ではない。肉体の断食に精神の断食がともなわないとしたならば、それは偽善と不幸に終わることになる。

わたしがトルストイ農場の青年たちの教育を引き受けるずっと前、わたしは精神の訓練をそれ自体独立したものと考えていた。精神を開発することは、人格を形づくることである。また人をして神にまみえること、すなわち自己実現に向かって努力させることである。しかもわたしは、これこそ青年の訓練の本質的な部分であり、また精神的教養の欠けた訓練はいっさい益のないものであり、有害でさえあるかもしれない、という意見になった。

自己実現は人生の第四の段階、すなわちサニヤース[*28]〔自己否定〕で初めて可能である、という迷信を、わたしはよく知っている。しかし、この貴重きわまりない経験への準備を、人生の最終段階まで引きのばした者がついに得たものは、自己実現ではなくて、この世の重荷として生活する哀れな第二の子供時代ともいわれる老齢である、ということは常識になっていることである。

では、どのようにしたら、この精神的訓練を行なえるか。わたしは子供たちに、聖歌を暗記し、唱えさせた。また道徳的訓練に関する書物を読んで聞かせた。しかし、それではとてもわたしは満足できなかった。わたしが彼らにいっそう緊密に接触するにつれて、わたしは精神の訓練は書物を通してではないことを知った。ちょうど肉体の訓練が肉体の錬磨を通して施され、また知的訓練が知的練習を通してなされるように、まさに精神の訓練は精神の錬磨を通してのみ可能である。さらに精神の錬磨は、教師の生活と性格に全く依存している。教師というものは、教え子のなかにいてもいなくても、それにかかわりなく、つねに彼のPという子やQという子のことを心に思っていなくてはならない。

教師が何マイルも遠くに離れていても、教師は彼の生活のしかたによって、生徒の精神に影響を与えることは可能である。もしわたしが嘘《うそ》つきであるなら、真実を語れと生徒に説くことは道に反するであろう。卑怯《ひきょう》な教師は、生徒を勇敢にさせることに金輪際《こんりんざい》成功しないだろう。そして自己抑制を知らぬ者は、生徒に自己抑制の価値を教えることはできない。したがってわたしは、わたしといっしょに生活している少年少女にとって、つねに変わらぬ教科目標でなくてはならない、と思った。こうして彼らはわたしの教師になった。そしてわたしは、そのことのためだけでも、善良でまっすぐに生活していなくてはならないことを知った。わたしがトルストイ農場で、自分自身にいよいよ強く課した規律と抑制は、おもに、これらのわたしの見張人のおかげである、と言いたいのである。

彼らの一人に、乱暴で、言うことをきかず、嘘をつき、しかも喧嘩《けんか》早いのがいた。あるとき、彼が猛烈に暴れだした。わたしは腹をたてた。わたしはそれまで、生徒を叱ったことがなかった。しかしこのときは、わたしは非常に怒った。わたしは彼に言って聞かせようとした。しかし彼は頑固《がんこ》だったし、わたしをだし抜こうとした。とうとうわたしは、手もとにあった定規の棒をふり上げて、彼の腕のところを叩《たた》いた。わたしは、彼をぶったとき、ぶるぶると震えた。彼はそれに気づいた、とわたしは思う。これは彼ら全部にとって、全く珍しい経験だった。その少年は大声で泣きだし、そして許しを乞うた。彼はなぐられたのが痛かったから、泣きだしたのではなかった。彼は十七歳のがんじょうな体格の少年だったから、その気があれば、わたしに同じことを仕返しできたはずだった。

しかし彼は、こうした暴力手段にまでかりたてられたことに、わたしが苦しんでいることを悟った。この事件以来、彼がわたしに服従しないようなことは起こらなかった。しかしわたしは、今でもなお、あの暴力沙汰《ざた》を後悔している。わたしは、あの日わたしが示したのは、わたしのなかの精神ではなく、わたしのなかの獣性ではなかったかと気にかけているのである。わたしは常に、体罰には反対であった。

この出来事は、生徒を矯正《きょうせい》するよりよい方法についてわたしに考えさせ、わたしに教えるところが多かった。あのような場合、あの方法でよかったのかどうか、わたしは知らない。若者は間もなく、あの事件を忘れてしまった。そしてわたしは彼が大いに改まったとは思わない。しかし事件はわたしに、生徒に対する教師の義務というものを、よく理解させてくれた。

こうしてわたしの下にいる少年少女たちに、精神的訓練を施そうと努力しているうちに、わたしは精神の力をますますよく理解するようになった。

50　法廷についての回想

学生だったころ、わたしは、法律家という職業は嘘《うそ》つき稼業《かぎょう》だと聞いたことがあった。しかし、わたしは嘘をついてまで地位やお金を得ようとは思っていなかったので、そんなことには影響などされなかった。

わたしは新しい訴訟依頼人が来ると、まず最初に、わたしは虚偽の事件を取り上げたり、証人に入れ知恵したりはしませんよ、と警告した。それが評判になって、わたしには不正な訴訟は寄りつかないようになった。

わたしが、ヨハネスバーグのある治安判事の係りで事件を扱っているときであったが、ふとしたことで、わたしの訴訟依頼人がわたしをだましていることを発見した。わたしは、証人台に立った彼が、すっかり意気消沈したのを見た。そこで、一言の弁護もしないうちに、わたしは裁判長に、訴訟の却下を申し出た。相手方の弁護士はびっくりしたが、裁判長はこれを受け入れた。わたしは依頼人に向かって、わたしのところに虚偽の事件を持って来たことをなじった。彼はわたしが、これまで一度も虚偽の事件を受けつけていないことを知った。そしてわたしが彼によく説明してきかせると、彼も過失を認めた。そしてわたしの印象では、わたしが裁判長に対して、彼に不利な判決を要求したことに、彼は怒っていなかったようであった。

とにかく、わたしのこの事件の扱いかたは、わたしの職業に悪くは響かなかった。それは実際にはわたしの仕事をやりやすくした。また、真実に対する誠実さということで、弁護士仲間の間でわたしの評判が高まったことを知った。そして人種の不利があるにもかかわらず、わたしはいくつかの事件では、彼らから好意を寄せられた。職業上の仕事のときにはまた、わたしの無知を依頼人や同僚に隠しておかないのが、わたしの習慣であった。わたしは思案に余るといつも依頼人に向かって、だれかほかの弁護士に相談するようにすすめた。あるいは、彼から、それでもわたしにと言われれば、わたしは彼に、先輩の弁護士の援助を受けたいがどうか、と尋ねた。この率直さで、わたしは、依頼人たちから無限の好意と信頼を寄せられた。

パーシー人のラストムジーは、わたしの訴訟依頼人、共働者、それから友人であったが、一度、非常な窮地に立ったことがあった。彼は自分のことはほとんど全部、わたしに知らせてくれていたけれども、ある一事を故意に隠して言わなかった。彼はボンベイやカルカッタから商品を輸入し、販売する大輸入業者であった。そして彼が密輸入をやったのは、一度や二度ではなかった。しかし彼は、税関の係官と親密な間柄であったので、彼に疑いをかけた者は一人もいなかった。関税をかける場合には、彼らはいつも積荷明細書《インボイス》を信用していた。幾人かは密輸を黙認さえしていた。

しかし、グジュラート地方の詩人アクホーのたとえ話を借りれば、盗みは水銀みたいなもので、押え込んでおくことはできない。そして、パーシー人のラストムジーの場合も例外ではなかった。この善良な友だちが、わたしのところに駆け込んで来て、涙を頬にこぼしながら言った。

「バーイ、[*29] わたしはあなたをだましていた。わたしの犯罪がきょうばれてしまった。密輸入をやっていたのだ。もうわたしの運も尽きた。わたしは監獄送りになって、破滅だ。頼りにできるのはあなただけだ。どうか、この苦境から救ってもらいたい」

わたしは彼を落ち着かせて、そして言った。

「君を救う救わないは、神の御手にある。わたしについては、君はわたしのやりかたを承知している。わたしにできるとすれば、自白の方法しかない」

この善良なパーシー人は強く辱《はずか》しめられたと思った。

「しかしあなたに打ち明けたことで十分じゃないのか」

わたしは穏やかに言い返した。

「君は、わたしに対してじゃなくて、政府に対して罪を犯したのだ。わたしに告白してなんの足しになるだろうか」

わたしの考えをさらに説明しながら、彼に言った。

「この事件が必ず法廷に持ち出される、とはわたしは思わない。君を起訴するのも無罪放免にするのも、税関の役人の一存だし、彼はまた検事総長の指揮を受けねばならない。わたしがこの両人に会ってみよう。君が、彼らの言うとおりの罰金支払いを申し出ることを提案する。そこで彼らが同意すればよし、しかし同意しなかったなら、君は監獄行きを覚悟しなくてはならないね。監獄へ行くことは、何も恥辱ではない。恥辱は犯罪を犯したことにある、というのがわたしの見解だ。君は入獄を懺悔《ざんげ》だと思わなくてはならない。ほんとうの懺悔は、二度と密輸はすまい、と決心するところにある」

わたしは、ラストムジーが、これを全部わかってくれたとは思えない。彼は勇気のある人であった。しかし彼はいっとき意気消沈した。彼の名声と評判は危機にさらされていた。そしてあれほどの慎重さ、あれほどの労力で築いた建物が、粉々に破壊されたならば、彼はどうなるだろうか。わたしはこの事件に、ありったけの説得力を集中した。わたしは税関吏に会見して、大胆にいっさいの事実を告げた。わたしはまた、帳簿全部を渡すことを約束し、ラストムジーがどんなに後悔しているかを、彼に話した。わたしは言った。

「あなたがもし、彼を法廷に引き出すことはしないでくだされば、ありがたいことです」

この約束を彼としてから、わたしは検事総長と書面交渉に入った。直接彼のところも訪れた。彼がわたしの全くの率直さを買ってくれ、「何一つ隠しだてしていない」ことを信じてくれたのはうれしかった。

ラストムジー事件は示談ですんだ。彼は罰金として、彼が自白した密輸額の二倍にあたる金額を支払うことに落ち着いた。ラストムジーは全事件の事実を紙に書きとめ、その紙を額にし、そして彼の後継者ならびに同僚の商人のための永久の見せしめにと、それを自分の事務室の壁にかけた。

第六部

51　サッティヤーグラハの起原[*1]

　ズールー族の「反乱」に関連した軍務から引き揚げてくると、わたしはフェニックスで友人たちと落ち合い、それからヨハネスバーグに着いた。ここで、わたしは、一九〇六年八月二十二日付のトランスヴァール政府公報に発表された法令案を読んで、身ぶるいがした。それは南アフリカのインド人の絶対的な破滅を意味していた。その法令案によると、八歳以上のインド人は、男、女、子供の別なくトランスヴァールに居住しようとする者はみな、名前をアジア人登録係に登録し、そして登録証明書の発給を受けなくてはならない。登録出願者は、登録係に古い許可証を差し出し、そして、願書に名前、住所、カースト、年齢などを書き込まなくてはならない。登録係は、出願者本人であることを証明する重要な特徴を記し、指紋をとることになっている。一定の期日以内に登録を出願しなかったインド人は、すべてトランスヴァールでの居住権を放棄しなくてはならない。出願を怠ると法律違反であって、違反者は罰金刑を科されたり、投獄されたり、治安判事の裁量によっては、ところ払いをくわされるのである。公道を歩いている人でも、証明書の提示を求められることがあった。警察官は証明書の検査をするために、個人の住宅に立ち入ることができた。わたしは、世界のどこの国かでこのような性質の法律が自由な人間に対して行なわれた、ということを知らない。

翌日、主だったインド人の小さな集会が催された。彼らに対して、わたしは法令を逐条的に説明した。それを聞いて彼らは、わたしと同じように驚いた。出席者のすべては、事態の由々しいことを悟った。そして、公衆大会を開くことを決定した。

その集会は、予定のとおり一九〇六年九月の十一日に開かれた。集会ではいろいろの決議が採択された。そのなかで最も重大なものは、有名な決議第四号であった。この決議で、われわれの反対を押し切ってこの法令が立法化されたときは、インド人は、それに従わないこと、この非服従に科せられるあらゆる懲罰を甘受することを、厳粛に決意したのであった。

だれも私たちの運動をどう名づけていいかわからなかった。わたしは、それを説明するために「受動的抵抗」[*2]という言葉を使った。しかし、その名称を使いながら、わたしは「受動的抵抗」の意味を十分に理解しはしなかった。ただ、ある新しい原理が誕生していることを悟っただけであった。やがて運動が展開するにつれて、「受動的抵抗」という言葉は混乱を起こすようになった。

また、この偉大な闘争を、ただ英語の名称で呼ばれるままにしておくことは残念なことに思われ始めた。それに、このような外国製の言葉では、インド人の社会のなかでは、なかなかだれにも理解されるものとして通用しなかった。私たちの闘争の適切な名称を公けに募集することになった。多数の応募者があった。当時、それと並行して『インディアン・オピニオン』紙上で、今回の闘争の意義をめぐって、活発な論議がかわされていた。それは、応募者が考える指針として役立つことになった。

シリ・マガンラル・ガンジーは、応募した一人であった。彼は「よきたてまえを堅持する」という意味を持つ「サダグラハ」という言葉を提案した。わたしは、この言葉が気に入った。しかし、それはわたしがふくませたいと思った考え全部を言い表わしていなかった。

サッティヤーグラハ運動中のガンジー（1914年）

したがってわたしは、それを「サッティヤーグラハ」と訂正した。真実〔サッティヤ〕は愛を包含する。そして堅持〔アグラハ〕は力を生む。したがって、力の同義語として役立つ。こうしてわたしは、インド人の運動を「サッティヤーグラハ」、すなわち、真実と愛、あるいは非暴力から生まれる力、と呼び始めた。そして、これとともに、「受動的抵抗」という言葉の使用をやめた。

52 投獄

アジア人登録法は、一九〇七年三月二十一日、トランスヴァール議会の第一回本会議[*3]にかけられ、あらゆる審議段階を駆け足で通過してしまった。法令は発布され、一九〇七年七月一日から発効することになった。インド人は、七月三十一日までに、法律の定めたところによって、登録を願い出なければならなかった。

一九〇七年七月一日がきた。許可証発給所が開設された。インド人居留民は、各発給所に公然とピケを張ることを決定した。すなわち、そこに通ずる道路上に志願運動員が配置され、これら運動員は、弱気になったインド人に対して、彼らをねらってかけられた罠《わな》にかからぬよう警告を発することになった。

アジア人局は、あらゆる努力にもかかわらず、登録インド人が五百名足らずだったことを知った。それで彼らは、幾人かを逮捕することを決定した。ジャーミストンには、たくさんインド人が住んでいた。そのなかの一人にパンディット[*4]・ラーマ・スンダラがいた。彼は、いろいろの地区で、気合いのかかった演説をたくさんした。ジャーミストンに住んでいる幾人かの悪意をもったインド人が、もしラーマ・スンダラを逮捕してしまえば、多数のインド人が許可証を願い出るだろう、とアジア人局に申し出た。そして関係役人も、彼らに申告されて、誘いをはねつけることができなかった。そこでラーマ・スンダラの逮捕となった。これが、逮捕第一号であったため、これをめぐって、政府当局もインド人も大騒ぎをした。彼が判決を言い渡された日、彼は、拍手喝采《かっさい》で祝われた。そこには、沈滞の影はいささかもなかった。反対に、狂喜と歓呼があった。数百人が、すすんで入獄の心構えを固めた。多数の登録出願者が出てくるのを期待したアジア人局の役人は失望した。彼らは、ジャーミストンでさえ、一人の登録者も得られなかった。インド人居留民の一方的勝利であった。

しかし、ラーマ・スンダラはくわせ者であることがわかった。彼はつね日ごろ放縦《ほうしょう》をこととし、また、悪習にふけっていたので、獄中生活の孤独と禁欲は、彼には重荷だった。刑務所当局からも、またインド人居留民からも、彼に大きな注目が払われていたのであったけれども、彼にとって刑務所は退屈なものであったらしかった。そして彼は、トランスヴァールと運動とに永久のおさらばを告げたのであった。このようにわたしがラーマ・スンダラの話をくわしくしたのは、彼の罪をあばこうとしたためではなく、道徳を指摘するためであった。すべての純潔な運動の指導者は、運動に参加している者がすべて純潔な闘士であるように心がけなくてはならない。

アジア人局の役人は、特定の指導者を逮捕しないでおくかぎり、運動の勢いをくじくことはとてもできない、と思うようになった。それで、指導者格の幾人かに対し、一九〇七年のクリスマスの週に治安判事のもとに出頭せよ、という通告を発した。通告を受けた者は指定された日、つまり一九〇七年十二月二十八日の土曜日に出廷し、法律によって要請された登録出願を怠ったかどで、一定の期間トランスヴァールを退去すべし、との命令を受けた。しかし私たちはそれには従えない理由を陳述した。

治安判事は、各人を別々に切り離して取り扱った。そして、ある被告に対しては四十八時間、他の被告には七日間、またある被告には十四日間、というふうにして、全員にトランスヴァールを離れているように命令した。この命令の効力は一九〇八年一月十日に切れた。そしてその日に、治安判事のところに呼び出されて、私たちは刑の宣告を受けることになった。私たちのうち、弁明を申し出た者は一人もいなかった。命令された期間中、トランスヴァールを退去しておるべし、との命令に服従しなかったかどで、全員で有罪を申し立てたのであった。

わたしは、ちょっと考えを述べたい、と許可を求めた。それが認められたので、わたしの場合とわたしに指導された人々の場合とは、区別があってしかるべきだと思う、と述べた。わたしは、ちょうどプレトリアから、そこのある仲間が、三ヵ月の懲役に処せられたうえ重い罰金を科せられ、それが支払えないなら、その代わりとしてさらに三ヵ月の懲役を科せられるということを聞いたばかりであった。これらの人々が犯罪を犯したのならば、わたしはさらに大きい犯罪を犯したわけである。したがってわたしは、治安判事に対して、最も重い刑罰を科するように要求した。しかし、治安判事はわたしの要求をいれてくれなかった。そしてわたしに二ヵ月の単なる禁固刑を宣告した。

わたしは、かつてたびたび弁護士として姿を見せたのと同じ法廷に今は被告として立たされている事実に、ちょっと困惑を感じた。しかし、わたしはそのときの役割を、以前のものよりもずっと名誉あるものと考えたことを、いまだによく覚えている。

法廷では、数百人のインド人が、同罪としてわたしの前に並んでいた。刑の宣告が終わるとすぐ、わたしは留置場に移され、とり残されて全くの一人ぼっちになった。わたしは、いくらか興奮を感じながら、瞑想《めいそう》にふけった。家庭、法廷で活動したこと、公けの集会など、あらゆるものが夢のように、つぎつぎに心に浮かんできた。

この二ヵ月は、どのようにして過ぎ去るであろうか。わたしは満期になるまで服役しなければならないだろうか。もし、人々が約束どおりに、大群をなしてすすんで投獄を求めれば、宣告されたとおりに服役することはものの数でもないが……、もし、彼らが刑務所を埋め尽くしそこなったら……、この二ヵ月は、まるで一時代を暮らし通すように退屈なことであろう。

このような考えが、今ここで述べるのにかかる時間の百分の一ほどの間に、わたしの心をかすめ去ったのであった。しかし、わたしの思いは、警官が入口を開いて同行をうながす声に断ち切られた。こうしてわたしは、ヨハネスバーグの刑務所に入れられた。

二、三日前から、サッティヤーグラハ運動者で逮捕された者が群れをなして入所し始めた。彼らはみんな進んで逮捕された者であって、大半は行商人であった。私たちが逮捕されてから、インド人居留民は刑務所をいっぱいにすることを決定したのだった。この音頭をとったのは行商人たちだった。彼らにとって、逮捕されることは、たやすいことであった。彼らはただ許可証の提示を拒否すればよい。すると、彼らの逮捕は確実になった。この方法をとって、サッティヤーグラハ運動者で逮捕される者の数が増大し、週に百名を越えるにいたった。そして、毎日少なくとも二、三人は確実に入所して来るので、私たちは新聞なしでも毎日の情報がまとまって手に入った。サッティヤーグラハ運動者が多数逮捕され始めると、彼らは懲役の刑を言い渡されるようになった。

ヨハネスバーグ刑務所では、懲役を科せられない囚人は、朝食に「ミーリー・パップ」〔トウモロコシ粥《がゆ》〕をあてがわれた。そのなかには、塩気がなかった。だが囚人各自に、いくらかの塩が別々にあてがわれた。昼には、囚人は四オンスの米*5、四オンスのパン、一オンスの山羊の油、それから少しばかりの塩が与えられた。そして夜には、ミーリー・パップといくらかの野菜、主に馬鈴薯《ばれいしょ》で、小さいものならば二個、大きいものならば一個があてがわれた。この食事に満足した者はいなかった。米のたきかたは柔らかであった。私たちは、獄医にいくつかの薬味を要求した。そして彼に、インドの刑務所では、薬味もさしつかえなかったことを告げた。

「ここはインドじゃない」

という、きびしい返答だった。

「刑務所の飯に、うまいまずいの問題はない。だから薬味は許せない」

私たちは、規定食では体力をつけるものが欠けていることを理由にして、豆類の配給を要求した。

「囚人どもは、医学がどうのこうのと議論するものではない」

と獄医は返答した。

「おまえたちには、体力をつける食物を食わしているよ。週二回、トウモロコシの代わりに、煮豆をおまえたちにやってるじゃないか」

獄医の言うことは、もし人間の胃の腑《ふ》が、一週間や二週間のうちに出されたいろいろの食べ物から、各種の栄養素を自由にとり出すことができるとすれば、正しいものであった。

私たちは、もう二週間獄中生活をしていた。そのとき、新入者が、政府との間に交渉が進められているというニュース[*6]を持ってきた。提案された解決案の要点は、インド人は自発的に登録すること、そして、もしインド人の大多数が自発的登録を終わったならば、政府は暗黒法を撤回すること、などであった。アジア人登録法は、「暗黒法」とまで呼ばれていたのである。

わたしは、スマッツ将軍[*7]との会見のために、プレトリアに連れて行かれた。そして、わたしが以前から提案しておいた修正について、彼と協議したのち、解決案を受諾した。囚人は釈放された。そして、わたしは各地におもむいて、解決条件を同胞に説明して歩いた。

53　襲　撃

　わたしが指紋とりに同意したというので、パターン族[*8]の一団が激怒した。一九〇八年二月十日の午前、私たちの幾人かが、登録証明書の発給を受けに出かけようとした。登録事務をできるだけ速やかに終わることが絶対必要なことは、インド人居留民によくわかっていたし、また、引込み思案をなくしてしまいたいという考えがあったし、関係の係官がその事務をていねいにやるかどうかを見るため、さらに一般的にいって、万端の手はずを見ておきたいためとから、登録第一日には、指導者が先頭をきって登録証明書の発給を受けることに話がついていた。わたしが、サッティヤーグラハ協会の事務所を兼ねていたわたしの事務所に到着したとき、戸口の外側にパターン族のミル・アーラムと彼の仲間が立ち止まっているのを見た。ミル・アーラムは、昔、わたしの訴訟依頼人だった。そして彼は、万事、わたしの意見を聞くのがつねだった。彼は身の丈六フィートは十分にあったし、そして大きい、がんじょうな体格の人だった。ミル・アーラムが、わたしの事務所の中にいないで、外にいるのをその日初めて見たのである。そして、彼の視線とわたしの目が合ったにもかかわらず、彼はわたしに挨拶《あいさつ》をするのを、初めて避けた。わたしが彼に挨拶すると、彼は挨拶を返した。例のとおりわたしは後に尋ねた。

「調子はどうかね」

そしてわたしの感じでは、彼があい変わらずと言ったようだった。しかし、その日彼は、いつものようには顔に笑いを浮かべなかった。わたしは、彼の目が怒りに燃えているのに気づき、そのことが心にひっかかった。わたしは、何かがあるなと思って事務所に入った。居留民団の団長のユスフ・ミアン氏とほかの友人たちも来た。それから私たちはアジア人局に出かけた。私たちのあとから、ミル・アーラムと彼の仲間がついて来た。

私たちが、フォン・ブランディス街を行って、登録所まであと歩いて三分とかからない、アーノット氏とギブソン氏の邸宅の外側のところにさしかかったとき、ミル・アーラムがわたしを引き止めて、尋ねた。

「どこへ行きなさるのかね」

「わたしは、十本の指紋をとらせて登録証明書をもらいに行くところだ」

と、わたしは答えた。

「君も、わたしといっしょに来るなら、親指二本を押すだけで、あんたの証明書を最初にもらってあげよう。それから、わたしは指紋をとらせて、自分の分をもらおう」

わたしがこの最後のところを言い終わるか終わらないうちに、重い棍棒《こんぼう》の一撃が、うしろからわたしの頭上に振りおろされた。わたしは、「へー・ラーマ」[*9]〔おお、神よ!〕の言葉が口をついて出たところで、たちまち気を失い、地面にへたばってしまった。そしてそのあとは、何がなんだかわからなかった。しかし、ミル・アーラムと仲間は、さらにわたしをなぐり、蹴とばした。何度かはユスフ・ミアンやタンビ・ナイドーが防ぎ止めてくれた。その結果、今度は彼らもまた、攻撃目標になってしまった。この騒ぎを聞きつけて、通りがかりのヨーロッパ人の何人かが、現場に駆けつけてくれた。ミル・アーラムと彼の仲間は逃げだしたが、ヨーロッパ人につかまえられた。そのうちに、巡査が来て、彼らを留置場に入れた。わたしは抱きあげられて、J・C・ギブソンの事務所に運び込まれた。わたしが意識を回復したとき、ドーク氏[*10]がわたしの上におおいかぶさっていた。

「具合はどうですか」

と、彼は尋ねた。

「だいじょうぶ」

と、わたしは答えた。

「しかし、歯と脇腹《わきばら》が痛い。ミル・アーラムはどこにいる?」

「彼は、ほかの連中といっしょに逮捕された」

「釈放してやらなければ」

「そりゃあ、そうですね。しかし、君は他人の家に厄介《やっかい》になっているのだし、それに君の唇と頬は、ひどく裂けています。警察が、君を病院に連れて行くことになっています。しかし、もし君がわたしのところに来るなら、家内といっしょに、できるだけ楽にしてあげましょう」

「じゃあ、どうぞ君の家に連れて行ってください。警察には厚意を感謝しておいてください。それから、わたしは君のところへ行くことにしたと伝えてください」

アジア人局の登録係チャムニー氏も、襲撃の現場に到着した。わたしは四輪馬車に乗せられて、スミス街にあるこの善良な牧師の家に連れて行かれた。そして医者が呼ばれた。その間に、わたしはチャムニー氏に言った。

「わたしはあなたの役所に行って、十本の指の指紋をとり、そして登録証明書を発給してもらおうと思いました。ところが、神はそれを望まれなかった。けれども、今わたしは、あなたにお願いしたい。すぐ用紙を持って来て、わたしに登録させてください。わたしより先には、だれも登録させないようにしてください」

「何かお急ぎですか？」

と、チャムニー氏はきいた。

「医者がまもなくここに見えるでしょう。どうぞ、ゆっくりしてください。万事うまくいきますよ。わたしは、ほかの人にも証明書を発行しますが、あなたの名前をリストのまっ先に書いておきますよ」

わたしは答えた。

「そうじゃあないんです。わたしが生きていれば、そして神に許していただければ、最初の証明書の発給を受けたい、とわたしは誓ったのです。わたしが用紙をここに今持って来てもらいたいというのは、それだからです」

こう言われて、チャムニー氏は用紙を取りに出かけて行った。

わたしがつぎにすべきことは、検事総長に電報を打つことだった。わたしは、わたしに対

ガンジーの運動がヨーロッパ人に与えた衝撃を表わす『南アフリカ・ジャーナル』紙の風刺画

して加えられた暴行のかどでミル・アーラムと彼の仲間を有罪と認めないこと、いずれにせよ、彼らが起訴されるのを希望せぬこと、そして、わたしに免じて彼らが釈放されるのを期待していることを告げた。しかし、ヨハネスバーグのヨーロッパ人たちは、検事総長に手紙を送って強硬な意見を述べた。ガンジーが犯人の処罰についてどのような意見を持っていようとも、それらは南アフリカでは効力を持たないこと。ガンジー自身はどんな措置もとりたくないかもしれないが、襲撃は、私有地ではなくて公道で行なわれたものであって、したがって公けの犯罪であること。また、数名のヨーロッパ人は証拠を提出することができるし、犯人は起訴されなくてはならぬこと、などであった。これによって、検事総長はミル・アーラムと彼の仲間の一人を再逮捕し、三ヵ月の懲役刑に処した。ただ、わたしだけは証人として召喚されることもなかった。

　わたしは団長を通じて、つぎの短い手紙をインド人居留民あてに書いた。そして、公表してくれと言って送った。

「私は、ドーク氏夫妻の、兄のような、また姉のような手に守られて、元気でいます。私は、近く任務につけると思います。

あの行為を犯した人たちは、自分が何をしたか知らなかったのです。彼らは、私が何かまちがったことをしている、と思ったのです。彼らは、知っているただ一つのやりかたで、私を矯正しようとしました。したがって、私は彼らに対しては、どんな措置もとらないように要求します。

襲撃が一人のイスラム教徒、あるいは何人かのイスラム教徒の手によって行なわれたことを知って、おそらくヒンドゥ教徒たちは不快に思ったかもしれません。もし、そうであるならば、彼らは世界ならびに彼らの造物主を前にして、みずからを誤らせるものです。むしろ、血潮のほとばしりをもって、二つの団体を裂きがたいものに接合せしめよ。これが、私の心からの祈りです。神よ、許したまえ」

チャムニー氏が用紙を持って帰って来た。そしてわたしは、わたしの指紋を押した。しかし、心に痛むものがないではなかった。そのとき、わたしはチャムニー氏の目に涙の宿っているのを見た。わたしは、しばしば彼を激しく攻撃して書いた。しかしこのことは、わたしに、人間の心というものは事件によっていかに和《なご》むものであるかを教えてくれた。

読者は、これらのことで、二、三分以上はかかっていないことに容易に想像がつくだろう。ドーク氏と彼の善良な奥さんは、わたしを完全に落ち着かせ、安静にさせておこうと懸命だった。だから、襲撃後のわたしの気の配りようを見て、心を痛めた。彼らは、それがわたしの容態にさわるのではないか、と心配した。したがって彼らは、手まねやそれと似た工夫によって、みんなをわたしの寝ているところから遠ざけてしまい、それから書きものをしたり、何かしたりしないように、わたしに要求した。わたしは、横になって静かに休むために、かわいい少女だった彼らの娘のオリーヴちゃんに、わたしの好きな英語の讃美歌「御恵みある光よ」を歌ってもらいたい、と書いて頼んだ。ドーク氏もこの歌が非常に好きだった。それで、わたしの頼みに微笑してうなずいた。彼は、手まねでオリーヴちゃんを呼んだ。そして彼女に、戸のそばに立って、小さい声で歌いなさい、と言った。わたしが今これを書きとらせているときにも、このときのすべての光景がまぶたに浮かんでくる。そして、小さいオリーヴちゃんの、小鳥のような歌声が耳に響いているのである。

54　サッティヤーグラハの再開

インド人は自発的に登録を終わった。したがって政府は、彼らの番として、暗黒法を撤回すべきだった。だが、暗黒法を撤回する代わりに、スマッツ将軍は新手を持ち出した。彼は暗黒法を法令全書にとどめておきながら、立法議会に一つの措置法案を提出した。それは、暗黒法の条項に基づいて、政府が定めた期日までに実行された自発的登録と、それにつづいて発行された証明書を有効とし、自発的登録の証明書を所持する者をその適用からはずすとともに、「アジア人の登録のために、新しい規定を設ける」というのであった。わたしはこの法案を読んで、びっくりした。

最後通牒《つうちょう》がサッティヤーグラハ運動者から政府あてに送られた。それにはつぎのようなことが述べられていた。

「もし、アジア人法が解決の条項に従って撤回されることがなければ、また、もしその趣旨の政府の決定が特にここに指定した期日までにインド人側に通知されないならば、証明書はインド人によって集められて、焼却されるだろう。そして彼らは、つつしんで、しかし決然と、それより生ずる結果に服するだろう」

この最後通牒は、新しいアジア人法が立法議会を通過することになっているのと同じ日に期限満了になる予定であった。期限満了後約二時間たったころ、証明書焼却のための公開式典を催すために、集会が招集されていた。サッティヤーグラハ委員会は、万一、たとえ色よい返事を政府から受け取るという全く予期しないことになったとしても、集会は収穫なしに終わることはない、と思った。というのは、その場合には、集会を、政府のインド人居留民に対する色よい返事を公表することに使ったらよいからであった。

集会がいよいよ本筋に入ろうとしたとき、一人の志願運動員が自転車に乗って、政府からの一通の電報を持って来た。そのなかで政府は、インド人居留民の決意を遺憾とするとともに、方針を変更することはできないことを声明していた。電文は聴衆に向かって朗読された。聴衆はちょうど、証明書焼却のめでたい機会が彼らの手からこぼれ落ちてしまわなかったことを喜ぶかのように、拍手をもってこれを迎えた。

ミル・アーラムもまた、この集会に参加していた。彼は、わたしを襲撃するあやまちを犯したことをありのまま発表した。そして彼は、証明書をまだ、自発的に申告して発給してもらっていなかったので、焼いてくれと言って古い証明書を手渡した。わたしは彼の手をとり、喜んで固く握りしめ、「わたしは心のなかに君に対する怨根《えんこん》を何一つ宿したことはなかった」と、重ねてはっきりと言った。

委員会はすでに、焼却のために二千枚以上の証明書を受け取っていた。これらはみんな、大釜《おおがま》の中に投げ入れられ、パラフィンをしみこませ、それからユスフ・ミアン氏によって点火された。全会衆は立ち上がり、そして燃えつづけている間、会場は彼らの絶えまない歓呼の響きで鳴り渡った。それまでに、まだ証明書を手にしていた人のうち何人かは、つぎつぎに演壇のところへ持って来た。そしてこれらもまた、炎の中に投ぜられた。

この集会に出席した英字新聞の記者は、すべての光景に非常な感銘を受けた。そして彼らの新聞に、生き生きとした叙述で集会の模様を伝えた。*11

暗黒法が採択されたと同じ年に、スマッツ将軍はトランスヴァール移民制限法と呼ばれる、もう一つの法案を立法議会に上程し、採択させた。この法律は、間接に、インド人を一人もトランスヴァールに新たに入らせまいとしたものであった。

インド人にとって、こうした彼らの権利に対する新たな干渉に反対することは、絶対に必要なことであった。だから、サッティヤーグラハ運動者の数名は、故意にトランスヴァールに入り、逮捕された。わたしもまた、ふたたび逮捕された。フォルクスラストというナタルとトランスヴァールの境界線上の町では、一時、インド人の囚人が七十五名の多きにのぼった。政府は事態の収拾に手を焼いた。結局のところ、どれくらいのインド人が刑務所に送られるのだろうか。それはまた、経費の増加を意味した。政府は事態を収拾する手段として、ほかのものを物色し始めた。そして、違反者をインドに追放し始めた。このことでは、幾人かのインド人が弱気になった。しかし、多くの者は、いぜんとして決意が固く、闘争を継続した。

55　トルストイ農場

この年〔一九一〇年〕まで、投獄されたサッティヤーグラハ運動者の家族の生活は、必要に応じて、月々の手当を現金で支給する制度によって維持されてきた。しかし、これでは不十分であって、また私たちの基金のたいへんな持ち出しになることがわかった。こうした困難を解決する方法は、ただ一つしかなかった。すなわち、各世帯全部を一ヵ所に集めて、一種の協同組合的社会の一員にすることであった。

わたしの親友カレンバッハ氏[*12]は、約千百エーカーばかりの農場を買って、一九一〇年五月三十日、借地料や使用料といったものいっさいなしで、それの使用をサッティヤーグラハ運動者に任せることにした。その農場には、約千本ばかりの果樹があった。そして小高い丘の麓《ふもと》に、六人ばかりの寝泊まりができる小さい家屋があった。水は二つの井戸と一つの泉から供給された。いちばん近い駅はローリーといって、農場から約一マイル、そしてヨハネスバーグからは二十一マイル離れたところにあった。私たちはこの農場に家を建て、サッティヤーグラハ運動者の家族をここに住まわせることに決定した。

私たちは、家庭の仕事にも、あるいはまたできることなら野良《のら》仕事や大工仕事にも、使用人を雇わないことにした。だから、炊事から拭き掃除まで、いっさいが私たち自身の手で行なわれた。家族の寝泊まりについては、初めから、男女は別々の棟《むね》に寝泊まりさせることになった。したがって、家屋は二つのブロックに分け、いくらか離して造ることにした。当分の間は、婦人十人、男子六十人分の家を建てれば間に合うものと考えられた。それからさらに、私たちは、カレンバッハ氏の家と、そのそばに学校の建物一棟と大工小屋、靴屋の家などを建てなくてはならなかった。

参加者は、グジュラート、タミール、アンドーラデシ、北インドの各地出身であった。彼らのなかには、ヒンドゥ教徒、イスラム教徒、パーシー教徒、それからキリスト教徒などがいた。彼らのうち、約四十人が青年であった。二、三人が老人、五人の婦人、それから三十人の子供、そのうち四、五人が少女であった。

このトルストイ農場に来てから、身体虚弱だった者も強健になった。そして、労働は、すべての人の良薬であることがわかった。*13

だれもかれも、使いかなにかでヨハネスバーグに出かけたがった。子供たちも、遊びにそこへ行くのが好きだった。わたしもまた、事務のためにそこへ出かけて行かなければならなかった。したがって、私たちは規則を作って、共同小社会の公けの仕事で行くときにのみ鉄道に乗ってよいこと、そのときも三等車で旅行することにした。遊びに行こうという人は、だれでも歩いて行き、そして手製の弁当を携行せねばならなかった。町では、だれでも食事のためには一銭も使わなかった。このように徹底した規則を作っておかなかったならば、農村地帯に住んで節約したお金も、汽車賃と都会見物で使い果たしていたろう。携行していく食べ物は、しごく質素なものだった。すなわち、麩《ふすま》を取ってない、家で挽《ひ》いた粗挽《あらび》きの小麦粉で作った手製のパン、自家製のピーナッツ・バターとやはり手製のマーマレードであった。私たちは、麦を挽くために、鋳物でできた手動式製粉機を買い込んでおいた。ピーナッツ・バターはピーナッツを煎《い》ってから挽いて作ったもので、普通のバターの値段の四分の一ですんだ。オレンジは、農場でふんだんに取れた。私たちは、牛乳はあまり使わなかった。そして、一般に練乳で間に合わせた。

さて、見物旅行の話にもどろう。ヨハネスバーグに出かけて行きたい者は、週に一回か二回、歩いてそこに行って、その日に帰って来た。前に述べたとおり、それは二十一マイル往復の旅であった。私たちは、徒歩で行くという規則一つで、数百ルピーを節約した。そして、こうして歩いて行った人たちにも益があった。幾人かは、歩き癖を新たに身につけた。普通実行されているところによると、遊びに行く人は午前二時に起きて、二時半には出発しなくてはならなかった。彼は、ヨハネスバーグに六時間から七時間かかって到着する。この旅行に要した最短時間の記録は、四時間と十八分であった。

私たちの考えは、農場を忙しい勤労の場にすることであった。こうして金を節約し、そして終わりには、家族を自活させることであった。この目標が達成されたならば、私たちは、無期限にトランスヴァール政府と闘《たたか》うことができるはずだった。靴にはどうしても金がかかった。そこで私たちは、サンダルを作ることに決定した。その製法を習って、サンダルを作り、売り始めもした。また私たちは、木工術を導入した。縁台から箱類にいたるまで、大小さまざまのものが必要だったからであった。そして、それらを全部、自分たちで作った。

子供たちにとって、学校は欠くことのできないものであった。これは、仕事のなかでいちばんむずかしいものであった。そして私たちは、ごく最近まで、このことでは完全な成功を収められなかった。教えるという仕事の重荷は、主としてカレンバッハ氏とわたしの分担だった。学校は午後でなければ開かれなかった。私たち二人は、ともに午前の労働で疲れきってしまったし、児童たちもそうであった。そこで教えるほうも、教えられるほうも、よく居眠りをした。私たちは目に水をかけたり、子供たちと遊戯をしたりなどして彼らを引っ張り、そして私たち自身を引っ張った。しかし、そうやってもだめなときが幾回かあった。肉体は有無をいわせず休息を要求し、そしていやとは言わせなかった。しかし、こんなことは、私たちの数多い困難のうちの一例にすぎなかったし、しかも、困難の最も少ないものだった。というのは、授業は、こんな居眠りがあっても進められたからであった。グジュラート語、タミール語、テルグ語の三つの言語[*14]に分かれている児童に、いったい何を、そしてどのようにして教えたらよいのか。わたしは、これらの言語を使って教えたいと望んだ。わたしは、タミール語は少ししか知らなかったし、またテルグ語は全然知らなかった。このような状況で、教師一人で何ができただろうか。

しかし、この授業の実験はむだではなかった。子供たちは、狭量になることから救われた。そして、お互いの宗教や習慣を、寛容さをもって判断することを学んだ。彼らは相互扶助、慇懃《いんぎん》さ、勤勉さの教訓を身につけた。トルストイ農場で育った子供たちのうちの何人かのその後の活動について少し聞き知ったことからいうと、彼らがそこで受けた教育がむだではなかったことは確かである、とわたしは思っている。たとえ不完全であっても、それは思慮深い、そして宗教心の厚い実験だった。そしてトルストイ農場について最も楽しいいくつかの回想のなかで、この教育実験の思い出は、ほかのものに劣らず楽しいものであった。

わたしは、農場で食事や病気の療法についての実験をたくさん行なった。わたしはかつて菜食主義者として、私たちに果たしてミルクを飲む権利があるのかどうかについて深く考え、広く読みあさったことがあった。またわたしは、農場に生活していたとき、幾冊かの本と新聞を入手した。そしてカルカッタで、乳の最後の一滴までしぼり出そうとして、乳牛に加えているひどい取扱いぶりを読んだ。また、残酷かつ空恐ろしい搾乳《プーカ》のやりかたを書いたところにもぶつかった。その日から、わたしはミルクを飲むことをやめてしまった。

56　婦人も闘争に参加

ゴカーレは、一九一二年の十月、南アフリカにやって来て、サッティヤーグラハ運動者と政府との調停を試みてくれた。ゴカーレの言うところによると、ボータ将軍*15は、一年以内に暗黒法を撤回し、三ポンド税も廃止すると約束した。しかし、この約束は実行されなかった。

わたしは、ゴカーレにあてて、約束の違反について手紙を書いた。そして、やがて起こる闘争のために準備をし始めた。わたしは、ゴカーレに、私たちは死を決して闘い、しぶるトランスヴァール政府の手から、三ポンド税廃止をもぎとるつもりである、と言ってやった。私たちが長期間投獄されることは、覚悟していた。そこで、トルストイ農場を閉鎖することにし、ここより便利なところにあるフェニックス農園《セツルメント》を、私たちの作戦の将来の根拠地として扱うことを決定した。

闘争再開に備えて、いろいろの準備が進められている間に、新手の難儀がふりかかって来た。それが機会となって、婦人たちまでも闘争の一端を引き受けることになった。それまでは私たちとしては、婦人に説いて、投獄などされないようにしていたのだった。ところが今回、南アフリカ政府によって採択された一つの判定[*16]によって、キリスト教の儀式に従って挙式されなかった結婚や、結婚登録係に登録されていない結婚はすべて無効ということになったのである。

こうして、筆先一つで、ヒンドゥ教、イスラム教ならびにゾロアスター教の挙式による結婚は、みんな非合法となってしまい、それによって妻になった者は、内妻の地位に落とされ、また彼らの生む子供は財産相続の権利を奪い取られてしまった。このことは、男におとらず婦人にとっても、忍ぶべからざることであった。

女性そのものに加えられたこの侮辱に直面して、もはや耐え忍ぶことはできなかった。私たちは、闘争に参加する人数を制限しないで、頑強なサッティヤーグラハを展開することを決議した。今や婦人の闘争参加は妨げられなくなったのみならず、私たちは、男子といっしょに戦列に加わるよう、彼女らに呼びかけることまで決定した。

私たちはまず、トルストイ農場に住んでいた姉妹たちに呼びかけを行なった。わたしは、彼女たちが喜び勇んで、闘争に加わったことを知った。[*17] わたしは、彼女らに、この闘争にありがちな危険がどんなものか、その予備知識を与えておいた。わたしは彼女らに、その場合、食物、着物、そしてからだを動かすことなどの制限を我慢しなければならないことを説明した。わたしは、彼女らに警告して、刑務所では苦役を課せられたり、着物を洗わせられたり、さらに看守の侮辱を受けることさえあるかもしれない、と言った。しかしこれらの姉妹たちは、みんな勇敢で、それくらいのことは少しもこわがらなかった。そのうちの一人はみごもっていたし、六人は生まれたばかりの赤ん坊をかかえていた。だが、だれもかれも、いっせいに闘争参加を熱望した。そしてわたしは、とうてい、彼女らを押しとどめるわけにはいかなかった。

犯罪を犯して刑務所に入れられるのは容易である。しかし、無実の罪で刑務所入りをするのはむずかしい。犯罪者は司直の手をのがれようとするから、警察は彼らを追及し逮捕する。しかし、自由意志で逮捕を求める者に対しては、彼らはどうにもしようがなくなる段階までは傍観しているばかりである。姉妹たちは、ヴェレーニギングで許可なしにトランスヴァールに入った。しかし彼女らは逮捕されなかった。彼女らは許可証なしで行商をやった。しかし、それでも警察は黙認した。

私たちは、ここでフェニックス農園《セツルメント》の草分け十六名を、[*18] 州境を越えてトランスヴァールに送り込むことを決定した。このフェニックス部隊がトランスヴァールに入るのと入れ替わって、トランスヴァールで逮捕を求めて失敗した姉妹たちがナタルに入ることになった。ナタルから許可なしでトランスヴァールに入ることが違法であるのと同じように、トランスヴァールからナタルへ入ることも違法であった。姉妹たちがナタルに入るところで逮捕されれば、それでよかった。

彼女らは逮捕されなかったならば、どんどん前進してナタルの大炭鉱地帯の中心、ニューキャッスルに陣取り、そこに働いているインド人契約労働者にストライキをすすめる、という手はずになっていた。もし労働者たちが姉妹たちの呼びかけに応じてストライキに入ったならば、政府としても、契約労働者もろとも彼女らを逮捕せざるをえなくなる。それによって労働者たちは、おそらく、いっそうはげしい熱情を燃やすだろう。これが、わたしが考え抜き、トランスヴァールの姉妹たちに話しておいた戦法であった。

わたしは、フェニックスにおもむいて、農園の姉妹たちやその他の人々に向かって、彼女らがとろうとしている手段の重大性と、刑務所で受ける苦しみを話して聞かせた。しかし、わたしの妻をふくめた全部の者が、最悪の事態に対する心構えを持っていた。そして、どんなことになっても退却しない、と約束した。

フェニックス部隊は、許可なしで州境を越えてトランスヴァールに入った。ただちに彼らは逮捕されて、三ヵ月の懲役を宣告された。[*19]

一方、トランスヴァールで逮捕されなかった姉妹たちは、いよいよナタルに入った。しかし、許可なしで入っても逮捕されなかったので、ニューキャッスルに行進した。そして、前もって決めておいた計画に従って、仕事をやり始めた。彼女らの影響力は、野火のように広がった。三ポンド税によってうずたかく積みあげられた、数々の不正についての切々とした悲しい物語は、坑夫の骨身にしみとおった。そして彼らは、ストライキに入った。

政府は、こうなっては、もはや、勇敢なトランスヴァールの姉妹が活動を自由に続けているのを、そのままにしておくわけにはいかなくなった。彼女らも逮捕され、三ヵ月の懲役を言い渡された。

婦人の勇敢さは、言葉に尽くせないほどだった。彼女らは、全部マリッツバーグ[*20]の刑務所に入れられた。そこで彼女らは、かなり苦しめられた。彼女らの食べ物は、最低のものであった。彼女らには、洗濯仕事が日課として与えられた。外部からの食べ物の差し入れは、刑期のほとんど終わりごろまで許されなかった。

姉妹の一人は、宗教上の誓いに従って、特定の食事に制限されていた。やっとのことで刑務所当局はその食事を彼女に許した。しかし、配給された食べ物は、人間の口に入れられるものではなかった。彼女は、オリーブ油をぜひとも必要とした。彼女は、初めはそれを手に入れることができなかった。そして彼女が手に入れたときは、それは、古くて腐っていた。彼女は自弁でそれを手に入れたいと申し出たが、刑務所はホテルではない、だから与えられた食べ物がなんであれ、それを食べなくてはならない、と申し渡された。釈放されたとき、彼女は骸骨《がいこつ》のようであった。そして彼女の一命は、八方手を尽くして、やっとつなぎとめられた。

姉妹のなかのもう一人は、命とりの熱病にかかって、刑務所から帰されてきた。彼女は釈放予定日〔一九一四年二月二十二日〕の二、三日前にそれにかかったのであった。どうして、わたしは彼女を忘れることができようか。ヴァリアンマ・R・ムヌスワミ・ムダリアルは、ヨハネスバーグ生まれの十六歳の少女であった。わたしが彼女に会ったときには、床に寝ついたきりだった。彼女は背がひょろ高いほうだったから、彼女のやせ細ったからだはみるかげもなく、正視するに耐えなかった。

わたしは尋ねた。

「ヴァリアンマ、おまえさんは、自分の刑務所行きを後悔していないかい?」

「後悔? 私は今でも、もしまた逮捕されれば、喜んで刑務所に行きます」

とヴァリアンマは答えた。

「だがね、そのためおまえさんが死ぬようなことになったら……」

と、わたしは追及した。

「わたしは、そうなってもかまいません。祖国のために死ぬことをきらう人がいるでしょうか」

というのが、返答であった。

このことがあってから二、三日たって、ヴァリアンマは現世の身としては、もはや私たちといっしょではなかった。しかし彼女は、不滅の死を遺産として残したのであった。これらの姉妹たちによって払われたものは、絶対に純粋な犠牲であった。犠牲というものは、それが純粋であってのみ、その範囲で実を結ぶのである。神は人間に献身を待ち望んでおられる。神は、真心をこめて、すなわち、私心なく捧げられた貧者の一燈を喜ばれ、そして、これを百倍にして報いたもうた。

　サッティヤーグラハ運動者は、彼らの間にただ一人でも、水晶のように純潔な者がおれば、彼の犠牲によって目的を達成するに十分である、と信じてよい。世界は、「サッティヤ」あるいは真実の岩床のうえに成り立っている。非真実を意味する「アサッティヤ」は、また、非存在を意味する。そして「サッティヤ」あるいは真実は、また、あるということを意味する。非真実は存在すらしないのだから、その勝利はありえない。そしてあるところのものである真実は、けっして破壊されえないものである。これがサッティヤーグラハの教義の真髄である。

57　労働者の流れ

　婦人の投獄は、ニューキャッスル近郊の鉱山に働いていた労働者に、魔法のように作用した。彼らは道具を捨てて、つぎつぎと集団をなして町に入っていった。その知らせを受け取るとまもなく、わたしはフェニックスを出発して、ニューキャッスルに向かった。

これらの労働者は、彼ら自身の住家というものを持っていなかった。鉱山主が彼らのために宿舎を建て、道路に照明をつけ、そして水を供給する。その結果として、労働者は全くの依存状態に立ちいたっている。トゥルシダスもいうように、他人によりかかる者は、夢にだに幸福を望むことはできない。

ストライキ中の労働者は、わたしのところに苦情を非常にたくさん持ち込んで来た。幾人かの者は、鉱山主らが彼らの電燈と水道を止めてしまったと言った。他の者は、彼らがストライキ労働者の家財道具を宿舎から投げ出してしまったと言ってきた。わたしは労働者としてとるべき道はただ一つ、主人の宿舎団地を立ちのくこと、それこそ巡礼のように立ち去ることだと言った。

その労働者の数は十の単位ではなく、百の単位で数えられた。しかも彼らの数は簡単に数千にも膨脹するかもしれなかった。わたしは、これらの絶え間なくふえてゆく人たちに住む家を与え、食物を与えるのに、どのようにしたらよかったのか。大きい人間の群れであった。それは絶えずあとからあとから加わっていく。彼らが失業している間、彼らを一ヵ所に集めて面倒をみることは、不可能な仕事ではないにしても、危険な仕事であった。

わたしは、直面した問題の解決策をいろいろ思案しぬいたすえ、一つの案を作った。この「軍勢」をトランスヴァールに連れて行き、フェニックス部隊のように、彼らを無事収監されるようにすることであった。「軍勢」は約五千に達していた。これほどおおぜいの人間に汽車賃を出すだけのお金は、わたしのところにはなかったので、トランスヴァールまで、彼らを汽車で連れて行くわけにいかなかった。しかも彼らを汽車で連れて行ったならば、わたしには、彼らの士気に気を配る方法がなくなろう。

トランスヴァールの州境までは、ニューキャッスルから三十六マイルある。ナタルとトランスヴァールの州境の村落は、それぞれチャールスタウンとフォルクスラストであった。わたしはついに、徒歩行進をやることを決意した。わたしは、妻や子供をいっしょに連れている労働者に相談してみた。そして、彼らのうち幾人かは、わたしの案に賛成をしぶった。わたしには、心を鬼にするよりほかに方法は残されていなかった。そこで、鉱山に帰りたい人は自由に帰ってよい、と宣言した。

ところがだれひとり、この自由を行使しようとする者はいなかった。私たちは、脚《あし》の不自由な者は鉄道で送ることを決定した。そして、からだの健全な者は全部、歩いてチャールスタウンまで行こう、と決意を表明した。

行進は二日間で完了の予定であった。ある日の夕方、労働者たちに、翌日〔一九一三年十月二十八日のこと〕朝早く行進を起こすことが告げられた。そして、行進についての規律が読みあげられた。五、六千の人間の大群を統制することは、なまやさしいことではなかった。わたしは、正確なところ、人数はどれほどであったか、つかんでいなかった。また彼らの名前も、住所も知らなかった。わたしはただ、彼らのうちどれだけたくさんの人が参加することを選ぶかを知るだけで満足した。

サッティヤーグラハの行進経路

わたしは、行進中「兵士」一人に、毎日の配給として一ポンド半[*21]の分量のパンと一オンスの砂糖のほかは、何一つ与えることはできなかった。わたしは、途中で、インド人商人から何かほかのものを手に入れることができはしまいかと思った。しかし、もしわたしがそれに失敗すれば、彼らはパンと砂糖だけで満足しなくてはならなかった。わたしがこの場に臨むのに、ボーア戦争やズールー族の「反乱」のときの経験が大いに役だった。「侵入者」のだれもが、必要以上の衣服を携行しないことになった。だれも、途中でほかの人の財産に、絶対手を触れないことにした。ヨーロッパ人の役人か、それとも民間人が、彼らとぶつかって、ののしったり、あるいはぶったりさえしても、忍耐強く、それを我慢することにした。

彼らは、もし警察がつかまえるといったならば、すすんで逮捕されることにした。もし、わたしが逮捕されることがあっても、行進は続けなければならなかった。これらの要領全部が、一同に説明された。そして、わたしはまた、わたしに代わってつぎつぎに「軍勢」の指揮を受けつぐ人の氏名を発表した。

人々は、指示を了解してくれた。そして私たちのキャラヴァンは、チャールスタウンに到着した。そこでは、商人たちが私たちにたいへんな助力をしてくれた。彼らは私たちに、彼らの住宅を使用させてくれたし、イスラム教寺院の境内で、炊事のしたくをすることを許してくれた。行進に当たって配給された食糧は、野営地に到着したときはなくなっていた。それで私たちは、炊事道具がほしかった。それを、商人たちは気持よく提供してくれた。私たちは、大量の米などの貯えを持っていた。それもまた、商人たちが応分の寄付をしてくれたものであった。

チャールスタウンは、人口わずか千足らずの小さい村落だったので、数千の巡礼を収容することはむりだった。それで、婦人と子供だけは家の中に泊まらせ、ほかのものは全部野営した。

わたしの共働者とわたしは、拭き掃除や便所掃除そのほか、そういったことを少しも苦にせずに行なった。その結果、人々もまた、それを熱心にやるようになった。このような細《こま》かい心づかいをしていないで、他人に命令をくだしても、うまくいかないのである。みんなが自分が大将気取りになって、他人をあごで使っていては、結局なんにも行なわれないことになってしまう。ところが、指導者自身が召使いになっているところでは、指導権をねらう競争相手もなくなってしまうのである。

わたしは、炊事当番のなかの頭《かしら》であった。ときには、インド豆《ダル》に水を多く入れすぎたことがあった。また、あるときには、生煮えのこともあった。野菜、それから米でさえ、やりそこなうことがあった。このような食べ物を、おおぜいの人が気持よく食べてくれるのを、かつてこの世の中で、わたしは見たことがなかった。

食べ物を配給することは、それを料理することよりもむずかしい。そしてそれは、わたしの単独担当であった。食物が少し不足したり、食事をとる人の数が予定より多かったりしたときには、めいめいの割当分をけずって、居あわせた者全部を満足させることが、わたしに任された。

わたしが姉妹たちに少な目に食べ物を与えると、姉妹たちはむっとした顔つきで、一瞬わたしのほうを見た。そして彼女らは、わたしがみずからすすんで感謝されることのない仕事をやっていることを知ったのだろう、とっさに笑顔《えがお》に変わってしまった。こんなことのあったことを、わたしは忘れることはできない。わたしはよく言った。

「しかたがないよ。食べ物の量が少ないんだ。それに、おおぜい食べさせなくてはならないから、わたしとしては、みんなに平等に分けることにしなければなるまい」

こう言うと、彼らは事情をのみこんで、いいんです、と言いながら、笑って行ってしまうのである。

58　大行進

わたしは政府あてに書面を書いて、私たちがトランスヴァールへ入るのは、定住をねらってのことではなく、将軍の破約に対する有効な抗議として、また、私たちの自尊心が受けた損失に対する苦悩の純粋な示威として行なうのである、と通告した。

もしも政府が私たちを、現在の地点、すなわちチャールスタウンで逮捕してくれる親切さを十分持っているならば、私たちはすべての不安から解放されるだろう。しかし、もし政府が逮捕してくれないならば、そしてもし私たちのうちのだれかが、不法にトランスヴァールに入ったならば、それは私たちの責任ではない。私たちの行進には、秘密はいっさいないし、だれひとりとして、他人に言えぬ目的をいだいている者はいない。私たちのだれかがひそかにトランスヴァールに入るようなことは、望んではいない。だが私たちは、なんぴとの行為であれ、それに責任を持つことはできない。見知らぬ人を何千人となく取り扱っているからであり、また愛に基づくもの以外、いかなる制裁も下すことはできないからである。最後に、わたしは政府に対して、もし政府が三ポンド税を廃止すれば、ストライキを中止し、契約労働者は仕事に復帰する、と約束する。私たちは、そのほかの不当な待遇に反対して行なっている一般闘争に加わるように、彼ら労働者に要求する意向を、持っていなかったからである。

このような危機に、私たちは政府の返答をべんべんと幾日も待っているわけにいかなかった。したがって、私たちはチャールスタウンを出発し、もし政府が私たちを逮捕しないならば、そのままトランスヴァールに入ってしまうことを決定した。もしその途中でも逮捕されなかったならば、「平和の軍勢」は、一日に二十マイルから二十四マイル、八日間ぶっとおしに行進して、トルストイ農場に到着することを目標にし、闘争が終わるまでそこにとどまり、その間は農場で働いて自活することになった。

　私たちはまた、そのほかにも行進のためにいろいろと準備した。親切な医者のブリスコー[*22]は、私たちのために、小さな救急箱をこしらえてくれた。そして、わたしのようなずぶの素人《しろうと》でも取り扱える医療器具をくれた。

　私たちの食糧は、パンと砂糖だけだった。しかし、どのようにしたら、八日間の行進中、パンの補給を確保できるか。パンは毎日、巡礼者たちに配給してしまわなくてはならなかった。そして私たちは、その一オンスも貯えておくことはできなかった。

　この問題を解決するただ一つの方法は、各野営地ごとに、だれかが私たちにパンを補給してくれることだった。だが、だれがパンを供給してくれるか。フォルクスラストは、チャールスタウンの倍の大きさをもっていた。そこの大きなヨーロッパ人のパン屋が、鉄道を使って各野営地にパンを配給してくれることを、喜んで契約してくれた。

　また鉄道の係官もヨーロッパ人であったが、そのパンを私たちに正直に手渡してくれたのみならず、彼らは輸送中もそれを非常に慎重に扱ってくれたし、いくつかの特別の便宜も与えてくれた。彼らは、私たちが心のなかに少しも恨みごとを持っていないことを知っていた。

　行進に関する準備万端が整ったとき、わたしは紛争を解決しようとして、もう一度努力を払った。わたしは、手紙や電報をすでに送っていた。今回のわたしの申し出は、侮辱をもって返答される危険さえあったが、電話をかけてみることにした。わたしは、一分もたたないうちに、つぎのような回答を受け取った。

「スマッツ将軍は、貴下にかかわりを持ちたくない。貴下は貴下の好きなように行なわれたい」

これで、回答は終わった。回答のそっけなさは、わたしの期待はずれであったけれども、このような結末は完全に予想されていたものであった。

あくる日〔一九一三年十一月六日〕予定の時刻〔六時半〕に、私たちはお祈りをあげ、神の名において行進を開始した。巡礼者の部隊は、二〇三七人の男子、一二七人の婦人、それから五七人の子供から成っていた。

チャールスタウンから一マイルのところに、小さい泉が一つわいていた。そしてそこを過ぎるとまもなく、フォルクスラストつまりトランスヴァール州に入ったことになる。小人数の騎馬巡査の巡邏《じゅんら》隊が、州境の門のところで任務についていた。わたしが合図をしたら越境することを「軍勢」に指示してから、わたしは巡邏隊のところに行った。しかし、まだわたしが巡査と話を続けているうちに突然、巡礼者たちが突進して、州境を越えてしまった。巡査たちは、彼らを包囲した。しかし押し寄せる多勢を押えるのは、たやすいことでなかった。巡査たちには、私たちを逮捕する意向はなかった。わたしは巡礼者たちをなだめた。そして彼らをきちんと整列させることに成功した。二、三分間のうちに万事おさまり、トランスヴァールでの行進が始まった。

これより二日前、フォルクスラストのヨーロッパ人は集会を催した。そこで彼らは、インド人に対してありとあらゆるおどかしの気勢を示した。何人かは、インド人がトランスヴァールに入ってきたら、撃ち殺してやると言った。カレンバッハ氏はこの集会に列席して、ヨーロッパ人に理を説いた。けれども、ヨーロッパ人には彼の言うことを聞く気持がなかった。

やがて私たちの行進は、無事にフォルクスラストを通過したが、わたしは、ヨーロッパ人がひやかしたのを一つも思い出せない。みんなが戸外に出て来て、この珍しい光景を眺めていた。彼らのなかの幾人かの目には、友情にあふれたきらめきさえ見られた。

第一日、私たちはフォルクスラストから約八マイル離れたパームフォードに、宿泊のために停止することになっていた。私たちがその場所に着いたのは、午後五時ごろのことであった。巡礼者たちは、パンと砂糖の配給食糧を食べた。そして、露天でながながと足腰を伸ばした。幾人かは談笑していた。ほかの人がバージャン*23を歌っていた。婦人の幾人かは、行進ですっかり疲れきっていた。彼女らは、無理して彼女らの子供をだきかかえながら行進して来た。しかし、これ以上先に進むことは、彼女らにとって不可能なことだった。

そこでわたしは、前もって言いふくめておいたとおり、彼女らを一人の親切なインド人商人の家に泊まらせてもらった。彼は、もし私たちがトルストイ農場まで行くことが許されれば、彼女らをそこまで送りとどけてあげる、また、万一私たちが逮捕されれば、彼女らを家まで送ってやろう、と約束してくれた。

夜がふけていくにつれて、すべての騒ぎはおさまった。わたしもまた、寝るしたくをしていた。そのとき、わたしは人の足音を聞いた。わたしは灯りを手にして、こちらに来る一人のヨーロッパ人を認めた。わたしは、それが何を意味するかわかった。だから、あらためて覚悟をすることもなかった。警部は言った。

「わたしは貴下の逮捕状を持参してまいりました。貴下を逮捕します」

　わたしは尋ねた。

「いつ？」

「今です」

「君はわたしをどこへ連れて行く気ですか」

「今のところ、最寄りの鉄道駅までです。それから、私たちは汽車に乗って、フォルクスラストまで行きます」

「わたしはだれにも知らせずに、君に同行しましょう。しかし、わたしの共働者の一人に、いくつか指示を残したい」

「どうぞ」

　わたしは、そばに寝ていたP・K・ナイドー*24を揺り起こした。わたしは彼に、逮捕されることを知らせ、そして、朝まで巡礼者たちの目をさまさせないように頼んだ。夜明けとともに、彼らは決められたとおりに、行進を再開せねばならない。行進は、日の出前から始める。そして彼らが小休止し、食物が配給されるときになったら、彼はわたしが逮捕されたことを全員に伝えねばならない。その前に、わたしについてだれかが尋ねたら話してもよい。もし巡礼者たちが逮捕されたならば、彼らは進んで逮捕されなくてはならない。さもなければ、彼らは予定計画に従って、行進を続けなくてはならない。

ナイドーは、少しもひるむ色を見せなかった。わたしはまた彼に、彼が逮捕された場合になすべきことについても告げた。そのとき、カレンバッハ氏もまた、フォルクスラストに滞在していた。

わたしは警部に同行し、翌朝、フォルクスラスト行きの汽車に乗った。わたしはフォルクスラストの法廷に出頭した。しかし、検察官のほうが十四日までの監禁延長を請求した。というのは、彼はまだ証拠物件を用意していなかったからであった。そこで、裁判は延期された。

わたしは二千人を越える男子、一二二人の婦人、それから五〇人の子供を預かっており、わたしとしてはこの延期期間のうちに、彼らを目的地まで、ぜひ連れていかなければならない、という理由で保釈を申請した。検察官は、わたしの申請に反対した。しかし、治安判事はこの問題の処理に困った。というのは、法律によると、どんな囚人でも、死罪に問われた者でなければ、金を積んで保釈を許される権利があるとされているし、わたしからその権利を奪うことはできなかったからである。

そこで彼は、五十ポンドの保釈金支払いで、わたしを釈放した。カレンバッハ氏が、わたしのために自動車を用意しておいてくれた。そして、わたしをすぐ車に乗せて、「侵入者」に再合流させた。『トランスヴァール・リポーター』紙の特派員が、私たちとの同行を望んだ。私たちは彼を車に乗せてやった。そして彼は、法廷での一部始終、車の旅のこと、そしてわたしを熱狂して迎え、歓喜に夢中になった巡礼者との出会いについて、生き生きとした描写で報道した。カレンバッハ氏は、その場からフォルクスラストにもどった。彼はチャールスタウンに停止しているインド人、ならびにそこへ新たに到着したインド人を世話しなければならなかったからである。

私たちは行進を続けた。しかし、わたしを自由に放置しておく気は、政府になかった。そこでわたしは、八日、スタンダートンで再逮捕された。スタンダートンは比較的大きい場所であった。ここでのわたしの逮捕のやりかたには、いくらか妙なところがあった。わたしは、巡礼者たちにパンを配給中だった。スタンダートンのインド人商店主が、マーマレードの缶詰数個を私たちに贈ってくれた。だから配給は、いつもより時間がかかった。そのあいだに治安判事が来て、わたしのそばに立ち止まった。彼は食物の配給がすむまで待っていた。

それから、わたしをわきのほうに呼んだ。わたしはその紳士を知っていた。たぶん彼はわたしと話がしたいのだろう、とわたしは思った。彼は笑って、そして言った。

「貴下を逮捕する」

「わたしは昇進したとみえますね。ただの警察官の代わりに、わたしの逮捕に治安判事さまじきじきのお出ましですからね。さあ、あなたは、今すぐわたしを裁判してください」

治安判事は答えた。

「わたしといっしょに来たまえ。法廷はまだ開廷中だから」

わたしは、巡礼者たちに、行進を続けるように言い残した。それから、治安判事とともにそこを離れた。わたしは法廷に入るやいなや、わたしの共働者の何人かも、やはり逮捕されたことを知った。彼らのうち、五名がそこに居あわせた。

わたしは、ただちに法廷に引き出された。そしてフォルクスラストのときと同じ理由をあげて猶予と保釈を申請した。ここでもまた、検察官から激しい反対を受けた。そしてまた、わたしは五十ポンドの保釈金で釈放された。インド人商人が、わたしのために馬車を用意しておいてくれた。そうしてわたしは、巡礼者たちが三マイル先まで行進するかしないかのうちに、ふたたび合流した。巡礼者たちも、わたしも、これでは、おそらくトルストイ農場に到着できるかもしれないと思った。しかし、実際はそうはならなかった。けれども、越境者たちが、わたしの逮捕に慣れてしまったことは、けっして小さいことではなかった。五人の共働者は、刑務所に残った。

私たちは、今や、ヨハネスバーグの近くまで来たのであった。巡礼の全行程は、八つの段階に分かれていた。これまでのところ、私たちの行進は、予定計画に正確に従いながら行なわれてきた。そして私たちは、今や、四日間の行進を残すばかりとなった。私たちの士気が日ごとに高まると、政府もまたインド人の越境にどのように対処したらよいかについて、いよいよ心配の度を高めた。私たちが目的地に到着してしまってから逮捕しても、彼らは弱気と無策を追及されるだろう。私たちが逮捕されるとすれば、約束の土地に到着する前にちがいない。

そのころ、ゴカーレは電報を打ってよこして、ポラクをインドに派遣し、事態の真相をインド人と帝国政府に知らせる仕事を手伝ってほしい、と言ってきた。それで私たちは、彼をインドに送る用意をしていた。わたしは、ゴカーレに手紙で、ポラクを派遣できることを知らせた。

だが彼は、わたしに直接会って、わたしから指示を十分受けなければ行く気にならなかった。したがって彼は、行進中にわたしのところに会いたいと言ってきた。わたしはポラクあてに電報で、君が希望するなら来てもさしつかえない、もっとも、そうすることによって、君は逮捕される危険を冒すことになる、と告げた。

それにもかかわらず、ポラクは、九日、スタンダートンとグレイリングスタットの中間にあるチークワースで、私たちに合流した。私たちは、協議の最中であった。いや、それはほとんど終わろうとしていた。午後三時ごろのことであった。ポラクとわたしは、巡礼者たちの先頭に立って歩いていた。共働者の幾人かは、私たちの談笑に耳を傾けていた。ポラクは、ダーバン行きの夕方の汽車に乗る予定だった。しかし神は、いつも人間に計画の実行をお許しにならないのである。

私たちが話に熱中しているとき、一台の車がやって来て、私たちの前に止まった。そしてその中から、トランスヴァールの首席移民官のチャムニー氏と一人の警察官が降りた。彼らは、わたしをちょっとわきに連れて行った。そして、そのうちの一人が言った。

「私は、貴下を逮捕します」

こうしてわたしは、四日間に三回逮捕された。わたしは尋ねた。

「行進者はどうなるのですか」

「私たちが送ります」

というのが返答であった。

わたしは、それ以上は何も言わなかった。わたしはポラクに後事を託して、巡礼者たちといっしょに歩いてくれるようにと頼んだ。警察官はわたしに、わたしの逮捕を行進者に伝えることだけならいい、と許してくれた。わたしが彼らに平静を持することなどを要求し始めると、警察官がさえぎって、言った。

「貴下は、今は囚人であるから、演説はいっさいいかん」

わたしはグレイリングスタットに連れて行かれた。そして、グレイリングスタットから、バルフォアを通って、ハイデルバーグへ行き、そこで一晩を明かした。ポラクを指導者とした巡礼者たちは行進を再開して、グレイリングスタットで一夜休止した。十日の午前九時ごろに、巡礼者たちはバルフォアに到着した。そこの駅には、彼らを乗せてナタルに追い払うため、特別列車三本が並んでいた。

巡礼者たちは、そこではいくらか頑固《がんこ》だった。彼らは、わたしを呼びもどすことを要求した。そして、もし、わたしから勧めがあれば、彼らは逮捕され、汽車にも乗ろうと約束した。この態度は本末転倒であった。この態度が捨てられないかぎり、いっさいは水泡《すいほう》に帰し、運動はふりだしにもどり、出直さなくてはならなかった。しかしポラクとカチハリア・シェートが巡礼者たちを説き聞かせたので、彼らは気をとりなおして平穏に乗車した。

59　サッティヤーグラハの勝利

わたしは、またもや治安判事の前に引っ張り出された。今回は、わたしは、ダンディーからの逮捕請求状に基づいて逮捕された。契約労働者をナタル州から脱出させる教唆《きょうさ》をした、というのが主要な犯罪で、そのかどで、わたしはダンディーで起訴されることになった。したがって、その日に汽車でダンディーに連れて行かれた。ポラクは、バルフォアで逮捕されなかったばかりか、彼が当局に与えた援助に感謝までされたのであった。[*25] ところが彼は、循環列車をチャールスタウンで待っている間に逮捕された。カレンバッハもまた、逮捕された。そしてこの二人の友人たちは、フォルクスラストの刑務所に入れられた。

わたしは十一日にダンディーで裁判され、九ヵ月の懲役刑を宣告された。わたしは、そのほかにまだ、トランスヴァールへの不法入国者を助け、そして激励したかどで、フォルクスラストで、二度目の裁判を受けねばならなかった。それでわたしは、十三日、ダンディーからフォルクスラストに移された。そこの刑務所で、わたしはカレンバッハ、ポラクと再会できたのを喜んだ。わたしは、楽しい数日間を過ごした。それも束《つか》の間のことで、まもなく政府の手で別々にされ、違った刑務所[*26]に入れられた。

巡礼者たちに話をもどそう。特別列車で、彼らはナタルに連れもどされた。彼らはまっすぐ刑務所に送られた。しかし、これだけ多数の坑夫を獄につなぐことは、インド人側の思うつぼにはまることだった。政府は炭坑を金網で囲んで、そこをダンディーならびにニューキャッスルの刑務所の支所と宣言し、鉱山主側のヨーロッパ人職員を看守に任命した。そして巡礼者たちを連れもどし、そこで働かせようとした。こうして、労働者は奴隷そっくりの状態に落とされた。しかし彼らは、就業をきっぱり拒否した。むちゃくちゃになぐられ、蹴られ、そして罵言《ばげん》を浴びせられた。これらの暴虐は、電報でインドに知らされた。全インドが深刻な衝撃を受けた。そして南アフリカ問題は、そのころの中心問題になった。

ロード・ハーディングがマドラスで、南アフリカでもイギリス本国でも大いに世論をわかせた有名な演説を行なったのが、そのころ〔一九一三年十二月〕であった。インド総督は、イギリス帝国の一員である国々を、公然と批判することはできないことになっていた。ところが、ロード・ハーディングは、南アフリカ連邦政府に対して、きびしい批判を加えたのみならず、また全面的に、サッティヤーグラハ運動者を弁護した。ロード・ハーディングの断固たる態度は、各方面によい印象を与えた。

連邦政府は[*27]、何千という無実の人を刑務所につなぎとめておく権限を持っていなかった。インド総督は、それを黙視しないだろうし、また全世界は、スマッツ将軍が何をするか刮目《かつもく》して待っていた。さて、連邦政府は、同じような状況のもとに置かれればどの政府も一般的にするようなことを、行なったのであった。世論の制裁を受けた国家は、ただ名目的な調査を行なうにすぎない委員会を任命して、窮地から脱しようとするものである。その委員会の勧告はあらかじめ結論が決めてあったからである。

この種の委員会の勧告は、国家によって必ず受諾される。そして勧告を実行するという装いのもとに、最初彼らが拒否した正義を受け入れる、というのが、一般のしきたりであった。スマッツ将軍は三人委員会を任命した。この委員会は「調査をできるだけ徹底的に行なえるようにするために」、カレンバッハとポラク、それからわたしを無条件に釈放すべきことを勧告した。政府は、この勧告を受け入れて、私たち三人を同時に〔一九一三年十二月十八日〕釈放した。約六週間にわたった投獄ののちであった。

私たちは、この委員会に少なくとも一人のインド人代表を確実に任命してもらいたい、と思った。それに従って、わたしは、スマッツ将軍あてに手紙を一通書いた。けれども、彼は委員会にこれ以上の委員を増加任命することを拒否した。したがって私たちは刑務所にもどる決心をし、インド人の一隊が刑務所入りを求めて、一九一四年一月一日、ダーバンから行進を始める、と声明した。

ちょうどこのとき、連邦鉄道のヨーロッパ人従業員の大ストライキが起きた。このために、政府の地位は非常に微妙なものになった。わたしは、このような幸運な機会に当たって、インド人の行進を始めるように、申し入れも受けた。しかし、わたしは、そのようなやりかたでインド人がストライキ中のヨーロッパ人を応援することはできない、と言明した。というのは、彼らは政府を困らす目的でストライキをしているのではなく、彼らの闘争は、全く違った性質の、そして違った目的を持つものであったからである。私たちは、行進を始めるとしても、いつかほかの時期、たとえば鉄道紛争が結末を告げたときに、それを始めるだろう。

　こうした私たちの決定は、深い感銘を生んだ。そしてロイター通信によって、イギリスに打電された。ロード・アンプチル[*28]はイギリスから祝福の電報を打ってよこした。南アフリカにいる私たちの友人もまた、私たちの決定をよくわかってくれた。スマッツ将軍の秘書の一人は、おどけて言った。

「わたしはあなたがたの民族がきらいだし、助けようなどとは、金輪際《こんりんざい》思っていない。しかし、いったいわたしはどうしたらいいのか？　あなたたちは、私たちが困っているときに助けてくれている。そのあなたたちに、どうして手を振り上げられようか。わたしは、ストライキをやっているヨーロッパ人のように、暴力に訴えてくれればいいなあと、ときどき思うことがある。そうなれば、あなたたちを片づける方法がすぐ見つかるというわけだ。ところがあなたたちときたら、敵でも痛めつけない。あなたたちは、自己受難だけで勝利を収めようとしている。そして、あなたたち自身で心得た礼儀と義侠《ぎきょう》の限度を、一歩も越えようとしない。そこで私たちには、どうにもならないほど扱いにくいことになってしまった」

　スマッツ将軍もまた、似たようなことを述べていた。

　このような義侠の例は数多くあった。それらはいたるところに、目に見えないが強い印象を残し、インド人の威信を高め、そして紛争解決に適した雰囲気をつくった。

　わたしは、委員会の仕事についてスマッツ将軍と書信交換に入った。そして合意に達した。委員会は、その報告のなかで、インド人居留民の諸要求の全面受諾を勧告した。そして、報告書の発表後まもなく、政府は連邦公報の紙上に、三ポンド税を廃止し、インドで合法と認められている結婚はすべて合法とし、親指の指紋が押されてある居住証明書をもって連邦入国権の十分な証拠とすることを規定した、インド人救済法案を公表した。

こうして、一九〇六年九月に始まり、インド人居留民には多大の肉体的苦痛と財政的損失をかけ、政府に対しては深い懸念と不安を与えたサッティヤーグラハ闘争は、「インド人救済法」の可決をもって、最終的に終結した。そして、南アフリカのインド人は、今や落ち着きを得たもののようである。

一九一四年七月十八日、わたしは喜びと悲しみの入りまじった感情をいだきながら、イギリスに向け出帆した。インドへ帰国する前に、ゴカーレに会うためであった。

喜びと言ったのは、わたしには長い歳月の後の帰国だからであり、さらにゴカーレに指導されながら、祖国のために奉仕を捧げようと熱烈に望んでいたからであった。

悲しみと言ったのは、南アフリカを離れることが非常に辛《つら》い別れであったからである。南アフリカは、わたしが人生経験の楽しさ、辛さをともに十分味わいながら、生涯のうち二十一ヵ年を過ごしてきたところであり、わたしが生涯の使命に気づいたところであったからである。

60　わたしの大戦参加

宣戦布告は一九一四年八月四日になされた。私たちがロンドンに到着したのは、八月の六日であった。

わたしは、イギリスに在住しているインド人は、戦争にささやかな寄与をすべきである、と思った。イギリスの学生たちは、志願して陸軍に勤務していた。インド人も、これに負けずにやるべきだった。この議論のたてかたには、ほうぼうから反駁《はんばく》が行なわれた。

反対意見を持つ友人たちは、今こそ、インド人の要求を大胆に宣言し、またインド人の生活の現状を改善すべき時ではないか、と思った。

わたしは、イギリスの危急を私たちの好機に変えてはいけないし、戦争が続いている間、私たちの要求をつきつけないほうがかえって適当であり、将来を考えることである、と判断した。だからわたしは、この意見を固執し、人々に志願兵に応募するように呼びかけた。反響は大きかった。志願兵のなかには、事実上インドのあらゆる地方、あらゆる宗派の人々がいた。

わたしはロード・クルー[*29]に手紙を書いて、彼にこれらの事実を知らせるとともに、私たちの申し出が受諾される条件が野戦病院隊の仕事の訓練の有無にあると考えられるので、ぜひその訓練をしてもらいたい、私たちにはその用意があると述べた。ロード・クルーは、多少躊躇《ちゅうちょ》したが、その申し出を受諾し、私たちに対して、この危機の時に当たって、帝国のために奉仕を申し出たことについて感謝の意を表した。

戦争への参加が非殺生《アヒンサ》とけっして両立するものでないことは、わたしには全く明らかであった。しかし、人間の義務については必ずしも人々に明らかになってはいないのである。

わたしは、イギリス帝国を通じて、自分と自分の民族の現状を改善しようと期待していた。イギリス滞在中[*30]、わたしはイギリス艦隊の庇護《ひご》を受けていたし、またその武力の下に避難していたとき、わたしは、その潜在的暴力のなかに直接加わっていたのであった。それだから、もしわたしがイギリスとの連繋《れんけい》を維持し、その旗の下で生活しようとするならば、わたしの前には、つぎの三つの道のうちの一つが開かれているわけである。

すなわち、わたしは戦争に対する公然たる抵抗を宣言し、さらにサッティヤーグラハの法に従って、帝国がその軍事政策を変更するまで帝国をボイコットするか。あるいは、非服従に価すると思われる帝国の法律に服従しないで入獄を求めるか。あるいはまた、イギリスの側に立って戦争に参加し、それによって戦争の暴力に抵抗する能力と資格を獲得することかである。わたしは、この能力と資格に欠けていた。そこで戦争に参加すること以外にはない、と考えた。

わたしは非殺生《アヒンサ》の見地から、戦闘員と非戦闘員との間に区別を設けない。盗賊の一団に参加を志願し、彼らの荷物運びまたは彼らが仕事をしている間の見張りとして働く者は、盗賊と同じように、どろぼう行為の罪を犯している。それと同じように、戦闘で負傷した者を介抱しただけの者でも、戦争犯罪からのがれるわけにいかない。

わたしは問題をこのように、自問自答していた。そのときわたしは、わたしの行動と非殺生の宣告との一貫性に疑問を投げかけた電報を、ポラクから受け取った。その電報を受け取るとまもなく、わたしは数名の友人とこれらの意見について議論を行なった。そしてわたしは、戦争参加を願い出ることがわたしの義務であると結論した。

今日でもわたしは、この議論にいささかの不備も見つけていないし、また行動に悔いをもっていない。というのは、わたしは、当時はイギリスとの連繫に賛成する立場をとっていたからである。けれども、わたしは肋膜炎《ろくまく》にかかってしまい、冬になる前に、インドに帰るようにすすめられた。わたしは、この勧告に従った。長い間国外にいたのち、祖国に帰れることはうれしかった。

第七部

61　プーナにて

　わたしが本国に到着するに先だって、フェニックスから出発した一隊がすでに帰国していた。わたしがボンベイに上陸したとき、フェニックス隊はシャンティニケタン[*1]にいることがわかった。わたしは、イギリスでゴカーレに会ったのち、できるだけ早く彼らのところに行こうとあせりを感じた。わたしはボンベイに短時日滞在したのち、ゴカーレが訪問するようにすすめたプーナに赴いた。

　ゴカーレと「インド奉仕協会」の会員の好意は、わたしを感動させた。わたしが思い出せるかぎりでも、ゴカーレは会員の全部を呼び集めて、わたしに会わせてくれた。わたしは彼らの全部と、あらゆる種類の問題について腹蔵なく話し合った。

　ゴカーレは、わたしがその奉仕協会の一員になることを熱望していたし、わたしもその気持だった。しかしわたしの理想と仕事のやりかたは、協会の人たちのそれと大変な相違があるから、わたしが協会に加入することは、わたしのためによいことでないかもしれない、と思った。

わたしは、ゴカーレにわたしの考えを伝えた。わたしが一員として加入を認められようが認められまいが、それに関係なく、わたしはグジュラート地方のどこかに道場《アシュラム》を作って、フェニックスの家族といっしょに定住できることを望んだ。

わたしはグジュラート人である。だから、グジュラートに奉仕することを通じて国に奉仕するのが、いちばんわたしに適当だ、と思った。その考えに、ゴカーレは賛成してくれた。彼は言った。

「確かに君はそうすべきだ。君が会員の人たちとした話し合いの結果がなんであろうとも、道場を建てる費用のことなら、わたしに任せなさい。わたしは、自分の道場と考えているんだよ」

わたしの心は、喜びにあふれた。基金を集める責任から解放されたことはうれしかった。そして、わたしが一人だけで仕事のいっさいを始めなくてもよいことがわかり、さらに、困ったときにはいつでも確かな指導を期待できるのを知ったことは、うれしかった。これで、わたしの心のなかから、大きな重荷が取り払われた。

ゴカーレは、わたしがインドの各地を旅行して、経験を積み、そして、その見聞の時期を終わってしまうまでは、公けの問題についていっさい意見を発表しない、という約束をわたしから取りつけた。

プーナから、わたしはラジコットおよびポルバンダルに行った。そこで兄嫁や親類に会うことになっていた。

当時ペストが流行していたので、三等の旅客は、ヴィラムガムかワドワンかで、そのどちらか忘れてしまったが、検疫を受けることになっていた。わたしは、微熱があった。検疫官はわたしに熱のあることを知って、ラジコットの衛生官のところに出頭するよう要求して、わたしの名前を書き留めた。

だれかが、わたしがワドワンを通るのを知らせたにちがいない。というのは、洋服屋で、その地の有名な社会活動家のモティラルが、わたしの出迎えに駅まで来ていたからである。彼は、ヴィラムガムの税関[*2]のことや、その税関のために鉄道の旅客がいじめられていることについて話してくれた。わたしは、熱のために話をする気はなかった。それで、質問の形をとり、短い返事ですまそうとした。

「君は刑務所に行けるか？」

わたしはモティラルを、思慮を欠いた軽薄な青年だとまちがえていた。しかし、モティラルはそうでなかった。彼は、しっかりした考えで答えた。

「あなたが私たちを指導してくだされば、きっと刑務所にも行きます。カチアワルの人として、私たちは、あなたの指導を第一に要求できる権利を持っています。もちろん、今ここであなたを引き留める気はありません。だが、あなたのお帰りのときには、ここにお立ち寄りを約束してください。私たち青年の活動ぶりや考えを見たら、きっと喜ばれるでしょう。また、いざというときには、私たちがあなたの要求にすぐ応ずることを信じてください」

モティラルは、わたしの気に入った。

のちに、わたしはモティラルと非常に親しくなった。彼は月に幾日か、当時開かれたばかりの道場《アシュラム》に寝泊まりして、子供たちに着物の仕立てかたを教えたり、彼自身道場の裁縫仕事をしたりした。しかし、働きざかりの彼は、急病でこの世から去ってしまった。ワドワンの社会活動は、彼を失って損害をこうむった。

ラジコットに到着したあくる朝、わたしは衛生官のところに出頭した。わたしは、そこで少しは知られていた。衛生官の医者は狼狽《ろうばい》した。そして検疫官に腹をたてた。何もそうすることはなかった。というのは、検疫官は彼の義務を果たしたにすぎなかったからである。彼は、わたしを知らなかった。また、彼がわたしを知っていたところで、彼にはほかにやりようはなかった。衛生官は、検疫官に二度とこんなことはさせないと言い、しきりに検疫官をあやまりに行かせると言った。

三等旅客の検疫は、このような場合、衛生的理由から必要不可欠のことだった。身分の高い人が三等で旅行したとしたならば、彼の社会的地位がなんであろうとも、彼らは進んで、貧乏人が服従させられているいっさいの規則に服さなくてはならない。そして、役人は公平でなくてはならない。わたしの経験によると、役人たちは三等のお客を同胞とみなさずに、一群の羊のように見ている。彼らは横柄《おうへい》な口をきき、返答も抗弁も聞き入れない。三等の旅客は、役人に対して、ちょうど彼の召使いのように従っていなくてはならない。そして旅客はなんの罪もないのに、ののしられ、おどかされ、さらにあらゆる不便をなめさせられてから、ときには一汽車《ひと》おくらせられたりしたのちに、切符を売ってもらうのである。

これらのことはみんな、わたしが私自身の目で見たものであった。

教育のある人や金を持っている人が、積極的に貧乏人の状態を受けいれ、三等で旅行し、貧乏人にはない楽しみを持つことをやめ、虐待、非礼、不正義を、しかたがないことだと避けて通らずに、それらの除去のために闘《たたか》うこと、そうしないかぎり、改革は不可能であろう。

62　シャンティニケタンにて

わたしはラジコットからシャンティニケタンに向かった。教師も生徒も心から迎えてくれ、わたしは感激した。歓迎会は簡素で、芸術と愛の美しい組み合わせだった。

フェニックス農園《セツルメント》の家族は、シャンティニケタンでは別々の棟《むね》をあてがわれていた。マガンラル・ガンジーが彼らの頭《かしら》であった。そして彼は、フェニックスの道場の規則がそのまま全部よく守られるよう監督する任に当たっていた。わたしは、彼が愛と知識および根気のよさとによって、シャンティニケタン全体に感化を及ぼしているのを知った。

アンドリュース*3もピアソン*4もそこにいた。わたしの習慣であったが、わたしはただちに教師や生徒たちのなかに融《と》け込んだ。そして自助ということについて、彼らと議論をした。わたしは教師たちに向かって、もし雇った料理人に奉仕させるのを中止して、彼らや生徒たちが自炊したならば、教師たちには生徒の肉体上ならびに精神上の健康保持の見地から炊事を管理することができるようになろう、また、生徒たちには自助に関する実物教育が与えられよう、と論じた。一、二の人が頭を横にふったが、幾人かはその提案に賛成した。少年たちは、珍しいことに対する彼らの本能的な好奇心からだけかもしれないとしても、それを歓迎した。そこで私たちは実験を始めた。わたしが詩人[*5]に、意見を述べてくれと言うと、彼は、教師たちが賛成ならば、自分は別にかまわないと言った。少年たちに彼は言った。

「実験のなかには、自治《スワラジ》の鍵《かぎ》が含まれている」

ピアソンはこの実験を成功させようとして、へとへとになるまで彼のからだを動かした。彼は熱情をもって、そのなかにとび込んだ。野菜を切る一組、穀類を洗う一組というぐあいに作られた。

しかし教師と一二五名の生徒に対して、あひるが水になじむように肉体労働の仕事になじめと言っても、それは期待しすぎであった。毎日議論が闘《たたか》わされた。何人かは早くも疲れ始めた。しかし、ピアソンは疲れるような男でなかった。彼はにこにこしながら、台所か、そのあたりでいつも何かしらやっていた。彼は大きいほうの台所道具を掃除することを受け持った。生徒の一団がこの掃除組の前で、退屈な仕事を慰めるためにシター[*6]を演奏した。みんなが、一様に夢中になって働いた。そして、シャンティニケタンは蜂《はち》の巣のような忙しさだった。

このような変化は、いったん始まると発展するものである。フェニックス隊の台所は、ただ自主管理されていたのみならず、そこで料理される食べ物は、最も簡単なものだった。薬味は使わなかったし、米、豆、野菜、そして小麦粉にいたるまで、一つの飯炊釜《めしたきがま》で一度に料理した。そこでシャンティニケタンの生徒たちがベンガル風の釜を改良して、同じような煮炊きを思いたった。一人二人の教師や幾人かの生徒が、この台所を使った。

けれども、まもなくこの実験はやめになった。この有名な学園はこの実験を短期間やってみて、損はしなかった。しかも、これによって得たいくつかの経験は、教師たちにとって助けになった、というのがわたしの意見である。

わたしはシャンティニケタンに、しばらくの間滞在するつもりだった。ところが、運命の命じたところは違っていた。わたしがゴカーレの死を報ずる電報をプーナから受け取ったのは、それから一週間たつかたたぬかであった。道場《アシュラム》の集会堂で、この国民的損失を悼《いた》む特別集会が催された。その日、わたしは妻とマガンラルといっしょにプーナに向かった。残りのフェニックス隊はシャンティニケタンにとどまった。

アンドリュースがわたしと連れだって、バードワンまで来た。彼はわたしに尋ねた。

「インドでサッティヤーグラハを始めるときが来たのではないですか。もしやるとするならいつごろか、考えていませんか」

わたしは言った。

「なんとも言えませんね。ここ一ヵ年、わたしは何もやっていません。経験を積むためにインドを旅すること、この調査の段階をすませるまで、公けの問題にはいっさい意見を言わないことを、わたしはゴカーレと約束したのです。一ヵ年たってしまいましたが、そうかといって何も急いで意見を述べ、発表することはありません。だから、これから五年やそこら、サッティヤーグラハの機会が来ようとは思いません」

この点に関して、ゴカーレがわたしの著書『ヒンドゥ・スワラジ』〔インドの自治〕の考えをいつも笑って、つぎのように言ったことを記しておく。

「君が一年インドにいたら、君の意見は自然に訂正されてくるよ」

63　三等車乗客の悲哀

南アフリカにおけるサッティヤーグラハ闘争の間に、わたしは服装を変えて、契約労働者と同じようにした。そしてイギリスに行ってもまた、わたしは室内では、同じ服装を続けた。ボンベイに上陸することになってわたしは、いずれもインド製綿布でできたものだが、シャツドーティ、上着と、白いスカーフからできたカチアワル風の服装をした。しかし、ボンベイからは三等車で旅行することにしていたから、スカーフと上着はあまりやっかいすぎたので、脱ぎ捨てた。そして八アンナだったか十アンナだったかを出して、カシミール帽を買い求めた。このような服装をした者は、貧乏人として通ることは請《う》け合いだった。

シャンティニケタンからバードワンに帰る途中[*7]、私たちは、三等車の乗客ならだれでもが、切符を手に入れるときにこうむらなければならない、困難な目にぶつかった。私たちは言われた。

「三等の切符はそんなに早く売らないんだ」

わたしは駅長のところに行こうとした。けれども、それがまた、たいへんな苦労だった。だれかが親切にも、彼のいるところにわたしを連れて行ってくれた。そしてわたしは、彼に私たちの困っていることを申し出た。彼の答えもまた同じだった。

切符売り場の窓口が開かれるとすぐ、わたしは切符を買いに行った。しかし切符を買うのは、生やさしいことではなかった。力は正義だといわんばかりに、他人にはおかまいなく前に出る旅客が、つぎからつぎへとやって来て、わたしはそのつど押しのけられた。したがってわたしは、最初に来ていたグループのなかで、最後になってしまった。

汽車が到着した。それに乗り込むことが、もう一つ別の試練だった。車の中には、乗り込んだ乗客とこれから乗り込もうとする乗客との間に、悪口のたたき合いやら、押し合いやらがさかんであった。私たちはプラットホームをあちらこちらへ走った。しかしどこでも、「すみません。ここはあいていません」

という、同じ返答だった。わたしは車掌のところに行った。彼は言った。

「どこへでも乗れそうなところへ割り込みをやるか、それともつぎの汽車にするか、するんだね」

わたしはていねいな言葉で言い返した。

「しかし、わたしには急用があるのです」

彼はわたしの言うことに聞く耳を持たなかった。わたしは弱ってしまった。わたしはマガンラルに、どこでもいいから、乗れそうなところへ割り込もうと言った。そしてわたしは妻といっしょに、二等室に入り込んだ。車掌が二等車に入って行く私たちの姿を見た。アサンソル駅に来ると、彼は私たちに割増賃を請求した。わたしは彼に言ってやった。

「私たちに席を見つけるのが、おまえさんの仕事だった。私たちは見つけられなかったので、ここに移ってきた。もしおまえさんが三等車のほうに私たちの席をこしらえてくれれば、私たちは喜んでそちらに行きたいんだ」

車掌は言った。

「議論をわたしにふっかけてきたって困るよ。わたしはあんたに席を見つけてやるわけにはいかん。割増賃を払いなさい。さもなければ出て行ってくれ」

とにかくわたしは、プーナに行き着きたかった。だから、車掌と喧嘩《けんか》をする気はなかった。それでわたしは、彼の要求したとおり割増賃を払った。しかしわたしはこの不正に怒りを覚えた。

あくる朝、私たちはムガルサライに着いた。マガンラルはやっとのことで、三等車に席を見つけて、そこに移った。わたしは検札係に、事情をありのまま話し、ムガルサライで三等車に移ったということの証明書を書いてくれ、と頼んだ。ところが彼は、それはできないと拒否した。そこでわたしは、鉄道当局に賠償金を申請した。当局からは、つぎのような返事が来た。

「証明書の提示がない場合、当方としては不足料金を返さないことになっています。しかし、貴下の場合は例外として扱うことにします。もっともバードワンからムガルサライまでの不足料金は返すわけにいきません」

　三等乗客の旅の難儀は、鉄道当局の横暴な態度が原因であることは、疑いない。しかし、乗客側の野蛮さ、不潔な習慣、自分勝手、それから無知さ加減も、それに劣らず非難さるべきである。

　あわれなことは、彼らが往々にして、彼らの行儀の悪さ、不潔さ、自分勝手にふるまっていることに気づいていないことである。彼らは、自分たちのやっていることは、どれもこれも当然のことだと信じている。これらのことは全部、私たち「教育のある」者の、彼らに対する無関心に原因しているのである。

　わたしにとって、いちばん辛《つら》かった三等車の経験は[*8]、ラホールからデリーに行くときのことだった。わたしはカラチからラホール経由で、カルカッタに行くつもりだった。ラホールで、わたしは汽車の乗り換えをしなくてはならなかった。汽車は満員で、席を見つけることができなかった。中に入っている人たちは、力ずくで入ったのだった。入口が閉まっていると、窓からこっそり入り込む姿もちょくちょく見られた。わたしは集会の日には、カルカッタに到着していなくてはならなかった。そしてもし、わたしがこの汽車に乗りそこなうと、定刻までに着くことができなかった。わたしはほとんど、乗るのをあきらめてしまった。だれもわたしを受け入れようとはしてくれなかった。そのとき、困っているわたしを見つけた赤帽が、走ってきて言った。

「十二アンナください。そうすれば、わたしがあなたに席を見つけてあげましょう」

　わたしは言った。

「よし。おまえさんが、わたしに席を手に入れてくれたら、十二アンナやろう」

　この若者は車から車へと移って、乗客に頼み歩いた。だがだれも鼻もひっかけなかった。汽車の出発まぎわになった。そのとき、幾人かの乗客が言った。

「ここには空席はないよ。だが、ひとつ彼を押し込んでみたらどうだい。立っていなくてはならないがね」

「いいですか」

と赤帽は尋ねた。わたしは二つ返事で承知した。そこで彼は、わたしをからだごと窓から押し込んだ。こうして、ようやくわたしは汽車に乗ることができた。そして赤帽は、十二アンナを儲《もう》けた。

　その夜は苦しかった。ほかの乗客は、なんとかして腰かけていた。わたしは上の寝棚《ねだな》の鎖[*9]につかまって、二時間立っていた。その間わたしは、乗客の幾人かにひっきりなしに悩まされた。彼らは質問した。

「どうして君はすわらないんだね?」

　わたしは彼らに、ここにはあいた席がないから、と言ってわかってもらおうとした。しかし彼らは、わたしの立っていることが気になってしかたがなかった。もっとも彼らは上の寝棚で、ながながと横になっているのであった。彼らは、飽きもせずにわたしを悩ました。わたしも根気よく、穏やかに応対した。こうして、とうとう彼らを静かにさせてしまった。彼らの幾人かが、わたしに名前を尋ねた。そしてわたしが名前を告げると、彼らはおそれいってしまった。彼らは言訳を言って、わたしに席を作ってくれた。忍耐は、こうして報われたのだった。わたしは綿のように疲れ、頭はふらふらになっていた。神は、最も困っているときに、おりよく救いをお送りくださった。

64　道場《アシュラム》の建設

サッティヤーグラハの道場は、一九一五年五月二十五日、アーメダバードに創立された。わたしは、もともとアーメダバードを愛していた。グジュラート人であるわたしは、グジュラートの言語をもって初めて、国に対して最大の奉仕をすることができるはずだ、と考えた。アーメダバードは古くから手織物業の中心地であったから、手紡ぎの家庭工業を復活するための、最も良好な地域となる可能性を持っていた。また、町はグジュラート地方の首都であり、その土地の富裕な市民から金銭的援助を受けるにしても、他の地域よりも好都合であろう、という期待もあった。

設備に関するかぎりでは、アーメダバードの法廷弁護士《バリスター》のシリ・ジヴァンラル・デサイが主となってわたしを助けてくれた。彼は、彼のコチラブのバンガローを貸してやろうと言っ

現在は記念館になっている
サバルマティのアシュラム

てくれたから、それを借りることに決めた。私たちがまず解決しておかなければならなかったことは、道場の名称だった。[*10] 私たちの信条は、真実に対する献身であった。そして私たちの職務は真実を捜し求めることであり、それを固く保持することであった。

　わたしは、南アフリカで試みてきた方法を、インドに知ってもらいたかった。そしてわたしは、インドで、その適用がどの範囲まで可能なものであるかを調べてみようとした。そこで仲間とわたしは、奉仕の目標と方法をともに意味しているというので、「サッティヤーグラハ・アシュラム」という名称を選んだ。

　道場《アシュラム》を運営していくためには、法規と規律が必要であった。そこで、そのための案文が作られた。そして友人たちに、それについて見解を述べてくれるように頼んだ。たくさんの意見が出された。そのなかで、サー・グルダス・バネルジーの意見はまだわたしの記憶に残っている。彼は規則に賛成した。しかし彼は、若い世代に、悲しいことには、謙遜《けんそん》が欠けているからと言って、規律の一つに謙譲を加えるべきだ、と提案した。

わたしはこの欠点に気づいていたけれども、それが誓いとなってしまった瞬間に、謙譲は謙譲であることをやめてしまうのではないかと思った。謙譲の真の意味は自己の消滅である。自己の消滅は解脱《モクシャ》である。そして、それ自体は規律とすることはできないので、それを達成するためには、ほかの規律が必要となってくる。解脱を求める人および奉仕者の行為に、もしも謙譲や無私の心がなかったならば、解脱や奉仕を求める心はなくなってしまう。謙譲に欠けた奉仕は利己主義であり、自我主義である。

私たちは男女合わせて二十五人であった。このようにして道場は始まったのである。彼らは全部、同じ釜の飯を食べ、一つの家族として生活するように努めた。

道場《アシュラム》が生まれてから、わずか二、三ヵ月たったとき、私たちは、わたしが予想もしなかったような試練に立たされた。わたしはアムリトラル・タッカル[*11]から、つぎのような手紙を受け取った。

「つつしみ深く、正直なアウトカーストの一家族が、貴下の道場の仲間になりたい、と言っております。貴下は彼らを受け入れてくださるでしょうか」

わたしはアムリトラル・タッカルあてに手紙を書いて、家族の全員が道場の規則に従う用意を持っているということを条件に、私たちは喜んでその家族を受け入れたい、と返事した。その家族は、ドゥダバイ、彼の妻のダニベン、[*12]そして当時ほんの赤ん坊だった彼らの娘ラクシミの三人だった。ドゥダバイは、ボンベイで教師をしていた。彼らはみんな、道場の規則に従うことに同意した。そして道場に受け入れられた。

だが、彼らを受け入れたことは、これまで道場を助けてくれた友人たちの間に、大騒ぎを起こした。まず第一の困難は、バンガローの持ち主と共同で使っている井戸に関して起こった。水汲み当番の男が、私たちのバケツからこぼれる水で自分が汚れてしまうと言って反対した。そうして彼は、さんざん私たちをののしり、悪口を言ってドゥダバイをいじめた。わたしはみんなに、悪口に我慢をし、どうしても水汲みは続けてもらいたいと話した。水汲みの男は、悪口に対して私たちが一言も言い返さないことを知ると、恥じ入って、私たちを困らすことをやめた。

けれども、友人たちの金銭的援助は全部停止された。金銭援助の停止といっしょに、村八分が言い出されている、との噂《うわさ》が聞こえてきた。私たちは、これらのすべてに対して心の準備ができていた。わたしは、仲間には前もって、もし私たちが排斥されるようになって日常の便宜を失うことになっても、私たちはアーメダバードから離れまい。むしろ、「アウトカースト」のところに行って住もう。そして肉体労働で手に入れたもので、暮らしていこうと話しておいた。

事態は危機のところまで来ていた。ある日、マガンラル・ガンジーがわたしのところに来て、注意した。

「私たちのところは、資金がそろそろ底をついています。来月にはなくなりましょう」

わたしは穏やかに答えた。

「そうなったら、私たちは『アウトカースト』村落へ行こう」

わたしが、このような試練にぶつかったのは、これが初めてではなかった。このような場合にはすべて、最後になって神が救いの手をさしのべてくださった。マガンラルが私たちの財政窮乏について警告してくれたときからまもないある朝、子供が来て、一人のシェートが車の中で待っていて、わたしに会いたいと言っていると伝えた。わたしは彼のところに出かけて行った。

「わたしは道場に少々寄付をいたしたいのです。お受けいただけましょうか」

と、彼は尋ねてきた。

わたしは言った。

「お受けしますとも。実を申せば、ただ今、わたしは無一文になりかけています」

彼は言った。

「わたしは明日この時間にお伺いいたします。あなたはご在宅でしょうか」

「はい」

とわたしは答えた。彼は去って行った。

つぎの日、約束の時間きっかりに、車が私たちのところに近づいて来た。そしてホーンを鳴らした。子供たちが知らせを持って来た。くだんのシェートは入ってこなかった。わたしが彼に会いに出向いて行った。彼はわたしの手に一万三千ルピーにのぼる紙幣の山を渡し、そのまま車で立ち去ってしまった。

わたしは、こんな援助を予期していなかった。それにしても、なんと風変わりな援助のしかただろう。その紳士は、これまで一度も道場を訪れて来たことはなかった。わたしの覚えているかぎりでは、わたしが彼と会ったのは、ただの一回だった。訪れて来たこともなく、何一つ尋ねるでもなかった。ただ援助を与えて、そして行ってしまったのであった！　このようなことは、わたしにとって、二度とない経験だった。この援助によって、「アウトカースト」村落に脱出せずにすんだ。私たちは、十分、一ヵ年は安泰になった。

外で嵐《あらし》が吹きすさんでいたように、道場自体の中でも嵐が起きていた。

南アフリカでは、「アウトカースト」の友人たちが、よくわたしのところに来ていっしょに生活し、食事をともにしたけれども、わたしの妻やほかの婦人たちは、道場《アシュラム》に「アウトカースト」の友人を入れたことを好まないように見えた。わたしの目と耳は、ダニベンに対する彼女らの嫌悪《けんお》とはいわないまでも、彼女らのそっけなさを、簡単に探りだした。わたしは財政困難には少しも心配させられなかった。しかしこの内部の嵐には、私自身、耐えられなかった。ダニベンは並みの婦人だった。ドゥダバイは、少しばかり教育のある、物わかりのよい男であった。わたしは彼の辛抱強さに感心した。たまには、彼は激怒することもあった。しかし概してわたしは、彼の忍耐力に非常に感心した。わたしは、彼に少々の侮辱は我慢するように頼んだ。彼は同意したばかりでなく、彼の妻にも、同じようにするよう、言って聞かせた。

この家族を加入させたことは、道場にとって一つの貴重な教訓であることがわかった。まず最初に、私たちは世界に向かって、道場はアウトカースト制度に賛成していないことを宣言したのだった。こうしたことで、道場を援助しようとした人に、心構えができた。それでこの方面での道場の仕事は、非常に容易になった。

道場の毎日の出費を賄《まかな》ってくれる人が、大部分生粋《きっすい》のヒンドゥ教徒である、という事実こそ、おそらく、アウトカースト制度が根底から揺らいできたことの明瞭《めいりょう》な証左であろう。なるほど、このことの証拠は、ほかにもいろいろある。だがしかし、りっぱなヒンドゥ教徒が、アウトカーストと食事までもいっしょにしている私たちの道場を、しりごみせずに助けてくれるという事実は、けっして小さい証明ではない。

65　インド藍の染料

チャンパラン[*13]はジャナカ王の領地で、今はマンゴーの木が多いが、一九一七年までは、インド藍《あい》の農園でいっぱいというのが普通であった。

チャンパランの小作農民は、法律によって、その土地の二十分の三は、領主のためにインド藍の栽培に当てなくてはならなかった。この制度では、二十カタ〔これだけの面積で一エーカー〕のうち、三《ティン》カタにインド藍を栽培しなくてはならなかったから、この制度はティンカティア制度として知られていた。

ラジクマル・シュクラ[*14]は、かつてこの略奪のもとにあった農民の一人だった。彼は彼が苦しめられたと同じように苦しめられている何千という農民のために、このインド藍のしみを洗い流したい、と熱情をたぎらせていた。

彼はわたしをつかまえ、チャンパランに行って、そこの農民《ライオト》*15の悲惨なところを見てもらいたいと頼んだ。そこでわたしは彼に、予定していた旅行にチャンパランを加え、それに一日か二日を当てよう、と答えた。

「一日あれば十分だと思います。そこで、あなたの目で実情をごらんになれるでしょう」

と彼は言った。

そこで、一九一七年の初め、私たちはちょうど田舎者《いなか》のような格好をして、カルカッタを立ち、チャンパランに向かった。わたしはチャンパラン行きの汽車がどこから出るのかさえ知らなかった。彼はわたしを汽車に乗せてくれ、いっしょに、翌朝パトナ*16に着いた。

ラジクマル・シュクラは、わたしをパトナのラジェンドラ・プラサド・バブ*17のところに連れて行った。ラジェンドラ・バブはプーリ*18だったかどこだったか、今となってはどこであったか記憶にないが、とにかくよそへ出かけていて留守だった。バンガローには一、二名の召使いがいた。彼らは、私たちに振り向こうともしなかった。わたしは食べるものを少しばかり持って来たが、なつめやしの実が食べたかった。わたしの連れは、市場へ行ってわたしのためにそれを買って来てくれた。

ビハールでは、アウトカースト制度がやかましかった。召使いたちが井戸を使っている間は、わたしは井戸から水を汲みあげることを許されなかった。わたしの桶《おけ》からこぼれた水が彼らを汚すといけないから、というのであるが、召使いたちは、わたしがどのカーストに属しているか知らなかったのである。ラジクマルがわたしを屋内の便所に案内すると、召使いは急いでわたしを戸外の便所に連れて行った。これらのことは、別にわたしを驚かせもしなければ、怒らせもしなかった。というのは、わたしはこのようなことに慣れっこになっていたからであった。召使いたちは、彼らの義務をよく果たしていた。なぜなら、彼らはそうするのをラジェンドラ・プラサドが望んでいるものと思って、主人に忠実だった。

ラジクマル・シュクラにこのように何くれとなく世話を受けて、わたしは彼に好感を持った。だがわたしは、彼をよく理解することができたことによって、ラジクマル・シュクラでは、わたしを導いてもらえないこと、自分自身で道を切り開いて行かなければならないことを知った。

マウラナ・マズハルル・パックとは、ロンドンで彼が法律を勉強中、知り合った。そしてわたしが、一九一五年の会議派のボンベイ大会で彼と再会したとき——その年は彼はイスラム教徒連盟の議長であった——彼は旧交をあたためてくれた。そして、わたしがパトナに来るようなことがあればいつでも彼のところに寄って泊まりなさいと言ってくれた。わたしはこの招きを思い出し、彼に知らせをやって訪問の目的を伝えた。彼はすぐ車に乗ってやって来て、彼の家に泊まるようにとすすめてくれた。わたしは彼の好意に感謝して、自分のような全くのよそ者には鉄道案内も役に立たないが、なんとかして、早く汽車の便を得て目的地に行けるように計らってもらいたいと頼んだ。彼はラジクマル・シュクラと相談のうえ、それではまずムザファルプルに行ったらいいと言った。さいわいその日の夕方、そこへ行く汽車があった。彼は駅まで見送ってくれた。

ムザファルプルにはクリパラニがいた。[19] クリパラニは、ずっと同地の州立大学の教授であったが、わたしがそこに行ったとき、その職をやめたばかりだった。わたしは彼に電報を打って、そちらに行くことを知らせた。すると、汽車がそこに着いたのは真夜中だったけれども、彼は学生の一団を引き連れて、わたしを出迎えに駅に来ていた。

クリパラニはわたしに、ビハール州、ことにティルット地方[20]のひどい事情について、話をしてくれた。そしてわたしの仕事のむずかしさを教えた。彼は、ビハール人と非常に緊密な接触を持っていた。そしてすでに、わたしがビハールに連れて来られた使命についても、土地の人に説明をしていたのだった。

朝になると、弁護士《ヴァキル》の小さい一団がわたしをたずねて来た。ブラジキショール・プラサド・バブはダルバンガから、ラジェンドラ・プラサド・バブはプーリから、それぞれ帰って来たのである。まもなくわたしは、この人たちと生涯《しょうがい》の友情に結ばれていくのを感じた。ブラジキショール・バブは、裁判沙汰《ざた》になっている事実をいろいろとわたしに教えてくれた。彼はいつも、貧乏な小作人の訴訟事件を取り扱っていた。わたしがそこへ行ったときにも、このような事件で訴訟中なのが二件あった。

このような訴訟に彼が勝った場合、これら貧乏な人々のために何か役に立ったということで彼自身を慰めた。だからといって、これら質朴な農民から弁護料を受け取らないというのではなかった。法律家というものは、弁護料を受け取らなかったならば、生計を立てていく金が入らない。そうなれば、貧乏な人々に実のある援助をしてやれなくなるだろう、という考えを持って働いているのである。

彼らがどれくらいの料金を取っているか、またベンガルとビハールでの法廷弁護士《バリスター》の料金の標準はどれくらいか、これを聞いてわたしはとび上がるほど驚いた。

「私たちは、一万ルピーは払います。もっとも先方の意見によってまちまちです」とわたしは聞かされた。どんな訴訟にしても、四桁《けた》を下るものはなかった。友人たちは、わたしの善意からのとがめだてをよく聞いてくれた。そして、わたしを誤解するようなことはなかった。

わたしは言った。

「これらの訴訟事件を調べてみて、わたしは法廷に持ち出すことはやめたほうがよい、という結論を出しました。このような事件を法廷に持ち出しても、何の役にも立ちません。農民たちがこれほどうちひしがれ、また恐れている場合には、法廷は無用ですね。彼らのためになる真の救済は、恐怖心をとり除いてやることです。私たちは、ビハールからティンカティア制度を駆逐してしまうまでは、じっとしてはいられません。わたしはこれまで、二日間でここを離れることができると思っていました。ところがです、今では、わたしはこの仕事に二年は十分かかるだろうということに気がつきました。もし必要ならば、それだけの時間は提供しようと覚悟しました。わたしの気持は定まっています。だがわたしに欠けているのはあなたたちの援助なのです」

わたしは、ブラジキショールが、とりわけ冷静な頭脳の持ち主であることを発見した。彼は静かに言った。

「私たちは、全力をあげてあなたを援助しましょう。だが、どんな種類の援助がほしいのか、うかがいたいものです」

そこで、私たちは、真夜中までじっくり話し合った。

わたしは彼らに言った。

「わたしは、あなたたちの法律上の知識をお借りすることはありません。わたしのほしいのは事務上の援助と、通訳になっていただくことです。あるいは刑務所に入れられることになるかもしれません。それで、わたしはあなたたちに、その危険を冒してもらいたいと思ってはいますが、あなたたちは、あなたたち自身が行けると思うところまでは行ってもらいたい。あなたたち自身を事務員にしたり、またあなたたちに一時期仕事を放棄してもらったりすることでも、けっして小さいことではありません。わたしには、ヒンディ語の地方なまりがわかりにくい。それにわたしは、カイト語やウルドゥ語[*21]で印刷した新聞を読むことができないのです。あなたたちにそれを読んでもらいたいのです。私たちに、この仕事にお金を出す力はありません。それはみんな、愛するがためと奉仕の精神から行なわれるのです」

ブラジキショールはすぐ、このことを理解してくれた。彼は今度は、わたしと彼の仲間に向かって、交互にいろいろの質問を出した。

とうとう彼らは、わたしにつぎの約束をしてくれた。

「私たちのうちなにがしかの人数はあなたの要求されることはなんでもいたします。私たちの幾人かは、あなたが必要とされる間、あなたと起居をともにします。刑務所に入るようなことは、私たちはまだ経験したことがありません。しかし、私たちはなんとかやってみます」

66　非殺生《アヒンサ》に直面して

わたしのやりたいことは、チャンパラン農民の実態を調べ、そしてインド藍《あい》農園主に対する彼らの不平不満を理解することだった。この目的のためには、何千人もの農民に会わなくてはならなかった。しかしわたしは、調査を始めるに先だって、この問題に関して農園主側から事情を聞いたり、また県の税務監督官に会見しておくことが肝要だ、と思った。わたしはこの双方に会見を求め、会見の約束をしてもらった。

農園主協会の書記は、わたしにはっきりと、わたしが外部の者で、農園主と小作人との間に入ってくる筋合いはない、しかしわたしに何か申し入れたいことがあるならば、それを書き物にして提出してくれ、と言った。わたしは彼に対して丁重に、わたしは自分を外部の者だと思っていないし、小作人たちが頼んでくれば、わたしには、彼らの状態を調べる権利がりっぱにある、と答えた。税務監督官は、わたしが彼を訪れると、わたしに威張り始め、さらにわたしに、即刻ティルットを立ち去れ、と勧告した。

わたしはこれらのことを全部、共働者に伝え、彼らに対して、政府はわたしがこれより先に進むのをやめさせるおそれがあること、そして予想より早く刑務所に行くことになるかもしれないこと、そしてもしわたしが逮捕されるのなら、モティハリか、できればベッティアーかで逮捕されるのが最も好都合であることなどを話した。したがって、わたしとしては、できるだけ早くそちらへ行くのが望ましかった。

チャンパランは、ティルット地方の一地区で、その地区役所の所在地はモティハリであった。ラジクマル・シュクラの家は、ベッティアーの近郊にあった。そしてその近辺の金貸《コーチ》しのもとにいる小作人は、その地区でもいちばんの貧乏人であった。ラジクマル・シュクラはわたしに、彼らと会ってくれと頼んでいたし、わたしも同じように、彼らにぜひ会いたいと思った。

そこでその日のうちに、わたしは共働者たちと連れだって、モティハリに向け出発した。バブ・ゴラク・プラサド[*22]は、私たちを自分の家に泊めてくれた。彼の家はまるで隊商の宿《サライ》のようになった。それでも、私たち全員を収容することはとてもできなかった。その同じ日、モティハリから五マイルばかりのところで一人の小作人が酷使されていることを聞いた。わたしが、翌日バブ・ゴラク・プラサドといっしょに行って、その小作人に会うことが決められた。そして私たちは予定どおり、象の背に乗って、そこへ出発した。私たちが道のりの半分を行くか行かないかのとき、警察署長の使いの者が私たちに追いついた。そして、署長がよろしく申していました、と言った。

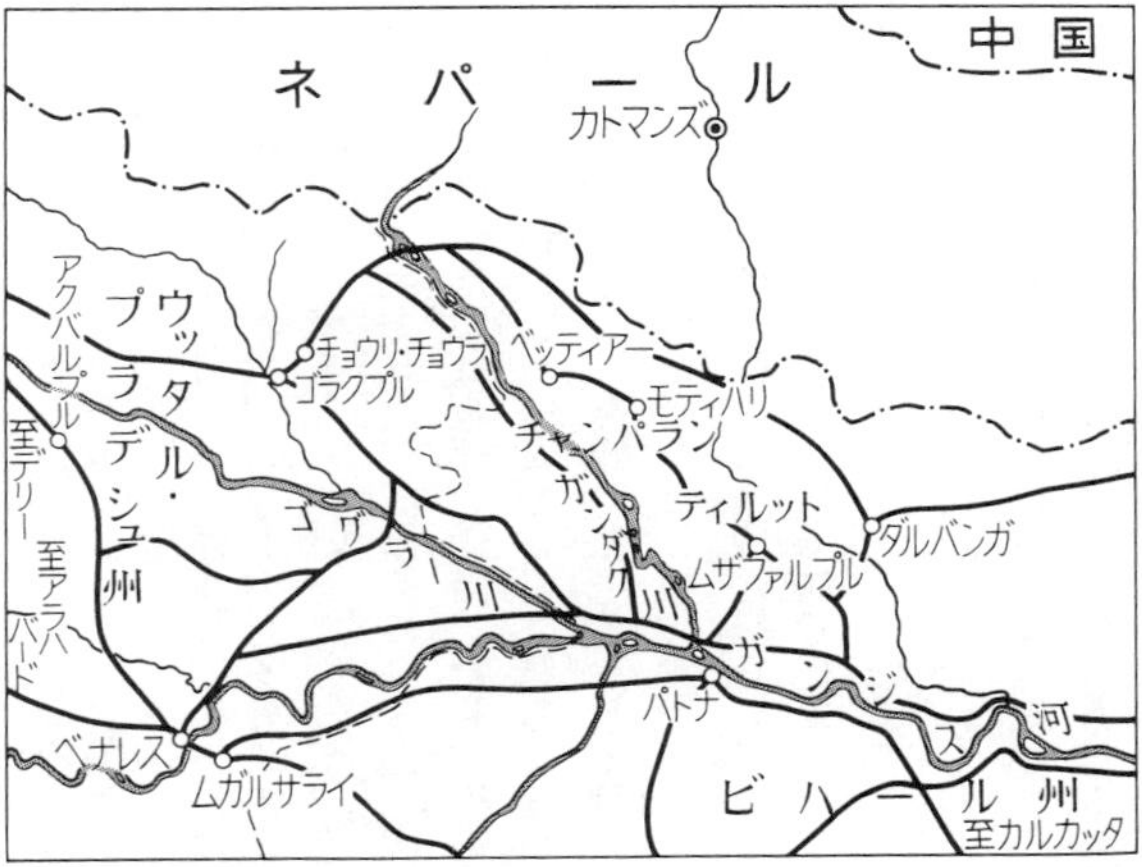

ビハール州チャンパラン地方

わたしは、彼の言うことの真意がわかった。そこで、共働者の一人、ダラニダル・バブを予定の目的地に急がせて、わたしは、使いの者が用意してきた貸馬車に乗り込んだ。彼はそれから、わたしに、チャンパラン退去の命令書をさし出した。そしてわたしは宿に連れもどされた。彼が命令書の受領を要求したので、わたしは、調査が終わるまでは命令には従えない、また、チャンパランを離れもしないということを、書面で返事した。そこでわたしは召喚された。そしてつぎの日、チャンパラン退去の命令に従わないかどで、わたしの裁判をやることになった。

わたしは手紙を書いたり、バブ・ブラジキショールに必要な指示を与えるなどで、一晩じゅう寝なかった。

退去命令と召喚の知らせは、野火のよ

うにひろがった。そして、当日モティハリでは、いまだかつてなかった光景が展開された、ということを聞かされた。バブ・ゴラク・プラサドの家も裁判所も、人の群れで混みあった。幸いにもわたしは、夜のうちにわたしの仕事全部をすませてしまっていたので、群衆を押えることができた。わたしの仲間はたいへんな手助けになった。彼らは群衆の整理に専心した。というのは、群衆は、わたしの行くところには、どこへでもあとからついて来た。

一種の友だちづきあいといったものが、役人たち——徴税官、治安判事、警察署長——とわたしの間に生まれた。法律的にいうと、出された命令書の受領を拒否することもできたが、そうせずにわたしは全部を受諾したし、役人に対する態度も礼にかなっていた。そのため役人たちは、わたしが個人としては怒らせるつもりのないこと、しかし命令には非服従を試みようとしていることを知った。こうして役人たちは安心した。そしてわたしを悩ます代わりに、役人たちは喜んでわたしや共働者に協力して、群衆の整理に当たった。しかしそのことは群衆にとって、役人の権威が揺らいでいることの明らかな証明であった。人々は一瞬の間、処罰される恐れをすっかり忘れてしまった。そして群衆は、この新参の友人が示す愛の力に唯々諾々《いいだくだく》と従った。

チャンパランの人々のなかに、だれもわたしを知っている者がいなかったことは、記憶してよいことである。農民はみんな無知であった。チャンパランは、ガンジス河のはるか北方に位し、ヒマラヤ山のちょうど裾《すそ》にあたるネパールに非常に近接したところにあって、インドの他の地方からは切断されていた。これらの地方では、事実上、会議派は知られていなかった。会議派という名を聞いたことのある人でさえも、それに加わること、またはその名を口にすることもはばかられるありさまだった。

したがって、私たちの到着に備えて準備をするために、会議派を代表した使者が送られてくるというようなことは、公然にも、秘密のうちにもなかった。数千の農民に連絡をつけることは、ラジクマル・シュクラにはできなかった。政治的活動はまだ、彼らの間には行なわれてはいなかった。チャンパラン以外の世界は、彼らは知らなかった。しかるに彼らは、私たちがあたかも旧知の友人であるかのように、迎えてくれた。農民とのこのような出会いで、わたしは神と非殺生《アヒンサ》、それから真実にまみえることができた。といっても、それは誇張した言いかたではなく、文字どおりの真実であった。このことの理由を調べてみても、わたしは人々に対するわたしの愛以外のものは何も発見できなかった。そしてこのことはまた、非殺生に対するわたしの不動の信仰の表現以外の何ものでもない。チャンパランでのその日は、わたしの生涯で忘るべからざる日であったし、農民とわたしにとって、特筆すべき日であった。

法律によると、わたしは裁判にかけられるはずであった。ところがほんとうのことを言えば、裁判にかけられるのは政府であった。税務監督官は、わたしを捕えようとして広げた網のなかに、政府を落とし込むのに成功しただけであった。

67 撤回された訴訟

裁判が始まった。政府の訴訟申立人、治安判事およびその他の役人たちは気をもんでいた。彼らは何をしてよいのやらわからずに困った。政府の訴訟申立人は、治安判事に圧力をかけて裁判を延期しようとしていた。しかしわたしはこれをさえぎり、そして治安判事に裁判を延期しないように要請した。というのは、わたしはチャンパラン退去命令に従わなかったかどで、有罪であることを申し立てようとしたからであった。そしてつぎの声明を読みあげた。「法廷の許可を得て、わたしがなぜ刑法第一四四条に基づく命令に、一見非服従に見える非常に重大な措置をとったかを明らかにする、短い声明を行ないたいと思う。

わたしの素朴《そぼく》な見解によると、それは地方政庁と私自身の間の見解の相違の問題である。わたしは、人道的な全国的な奉仕を行なう動機から、この地方にやって来た。わたしは、助けに来てくれ、という農民《ライオト》の切なる要請に応えてやって来たのであった。農民たちはインド藍《あい》農園主から公正に取り扱われていない、と主張している。わたしは問題を研究しないでは、いかなる援助も与えることはできなかった。したがってわたしは、もしできれば政府と農園主から援助を得て、それを研究しようとやって来たのである。

わたしはそれ以外の動機を持っていない。また、わたしがここに来たために、公共の治安が乱され、生命の喪失をもたらすとは考えることはできない。わたしはこの種の問題には、相当の経験を持っている、と主張する。けれども、政府の考えは違っていた。わたしは政府の苦労も十分理解している。そして政府は、政府が受け取った情報に基づいてのみ行動するものであることを、わたしは事実として認める。

法律を守る一市民として、わたしがまず感じたことは、そのときの実情では、わたしに差し出された令状に従うことであったのである。しかしそうすることは、わたしが助けるために来た当地の人々に対する義務感にそむくことになる。わたしは今、彼らの間にとどまることによってのみ、彼らに奉仕できると思っている。だからわたしは、自発的に退去することはできない。この義務と義務との争いの渦中で、わたしにできることは、わたしを彼らからひき離す責任を政府に持ってもらうことだけである。インドの公けの生活で、わたしのような地位を持つ者は、模範を示すことに注意深くなくてはならない、と思っている。

私たちが生活している複雑な事情のもとで、自尊心を持つ人のとるべき唯一の安全かつ名誉ある道は、今回、わたしが行なおうと決定したこと、すなわち抗議をせずに非服従の処罰に服することである。

この声明は、わたしに科せられる処罰の軽減を望んで、あえて行なったのではけっしてない。わたしに対して発せられた命令を無視したのは、合法的な政府に対する尊敬が欠けているためではなく、より高い存在の法律、すなわち良心の声に服従するためであったことを明らかにするために行なったのである」

今となっては、裁判を延期するきっかけはなかった。しかし、治安判事も政府の中立人も、ともに意表をつかれてしまったので、治安判事は判決を延期してしまった。わたしが刑の宣告を受けに法廷に出頭する前に、治安判事は書面をよこして、州副知事がわたしに対する訴訟の撤回を命じてきた、と知らせてきた。また、徴税官はわたしあてに手紙をよこして、自由に予定の調査をしてよいし、そしてわたしが必要とする援助は何であれ、役人から受けられる、と言ってきた。私たちのうち、この迅速な、うれしい結末を予想した者はだれひとりいなかった。

わたしは徴税官のヘイコック氏をたずねた。彼は、一見して、正しいことを行ないたいと思っている善良な人間であった。彼は、どんな新聞でも、わたしが読みたいものがあったら請求してよいと言い、また好きなときにいつでも自由に彼に会える、と言ってくれた。

こうしてインドは、市民的非服従の最初の直接的な実物教育を受けたのであった。事件は、局地的に、また新聞紙上でだが、自由に議論され、わたしの調査は予期に反して話題になった。

資金なしでは仕事を実行することはできなかった。これまでのしきたりでは、この種の仕事のために公衆に資金の訴えをしたことはなかった。ブラジキショール・バブや彼の友人たちには弁護士《ヴァキル》が多く、彼ら自身が資金を寄付してくれたり、または機会があるごとに、友だちから資金を見つけ出してくれたりしていた。彼らや友人たちで結構やっていけたときに、どうして彼らが公衆に向かって、金を出してくれと要求できただろうか。

このことは議論になりそうだった。わたしはチャンパランの農民《ライオト》からは、いっさい受け取らないことを、前から決心していた。何かを受け取れば、それは当然誤解を生まざるをえないことだった。わたしは同じように、この調査を行なうための費用を、一般国民に訴えないことを決心した。というのは、この問題に全インド的な、政治的な色彩を与えるおそれがあったからである。

私たちは、チャンパランの貧しさにふさわしく、最大の節約を実行しようと努めていたので、多額の金が入用になるとは思われなかった。事実、しまいには、私たちに多額の金は必要でなかったことがわかった。わたしのうろ覚えでは、使ったのは全額で三千ルピーを越えなかったし、わたしの記憶するかぎりでは、私たちは、集めたものから二、三百ルピー節約した。

初めのころ、わたしは仲間の変わった生活のしかたを話題にし、いつも彼らをからかっていた。弁護士《ヴァキル》は、各自使用人と料理番を一人ずつ連れていた。だから台所は別々だったし、真夜中になって夕食を食べることもたびたびだった。彼らは自分の使う分は、自分で出していたけれども、彼らが不規則なことにわたしは閉口した。私たちは仲のよい友人だったから、私たちの間に誤解の起こるはずはなかった。そして彼らはわたしのからかいを善意に受け取った。

ついに、使用人を使わないこと、台所を全部いっしょにすること、時間励行を守ることに、みんなの意見が一致した。みんなが菜食主義者というわけでなかった。しかし台所を二つに分けるのは費用がかかるので、野菜食の共同台所を置くことが決定された。またつとめて簡単な食事にする必要が感じられた。

　このような手はずを整えたために、諸経費がずっと減った。また私たちは、時間と精力を大いに節約できた。それまで、この二つが非常に不足していたのだった。

　農民が群れをなして、彼らの申し立てをしにやって来た。彼らは仲間を作り隊をなしてつぎつぎとやって来て、屋敷うちや庭までも、あふれるばかりいっぱいになった。

　申し立てを書きとめる人は、一定の規則を守らなくてはならなかった。農民一人一人に、詳しく質問しなくてはならなかった。これに合格しなかった者はだれでも除外された。このために予定以上に時間がかかったが、申し立ての大半は、論駁《ろんばく》[*23]の余地のないものになった。これらの申し立てが書きとめられるときには、必ずCIDの係官が一人立ち会った。私たちは彼の立ち会いに反対することもできた。しかし私たちは最初から、CIDの係官の立ち会いを気にしなかったばかりか、彼を丁重に取り扱い、そして彼らに与えることのできる情報は、残らず与えた。

　わたしは農園主を怒らせまいとし、また当たりを柔らかくして、彼らと気持を通じさせようと思ったので、もっともな非難を受けている者には、つねに手紙を書いたり、会ったりした。またわたしは農園主協会員とも会見し、彼らに小作人の不満を説明し、また彼らの考えを知ろうとした。農園主の幾人かは、わたしを憎んだ。また、ほかの幾人かは無関心の態度をとった。そして二、三の人はわたしを慇懃《いんぎん》に遇してくれた。

68　村落に入り込む

ビハールに着いて経験を積むにつれて、わたしは、適切な村落教育なしでは、永続的な性質の仕事をすることは不可能であると、確信するようになった。農民《ライオト》の無知はかわいそうなほどだった。彼らは、子供たちを、あちこちにほったらかしにしておくか、それとも一日銅貨一枚か二枚のためにインド藍《あい》農園で朝から晩まで働かせるかした。そのころは、男子労働者の賃金は十パイセを越えなかったし、女子労働者のは六パイセ、そして子供のは三パイセを越えなかった。一日に四アンナ（十六パイセにあたる）をかせげる者は、最も幸福なやつだと思われた。

仲間と協議して、わたしは六つの村落に小学校を開校することに決定した。私たちが村の人々ととりきめた条件の一つは、村人が教師のために黒板と宿舎を用意してくれることであり、一方、私たちがそのほかの費用の面倒をみることであった。村人は手中に現金を持ったことはほとんどなかった。しかし彼らは、食料は用意することができた。事実、彼らはすでに穀物やその他の原料[*24]を寄付する用意があると言っていた。

私たちは、できるだけ、一校について男性一名、婦人一名の管理に任せたかった。これらの志願者は、医療と衛生の世話もしなくてはならなかった。女性問題は婦人の管理者を通じて接近しなくてはならなかった。

医療といっても、非常に簡単なものであった。ヒマシ油、キニーネ、それから硫黄軟膏《いおうなんこう》の三種が、教師に支給される全部だった。もし患者の舌があれていたり、または便秘したりしたときはヒマシ油を与え、熱が出た場合は、ヒマシ油を飲ませたのちにキニーネを与えた。そして腫物《はれもの》や爛《ただ》れには、患部をよく洗ってから、硫黄剤をつけてやった。どの患者にも薬を家へ持って帰らせることはしなかった。何か余病を起こしたときはいつでも、デフ博士*25の診察を受けた。デフ博士は、週のうち日を定めて、各医療センターを回診することになっていた。

多数の人々が、この簡便な治療を利用した。だれでもがかかる単純な病気が、専門家の助けを借りなくとも簡単な手当で治せたことを思いだしてみると、この治療は少しも変ではなかった。人々の間には、これがすばらしく好評を博していた。

衛生事業はむずかしいことだった。人々には、彼ら自身でやる気がなかった。野良《のら》に出て働いている者でさえも、汚物を自分で処理する気がなかった。しかしデフ博士は、簡単に落胆する人でなかった。彼と志願者たちは、村落を理想的に清潔にすることに全エネルギーを注いだ。彼らは道路や庭先を掃き、井戸を清掃し、近辺の水たまりを埋め、そして村落の人々に向かって、彼ら自身のなかから志願者を集めたらよい、と親身になってすすめた。

いくつかの村落では、彼らに恥じて人々がやり出した。ほかの村落では、人々が道路直しにまで非常に熱心になったので、わたしの車は諸所方々を走り回ることができるようになった。これらの楽しい経験も、無関心の人々から受ける苦い経験と混ざっていないわけではなかった。わたしは、村落の幾人かが、こうした仕事をやることに対して露骨に反対したことを今でも覚えている。

わたしがこれまでに多くの集会で述べたことがある一つの経験を、ここで語るのも場違いのことではないだろう。ビティハルヴァは小さい村落であった。そこに、私たちの学校の一つがあった。あるとき、その近辺の、もっと小さい村落をたずねて行ったことがあった。そして、非常に汚れたみなりをした婦人の幾人かに出会った。そこでわたしは、妻[*26]に言って、なぜ彼女らは衣服を洗わないのか、そのわけを聞いてもらった。妻は彼女らに話しかけた。婦人の一人が彼女を自分の小屋に連れ込んで、そして言った。

「見てください。箱のなかにも棚にも、ここには着物は一枚もありはしません。わたしが今着ているこのサリーが、わたしのたった一枚の着物なのです。どうしてわたしは洗えますか。マハトマジーに言ってください。もう一枚サリーがあればね。そうすれば、わたしは毎日水浴をして、さっぱりした着物を着ますよ」

このような小屋は例外ではなく、多くのインドの村落に見かけるものだった。インドにある何万とも知れない小屋の中に、人々は家財道具一つなく、そして着替えの着物一枚もなく、ただからだを隠すだけの毛布一枚で暮らしているのである。

もう一つの経験を書いておこう。チャンパランは、竹や草にこと欠かなかった。ビティハルヴァに彼らが建てた学校の建物も、これらの材料でできた小屋だった。幾人か――おそらく近辺の農園主側の者であろう――が、ある夜それに火をつけた。もう一度草や竹で小屋を建てることは、賢明でないと考えられた。その学校はスリジャット・ソマンとカストゥルバの責任であった。スリジャット・ソマンは耐久家屋《パッカ・ハウス》を建てる決心を固めた。彼のたゆまぬ勤労のおかげで、おおぜいの人が彼に協力した。煉瓦《れんが》の家がまもなくできあがった。もうこの建物が焼け落ちる心配はなくなった。

しかしわたしは、この建設的な仕事に恒久的な土台を作っておこうと思ったわたしの希望が実現しなかったことを、遺憾の意をこめて告白しておかなくてはならない。有志たちは、臨時に来てくれたものであった。わたしはこれ以上有志を外から連れて来ることはできなかった。そしてビハールからは、常勤の無給の働き手は見つけられなかった。チャンパランにおけるわたしの仕事が終わるとまもなく、その間に用意されていた外部での仕事のために、わたしは去って行かなくてはならなかった。けれども二、三ヵ月にわたったチャンパランでの仕事は、深く根を下ろし、いろいろの形式でそれが与えた影響は、今日でもなお認められるのである。

69　取り除かれた汚れ

このような社会事業の仕事が一方で行なわれているとき、他方では、農民《ライオト》の苦情の申し立てを記録する仕事も休みなしに進められていた。何千となく記録された申し立ては、記録されるだけで終わるはずはなかった。苦情を申し立てに来る農民の数はいよいよ増加していき、それはいよいよ農園主の怒りを買った。彼らは、わたしの調査を阻止しようと全力を尽くした。

　ある日わたしは、つぎのような一通の書面をビハール政府から受け取った。

「貴下の調査は大分延びている。貴下はただちにそれを中止して、ビハールを立ち去るべきではないか」

　書面には丁重な言葉が並べられていた。しかしその真意ははっきりとわかった。

　わたしは返事として、

「調査の長引くことはしかたのないことであり、人々に救済がもたらされないかぎり、わたしにはビハールを離れる考えは毛頭ない」

と書いた。わたしは、農民の苦情を純粋なものとして認め、彼らを救済してやることによってか、あるいはまた農民が、公けの調査委員会を今ただちに当然設けてよいプリマ・フェーシー[*27]な訴えを行なっていることを認めることによってかして、わたしの調査に終止符を打つことこそ、政府の行なうべきことである、と力説しておいた。

　副知事のサー・エドワード・ゲイトは、彼に会いに来るようにわたしに要請し、調査委員会を任命する彼の意向を述べて、わたしにその委員会の委員になってもらいたいと言った。わたしはほかの委員の名前を確かめてみた。そしてわたしの共働者と相談してから、条件つきで調査委員会に参加することに同意した。その条件は、調査の進行中、わたしが自由に共働者と協議してよいこと、わたしが委員会の一員になっても、農民の顧問をやめないのを政府が承認すること、そして調査の結果がわたしに満足を与えなかった場合、わたしは農民に対して、彼らがいかなる方針をとってよいかについて、指導し勧告を与える権利を持っていること、であった。

サー・エドワード・ゲイトはその条件を公正かつ適切なものとして受諾し、そして調査結果を発表した。故サー・フランク・スライが、委員会の議長に任命された。

委員会は農民に有利な判定を下した。そして農園主は、強制取り立てをしたもののうち、委員会が不法と判定した分を償還すべきこと、またティンカティア制度の廃止措置を立法化すべきことを勧告した。

サー・エドワード・ゲイトは委員会に満場一致の報告をさせること、また委員会の勧告にそって農業法案を通過させることに、大きな役割を果たしてくれた。もしも彼が断固とした態度をとってくれなかったならば、そして彼がこの問題処理に手腕を大いにふるってくれなかったならば、報告書はとても満場一致の賛成を得られなかったろうし、また農業法案[*28]は陽《ひ》の目を見られなかったであろう。農園主たちは、絶大な権力をふるった。彼らは報告書を無視して、法案に対してものすごい反対をやった。しかし、サー・エドワード・ゲイトは、最後まで毅然《きぜん》としていた。そして委員会の勧告を完全に実行した。

約一世紀の間存在していたティンカティア制度はこうして廃止され、それとともに、農園主の支配も終わりを告げた。長い間おしひしがれていた農民たちは、今いくらか本来の彼らに立ち返った。そして「インド藍《あい》の汚れは洗い落とせない」というのが迷信であることが暴露された。

わたしはあと何年か建設的な仕事を続け、学校を増設し、もっと有効に村落のなかに入り込みたかった。地ならしはできあがった。しかし、今までもときどきそうであったように、わたしの計画の完成されるのを神は喜ばれなかった。運命はほかのことを決定した。そしてわたしを、よそで仕事を始めるように、連れ去ってしまった。

70　労働者と接触して

調査委員会でのわたしの仕事がまだ始末のつかないうちに、[*29] スリジャット・モハンラル・パンディアとシャンカルラル・パリクから一通の手紙を受け取った。それにはケダ地方[*30]の不作のことが報告してあって、わたしに、税を払えない農民を指導してもらいたい、と頼んできた。わたしは現場の調査なしには、勧告する気もないし、能力も、また勇気も持っていなかった。

これと同じときに、シリマティ・アナスヤベン[*31]から、アーメダバードの労働状態についての手紙を受け取った。賃金は低かった。労働者は長い間賃上げの運動をやっていた。わたしは、もしできれば、彼らを指導したいものだと思った。しかしわたしには、この比較的小さい問題にしても、遠く離れたところから指導する自信を持ち合わせなかった。そこで機会をとらえて、まずアーメダバードに向かった。わたしは、これら二つのことをすばやく片づけて、チャンパランに引き返し、そこで始められた建設的な仕事もみてやろう、と期待していた。

しかし事態は、わたしの望んでいたように迅速には動かなかった。そしてわたしは、チャンパランに帰ることができなかった。そのために、学校が一つずつ閉鎖されることになった。共働者とわたしは、たくさんの空中楼閣を描いていた。しかしそれらは、しばらくたつと、ことごとく消えてしまった。

チャンパランでのこれらの建設的仕事には、農村衛生や教育のほかに、牝牛《めうし》保護のことがあった。わたしはかつて、旅行の途中で、牝牛保護とヒンディ語の宣伝がマルワディ人*32の特別の関心になっていたことを知った。牝牛保護に関するわたしの考えが決定的に形づくられたのは、このときのことであった。そして、その考えは、今日のものと同じである。わたしの見解によれば、牝牛の保護は、家畜の飼育、品種の改良、牡牛《おうし》を人間同様に取り扱うこと、模範酪農場の建設をふくんでいる。マルワディの友人たちは、この仕事に全幅の協力を約束してくれた。しかしわたしがチャンパランに落ち着けなかったので、この計画も実行にいたらなかった。

この仕事が実現されないで終わっているということは、わたしにとって、いつも残念なことであった。そしてわたしはいつもチャンパランに行って、マルワディやビハールの友人たちから穏やかに責められるごとに、わたしは深いため息とともに、わたしがいとも簡単によしてしまった計画のすべてを思い出すのである。

教育の仕事はいろいろのやりかたで、各地で進められている。しかし牝牛保護の仕事は、しっかり根をおろすまでになっていなかった。したがってまた、意図した方向に進んでいっていない。

ケダ地方の農民の問題がまだ相談の最中に、わたしはもう、アーメダバードの紡績工の問題をとりあげていた。

わたしは、非常に微妙な立場にあった。紡績工場主たちの言い分は強硬だった。シリマティ・アナスヤベンは、彼女の兄シリ・アンバラル・サラバイと闘わなくてはならなかった。彼女の兄は工場主側の代表者として、争いの矢おもてに立っていた。彼らとわたしとの関係は親しかった。そこで、彼らと喧嘩《けんか》することは、いよいよ辛《つら》いことであった。わたしは彼らと協議をした。そして彼らに争いを仲裁にゆだねるように要請した。しかし彼らは、仲裁の原理を認めることを拒否した。

そこでわたしは労働者に対し、ストライキをやるようにすすめた。わたしはその前に、紡績工やその指導者と非常に密接に接触をもった。そして彼らに、ストライキの成功する条件を説明した。

一、けっして暴力に訴えてはいけない。

一、ストライキ破りを無視せよ。

一、他人の義捐金《ぎえん》に頼るな。そして、

一、ストライキがどんなに長く続こうが、終始断固とした態度をとれ。そしてストライキ中は、何かほかの正しい労働によってパン代をかせげ。

ストライキの指導者たちは、この条件を了解し、これを受け入れた。そして労働者たちは総会を開いて、彼らの要求条件が受け入れられるか、それとも工場主が争議を仲裁に持ち出すことに同意するか、それまでは就業しない、と誓い合った。

ストライキは二十一日間続けられた。ストライキの続いている間、ときどきわたしは工場主側と協議をし、労働者に対して正義を行なうように、彼らに頼み込んだ。彼らはつねに、つぎのように言っていた。

「私たちには、また私たちの誓いがある。私たちと労働者の関係は親と子の関係にある。……どうして私たちは、第三者の干渉などを受けられるのか。どこに仲裁の余地があるのか？」

労働争議の経過を述べる前に、わたしは道場《アシュラム》のことにふれておきたい。わたしがチャンパランにいた間、いつも道場のことはわたしの心から離れなかった。そして、わたしはときおりもどってみた。

その当時道場は、アーメダバード近郊のコチラブという村落にあった。この村落にペストが発生した。わたしは道場の子供たちも危いと思った。

私たちの理想は、道場を町や村落から離れた安全なところ、しかも双方から適当に離れた便利なところに作ることであった。そして私たちは、いつかは自分たちの所有する土地に落ち着きたい、と決心した。

ペストはコチラブから引き揚げるに十分な理由である、とわたしは思った。アーメダバードの商人のスリジャット・パンジャバイ・ヒラチャンドは、道場の人々とは親しくつきあっていた。そしていろいろのことに、清廉で私心のない精神で、いつも私たちに奉仕してくれた。彼はアーメダバードについてはひろい経験を持っていたので、私たちに適当な土地を手に入れてあげよう、と買ってでた。わたしは土地捜しに、彼とコチラブの南や北を歩き回った。彼には、北へ三、四マイル行ったところに、土地を見つけてくれるように頼んだ。

彼が現在のところを見つけてくれた。サバルマティ中央刑務所付近ということが、特にわたしの注目をひいた。刑務所に行くことが、サッティヤーグラハ運動者にとって当然の運命であることを知っていたので、わたしはその場所が気に入った。またわたしは、刑務所に選ばれた土地は、一般にその周辺が清潔である、ということを知っていた。

八日ばかりかかって、売買が終わった。その土地には建物も樹木もなかった。しかし河岸にある場所といい、静けさといい、非常に好都合だった。私たちは、家屋が建てられるまで天幕生活をし、台所としてトタン小屋を建てて、道場を始めることに決定した。

道場はしだいに大きくなった。今では私たちは、男、女、子供を合わせて四十人を越した。食事は共同炊事場でとることにしている。引越しの計画者はわたしだった。実行は例のように、マガンラル[*33]に任された。

アーメダバードの紡績工場のストライキの間に、道場の機織《はたお》り小屋の土台ができた。当時、道場の主要な活動は、機織りだった。そのころはまだ、手紡ぎは私たちにはできなかった。

71 断食

最初の二週間というもの、紡績工たちは非常な勇敢さと自己抑制を発揮し、毎日大集会を催した。このような場合に、わたしはつねに、彼らに誓いを思い起こさせることにした。すると彼らは、約束を破るより死を選ぶという証《あかし》を、叫び返すのであった。

だがついに、彼らはだれ気味の徴候を見せ始めた。ちょうど、人間のからだが弱ってくると、短気となって現われるように、ストライキが弱まり始めるようになると、ストライキ破りに対する彼らの態度は、ますます威嚇的になっていった。それでわたしは、紡績工たちが乱暴を働くのではないか、と心配になりだした。彼らが開く毎日の集会の出席者もまた、だんだん減り始めた。そして出席した人たちの顔には、落胆と自暴自棄の色がありありと浮かんでいた。ついに、ストライキ労働者が動揺し始めた、という知らせがわたしのところにもたらされた。わたしは非常に悩んだ。そしてこの状況で、わたしのなすべきことは何か、と深刻に考え始めた。

ある朝――それは紡績工の集会の際だった――まだわたしは模索中で、とるべき道に迷っていたのだったが、光明がわたしの脳裏を貫いた。全く自然に、わたしの口からつぎの言葉がほとばしりでた。

「ストライキ労働者が元気をとりもどし、ストライキを続けて解決に到達するか、さもなくば、彼らがすっかり工場をやめてしまうか、それまでわたしはいっさい食事に手を触れない覚悟である」

わたしは集会にこう宣言した。

労働者たちは驚いた。アナスヤベンの両頰に涙が伝わって流れた。労働者たちは叫んだ。

「あなたはいけません。私たちが断食します。あなたが断食したら、それこそたいへんです。どうか私たちの堕落を許してください。これからは最後まで忠実に誓いを守ります」

わたしは答えた。

「諸君は、何も断食することはない。諸君が誓いに忠実であれば、それで十分なのだ。諸君も知ってのとおり、私たちには資金がない。そして、公衆の施し物で生活してストライキを続けることを潔《いさぎよ》しとしない。諸君はしたがって、何か労働して最低の生活なりとも営めるよう試みるべきである。そうすれば諸君は、ストライキがどんなに長びこうとも、平気でいられよう。わたしの断食のほうは、ストライキが解決されればやめることにしよう」

そうしているうちに、ヴァルラバイ・パテルが*34ストライキ労働者のために、市役所で何か職を捜していた。しかしそこでは成功する見込みはあまりなかった。道場《アシュラム》の紡績学校の土台を穴埋めするのに土砂が必要だったので、マガンラル・ガンジーの提案によって、彼らのうち何人かをその目的に使用することになった。労働者たちは、その案を歓迎した。アナスヤベンが頭の上に籠《かご》をのせて、先頭に進んだ。そしてまもなく、労働者の切れめない流れが、頭の上に砂を入れた籠をのせながら、河床の窪地《くぼち》から現われて来るのが見られた。それはまさにみものだった。労働者たちは、自分を新たに力を注入された人間のように感じた。そして彼らに手間賃を払うのが大変なことになった。

わたしの断食は、一つの重大な欠陥をまぬがれなかった。というのは、すでに前章で触れたように、わたしは紡績工場主たちと非常に親しい間がらだったし、断食が彼らの決断に影響を及ぼさないわけにはいかなかったからである。

サッティヤーグラハ運動者として、わたしの断食は、彼らに圧力をかけるものであってはならず、彼らを自由にさせ、紡績工のストライキだけで判断できるようにしておかなくてはならないことを承知していた。

わたしの断食は、紡績工場主の堕落を理由にして企てられたものではなかった。労働者の堕落のために、彼らの代表者として、わたしも責任の一半を感じていたために企てられたのであった。紡績工場主たちに対しては、わたしは嘆願するのみである。すなわち、彼らに対してわたしが断食を行なうことは脅迫に等しい。しかもわたしの断食は、当然彼らに脅迫を加えることにならざるをえないことを知っているにもかかわらず、そして、実際にも圧迫したのであったが、それをどうすることもできなかった。断食を企てる義務は、わたしには明白であった。

わたしは、紡績工場主たちを安心させようと努めた。わたしは彼らに言った。

「あなたがたの立場から一歩も退く必要はありません」

しかし彼らは、わたしの言を冷やかに受け取った。そしてわたしに、鋭い、手のこんだ皮肉を浴びせさえした。もっとも彼らには、その権利が完全にあったからである。

　ストライキに対する工場主たちの強腰の背後にいる主要人物は、シェート・アンバラルであった。彼の決然とした意志、率直な誠意はわたしの心をとらえた。彼と張り合うのは、愉快なことだった。わたしの断食は、彼を首領とする工場主側に緊張を起こさせ、それがわたしの胸にこたえた。それから、わたしに肉親の姉のような愛情を示した彼の妻のサルラデヴィが、わたしの行動がもとで、苦しんでいるのは見るにしのびなかった。

　アナスヤベンとおおぜいの友人たち、それから労働者たちは、第一日目、わたしといっしょに断食した。しかし、ちょっと骨が折れたが、わたしは彼らに断食を続けるのを思いとどまらせることができた。

　ついに、善意の雰囲気が周囲一帯に作りだされ、工場主の心は動いた。そして彼らは解決方法を捜し始めた。アナスヤベンの家は、彼らの協議のための集まり場所になった。スリジャット・アナンダシャンカル・ドルヴァが間に入ってきた。それで、終わりに仲裁者に指命された。わたしがわずか三日間断食をしたのち、ストライキは停止された。紡績工場主はこの解決を祝って、労働者たちに菓子を配った。こうして二十一日間のストライキののちに解決に到達した。

けれども、わたしには息つくひまも与えられなかった。アーメダバードの紡績工場のストライキが終わるか終わらないかに、わたしはケダのサッティヤーグラハ闘争にとび込んでいかなくてはならなかった。

72 ケダ・サッティヤーグラハ

ケダ地方では、広い地域で不作のために飢饉《ききん》になる状況が生まれてきていた。そしてケダのパティダル人[35]は、税負担を一ヵ年免除してもらうことを考えていた。

耕作者側の要求は、真昼の光のように明らかなものであった。それは非常に穏当だったので、受け入れられて当然のことだった。地租徴収規則に照らすと、収穫高が四アンナ[36]か、それ以下の場合、耕作者は一ヵ年の徴税停止を請求できた。政府の調査によると、収穫高は四アンナを越えている、といわれた。他方耕作者側は、それは四アンナ以下だと言って反論した。だが政府に聞き入れる態度はみえなかったし、農民が仲裁を要求するのを主権侵害罪とみなした。請願や嘆願など、何をやっても失敗したので、わたしは共働者たちと相談したのち、ついにパティダル人に、サッティヤーグラハに訴えることを勧告した。

ケダの有志のほかに、この闘争に参加してくれたわたしの友人のうち、主だった者はシリ・ヴァルラバイ・パテル、シャンカルラル・バンカー[37]、シリマティ・アナスヤベン、シリス・インドゥラル・ヤジニク、マハデオ・デサイ、その他だった。シリ・ヴァルラバイ・パテルはこの闘争に参加したために、繁盛して評判の高くなっている弁護士業をやめなくてはならなかった。その後彼は、実際にはそれにもどることはできなかった。

私たちはナディアドのアナート・アシュラムに私たちの本部を設定した。ほかのところでは、私たちの全部を寝泊まりさせられるところは見つからなかった。

サッティヤーグラハ運動者の署名した、つぎのような誓いが行なわれた。

「われわれの各村落の収穫が四アンナに達しないことを知って、われわれは政府に対し、来年まで税の徴収を停止するよう要請した。しかし、政府はわれわれの嘆願を聞き入れなかった。したがって、われわれ、以下に署名した者は、われわれ自身の意志に基づいて本年の納税額の全部、あるいは未納分を政府に支払わないことをここに厳粛に宣言する。

われわれは政府をして、いかなるものであれ、それが適切であると思われる法律的措置を講ぜしめるものであり、またわれわれの納税拒否から生まれる諸結果については、これを甘受しようとするものである。われわれは、みずから進んで納税することによって、われわれの要求が虚偽であったと考えられたりすることを許すよりも、またわれわれの自尊心を傷つけてしまうよりも、むしろわれわれの土地を没収されることを望むものである。

しかし、もし政府が、全地区にわたって、第二期納税分の徴収を停止することに同意するならば、われわれのうちで支払いのできる者は、すでに納期のきた税額の全部または残額を支払うだろう。支払い能力を持つ者が、今もって支払いを控えているのは、もし彼らが支払いをすませれば、より貧しい農民たちは恐慌を感じ、彼らの納税分を支払うために彼らの家財道具を売ったり、あるいは借金をしたりするだろう。つまり彼ら自身に災いを及ぼすことになろう。

これらの事情のもとにあって、支払い能力のある者が彼らの税の支払いを差し控えることは、貧乏人のための彼らの義務である、とわれわれは思っている」

わたしは、この闘争にたくさんのページをさくわけにはいかない。そこで、これに関連して楽しく思い出される数々の回想は、省かなくてはならない。この重要な闘争について、よりくわしく、より深く研究したいと思う者は、ケダのカトラル生まれのシリ・シャンカルラル・パリクが書いた「ケダ・サッティヤーグラハ」に関する権威ある物語を読まれるのがよかろう。

73 「ねぎどろぼう」

チャンパランはインドの片隅《かたすみ》にあったし、また新聞もその闘争については報道しなかったので、それは外部から訪問者をひきつけることはなかった。ケダの闘争はそうではなかった。それについての出来事は、毎日、新聞紙上を賑《にぎ》わした。

グジュラートの人々は、この闘争に深い関心を払った。それは彼らにとっては、めったにない経験だった。彼らはこの成功のためには、財産を差し出す気であった。彼らには、サッティヤーグラハが金銭によって簡単に動かされているものでないことはたやすくは理解できなかった。金銭は最も必要とされないものである。わたしの忠告は無視されて、ボンベイの商人たちは、私たちに必要以上の資金を送ってくれた。そこで、闘争が終わってみると資金に余りが出た。

同時にサッティヤーグラハ運動を志した者は、質素ということを新たに学ばせられた。彼らがそれを完全に身につけたとは言えないが、相当、生活のやりかたを変えた。パティダル人にとってもまた、その闘争は全く初めてのことだった。したがって私たちは、村落から村落へと歩き回って、サッティヤーグラハの原理を説明しなくてはならなかった。

たいせつなことは、役人は人民の主人ではなくて、反対に彼らが納税者から俸給をもらっているかぎり、人民の召使いである、ということを農民にわからせて、それによって彼らの恐怖心を取り除いてやることだった。

それから、粗暴に走らないことと、恐れないこととを合わせ持たねばならぬことを彼らにわかってもらうのは、ほとんど不可能のように思われた。彼らがひとたび役人を恐れなくなったときに、どうしたら、彼らのうけた侮辱の仕返しをせずにすませられようか。しかもなお、もし彼らが粗暴な行為に訴えたならば、ミルクのなかに一滴の毒物をたらしたように、それは彼らのサッティヤーグラハを台なしにしてしまうのである。後日になってわかったことであるが、彼らは粗暴に走らないことの教訓を、わたしの思っていたほど十分には身につけていなかった。

経験は、粗暴に走らないことがサッティヤーグラハの最もむずかしい部分であることを教えてくれた。ここでいう、粗暴に走らないということは、その場限りの、単に外見だけの穏やかな話しぶりではない。生まれながらの穏やかさと敵に対する善行である。これらは、サッティヤーグラハ運動者のどのような行為にも示されなくてはならない。

　民衆がどんなに勇敢に振舞っても、初期の段階では、政府は強硬対策をとろうとしなかったようである。しかし、民衆の決意がいささかも動揺の兆《きざし》を示さなかったので、政府は脅迫をし始めた。執達吏は人々の家畜を売り払った。そして手当たりしだいに、家財道具はなんでも押収した。処罰の令状が出された。そして青田まで差し押えられる場合があった。こうしたことで、農民は弱気になった。彼らの幾人かは、彼らの納税分を支払った。一方、ほかの人々は、役人に自分から家財道具を差し出して、これらを差し押えさせ、納税分を換金させようとした。他方、幾人かはとことんまで闘《たたか》う決意をした。このように事態が進んでいたなかで、シリ・シャンカルラル・パリクの小作人の一人が、土地の税金を払ってしまった。これで大騒ぎとなった。シリ・シャンカルラル・パリクは、ただちに税金の支払われた土地を慈善の目的で手放して、彼の小作人の過失の償いとした。こうして彼は、彼の面子《めんつ》を保ち、そして他の人々の戒めとした。

　浮き足だった人々を強くする見地から、わたしはシリ・モハンラル・パンディアに指導されて、わたしの意見からするとまちがって差し押えられた畑から、ねぎを取ってくるよう、人々にすすめた。わたしはこれを法律違反とは見なしていなかった。しかし、たとえそれが法律違反であっても、畑にある作物を差し押えることは、それが法律に従ったものにしても道徳的にはまちがっており、また略奪と異ならないものである、と述べた。

またわたしは、だから差し押えの令状を無視して、ねぎを取ってくることは民衆の義務である、と暗示した。このような法律非服従の必然的な結果は、罰金か投獄かであった。

これは民衆にとって、進んで罰金を払い、入獄して教訓を学ぶ、よい機会であった。シリ・モハンラル・パンディアにとっては、それは願うところだった。だれかがサッティヤーグラハの精神にかなった何かをやって、そのために投獄されたりして苦しみを受ける、そんなことも起こらないで、この闘争が終わってしまうことを心配していた。そこで、彼は畑のねぎ抜き取りを志願した。これに、七、八人の友人が加わった。

政府は、彼らを逮捕しないでおくわけにはいかなかった。シリ・モハンラルと彼の連れの逮捕は、人々を熱狂させた。牢獄の恐怖が消えると、弾圧が人々を元気づけた。陳述の日には、彼らは群れをなして裁判所に押しかけた。パンディアとその連れは有罪と判決され、短期間の禁固を宣告された。この有罪判決はまちがっている、というのがわたしの見解だった。というのは、ねぎをひき抜いた行為は、刑法でいう窃盗《せっとう》の定義には入れられないからであった。しかし、法廷闘争は避けるという方針だったので、控訴はされなかった。

「犯人」たちは行列に守られて、刑務所まで行った。そしてその日、シリ・モハンラル・パンディアは、民衆から「ドゥングリ・チョル」〔ねぎどろぼう〕という称号を与えられた。彼は今もその名で呼ばれている。

74 ケダ・サッティヤーグラハの終末

この闘争は、思わぬ結末となった。民衆が疲れきったことが明らかになったので、わたしは、頑強な者まで完全な破滅に追いやるのは忍びなかった。わたしは、サッティヤーグラハ運動者に受け入れられる闘争終結の名誉ある方法が何かないかと捜し回った。全く予期しない形でその方法が見つかった。ナディアド地方《タルカ》のマムラトダル[*38]がわたしに、もし裕福なパティダル人だけでも税金を支払えば、貧乏人のは停止されるだろう、と言ってきた。わたしは書面による保証を要求し、それを受け取った。だが、マムラトダルは彼の地区だけの責任しか持てなかったので、わたしは、その地方全体にわたって保証を与えることのできるただ一人の人間、徴税官に対してマムラトダルの保証は地方全体にもあてはまるかどうかを尋ねた。彼は、マムラトダルの書面どおりに中止命令はすでに発せられている、と返事をしてきた。わたしはその命令が出ていることを知らなかった。しかし、それが事実であったならば、民衆の言い分は実現されたのであった。言い分は同じことを目的にしていたと記憶する。そこでわたしは、その命令に満足を表明した。

けれどもこの終末は、すべてのサッティヤーグラハ運動の終結にともなうはずの名誉に欠けていたので、わたしはうれしい気持にはとてもなれなかった。徴税官はこの解決には全く関係なかったかのように事を運んだ。貧乏人は停止を許されるはずであった。ところが、だれもその恩恵を受けていなかった。だれが貧乏人であるかを決定するのは、民衆の権利であったが、彼らはそれを行使することはできなかった。彼らが権利を行使する力を持っていないということは、わたしを悲しませた。したがって、終結はサッティヤーグラハの勝利として祝われたけれども、わたしは手放しで喜ぶわけにはいかなかった。というのは、完全な勝利になるためには不可欠のものが欠けていたからであった。

ケダ地方の農村で民衆と語るガンジー（1929年）

サッティヤーグラハ運動の終末は、それがサッティヤーグラハ運動者を運動の初期よりも強力にし、活気ある者にした場合にのみ、その名に価すると言える。

そうは言っても、今回の闘争は間接的な結果を生みださないわけではなかった。それを今日、私たちは見ることができるし、また私たちはその恩恵を、今刈り取っている。ケダのサッティヤーグラハは、グジュラートの農民の間の自覚の始まり、彼らの真の政治教育の端緒であった。

ベサント夫人のはなばなしい自治《ホーム・ルール》獲得運動[*39]は、たしかに農民の心に触れた。しかし教育のある社会活動家をかりたてて、農民の現実生活との接触を確立したのは、ケダのサッティヤーグラハ運動であった。活動家たちは農民たちと自分たちを同一視することを習った。彼らは活動の場所を見つけ、犠牲の力は増加した。グジュラートの公衆の生活は、新たな精力と活気でみなぎった。

パティダル人の農民は、彼ら自身の力について、もはや忘れることのない自覚を得た。救済は彼ら自身に任されている、とりわけ、苦悩と犠牲に耐える能力にかかっている、という教訓は、人々の心に消すことができないほど深く刻み込まれた。サッティヤーグラハは、ケダの運動を通じて、グジュラートの土中深く根を下ろした。

第八部

75　新兵徴募運動[*1]

ケダの運動が始められたころ、一方ではヨーロッパに劇的な戦争が展開されていた。今やインドに危機がやって来た。インド総督は、各方面の指導者をデリーの戦争会議に召集した。わたしもまた、会議に出席するようすすめられた。

招請にこたえて、わたしはデリーに出かけた。けれどもわたしは、その会議に加わることに反対だった。反対する主な理由の一つは、アリ兄弟[*2]のような指導者をそれからしめ出していることである。

わたしは南アフリカで早くから、ヒンドゥ教徒とイスラム教徒の間に、純粋の友情がないことに気づいていた。わたしは、融和の途上にある障害を取り除こうとして、機会という機会は一つとしてのがしたことはなかった。追従《ついしょう》を言ったり、または自尊心を傷つけてまで人をなだめることは、わたしの性分からいってできないことだった。しかし、南アフリカでのわたしの経験は、非殺生《アヒンサ》が最もきびしい試練にかけられるのは、このヒンドゥとイスラム両教徒の融和の問題であろうということ、そしてこの問題は、わたしの非殺生の実験に最大の場を提供してくれることを、わたしに信じさせたのだった。この信念は、いぜんとして残っている。生涯を通じてつねに、神がわたしを試練にかけておられることを知った。

この問題については、このように強い信念を持っていたので、わたしは南アフリカから帰ってきたとき、アリ兄弟との接触をたいせつにした。しかし、緊密な接触ができないうちに、彼らは幽閉されてしまった。マウラナ・モハメッド・アリは、ベトゥルやチンドワダ[*3]から、看守の許しが出たときはいつでも、長文の手紙をわたしにくれるのをつねとした。わたしは兄弟に面会したいと許可を申請した。しかしむだだった。

わたしがイスラム教徒の友人から招待を受け、カルカッタのイスラム教徒連盟の年次大会に出席したのは、アリ兄弟が投獄されたあとのことであった。演説を要求されたので、わたしは、兄弟の釈放を獲得することがイスラム教徒の義務である、と彼らに演説した。この後しばらくたってから、わたしはこれらの友人に連れられて、アリガルにあるイスラム教大学[*4]に行った。そこではわたしは、青年たちに、祖国への奉仕のためにファキール[*5]になれと呼びかけた。

つぎに、わたしはアリ兄弟の釈放のために、政府と書面の交換を行なった。それに関連してわたしは、アリ兄弟の見解やキラファット[*6]についての活動を研究した。わたしはイスラム教徒の友人と議論をかわした。わたしがイスラム教徒の真の友だちになりたいならば、わたしはアリ兄弟の釈放実現と、またキラファット問題の公正な解決にあらゆる助力をしなくてはならない、と痛感した。

もしも彼らの要求に非道徳的なものがなければ、わたしとしては、この問題の功罪そのものに立ち入る気はなかった。宗教について言うと、おのおの信仰は異なる。そして各自の信仰が、彼自身にとっては至高なのである。もしもすべての人が、宗教上のすべての問題で同じ信仰を持っていたならば、この世にはたった一つの宗教しかないだろう。時がたつにしたがって、わたしは、キラファット問題に関するイスラム教徒の要求は少しも道徳上の原理に反しないばかりか、イギリスの首相[*7]すらもイスラム教徒の要求の正しさを承認していたことを知った。

友人や批評家たちは、キラファット問題についてのわたしの態度を批判していた。それらの批判にもかかわらず、わたしはそれを修正したり、あるいはイスラム教徒への協力を後悔したりする理由は一つもないと思っている。わたしは同じ状況が生ずれば、同じ態度をとるはずである。

したがってデリーに出かけたとき、インド総督にイスラム教徒の実情について意見を具申したい、とわたしは思っていた。当時キラファット問題は、その後のような形をまだとってはいなかった。

ところがデリーに着くと、わたしが会議に出席することについて、もう一つの困難が起きた。ディナバンドゥ・アンドリュース[*8]は、わたしの戦争会議参加の道徳性について、疑問を提起してきた。彼はわたしに、イギリスとイタリアの間に結ばれた秘密協定をめぐって、イギリスの新聞紙上で行なわれている議論を話してくれた。

　アンドリュースは尋ねた。

「もしイギリスが、もう一つ別のヨーロッパの国と秘密条約を結んだら、どうして、わたしは戦争会議に参加することができようか」

　わたしは条約については、何も知っていなかったが、ディナバンドゥ・アンドリュースの話で十分だった。そこでわたしは、ロード・チェルムズフォード[*9]に書簡を書いて、会議参加に対するわたしのためらいの事情を説明した。彼は、その問題を自分と論議しよう、と言ってわたしを招いた。わたしは彼と彼の私的秘書マッフェイ氏と、長時間にわたって議論した。その結果、わたしは会議に加わることに同意した。インド総督の議論は、大要つぎのようなものであった。

「貴下は、イギリス政府の行なったことのすべてを総督が知っていると信ずることはなかろう。予もまたイギリス政府に絶対誤りなしとは、主張しない、また、なんぴとも主張できまい。だがもし貴下が、帝国は全体としては善に味方した力であったことに同意するならば、また、もしインドは全体としてはイギリスとの連繋《れんけい》によって利益をこうむっていることを信ずるならば、貴下は危機に際して帝国を助けることが、インドの各市民の義務であるということを、どうして認めないのだろうか。

　予もまた、イギリスの新聞が、秘密条約について報じたものを読んでいる。貴下に確言するが、予は、新聞の報じているところ以上は何も知らないのである。そして貴下は、これらの新聞が、しばしば虚報を伝えていることを知っておられよう。貴下は片々たる新聞報道に基づいて、このような危機に際して帝国を助けることを拒否されてよいだろうか。

　戦争の終了後には、貴下の好むままに、どのような道徳的問題を提起されようとも、また、貴下の満足のいくかぎり、予らに挑戦されてもかまわない。今日はその時機ではない」

　この議論は新しいものではなかったが、その提出のされかたと時期のために、それは新しいもののように受け取れた。それでわたしは、会議に出席することに同意を与えた。イスラム教徒の要請については、わたしはインド総督あてに書簡を書くことにした。

　そこで、わたしは会議に出席した。総督は、わたしが新兵徴募に関する決議を支持することを切望した。わたしはヒンディ・ヒンドスタニー語[*10]で話をする許しを乞《こ》うた。総督はわたしの要請をいれた。しかし英語でも演説すべきである、と提案してきた。わたしがしたのは、演説というほどのものではなかった。

　わたしはつぎの意味の一言を述べただけだった。

「わたしはわたしの全責任をもって、決議が支持されることを願うものである」

　わたしがヒンドスタニー語で演説をしたというので、多くの人がわたしにお祝いを言ってくれた。このときが、このような会議の席上でヒンドスタニー語で話をした、今でも記憶に残っている最初の例であると言われた。

　祝いの言葉を言われ、また、総督主催の会議でヒンドスタニー語を話したのはわたしが最初だったことを知って、わたしの民族的自負心は傷つけられた。わたしは肩身の狭い思いをした。自国の言葉が、自国に関係することのために自国で開かれる集会で使用禁止になるとは。またその席上、わたしのような一介の心定まらない者によって、演説が自国の言葉、ヒンドスタニー語で行なわれたということが慶祝に価するとは、なんという悲劇であろう。このような出来事からみても、私たちがいかに低劣な状態に落ちこんでいたかを思い知らされる。

わたしがその会議の席上で発言したわずか一句の言葉も、わたしにとっては相当な意義を持った。わたしは、この会議とわたしが支持した決議を忘れることはできなかった。わたしには、デリーに滞在している間に果たしておかなくてはならない一つの約束があった。わたしは、総督に書簡を書かなくてはならなかったのである。これはわたしにとって、けっして楽なことではなかった。わたしはそのなかで、どうして、またどのようにして、わたしが会議に出席することになったかを説明し、また人々が政府に何を期待しているかをはっきりと表明しておくことは、政府ならびに人民の双方のために、わたしの義務であると感じた。

その書簡のなかで、わたしはロカマニア・ティラクやアリ兄弟を会議から除外したことに、遺憾の意を表明した。また大戦によって生まれた情勢に照らして、人民の最小限度の政治的要求を、イスラム教徒の要求とともに述べておいた。

わたしの責務のほかの一つは、新兵徴募であった。ケダを除けば、どこでわたしは始めたらよいだろうか。さらに、わたしの共働者を除けば、だれに最初の新兵になってもらえるのか。そこでわたしはナディアドに着くとすぐ、ヴァルラバイや友人たちと会議を持った。彼らの幾人かは、その提案になかなか賛成しなかった。提案に賛成した者も、その成功には不安を抱いた。政府と、それからわたしが訴えかけようとした人々との間には、愛情の欠けた関係がまだ続いていた。彼らが政府の役人についてなめた、苦い経験は、いぜんとして彼らの記憶のなかに鮮やかであった。

しかもなお、彼らは活動を開始することに賛成してくれた。わたしは仕事に着手するやいなや、目を開かせられた。わたしの楽観主義は手ひどい衝撃を受けた。納税反対の運動の最中は、人々は喜んで、無料で彼らの車を貸してくれた。そして志願者を一人入用のときに、二人の志願者がやって来たにもかかわらず、今度はお金を出すと言っても、車を手に入れることは困難だった。志願者については言わずもがなだった。しかし私たちはうろたえなかった。私たちは車を使用しないですますことにして、歩いて旅をすることにした。それで私たちは、一日に二十マイルぐらい歩かなくてはならなかった。車は使わせてもらえなくても、人々が私たちを食べさせてくれる、と思ったのはまちがいだった。食べ物を要求するのは、よくなかった。そこで私たちは、志願者各自は食糧を自分の鞄《かばん》のなかに入れて携行すべし、ということにした。時候は夏だったので、ベッディング[*11]と敷布は必要としなかった。

私たちは、行ったところでは、どこでも集会を持った。人々は集まった。しかし、新兵になろうと言ってくれる者は、二、三人にすぎなかった。

「あなたは非殺生《アヒンサ》の信者でしょう。どういうふうに、あなたは私たちに武器を取らせようとするのか?」

「政府は、わたしの協力を得るに価する、何かよいことをしてくれたか?」

このような質問がいつも私たちに浴びせられた。けれども、私たちのたゆまぬ活動が効果を現わし始めた。相当たくさんの名前が登録された。それで私たちは、最初の一隊が送り出されればすぐ、定期的な補給もすることができようと期待した。わたしは、新兵を収容する場所について、徴兵官とすでに協議を始めていた。

あらゆる管区の徴兵官は、デリー方式に基づいた会議を開いていた。その一つが、グジュラート地方で開かれた。共働者とわたしはそれに招請され、私たちは出席した。しかしわたしは、そこでは、デリーでよりもいっそうわたしの出る場所でない感じを持った。奴隷的な卑屈な雰囲気のなかで、わたしはいたたまれない気持がした。わたしはついに、少し話をした。わたしには、役人を喜ばせるようなことを何も言えなかった。そして、二、三痛いことを言ったことも確かだった。

わたしはいつも、人々に対して新兵に応募するように呼びかけた小冊子を配布することにしていた。わたしが使った論法の一つは、徴兵官にいやがられた、つぎのようなものである。

「歴史は、イギリスのインド支配の数ある失敗のうち、全民族から武器を取り上げた法律を最悪のものにみなすだろう。われわれが武器所持禁止法を廃棄しようと欲するならば、そしてもしわれわれが武器の使用を覚えようとするならば、ここにまたとない機会がやってきた。この試練の時期に当たって、われわれ中産階級が政府に対して進んで援助を与えるならば、不信は消えうせ、武器所有の禁止も撤回されるだろう」

　徴兵官はこの議論に触れて、私たちの間に差異があるにかかわらず、わたしが会議に出席していることは、ありがたいと感謝した。そこでわたしは、できるだけ丁重にわたしの立場を弁護しなくてはならなかった。

76　死の一歩手前

　わたしはこの新兵徴募運動の間に、からだをすっかりこわしてしまった。当時わたしの食べ物は、主としてピーナッツ・バターとレモンであった。わたしは、ピーナッツ・バターはとかく食べすぎやすく、そのため健康をそこねてしまうことを知っていた。それなのに食べすぎてしまい、軽い赤痢にかかってしまった。わたしはこれをあまり気にかけなかった。そしてその夜は、ときおりしていたように、道場《アシュラム》に帰って行った。わたしは、当時薬というものは飲まなかった。わたしは、一食抜けば治るだろうと思った。そして実際あくる日の朝、朝食をとらなかったので、痛みはかなりなくなったように感じた。けれども完全に治るためには、わたしはもっと長く断食を行なわなくてはならない、そしてもし何かをとるにしても、果汁以外のものはとってはならない、ということを知った。

　その日は何かの祭りの日であった。わたしはカストゥルバに、昼食には何も食べない、と言っておいたけれども、彼女はわたしに食べるようにすすめた。わたしは、この勧めに負けた。わたしがミルクやミルクから作ったものはいっさいとらない誓いをやっていたときだったので、彼女はわたしのために、白い麦粥《むぎがゆ》に、ギー（山羊の油）の代わりに植物油をかけたものを作ってくれた。彼女はまた、わたしのために豆を椀《わん》にいっぱいとっておいてくれた。わたしはこれらのものが大好物だった。そこで、さっそく食べた。からだにさわらなければよいが、と思いながら、十分に食べてカストゥルバを喜ばせ、またわたしの味覚をも満足させた。しかし、悪魔は機会の到来をねらっていた。ごく少量ではすまさずに、わたしは腹いっぱい食べた。これで死の使いを招き入れるのに十分であった。一時間たたないうちに、赤痢が悪化の兆候を示した。

友人たちが全部、沈痛な面持ちでわたしの回りを囲んだ。みな愛情深く、いろいろと心を配っていた。しかし、彼らはわたしの痛みを軽くすることはできなかった。それにわたしの頑固《がんこ》さが加わったので、彼らにはどうしようもなかった。わたしはすべての手当を断わった。わたしは愚かにも薬を飲まなかったために、苦しみを選ぶことになった。彼らはうろたえて、なす術《すべ》もなく見ていた。わたしは二十四時間に三十回から四十回下痢をした。わたしは断食をしてみた。初めのうちとっていた果汁さえとらなくなった。食欲は全然なくなった。わたしはいつも、わたしのからだは鉄製だ、と思っていた。ところがわたしのからだは、今や泥《どろ》の塊《かたまり》になってしまった。カヌガ博士が来て、薬を飲むように懇願したが、わたしは拒否した。彼はわたしに注射してやろう、と言い出した。わたしはそれも拒否した。注射液について、当時のわたしの全くの無知ぶりは、実にこっけいであった。わたしは注射液というものは、何か血清の一種だと信じていた。のちになってわたしは、医者の言い出した注射液は、植物性のものであることがわかった。しかし、この発見がおそかったので、役には立たなかった。[*12]下痢はなおも続いた。わたしは全く疲労しきってしまった。疲労は発熱をもたらし、うわごとを言うようになった。そして、いろいろの医者を呼んだ。しかし、言うことを聞き入れない患者に、何をすることができるだろうか。

たくさんの医者がいろいろの治療法をすすめるので、わたしは押しつぶされるような気がした。しかし何もする気にはなれなかった。二、三人の医者は、ミルクの誓いにさしさわりないからと言って、肉汁はどうかと言った。そして『アユル・ヴェーダ』の権威を持ち出して、自分たちの勧めを裏づけた。彼らの一人は、強硬に卵をすすめた。しかしこれらのすべてに対して、わたしは一つの返答「否」よりほかなかった。

わたしにとって、食事の問題は『シャストラ』[*13]の権威によって定められるものではなかった。わたしの生活のしかたと組み合わされて、いろいろの原理によって導かれ、外的な権威にはもはや依存するものでなかった。わたしは、それらの原理を犠牲にして生活しようとは考えなかった。わたしが妻、子供、そして友人に原理を仮借《かしゃく》なく押しつけているのに、どうして、私自身がその原理を放棄できるだろうか。

この病気は、わたしの生涯で、最初の大病だった。こうしてこの病気で、わたしの原理を検討し、それらを試す、またとない機会が与えられた。ある夜のこと、わたしはすっかり絶望状態になった。わたしは死の入口に立った感じがした。

こうしてわたしは、死すら予想しながら病床に臥せていたが、ある日タルヴァルカル博士が、会ったこともない人を連れて来た。その人はマハラシュトラの出身で、世間には知られていなかった。しかし、彼と会った瞬間、彼もまたわたしと同じように変人だということがわかった。彼はグラント医科大学での研究課程を終わる直前だったが、学位はとっていなかった。のちに、彼がブラーモ・サマージの会員であることを知った。彼の名前はスリジャット・ケルカルといい、独立心の強い、頑固な気質の人だった。彼は、彼流の治療をしに来たのだと言った。その療法というのは、からだ一面に氷をあてがうことであった。彼の療法にどんな効果があったかについて、わたしは、彼の言うのをそのまま保証するわけにいかない。しかし、それがわたしに新たな希望と力を注入してくれたことは確かだった。そして気持も自然にからだに反応し、食欲も出てきた。わたしは、公けの活動に興味を感じるまでに回復してきた。

　シャンカルラル・バンカーは、自分でわたしの健康管理者と自任していた。そしてわたしに、ダラル博士[*14]の診察を迫った。そこでダラル博士を呼んだ。てきぱきと即決していく彼の手際に、わたしは感心した。

　彼は言った。

「ミルクを飲まないかぎり、わたしはあなたのからだをつくり変えることはできません。また、あなたが鉄剤と砒素《ひそ》剤の注射を承知したら、あなたのからだを完全に元にもどす自信があります」

わたしは返事をした。

「どうぞ注射をしてください。しかしミルクは別の問題です。わたしはミルクをとらない誓いをしています」

「あなたの誓いというのは、いったいほんとうに何なのですか」

と、医者はたずねた。

わたしは彼にすっかり話をし、わたしの誓いの由来、ことにわたしが牝牛《めうし》や水牛が搾乳《プーカ》*15のやりかたでいじめられているのを見て以来、ミルクに強い嫌悪《けんお》心をもつようになったことを話した。さらにわたしは、ミルクは人間のとるべき自然の食べ物でない、という意見をいつももっていたから、それを飲むことをきっぱりやめてしまったのだ、と言った。カストゥルバは病床の横にいて、この会話の一部始終を聞いていた。

「ですけれど、あなたは山羊《やぎ》の乳なら反対なさいませんね」

と、彼女が口をさしはさんだ。医者もまた、その話に応じた。

「あなたが山羊の乳を飲むのなら、それでわたしは十分です」

と彼は言った。

わたしは降参した。サッティヤーグラハ闘争を始めたい強い希望が、わたしのなかに生きようとする激しい欲望を生み出した。そこでわたしは、誓いの文字に固執することで満足し、その精神を犠牲にした。というのは、わたしが誓いをたてたとき、牛と水牛の乳だけを念頭においたけれども、それは当然の意味合いからいって、すべての動物の乳のことだったからである。あるいは、乳は人間にとっての本来の食べ物ではない、とわたしが思っているかぎり、すべて乳というものを飲むことは、わたしにとって正しいとは言えなかった。わたしは、こうしたことをいっさい知っていながらもなお、山羊の乳をとることに同意した。生きようとする意志は、真実に対する誠実さより強かった。そして真実の信者はついに、サッティヤーグラハ闘争をやりたい、という一心から、彼の神聖な理想をけがしてしまった。この行為を思い出すと、今でもわたしは胸にうずきを感じ、自責の念にかられる。そしてわたしは、絶えず、どうしたら山羊の乳をやめられるか、考えているのである。しかしわたしはどうにもならない誘惑、奉仕したいという願望から解放されていない。わたしは今なお、その願望を持ち続けている。

栄養学上のわたしの実験は、非殺生《アヒンサ》探求の一部として、わたしにとって貴重なのである。それはわたしに再生と喜悦を与えてくれた。だが山羊の乳を飲んでいることが、今日わたしの悩みとなっている。それは栄養学上の非殺生の見地からよりも、真実の見地から、いやそれに劣らず、誓約を破ったということからである。わたしから見ると、わたしは、真実の理想を非殺生の理想よりもよく理解しているようである。そしてわたしのさまざまな経験は、わたしに、わたしが真実に対する執着を捨てるならば、非殺生の謎《なぞ》を解くことができなくなることを告げている。真実の理想は、いったんたてた誓いは、文字においても、また精神においても完全に守られなくてはならないことを要請している。現在の場合、わたしは外形のみにとらわれることによって、精神――わたしの誓いの魂――を殺してしまった。そしてそれが、わたしを責めつけているものにほかならない。しかし、このような明確な知識にもかかわらず、わたしの前にまっすぐに延びているわたしの道を見わけることができない。言葉をかえていえば、どうもわたしは、まっしぐらの道を進む勇気を持ち合わせていない。この二つはともに、その奥底において一つを意味しており、同じことなのである。というのは、疑いというものは、とりもなおさず信仰の欠如、あるいは弱さの結果である。

「神よ、われに信仰を与えたまえ」

は、したがってわたしの日夜の祈りとなっている。

わたしが山羊の乳をとり始めるとまもなくのこと、ダラル博士の執刀によって痔《じ》の手術が行なわれ、成功した。わたしがふたたび元気を回復するにつれて、わたしの生きようとする欲望が、またよみがえってきた。特に、神が、わたしのために仕事を貯えておいてくださったからであった。

77　ローラット法[*16]

わたしの健康が回復に向かったと思い始めたばかりのとき、偶然のことで、ちょうど公表された直後のローラット委員会の報告を新聞で読んだ。そのなかの勧告はわたしを驚かせた。シャンカルラル・バンカーとウマル・ソバニ[*17]とがわたしのところに来て、このことに関して、わたしが何かすぐに行動するように、と提案した。一ヵ月たってから、わたしはアーメダバードに出かけた。わたしは、ほとんど毎日のようにわたしに会いに来ていたヴァルラバイ・パテルに向かって、わたしの心配事を話した。わたしは彼に言った。

「何かをやらなくてはいけないんだ」

彼はわたしに返事した。

「こんな状況で、私たちに何ができるでしょう」

わたしは、それに答えた。

「たとえ一握りぐらいの人でも、抵抗の誓いに署名してくれればね。そしてそれを無視して提案が立法化されれば、私たちはただちにサッティヤーグラハをやらなければならない。このように寝ていなければ、わたし一人でも反対闘争を進めて、ほかの人にもついてくるようにと言えるのに。しかし、わたしのこの健康状態では、とてもその仕事に耐えられそうもないと思うね」

この話から、わたしに関係を持っていた人々を集めて、小集会を開くことが決定された。ローラット委員会の報告にもられた勧告は、その報告書に発表されている証拠によっては、全く正当づけられないように思えた。だから、自尊心のある人々ならば、それらに屈服できまい、と思った。

計画された集会は、ついに道場《アシュラム》で開かれた。二十人近い人がそれに招かれた。わたしの思い出せるところによると、出席者のなかにはヴァルラバイのほかに、サロジニ・ナイドゥ、[*18]ホーニマン氏、[*19]故ウマル・ソバニ、スリジャット・シャンカルラル・バンカー、それにシリマティ・アナスヤベンがいた。この集会で、サッティヤーグラハの誓約が起草された。そしてわたしの思い出せるかぎりでは、出席者全部がそれに署名をした。[20]

サッティヤーグラハのような珍しい武器を、既存の諸団体のどれかが採用してくれるのではないかと期待しても、全くむだなように思えたので、わたしががんばって、サッティヤーグラハ・サバ[21]と呼ばれる団体を別個につくった。その会員は主にボンベイの人々だったので、その本部をボンベイに置いた。みずからの意志から誓約に加わろうとした者が、サッティヤーグラハの誓いに多数署名し始めた。文書が配布された。そして、いたるところで、ケダの闘争の特徴を思い起こさせる民衆大会が開かれ始めた。

わたしはサッティヤーグラハ・サバの議長になった。まもなくわたしは、私自身とこのサバを構成する知識階級との間に、なかなか意見が一致しないことを発見した。わたしが、サバではグジュラート語を使用すべしと強く主張したことが、ほかのわたしの仕事のしかたが自己流であったことと重なって、彼らに少なからぬ苦労をかけ、当惑を感じさせた。けれども彼らの大部分が、寛大にもわたしの特異性を我慢してくれたということを、彼らの名誉のために言っておかなくてはならない。

しかし、そもそもの最初から、わたしには、サバは長く続かないだろうと思われた。わたしが真実と非殺生《アヒンサ》を強調することが、もうすでにサバの加盟者の幾人かに好感を持たれていないことを知った。それにもかかわらず、初めの段階では、この新しい活動が、全力をもって展開されると、運動は急速に勢いを増していった。[22]

こうして、一方ではローラット委員会の報告書反対の運動がその量と熱とを増していったとき、他方では、政府がますますその勧告を具体化する決意を固めた。そして、ローラット法案の内容を公表した。

このような状態のもとでは、わたしのやっていることは荒野における叫びでしかありえなかった。わたしは、真剣になって総督に嘆願した。わたしは彼あてに私信や公開状を出して、そのなかで、

「政府が態度を変えないかぎり、わたしはサッティヤーグラハに訴えるよりほかはない」

と、はっきりと言ってやった。しかし、それはいっさいむだだった。

法案はまだ、法律として公布されていなかった。わたしのからだは非常に衰弱していた。しかし、わたしはマドラスから招請を受けると、長途の旅の危険を冒す決心をした。そのころわたしは、集会などで十分大きな声を張りあげることができなかった。

わたしは、いつも南インドに懐《なつ》かしさを覚えていた。南アフリカで働いたおかげで、わたしはタミール人やテルグ人に、ある特別な権利を持っていると思った。そして南インドの善良な人々は、一度もわたしの信条を裏切ったことはなかった。招請は、故スリジャット・カストゥリ・ランガ・アイエンガー[*23]の署名で来た。しかし招請の背後の人は、わたしがマドラス行きの途中でわかったところでは、ラジャゴパラチャリ[*24]であった。今回がわたしが彼と顔を合わせる最初だと言ってよかった。とにかく、これが私たちが個人的にお互いを知るようになった最初の機会だった。

ラジャゴパラチャリは、当時、サレム[25]を離れてマドラスに定住し、弁護士業を始めようとしたばかりだった。私たちは毎日、いっしょに闘争の計画を議論した。しかし、公衆の集会を開くこと以外に、わたしには何一つほかの行動計画が考えつかなかった。わたしは、ローラット法案がついに通過して法律になったならば、法律反対のどのような市民的非服従をやったらよいか、皆目見当がつかなかった。政府が機会を与えてくれるときにのみ、ローラット法に非服従することができる。もしその非服従に失敗したならば、私たちはほかの法律に非服従を行なうことができるだろうか。非服従すべき法律の選択のために、どこに一線を画すべきだろうか。これに類似した問題が、私たちの議論の中心をなしていた。

　これらの思案が続けられていたとき、一方でローラット法案が法律として発布された、という報道を受け取った。その夜わたしは、この問題を考えながら、眠ってしまった。夜明けになるちょっと前に、わたしは目をさました。いつもよりいくぶん早かった。わたしはまだ、夢うつつの状態であった。そのとき、突然考えが浮かんできた。それは夢のようなものだった。朝早く、わたしは、一部始終をラジャゴパラチャリに伝えた。

「昨夜夢のなかで、わたしは各地に一斉休業《ハルタル》[26]を呼びかけたらよい、という考えが浮かんできました。サッティヤーグラハは自己浄化の過程だし、私たちのは神聖な闘《たたか》いです。それは、自己浄化を行なうことをもって始めるのが、事柄の本質上目的に合うように見えます。だから、全インド人に、その日は仕事を停止させて、その一日を断食と祈りの日として守らせようではありませんか。イスラム教徒は、断食を一日以上続けるのを許されていないので、断食の時間としたらいいでしょう。各州全部が私たちの訴えにこたえてくれるかどうか、はっきり言うことはむずかしいけれども、わたしは、ボンベイ、マドラス、ビハール、それからシンドはかなり確実だと思っています。もしこれらの地方全部が、一斉休業を適当に実行してくれさえすれば、満足していいのじゃないか、と思います」[27]

　ラジャゴパラチャリは、わたしの提案にすぐ賛成した。他の友人にそれを知らせると、彼らもまた、それを歓迎した。わたしは短い趣意書を作った。一斉休業を行なう日は、初めは一九一九年の三月三十日と定められた。しかし、のちになって四月六日に変更された。こうして人々には、ほんの短い予告期間しかなかった。活動はただちに始めなくてはならなかったので、長い予告期間を与えておくわけにはいかなかった。

　しかし、どのように事態が進展するか、だれが知りえようか。インド全体はすみからすみまで、町といわず村といわず、ことごとくその日一斉休業を完全に守った。それは、最もすばらしい光景であった。

78　かの記念すべき週間

　南インドを小旅行したのち、わたしはボンベイに到着した。しかし、そうしているうちに、デリーでは、三月三十日に一斉休業《ハルタル》[28]をやってしまった。スワミ・シュラッダ・ナンドジーやハキム・アジマル・カン・サヘブの命令は、かの地では掟《おきて》のように守られた。一斉休業を四月六日まで延期する、との電報の届くのがおくれてしまったのだった。デリーでは、このような一斉休業を以前に見たことはなかった。ヒンドゥ教徒とイスラム教徒が、一人の人間のように統一されていた。スワミ・シュラッダ・ナンドジーがジュムマ・マスジッド*29で演説をやってくれと招かれた。彼はそれを行なった。これらのことはみんな、当局には許せないことばかりだった。一斉休業の行列が駅に向かって行進すると、巡査が阻止した。そして発砲した。多数の負傷者が出た。こうして弾圧の政治がデリーに始められた。スワミ・シュラッダ・ナンドジーは、急遽《きゅうきょ》わたしをデリーに呼んだ。わたしはボンベイの四月六日の記念式が終わりしだい、すぐデリーへ出発すると返電した。

　デリーの事件の話は、いろいろの尾ひれがついて、ラホールやアムリッツァーにくり返し伝わった。アムリッツァーから、サティヤパルとキチレウ*30の二人の博士が、かの地に来るようにと緊急の招請をよこした。わたしは、当時、この二人と全く面識がなかった。しかしわたしは、彼らに、デリーのつぎにアムリッツァーをたずねる、とわたしの意向を申し送った。

　四月六日の午前、ボンベイ市民数千人が、海で沐浴《もくよく》をするためにチョーパティ*31の海岸に集まった。その後行列を組んで、タクルドヴァーまで行進しだした。行列のなかには婦人、子供もかなり混じっていた。一方、イスラム教徒も多数参加していた。タクルドヴァーから、行列に加わっていた私たちのうち幾人かが、イスラム教徒の友人に連れ出されて、付近のイスラム教寺院に行った。そこでサロジニ・ナイドゥ夫人とわたしは、演説するようにすすめられた。ヴィタルダス・ジェラジャニが、私たちに、その場で、国産奨励《スワデシ》*32とヒンドゥ、イスラムの融和の誓いを人々にさせたらどうか、と提案した。

しかしわたしは、誓いというものは、軽率に誓わせたり誓ったりするものではない、また私たちは、すでに人々がやっていることで満足すべきである、と理由をあげて、その提案に反対した。一度誓われた以上は、誓いをあとになって破ることはいけない。したがって、国産奨励の誓いの含蓄がよく理解され、またヒンドゥ、イスラム融和の誓いにともなう重大な責任が、すべての関係者によって完全に了解されることが必要である、とわたしは論じた。終わりにわたしは、誓いをしようとする者は、つぎの朝、その目的のために改めて集まろうではないか、と提言した。

ボンベイの一斉休業が完全に成功したことは、いうまでもなかった。市民的非服従運動を始めるために、準備は手落ちなく整えられた。このことに関連して、二、三のことが議論された。大衆自身がたやすく非服従できるような法律のみを選んで、市民的非服従を行なうことが決定された。塩税[*33]は非常に不人気であったし、その廃棄をめざして、強力な運動がかってしばらくの間行なわれたことがあった。したがって、わたしは人々が法律を無視して、彼らの家で海水から塩を作ったらよい、と提案した。そのほかにわたしが提案したものは、発売禁止となった本を売ることであった。わたしの二冊の本、すなわち『ヒンドゥ・スワラジ』と『サルヴォダヤ』〔ラスキン著『この最後の者に』のグジュラート語版〕[*34]は、もう前から発売禁止になっていたが、この目的には手ごろのものだった。これを公然と印刷し、販売することは、法律違反の最も簡単な方法に思えた。そこで、この本をたくさん印刷した。

そして断食が終わったあと、夕方に開かれることになっている大集会の終わりに、これを売る手はずが決められた。

六日の夕方、志願者の一隊は予定どおり、この発売禁止の本を人々に売るために繰り出した。シリマティ・サロジニ・デヴィとわたしは車に乗って出かけた。本はまもなく全部売りきれてしまった。売上金は将来の非服従運動のために使われることになった。これらの本はともに一冊四ルピーの値段だった。しかし、単にその定価で本を買っていった者を、一人もわたしは覚えていない。おおぜいの人がだれもかれも、ただその本を買うために、懐中に持っていたお金全部をはたいた。たった一冊の本の代金を払うのに、五ルピーや十ルピーの紙幣が投げ出された。また、一冊を五十ルピーで売ったことが一回あったのを覚えている。人々が発売禁止の本を買えば、彼らは当然逮捕され、投獄されなければならない、ということはよく説明してあった。ところが一瞬の間、彼らは刑務所行きに対する恐怖心を、いっさい忘れ去ってしまったのであった。

政府は、この再版を発売禁止にした本の新版とみなす立場をとった。そして、それを売っても法律違反にはならなかった。この知らせは私たち一同を失望させた。

七日の夜、わたしはデリーとアムリッツァーに向けて出発した。八日にマトゥラに着くと、まず、わたしがたぶん逮捕されるだろうとの噂《うわさ》を耳にした。マトゥラのつぎの停車駅で、アチャリア・ギドヴァニがわたしに会いに来た。そして、わたしが逮捕されるのは確実だと伝えてくれた。そして必要ならば、お力になりましょうと言ってくれた。汽車がパルワル駅に

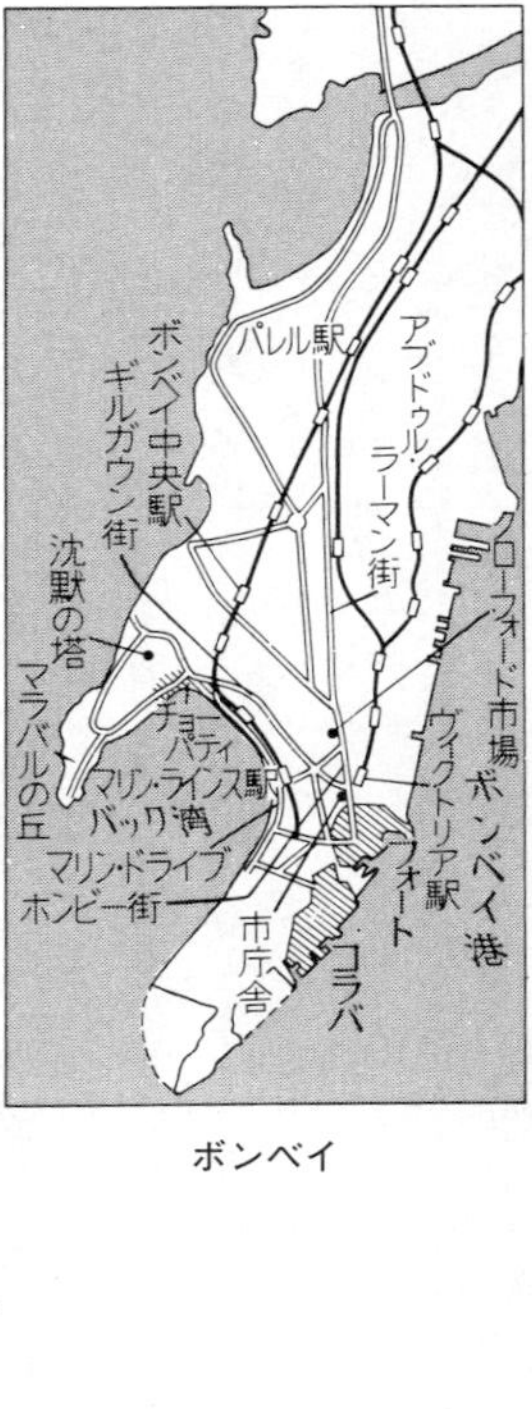

ボンベイ

着く前に一通の令状を受け取った。それには、わたしがパンジャブ[*35]に出現することは平和の妨害になるおそれがあるから、わたしがパンジャブの州境から内部に入ることを禁止するという意味のことが書いてあった。わたしは、巡査に、汽車から降りることを要求された。わたしは断わって言った。

「わたしは緊急の招請に応じて、不安をあおろうとするためではなく、かえってそれをしずめるためにパンジャブに行こうとしている。したがって、遺憾ながら、この命令には従うわけにはいかない」

　パルワル駅でわたしは汽車から降ろされ、警察の監視下に置かれた。デリー発の汽車がしばらくして到着した。わたしは三等車に乗せられた。巡査の一隊が続いた。マトゥラに着いたとき、わたしは巡査のたまり場に連れて行かれた。しかし、どの警察官も、わたしに何をしようとしているのか、あるいはどこに連れて行くのかについて、話してはくれなかった。あくる朝の午前四時に、わたしはたたき起こされ、ボンベイ行きの貨物列車に乗せられた。私たちはスーラトに到着した。ここでわたしは、別の警部の手に引き渡された。私たちがボンベイに着くと、警部がわたしに言った。

「さあ放免します。貴下のためにマリン・ラインス駅付近で汽車を止めさせますから、そこで降りたらよいでしょう。コラバでは、大群衆が集まっているようです」

わたしは、喜んで彼の希望どおりにする、と言った。彼は喜び、感謝した。わたしはマリン・ラインス駅で下車した。一人の友人の馬車が、通り過ぎるところにぶつかったので乗せてもらった。そしてレヴァシャンカル・ジャヴェリの広場で、わたしは降りた。その友人は、わたしの逮捕の報道で大衆が激昂《げっこう》してしまい、彼らの狂乱は極点に達している、と教えてくれた。

「ピドゥニでは、いつ騒動になるかもしれないと心配されています。治安判事や警察は、もうすでにそこに出動しています」

と彼はつけ加えた。わたしが目的地に着くか着かないかに、ウマル・ソバニとアナスヤベンが到着した。そしてすぐ自動車でピドゥニに急行するように、わたしに頼んだ。彼らは言った。

「人々は我慢がならなくなっています。そして非常に興奮しています。私たちでは、彼らを静かにさせることはできません。あなたが姿を見せてくれることだけが、みんなを静かにできるのです」

わたしは自動車に乗り込んだ。ピドゥニに近づくと、わたしは大群衆が集まっているのを見た。わたしを見つけて、人々は気が違ったようになって喜んだ。行進がたちどころに編成された。そしてバンデー・マタラムとアラホー・アクバルの叫び声*36で、大空は割れんばかりになった。ピドゥニで、私たちは騎馬巡査の一隊を見た。煉瓦《れんが》の破片が、空から雨のように落ちて来た。わたしは、群衆に、静かにするように言った。しかし、私たちも煉瓦の雨を避けられそうもなかった。行進がアブドゥル・ラーマン街から繰り出して、クローフォード市場に向かって進もうとしたとき、突然、騎馬巡査の一隊と真正面からぶつかってしまった。騎馬巡査の一隊は、行進がフォート*37の方向に進むのを阻止しようとして、そこに出動して来たのだった。群衆は幾重にも押し寄せてきた。騎馬巡査の包囲は突破されそうになった。大群衆のなかで、わたしの声はほとんど聞きとれなかった。ちょうどそのとき、騎馬巡査の指揮をしていた警察官が群衆の解散を命じた。そしてたちまち、騎馬隊は、槍《やり》をしごきながら、群衆に向かって突進してきた。一瞬わたしは、やられたと思った。しかし、そう思ったのはまちがっていた。槍を持った騎馬巡査が風のように駆け抜けたとき、その槍が車をかすめたのだった。人々の隊伍《たいご》は、まもなく乱れた。そして、彼らは全くの混乱状態になった。それは、たちまち潰走《かいそう》状態に変わった。幾人かが倒れて足下に踏みにじられ、ひどい怪我《けが》をしたり、押しつぶされたりした人もあった。騒然となった人間の群れのなかには、馬の通れる余地などあろうはずはなかった。また、人々が解散しようにも、出口は一つもなかった。そこで槍を持った騎馬巡査たちは道を切り開こうとして、むやみやたらに群衆のなかに突っ込んだ。わたしには彼らが何をやっているのか知っていたとは思えない。その場全体が、戦慄《せんりつ》すべき光景を呈した！　馬上の人と群衆がともに、狂乱のうちに入り乱れたのだった。

こうして群衆は解散させられ、その行進は阻止された。私たちの自動車も前進を許された。わたしは自動車を警察本部の前に止めた。そして、警察のやりかたを、本部長に抗議するためにに車から降りた。それからわたしは、警察部長のグリフィス氏の事務室に行った。階段から事務室まで、あたりいっぱい、頭から足の先まで武装した兵士が、ちょうど軍事行動に備えているかのように立っているのを見た。ヴェランダのところもざわついていた。

わたしは、本部長に、わたしの見た情景を述べた。彼は簡単に返事をした。

「わたしは行進をフォートに向かわせたくなかったのです。というのは、そこではきっと騒ぎが起こるからです。しかも民衆が聞き入れないことはわかっていたので、わたしとしては、騎馬巡査に、民衆に突っ込むように命ぜざるをえなかったのです」

インド人の示威行動を鎮圧する騎馬警官（1919年４月６日、ボンベイ）

わたしは言った。

「しかし、あなたはそれがどんな結果になるかをご存じだった。人々が馬の蹄《ひづめ》にかけられるのは、避けられないことだった。わたしは、あの騎馬巡査の一隊を派遣したのは、全く不必要だったと思います」

グリフィス氏は言った。

「あなたに判断してもらいたくない。われわれ警察の者のほうが、あなたよりも、ずっとよくあなたの民衆教育のききめを知っています。もしわれわれが徹底した措置に出なかったならば、事態はわれわれの手に負えないものになっていたでしょう。わたしはあなたに言いますが、民衆は必ずあなたの統制の及ばないものになりますよ。法律違反は彼らの大いに好むところです。平静を持する義務なんか、彼らにはわからない。わたしはあなたの考えを疑ってはいませんが、民衆にはそれはわからんでしょう。彼らが従うのは、彼らの本能ですよ」

わたしは答えた。

「わたしがあなたと意見がくいちがっているのはそこですよ。民衆は元来乱暴ではありません。平和的ですよ」

こうしてわたしたちは長いあいだ議論し合った。とうとうグリフィス氏は言った。

「だが、もしあなたの教えが民衆に無力なことが、あなたにわかったとしたら、あなたはどうしますか?」

「もしそうとわかったら、わたしは市民的非服従をやめますよ」

「どういうことなのですか？　あなたがボウリング氏に向かって、釈放になればパンジャブに行くつもりだ、とおっしゃったのは」

「そうです。わたしはつぎの汽車でそうしようと思っています。しかし、きょうはそんなことは問題外です」

「あなたは落ち着いてくれれば、まちがいなく後悔するようになります。アーメダバードでどんなことが起きているか、知っていますか。それにアムリッツァーではどんなことが起こっているかも。民衆はどこでも、狂人に近くなっています。わたしは、まだ事実を全部つかんだわけではありません。電信線が何ヵ所かで切られています。これらの騒ぎの責任はあなたにある、と申しあげたい」

「それを発見したら、どこででも、誓って私自身で責任をとります。しかし、アーメダバードに騒ぎが起きたことは、心苦しいし、意外です。わたしはアムリッツァーについては、何とも言えません。わたしは今までにあそこに行ったことはなかったし、知人は一人もいません。しかしパンジャブについても、もしパンジャブ政府がわたしのパンジャブ入りを邪魔しなかったならば、わたしはあそこの平和維持に大いに手助けできたのではないでしょうか。これだけは確かだ、とわたしは思っています。わたしを邪魔したので、パンジャブ政府は民衆に不必要な挑発《ちょうはつ》をかけたことになったのです」

　こうして、私たちは議論を続けたが、合意は不可能だった。わたしは、チョーパティの集会で演説し、人々に平和を維持するように要求するつもりだ、と彼に伝えた。そして彼のところを辞去した。集会は、チョーパティの海辺で開かれた。わたしは、非暴力の義務とサッティヤーグラハの制限について、長々と演説した。そのなかで述べた。

「サッティヤーグラハは、根本的には誠実な人の武器である。サッティヤーグラハ運動者は非暴力を誓っている。そして人々が思想と言葉と行為でそれを守らないかぎり、わたしは大衆的サッティヤーグラハを提唱するわけにいかない」

アナスヤベンもまた、アーメダバードの騒擾《そうじょう》の報道を受け取っていた。一方、幾人かが、彼女もまた逮捕された、という噂《うわさ》を広めていた。紡績労働者は、彼女の逮捕の噂に気が違ったようになってしまった。仕事を捨てて、暴力行為に出た。そして警部が一人殺された。

わたしはアーメダバードに向かった。わたしは、ナディアド駅付近でレールがはずされてしまったり、ヴィラムガムで政府の役人が殺されたり、またアーメダバードに戒厳令がしかれたりしたことを知った。人々は恐怖にかりたてられた。彼らはしきりに暴力行為を働いた。そして彼らは、さらに大きく償わなくてはならなかった。

一人の警察本部員が、駅に待っていた。そしてわたしを警察本部長のプラット氏のところへ護衛しながら連れて行った。わたしは彼が真赤になって怒っているのを知った。わたしは彼に穏やかに挨拶《あいさつ》をし、そして騒動に遺憾の意を表明した。わたしは戒厳令は不必要だったとの考えを述べた。そして、平和を回復するあらゆる努力に協力する用意があることを明らかにした。わたしは、サバルマティの道場《アシュラム》のなかで公衆集会を開きたいと、その許可を要求した。

その提案は彼の賛成を得た。そして集会は開催された。四月十三日の日曜日だったと思う。そして同じ日か、それともあくる日かに戒厳令は撤回された。集会で演説をしたわたしは、人々に、彼らの過失に気がつくように努力して、私自身に三日間の懺悔《ざんげ》の断食を課することを明らかにし、人々に一日間の同じ懺悔の断食をするよう呼びかけた。そして暴力行為を犯した人たちに対し、彼らの罪を懺悔するように提案した。

わたしは、真昼の光のようにはっきりと、わたしの義務を意識した。わたしが多くの月日を彼らとともに過ごし、彼らのために奉仕し、よりよきことを期待していた労働者たちが、騒動のなかに混じっていたことを知って、耐えられない気持になった。そして、わたしも彼らの罪の共犯者であると思った。

わたしは、人々に彼らの犯罪を告白するように提案したのと同じように、政府に対して政府の罪悪を贖《あがな》うように提案した。いずれもわたしの提案を受け入れなかった。

故サー・ラマンバイと他のアーメダバードの市民たちがわたしに会いに来て、サッティヤーグラハを停止するように訴えた。その訴えは必要がなかった。というのは、わたしは、人々が平和の教訓を学んでくれないかぎりサッティヤーグラハを停止しよう、とすでに心を固めていたからであった。友人たちは喜んで帰って行った。

ではあるが、この決心を快く思っていなかった人たちがほかにいた。彼らは、もしわたしがいかなるところにも平和を期待し、そしてそれをサッティヤーグラハを開始する前提条件とみなしたならば、大衆的なサッティヤーグラハは不可能事になってしまう、と思った。わたしは遺憾なことには、彼らとは一致しなかった。

わたしが彼らのなかで活動し、そして、わたしが非暴力と自己犠牲の心構えを期待した人たちが非暴力になりえないならば、サッティヤーグラハが不可能になることは確実である。わたしは民衆をサッティヤーグラハに導こうと欲する者は、彼らに期待できる範囲内の非暴力を彼らに守らせなくてはならない、と固く信じている。今日でも、同じ意見を持っている。

79　ヒマラヤの誤算

アーメダバードの集会の直後、わたしはナディアドに出かけて行った。わたしはここで初めて、「ヒマラヤの誤算」という表現を使ったのであった。その後、この言葉はひろく使われるようになった。アーメダバードでも、かすかであるが、自分のまちがいに気づき始めていた。ところが、わたしがナディアドに着いて、そこの状況を自分の目で見て、さらに、ケダ地区出身の多数の人が逮捕されていると聞かされたとき、ケダ地区やほかの地域の人々に非服従運動を呼びかけて、わたしは重大な過失をやったのではなかったかということが、突然胸に浮かんできた。

考えてみると、早すぎた非服従運動のようにわたしにはみえたからであった。わたしは公衆集会で演説をしていた。わたしの告白は、大いに嘲笑《ちょうしょう》された。しかしわたしはあの告白をしたことに、いまだかつて一度も後悔を感じたことはなかった。というのは、人は自分自身の誤りを凸《とつ》レンズをつけて見、そして他の人のそれには凹《おう》レンズをつけて見て、初めてこの二つに公正な相対的評価を下すことができる、とつねに思っていたからであった。わたしはさらに、この規則を実直かつ良心的に守ることこそ、サッティヤーグラハ運動者になろうとする人々にとって必要であると信じている。

では、かのヒマラヤの誤算というのは何であったかを検討してみよう。人が市民的非服従の実践に適するようになるには、その前に、国家の法律に積極的かつ尊敬をこめた服従を行なっていなければならなかった。たいていの場合、私たちは、法律に違反すると罰せられる

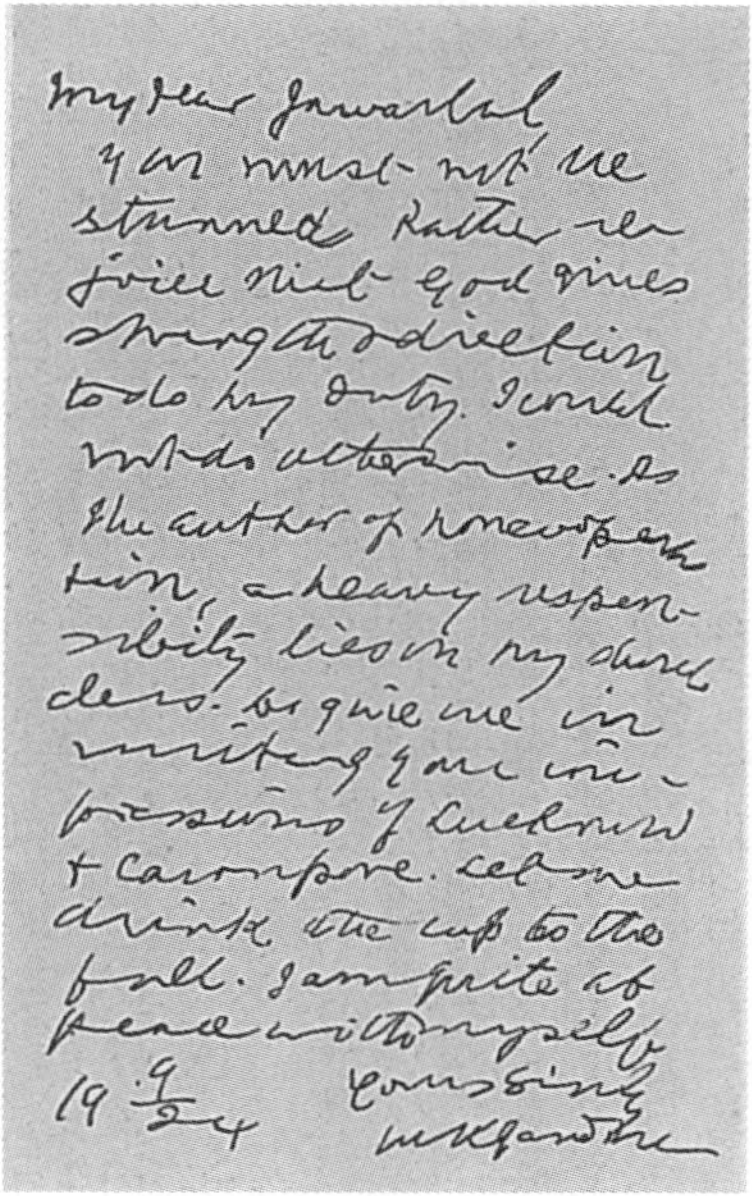
My dear Jawaharlal
You must not be
stunned. Rather re-
joice that God gives
strength & direction
to do my duty. I could
not do otherwise. As
the author of non-coopera-
tion, a heavy respon-
sibility lies on my shoul-
ders. So guide me in
writing your im-
pressions of Lucknow
& Cawnpore. Let me
drink the cup to the
full. I am quite at
peace with myself
19.9.24　Yours sincerely
M.K.Gandhi

ガンジーのネルーあて書簡
（1919年9月24日）

恐れから法律に服従している。そしてこのことは、道徳的原理をふくんでいないような法律に関しては、特に当てはまっている。

例をあげると、正直で尊敬に価する人は、窃盗《せっとう》を取り締まる法律のあるなしに関係なく、突然盗みをはたらくことはないだろう。しかし、この人が規則に違反し、夜になってから無灯火で自転車に乗って走ったとしても、彼は別に自責の念にかられることはないだろう。実際には、この点についてもっと注意するようにと親切心から忠告されたとしても、彼がその忠告を聞き入れるかどうか、疑わしい。しかし、規則に違反すれば罰せられる不自由さをのがれるためならば、彼はこの種の義務的な規則のすべてを守るのである。

けれどもこのような服従は、サッティヤーグラハに要請されている積極的自発的な服従ではない。サッティヤーグラハ運動者は社会の諸法律をよく理解し、そして彼自身の自由意志からそれに服従する。それはそうすることが、彼の神聖な義務だと考えているからである。

このように一人の人が社会の諸法律に忠実に服従しているときに初めて、彼はどの特定の法律が善で公正であるか、そしてどれが不公正で邪悪であるかについて、判断を下すことができる。そのときになって初めて、はっきりと規定された状況のもとに、ある法律に対して非服従を行なう権利が生まれるのである。わたしのあやまちは、わたしがこの必要な限定性を守らなかったところにある。

わたしは民衆に対して、彼らがそれを始める資格を持たないうちに、市民的非服従を開始するように呼びかけてしまった。そしてこのあやまちは、わたしから見ると、ヒマラヤ山の大きさを持っていた。

わたしがケダ地区に足を入れるやいなや、ケダ・サッティヤーグラハ闘争の昔の思い出が、みなよみがえってきた。そしてわたしは、こんなにはっきりしていたことになぜ気がつかなかったのか、ふしぎに思った。わたしは、人々が市民的非服従をやるのに適した者になる前に、まず彼らはその深い意義を徹底的に理解しておくべきだった、ということを悟った。したがって、大衆的規模の市民的非服従を再出発させたいならば、その前に、サッティヤーグラハの厳格な諸条件を徹底的に理解した、試練に耐えた、心の純粋な志願者の一団を作っておくことが必要であろう。彼らはこれらのことを民衆に説明してやることができたろうし、また不断の警戒によって、彼らを正しい軌道からはずれないようにすることもできたろう。

わたしはこれらの思いで心をいっぱいにしながら、ボンベイに到着し、そこのサッティヤーグラハ・サバを通じて、サッティヤーグラハ志願者の一団を編成した。そして彼らの助けを得て、サッティヤーグラハの意義とその精神的意義づけについて、大衆を教育する活動を始めた。これは主として、この問題をふくんだ教育的性質の小冊子の発行によって行なわれた。

しかしこの活動が進展しているとき、わたしは、サッティヤーグラハの平和的側面に民衆の興味をひきつけることは、困難な任務であることを知った。また志願者も、多くは応募してこなかった。現に応募した者も、みんな定期的に組織だった訓練といったものを受けなかった。そして日がたつにつれて、新たに志願して来る者の数は、増加するどころか、しだいるものでないことを悟った。

に減っていった。わたしは、非服従の訓練は、わたしが初めに期待したような速さで進歩す

80 『ナヴァジヴァン』紙と『ヤング・インディア』紙

このように、一方で非暴力保持のための運動が、遅々としてではあるが確実に進歩を遂げていたとき、他方では政府の無法な抑圧政策が全力をあげて強行されていた。そしてパンジャブでは、それがむきだしに現われていた。指導者は逮捕されてしまった。言葉をかえていえば、無法と同じ戒厳令がしかれ、特別法廷が設けられた。

これらは正義の法廷ではなくて、専制主義者の独裁的意志を実行するための機関であった。証拠の裏づけなしに、また正義を全く蹂躪《じゅうりん》して判決が下された。アムリッツァーでは、無辜《むこ》の男女が虫けらのように腹ばいを命ぜられた。わたしの目から見ると、この暴虐の前には、ジャリアンワラ・バグの虐殺事件も色あせ、意義の小さいものになってしまうのであった。もっとも、インドと世界の民衆の注目をひいたのは、主としてこの虐殺事件であった。

わたしは、結果はどうあろうとも、ただちにパンジャブにおもむかなくてはならないと感じさせられた。わたしは総督に書簡を出し、電報も打って、かの地に行く許可を要求した。しかしむだであった。もしわたしが必要な許可証なしに行ったならば、パンジャブの州境を越えることは許されないだろうし、またこの市民的非服従から、どのような満足感も得ら

れないことを思い知らされるだろう。かくてわたしは、重大なジレンマにぶつかった。状況からいうと、わたしがパンジャブ入り禁止令に違反することは、市民的非服従の部類に入らないように思えた。

　というのは、わたしの周囲には、わたしの欲した平和的な雰囲気といったものは見られなかったし、またパンジャブにおける乱暴きわまる弾圧は、憤りの感情をいっそうかき立てて、事態を深刻化するのに役立っていたからであった。だから、このようなときに市民的非服従をやることは、わたしにとってたとえそれが可能であったにしても、火をいっそうあおりたてるに等しかった。

　そこでわたしは友人たちの提案を無視して、パンジャブに行かないことに決めた。パンジャブからは毎日のように、常軌を逸した不正と抑圧の話がもたらされた。しかしわたしにできることは、ただじっと成すことなくすわって、歯を食いしばっていることであった。

　ちょうどそのとき、『ボンベイ・クロニクル』[*38]紙を育て、今日のような強大な勢力たらしめたホーニマン氏が、突然政府当局に逮捕されてしまった。これらの事態の発展の結果、わたしは『ボンベイ・クロニクル』紙の理事たちから、同紙運営の責任に当たってもらいたい、と求められた。わたしのする仕事は、それほど多いとは思われなかった。しかし、もし引き受けていたら、例のわたしの性質で、この責任は余計な重荷になったであろう。

　しかし、政府がちょうどわたしを救出するかのようなことをやった。というのは、『クロニクル』紙の発行停止を命令してしまったからであった。

『クロニクル』紙の経営に当たっていた友人たち、すなわち、ウマル・ソバニとシャンカルラル・バンカーは、そのとき『ヤング・インディア』紙も運営していた。彼らは、『クロニクル』紙の弾圧もあったので、わたしが『ヤング・インディア』紙の編集に当たるべきこと、それから、『クロニクル』紙の分を穴埋めするために『ヤング・インディア』紙を週刊から週二回発行に変更すべきことを提案した。わたしも、それを考えていた。わたしはサッティヤーグラハの内面的意義を公衆に解説してみようと思っていた。そしてまた、こうした努力を通じて、最小限度であれ、パンジャブの事態に対して公正を行なうことができるもの、と思った。というのは、わたしの書いたものの背後には、サッティヤーグラハが潜んでいたからであり、また政府もそれを承知していたからである。したがってわたしは、喜んで、これらの友人から出た提案を受け入れた。

その間に、『クロニクル』紙が復刊した。そこで『ヤング・インディア』紙は、もとの週刊の形態にもどった。二つの週刊紙を、別々の場所から発行するのは、わたしにとって非常に不便だったし、経費もかさんだ。『ナヴァジヴァン』紙がすでにアーメダバードから発行されていたので、わたしの案で『ヤング・インディア』紙もそこに移されることになった。

これらの新聞を通じて、わたしは、わたしの能力の限りを尽くして、読書階級にサッティヤーグラハを教え込むことを始めた。この双方の新聞とも、非常に多い発行部数に達した。一時はそれぞれ四万近く[*39]にまで増加した。『ナヴァジヴァン』紙の発行部数は飛躍的に増加したが、一方、『ヤング・インディア』紙は、少しずつ増加した。しかしわたしの投獄後は、これら新聞の発行部数は、ともに低調になった。そして今日では八千以下にとどまっている。最初からわたしは、これらの新聞に広告をのせることに断固として反対した。わたしはそのために、これら新聞が損をしたとは考えていない。その反対に、その独立性を維持するのに少なからぬ貢献をしたと信じている。

偶発的なことであったが、これらの新聞はまた、わたしの心にいささかの平和を維持する助けにもなった。というのは、市民的非服従に直接訴えることはできなかったけれども、新聞のおかげで、わたしの見解を自由に吐露することができたし、民衆を鼓舞することができたからであった。

81　キラファットは牝牛保護に反対か

私たちは、これからしばらくのあいだ、パンジャブに起きたこれらの暗い事件から離れなくてはならない。

パンジャブにおけるダイヤー将軍[*40]の非行に関する会議派の調査が始まったとき、わたしはヒンドゥ教徒とイスラム教徒の合同会議に出席してくれとの招請状を受け取った。その会議は、キラファット問題を評議するため、デリーで開かれることになっていた。

会議は、キラファット問題から生まれた情勢や、ヒンドゥ教徒やイスラム教徒は、いったい和平回復祝賀に参加すべきかどうかの問題を討議するのが目的であった。招請状はさらに続けて、そのほかの議題として、キラファット問題のみならず、牛牛保護の問題も同時に会議で協議されるはずであり、したがって牝牛の問題の解決のための好機になるだろう、とも述べていた。

わたしは、この牝牛問題に言及したところには賛成ではなかった。そこで招請状に対する返事のなかで、万障繰り合わせても出席したいと約束する一方、これら二つの問題をいっしょにからみ合わせたり、取引きの精神で考えたりすべきではなく、それ自体の真価に基づいて決定され、また別々に処理されるべきであると主張した。

このような考えを胸に入れて、わたしは会議に出かけた。それは非常にたくさんの人が出席した会議で、人数は一万人に達したであろう。わたしは以上のことに関連した問題を、会議の議長を勤めた故スワミ・シュラッダ・ナンドジーと協議した。彼はわたしの説を評価してくれた。そしてそれを会議に提出するのをわたしに任せた。わたしは同じように故ハキム・サヘブとも議論した。

会議の席で、わたしは、もしわたしが信じているように、キラファット問題に公正で合法的な基礎があるならば、そしてもし政府が実際に重大な不正義を犯しているならば、ヒンドゥ教徒が、キラファット問題の償いを要求しているイスラム教徒に味方するのは当然である、ということを論じた。ヒンドゥ教徒側がこの点にからめて牝牛の問題を引き入れたり、あるいはイスラム教徒との仲直りの機会に使ったりすることは、彼らに似合わしくないことである。それはちょうど、イスラム教徒が、キラファット問題でヒンドゥ教徒から支持を受ける代償として、牝牛処理をやめることを提案することが、イスラム教徒に似合わしくないのと同じことである。

しかし、イスラム教徒がヒンドゥ教徒の宗教感情に寄せる敬意から、そして隣人として、また同じ土地から生まれた子供として、ヒンドゥ教徒に対する義務から、自由意志で牝牛の処理をやめるならば、それは別のことになり、非常に奥ゆかしく、また名誉あることである。わたしが論ずるように、このような自主の態度をとることは彼らの義務であり、彼らの行為に権威を増すことである。

また、もしイスラム教徒が、牝牛処理を彼らの隣人としての義務と考えるならば、ヒンドゥ教徒がキラファット問題で彼らを助けようが助けまいが、それにおかまいなくそれをなすべきである。わたしは論じた。

「二つの問題は、それぞれ別個に審議すべきである。またこの会議の審議は、キラファット問題だけに限るべきである」

わたしの言ったことは、出席していた人々に賛成された。そのため、牝牛の問題はこの会議で論議されなかった。しかし、わたしの忠告を無視して、マウラナ・アブドゥル・バリ・サヘブは言った。

「ヒンドゥ教徒が私たちを助けてくれようがくれまいが、それにおかまいなく、イスラム教徒はヒンドゥ教徒の同国人として、後者の強い感受性に留意して牝牛の処理を中止すべきである」

そして一時は、彼らはほんとうにそれを中止するかのように見えた。

マウラナ・ハスラット・モハニもこの会議に出席していた。わたしは以前から彼を知っていたが、ここで初めて、彼が闘士であることを発見した。

この会議でたくさんの決議が採択され、そのなかに、ヒンドゥ教徒とイスラム教徒は、ともに自治《スワラジ》の誓いをすること、さらにそれの当然の結果として、外国製品をボイコットすることを要求する決議があった。手織布地生産《カーディ》[41]はまださかんになっていなかった。この決議は、マウラナ・ハスラット・モハニに受け入れられるものではなかった。彼の目的は、キラファットのことで正義が通らなかった場合には、イギリス帝国に復讐《ふくしゅう》をすることにあった。したがって彼は、イギリス製品だけを、実行できる範囲内でボイコットする反対提案を行なった。わたしはそれに対して、原理とそれから実際のうえから反対し、今となってはかなり世間に知れ渡ってしまっている議論を引用した。

わたしはまた、会議の席上、非暴力に関する見解を説明した。わたしは、わたしの言わんとしたことが聴衆に深い感銘を与えたことに気づいた。わたしの前に、マウラナ・ハスラット・モハニが演説をした。彼の演説が大喝采《かっさい》を博していたので、わたしは、わたしの演説などは荒野の一声にすぎないのではないか、と危ぶんだ。わたしは、会議にわたしの見解を述べないことは義務の放棄になると思ったので、あえて演説をした。ところが、わたしの演説は、出席した人々の最大の注目を集めてしまった。

これは、わたしにとって、もちろん意外なことであった。そして討議に参加した人々から、全幅の支持を得た。そして演説者はあとからあとからと立ち上がって、わたしの見解を支持する演説をした。

指導者たちは、イギリス商品のボイコットは、その目的達成に失敗するのみならず、さらに、もし万一実行したら笑い草になることを知った。その集まりに出席した人で、いくつかのイギリス製品を身につけていない人は、ほとんどいなかった。だから、聴衆の多くは、決議の採択からは害以外には何ものも生まれてこないし、またそれに賛成した人たちも実行することができないことを認めた。

「外国製布地の単なるボイコットで、われわれは満足することはできない。というのは、国産《スワデシ》の布地がわれわれの必要に見合うほど十分に生産されるまで、またわれわれが外国製布地の効果的なボイコットを行なえるようになるまで、はたしてどれくらいかかるものか、だれも知らないからである。われわれは、何かイギリス人に即効があるものを必要としている。諸君が外国製布地のボイコットを行なうのはよい。われわれはそれにこだわらない。しかしそのうえに、われわれにもっと早く、いっそうきびきびしたものを与えてもらいたい」

マウラナ・ハスラット・モハニは、こんな意味のことを演説した。

彼の言うことを聞いていたときも、わたしは外国製布地のボイコット以上の、何か新しいものが必要である、と感じた。また外国製布地を今すぐボイコットしようとしても、あの当時では、明らかに不可能なことであるように見えた。当時わたしは、望めば、私たちの衣類として必要なだけの手織布地全部を生産できる、とは思わなかった。これはあとになって、はじめて発見したことであった。他方わたしは、もし外国製布地のボイコットの実行を紡績工場のみに依存してしようとしたならば、私たちは裏切られてしまうだろう。わたしは、マウラナがこの演説を終わったとき、まだこうしたジレンマの最中にあった。

わたしは、ヒンディ語やウルドゥ語の適切な言葉を十分知らないという不利な立場にあったが、このとき、北インドのイスラム教徒が目立つ聴衆を前にして、討論めいた演説を初めて行なった。わたしは欠点のない、洗練されたデリーのイスラム教徒のウルドゥ語で演説をしようとしたのではなかった。そして、わたしが駆使できる不完全なヒンディ語で、わたしの意見を集まった人々に明らかにしたのだった。しかもわたしは、これに成功した。この会合は、ヒンディ語とウルドゥ語のみでインドの母国語になりうる、という事実を、直接証明してくれる機会となった。[*42]

わたしは、新しい考えを言い表わす適切なヒンディ語やウルドゥ語を考え出せないで困っていた。ついにわたしは「非協力《ノン・コーポレーション》」という英語で、それを述べた。この会合で初めて使った表現であった。マウラナが演説しているとき、彼自身がいろいろの点で協力している政府に対して、有効な抵抗を行なうことを彼が説くことはむだであるし、またしたがって、政府に対する唯一の真の抵抗は、それとの協力を停止することである、とわたしは思った。こうして、わたしは、非協力の言葉に思い当たった。そのときはまだ、わたしは、その言葉の持つたくさんの含蓄について、はっきりした考えを持っていなかった。そこでわたしは、詳しいことにには立ち入らなかった。わたしは簡単に言った。

「イスラム教徒は、非常に重大な決議を採択した。休戦条約[43]が彼らに不利なものであれば――神はそれを禁じたもう――彼らは、政府との協力をいっさい停止するだろう。協力をさし控えるかどうかは、奪うべからざる民衆の権利である。私たちは、位階勲等を保持し、あるいは政府の職務を続ける必要はない。もし政府が、キラファットのような大きな建前を裏切るならば、私たちは協力しないこと以外できないだろう。私たちは裏切られた場合には、政府に協力しない権利を与えられる」

しかし非協力《ノン・コーポレーション》の言葉が一般のものになったのは、数ヵ月後のことだった。しばらくの間、それは会議の議事録にのることはなかった。実際、わたしが一ヵ月後、アムリッツァーで開かれた会議派大会[44]で非協力決議を支持したときも、わたしは政府は裏切るまい、という希望を持っていたのであった。

82　アムリッツァー会議派年次大会

パンジャブ政府は、戒厳令のもと、とるに足らぬわずかな証拠をもとにして、法廷とは名ばかりの裁判によって、数百人のパンジャブ人を刑務所に入れたが、これ以上、彼らを獄舎につないでおくわけにいかなかった。この目にあまる不正義に反対する騒ぎが、四方八方から起こってきたため、これ以上パンジャブ人を投獄することは不可能となった。投獄者の大部分は、会議派大会の始まる前に釈放された。ララ・ハルキシャンラルとそのほかの指導者も全部、会議派大会の開催中に放免となった。アリ兄弟もまた、刑務所から直行して、議場に到着した。人々の喜びは無上のものであった。パンディット・モティラル・ネルー[*45]が大会議長であった。彼は繁盛している業務を犠牲にして、パンジャブを彼の本拠とし、大きな奉仕をしてくれたのだった。このときまで、わたしが会議派の年次大会で受け持った役割は、ただ、わたしの演説を国語で行なって、ヒンディ語を建設的に弁護したこと、そしてその演説のなかで、海外インド人の訴えを紹介したことに限られていた。わたしはこの年も、なにか特別のことをするように要求されるとは予想しなかった。しかし、以前よく起きたように、思いがけないときに責任ある仕事がわたしに降りかかってきた。

　このとき、新しい統治改革に関するイギリス国王の発表[*46]が行なわれた。それはわたしにとっても、全面的に満足というものではなかった。だから、ほかの人には不満足そのものであった。しかしそのときわたしは、その改革は欠点の多いものであるにしろ、受諾できるものである、と思った。わたしは国王の発表とその用語のなかに、サー・シンハ[*47]の匂いを感じた。そしてそれは、一条の光明を投げかけた。しかし故ロカマニア・ティラクやデスバンドゥ・C・R・ダス[*48]のような老練な政治家は、首を横に振った。パンディット・モーハン・マラヴィアジーは中立だった。

　改革問題に関する決議の審議に、わたしの参加が不可避であったことは、わかっていた。パンジャブの暴虐に関する会議派報告の起草に、わたしは責任の一半を分け持っていたので、わたしが注意を払わなくてはならない問題がたくさん解決されずに残っていた。その問題について、政府とも交渉しなくてはならなかった。

それから、同じようにキラファット問題があった。当時わたしは、モンターギュ氏が、インド人の立場を裏切ったり、裏切りを許したりすることはないものと信じていた。アリ兄弟やそのほかの囚人の釈放もまた、わたしには吉兆に見えたのだった。このような状況で、わたしは、改革を拒否するのではなくて、むしろ受諾する決議案こそ正しいものである、と考えた。他方、デスバンドゥ・C・R・ダスは、改革は全体として不適切であり不満足であるから拒否されるべきである、という見解を堅持していた。故ロカマニア・ティラクは、多少中立的なところがあったが、デスバンドゥ・C・R・ダスが承認する決議には、どのようなものにも賛成することを決定していた。このように、老練な、一般から尊敬されている指導者と意見を異にせねばならないということは、わたしにとって耐えられないことだった。

けれども、わたしには、良心の声がはっきりと聞こえるのだった。わたしは会議派大会から逃げてしまおうとした。そしてパンディット・マラヴィアジーとパンディット・モティラルジーに対し、以後の会期には欠席したい、そうすれば一般のためになろうと申し出た。それによって、このような尊敬すべき指導者とわたしとの意見の相違を見せなくともすむことになる。しかし、わたしの申し出は、この二人の先輩の賛成を得られなかった。わたしはこの問題について、ロカマニア・ティラク、デスバンドゥ・C・R・ダス、それからジンナー氏[*49]と協議をした。しかし打開の道は見つけられなかった。最後にマラヴィアジーに苦しみを打ち明けた。

「わたしには妥協の見通しが立ちません。それにわたしがこの決議案を提出しますと、採決となって、投票で決することになります。ところが、ここにはその手続きがないのですね。これまでの大会の公開会議の慣例によると、挙手で投票が行なわれていました。そのため、傍聴者と代表との区別がつけられていないのです。それに、このような大集会になると、投票を数えようにもわれわれには方法がありません。そこでこういうことになりますね。たとえわたしが採決を望んでも、それはできない相談だし、あるいは意味がないわけです」

ところが、ララ・ハルキシャンラルが助け舟を出して、必要な手はずを整えることを引き受けた。

「投票が行なわれる当日には、大会会場に傍聴者の入場を許可しない。採決の票を数える問題は、これから考えることにしよう。とにかくあなたは大会を欠席してはいけない」

ララ・ハルキシャンラルはこう言うのだ。わたしは降参した。わたしは決議案の要旨を作ってみた。そして、心中危ぶみながら、それを提出することを約束した。

パンディット・マラヴィアジーとジンナー氏がこれを支持することになった。私たちの意見の相違には後味の悪さは少しもなかったし、また、私たちの演説には、冷静な趣旨説明以外の何ものも含まれていなかったけれども、人々が意見の相違そのことを承服できなかったことは、明らかに認められた。意見の相違に彼らは心を痛めた。彼らは満場一致を望んでいた。

演説が行なわれている間でも、意見の対立を解消する努力が、舞台裏では行なわれていた。

そしてその目的のために、指導者の間には覚え書が活発に交換されていた。マラヴィアジーは、対立に橋をかけるために、あらゆる努力を惜しまなかった。ちょうどそのとき、ジェラムダスが彼の修正意見をわたしに手渡した。そして彼特有の物柔らかな態度で、各代表を分裂のジレンマに落とさないようにしてくれ、と頼んできた。彼の修正意見にわたしは賛成だった。

マラヴィアジーの目は、まだどこかに一縷《いちる》の望みがあるのではないかと、四方八方を見渡していた。わたしは彼に、ジェラムダスの修正意見は両派に受け入れられるのではないか、そうわたしには思える、と告げた。つぎにロカマニア・ティラクに見せると、彼は言った。

「もしC・R・ダスがいいと言うならば、わたしはなんの異存もない」

デスバンドゥ・C・R・ダスもついに態度を柔らげた。そしてシリ・ビピン・チャンドラ・パル[50]のほうへ、賛成の一瞥《いちべつ》を送った。マラヴィアジーは希望でいっぱいになっていた。彼は修正意見の書きつけてあった紙片をひったくるように取った。そして、デスバンドゥ・C・R・ダスがはっきり「賛成」と言いきらないうちに叫んだ。

「兄弟の代議員諸君。喜んでいただきたい。妥協は成立しました」

続いてどんなことが起こったかは、筆舌に尽くしがたいものであった。会場《バンダル》は、拍手喝采《かっさい》で割れんばかりだった。そして思いつめて暗かった聴衆たちの顔も、喜びに明るくなった。

この妥協で、わたしの責任はいよいよ大きくなった。

アムリッツァーの会議派大会へのわたしの出席で、わたしは会議派の政治運動に実際に足を踏みこんだとみなさなければならない。わたしは、以前にも大会に出席したが、それはおそらく会議派に対する忠誠を年々新たにしただけのものであった。これらの場合、単なる私的なものを除けば、ほかにわたしに予定されていた仕事を何一つ持ってはいなかったし、またわたしは多くを希望もしなかった。

アムリッツァーでの経験は、おそらくわたしが、いくらかの適性を持ち合わせており、また会議派のためになることが、二、三あることを教えてくれた。故ロカマニア・ティラク、デスバンドゥ・C・R・ダス、パンディット・モティラルジー、およびその他の指導者たちが、パンジャブ虐殺事件に関連してわたしのやった仕事を喜んでくれたことを、わたしは、すでに知っていた。彼らは、わたしを彼らの非公式の会合によく呼んでくれた。わたしはそこで議事委員会に出すいろいろの決議案が練られていたことを知った。これらの集まりには、指導者たちから特別に信頼され、手助けに必要とされる者ばかりが呼ばれた。

翌年のために、わたしは二つのことに興味を持った。わたしが、それらに対して、適性を持っていたからだった。これらの一つは、ジャリアンワラ・バグ虐殺の記念事業だった。会議派大会は、大熱狂のなかで、それについての決議を採択したのだった。そのために、約五十万ルピーの基金を集めなくてはならなかった。わたしは、基金委員の一人に任命された。パンディット・マラヴィアジーは、公けの事業のための基金集めのプリンスという評判をとっていた。しかし、わたしもその点にかけては彼に劣るものでないことを知っていた。わたしにこの方面の才能があることを発見したのは、南アフリカ滞在中のことであった。わたしはマラヴィアジーのように、インドの土侯から莫大《ばくだい》な寄付を受ける無敵の魔術を持っていなかった。わたしはジャリアンワラ・バグの記念事業への寄付のために、ラージャやマハラージャたちに接近する必要はないと思った。こうしてわたしが予期していたとおり、基金集めの主要な責任は、わたしの肩にかかってきた。

会議派のために役立てられるわたしのもう一つの適性は、起草者としてであった。会議派の指導者は、わたしに物事をよくまとめて表現する才能のあることを知っていた。その能力をわたしは長い練習のすえに獲得したのであった。当時存続していた会議派の規約は、ゴカーレが残してくれたものだった。彼は、二、三の規則を作っておいた。それが会議派の機関を動かす土台になった。わたしはこれらの規約を作るに当たってのおもしろい話を、ゴカーレ自身の口から聞いて知っていた。しかし当時ではだれもが、これらの規約は、もはやふえる一方の会議派の事務を処理するのに、適当でなくなったことを感ずるようになっていた。問題は、毎年のようにとりあげられた。

当時の会議派には、大会と大会との間、活動する機関が事実上一つもなかったし、またその間に起きてくる突発の事項を処理する機関もなかった。当時の規則は、三人の書記をおくことを定めていた。しかし実際には、その書記の一人だけが事務をとっているにすぎず、その彼も専従ではなかった。どのようにして彼がたった一人で、会議派事務局を運営し、将来を考え、あるいはまた、前年会議派が引き受けた責任を、その年の間に果たすことなどができようか。したがって当時、だれもが、この問題はますます重要性を帯びてくるだろうと思った。

会議派はまた、公的な問題を討議するには不便な組織だった。大会の代議員の数や各州が選出する代議員の数に、なんら制限が設けられていなかった。こうして当時の無秩序状態に若干の手直しを施すことが絶対の必要事であることが、なんぴとにも感じられた。わたしは一つの条件をつけて、規約を作る責任を引き受けた。

わたしは民衆の問題に最大の支配力を持っている指導者は、ロカマニア・ティラクとデスバンドゥ・C・R・ダスの二人であることを知っていた。わたしは民衆の代表者として、彼らがわたしといっしょに、規約作成に関する委員会の一員になってもらいたい、と要求した。しかし、明らかに、両人とも、規約作成の事業に参加するひまを持っていなかったので、わたしは彼らの信頼をかちえている人二名を、わたしといっしょに規約委員に任命してもらいたいこと、さらにその委員の数は三名と制限すべきであることを提案した。この提案は、故ロカマニアと故デスバンドゥに受け入れられた。両氏は、それぞれ、彼らの代理として、スリジャット・ケルカルと、I・B・センの名前を持ち出した。

規約委員会は、かつて一回もいっしょに集まることはできなかった。しかし私たちは、手紙の交換によって、お互いに協議し合うことができた。そして最後に、全員で意見の一致を見た報告を提出した。わたしは、この規約を一種の誇りをもって見ている。もし私たちが、この規約を十分に実行できたならば、それを実行したというだけの事実で、私たちに自治《スワラジ》がもたらされる、と考えている。この責任を引き受けたことをもって、わたしの会議派の政治運動入りが現実に行なわれたと言ってもさしつかえない。

第九部

83　手織布地《カーディ》の誕生

わたしは一九〇八年[*1]に、インドにおいて増大する貧困を退治する特効薬として、手織り機または手紡ぎ車《チャルカ》のことを『ヒンドゥ・スワラジ』に書いたが、そのとき以前に手紡ぎ車を見て知っていた記憶はない。その本のなかでわたしは、インドを助けて、インドの大衆をその骨身を削る貧苦から免れさせてくれるものは、なんであれ、同じ経過をたどって、また自治《スワラジ》を樹立してくれる、ということを、わかりきったことのように取り扱った。

一九一五年に、わたしが南アフリカからインドに帰ったときですら、実際にはわたしは手紡ぎ車を見ていなかった。サッティヤーグラハ・アシュラムがサバルマティに作られたとき、私たちは二、三台の手織り機をそこに持ち込んだ。しかし、持ち込むとすぐ、一つの困難にぶつかった。全員、自由職業かそれとも商業にたずさわっていた私たちのなかには、職人は一人もいなかった。私たちが手織り機を動かすには、機織《はたお》りの熟練家に来てもらって、織りかたを教えてもらう必要があった。

やっとパランプルから一人連れて来たが、彼は自分の持っている技術の全部を伝授してはくれなかった。しかし、マガンラル・ガンジーは簡単にくじける男ではなかった。生まれつき機械工の才能を持っていたので、彼はまもなく織りかたを完全に習得した。それで、つぎつぎに数人の織り手が道場《アシュラム》で訓練されていった。

私たちが課した目標は、自分の着物のすべてを自分自身の手で生産した布で作ることにあった。そこで、さっそく、私たちは機械織りの布の使用をやめた。そして道場の全員は、インド産綿糸からできた手織りの布地の着物を着ることを決心した。この習慣の採用で、私たちは初めて経験する世界に連れて行かれた。私たちは織工とじかに接触して、織工の生活状態、彼らの生産の限度、彼らが綿糸を補給してもらうに当たっての不利な条件、彼らが詐欺師の餌食《えじき》になる経路、そして最後にふえるばかりの彼らの負債などについて、知ることができた。

私たちは、今すぐに、必要とするだけの布を製造する状態にはなかった。そこで、これに代わるべきものは、手織布業者から私たちの布を供給してもらうことであった。しかし、インドの工場製の綿糸で織った既製の布を手に入れることは、織物商人からでも、または織物業者からでも、たやすいことではなかった。織物業者の織ったもので、薄手の布は、全部外国製の綿糸のものだった。というのは、インドの工場は、番手の多い綿糸は紡げないからであった。今日でも、インドの紡績工場での中細《ちゅうぼそ》は生産が限られているし、極細《ごくぼそ》は紡げないのである。

私たちは非常な苦労をした結果、とうとう、私たちのために、わざわざ国産綿糸《スワデシ》＊2で織ってくれる織物業者を幾人か見つけた。そして織ってもらうには、彼らの織った布を全部道場で買い取る、という条件がつけられた。

こうして、工場製の綿糸で織った布を私たちの着物に採用し、またそれを友人に普及させたことが、私たちを、自発的にインド紡績工場の代理人にしてしまった。

このことで、私たちは今度は工場と接触することになった。そして、彼らの管理問題や不利な条件について、いくらか知識を得ることができた。私たちは、工場が、いよいよ工場自身で紡いだ綿糸で織物を織ることを目ざしているのを知った。

また、工場は手織り業者との協力を希望していないこと、そして、その協力は、避けられないが一時的なものであることなどがわかった。

私たちは、一日も早く自分たちの綿糸を紡ぎたかった。私たちが自分でそれができるようになるまでは、そのまま工場に依存することは明らかであった。私たちは、インドの紡績工場の代理人を続けることによって、何か国に奉仕をすることができるとは、思っていなかった。

私たちは、またも、はてしのない困難にぶつかった。私たちは手紡ぎ車《チャルカ》も、また、私たちに紡ぎかたを教えてくれる紡ぎ手も見つけることができなかった。私たちは、道場で、機織りのために、梭《ひ》や糸巻に車をいくつか使っていた。しかし、これらの車を手紡ぎ車に使えるとは思いつかなかった。あるとき、カリダス・ジャヴェリが一人の婦人を見つけてきて、彼女が私たちに紡ぎかたを見せてくれるだろう、ということだった。私たちは、道場の一員で、新しいことを覚えることにかけては天才だと言われていた一人を、彼女のところに派遣した。しかし、彼ですら紡ぎかたの極意を習得しては来られなかった。

　時は過ぎていった。そして、わたしのあせりも時とともにひどくなった。わたしは、道場の訪問者で、手紡ぎの知識をちょっとでも持っていると思われる人には、機会をのがさず、その方法についての質問を浴びせた。しかし、その方法を知っているのは婦人に限られていたし、ほとんど死に絶えていた。たとえどこかの片隅に、幾人かの紡ぎ手が取り残されてまだ生きているとしても、女性の道場会員でなければ、彼女の所在を捜しだすことはとてもできなかった。

　一九一七年にわたしは、グジュラートの友人たちに誘われて、ブローチで開かれた教育会議[*3]を司会したことがあった。わたしはここで、一人の非凡な婦人、ガンガベン・マジムンダルを発見した。彼女はやもめであったが、彼女の進取の気性はすばらしかった。一般の標準からいえば、彼女の受けた教育はあまりたいしたものではなかった。しかし、勇気と常識を持っている点では、彼女は教育ある婦人の水準をはるかに抜いていた。

　彼女は、すでに、アウトカーストの呪《のろ》いをふり捨てていた。そして、大胆にも、この圧迫された階級の間で活動し、奉仕を行なっていた。彼女は貯えがあり、ぜいたくはしなかった。彼女は、よく鍛えられたからだの持ち主でもあった。そして、付きそいも連れずに、どこへでも出かけて行った。彼女は、馬を楽々と乗りこなした。わたしは、ゴドラでの会議で、彼女といっそう親密になった。わたしは、彼女に、手紡ぎ車《チャルカ》について私たちが困り抜いていることを打ち明けた。すると、彼女は、手紡ぎ車が見つかるまで懸命に捜してみましょう、と約束してくれた。それで、わたしの重荷は軽くなった。

　グジュラートの各地をすみずみまで歩き回ったあげく、ガンガベンはバロダ国*4のヴィジャプルで、ついに手紡ぎ車を見つけた。そこではたくさんの人々が家に手紡ぎ車を持っていた。しかしそれらは、長い間古材同様に屋根裏に投げ込まれてあった。彼らは、彼女に、もしだれかが篠《しの》*5を規則的に補給してくれ、自分たちが紡いだ綿糸を買ってくれることを約束してくれれば、また手紡ぎを始めてもよいと言った。

　ガンガベンは、わたしにこの喜ばしい知らせを伝えてくれた。しかし、篠を補給することはむずかしい仕事であることがわかった。わたしがこのことを故人になったウマル・ソバニに話したところ、彼はたちどころに、彼の工場から十分な篠を供給することを引き受けてこの困難を解決してくれた。わたしはウマル・ソバニからの篠をガンガベンに送った。それでまもなく、どしどし綿糸が入って来たために、その処置が問題になるほどだった。

　ウマル・ソバニの気前のよさは、たいしたものだった。しかし、いつまでも、それを利用しているわけにはいかなかった。わたしは、彼から続けて篠を受け取るのに、忸怩《じくじ》たるものを感じた。

　わたしには、工場製の篠を使用することは、信条に忠実にいえばまちがいではないか、と思えた。もし私たちが、工場製の篠を使ってよいならば、工場製の綿糸を使って悪いのはなぜか。確かに、昔の人には篠を供給してくれる工場などはなかったではないか。では、そのとき、彼らはどういうふうに篠を作ったか。

　このような考えを胸のなかに置きながら、わたしはガンガベンに、篠を供給してくれる梳《そ》棉《めん》人を見つけるように、それとなく言った。彼女は自信をもってその仕事を引き受けた。彼女は棉を梳《す》く設備を持った梳棉人と契約を結んだ。彼は一ヵ月当たり三十五ルピーだけはもらいたい、と要求した。わたしは、当時としては、あまり高くはない値段だと考えた。彼女は棉を梳いて篠を作る若い者二、三人を訓練した。わたしは、ボンベイに棉をくれと申し込んだ。スリジャット・ヤシワントプラサド・デサイ[*6]がただちに応じてくれた。ガンガベンの企業は、予期した以上に栄えた。彼女は、ヴィジャプルで紡いだ綿糸で織り物を織る職工を捜し出した。そしてまもなく、それに、ヴィジャプル・カーディという名がつけられるようになった。

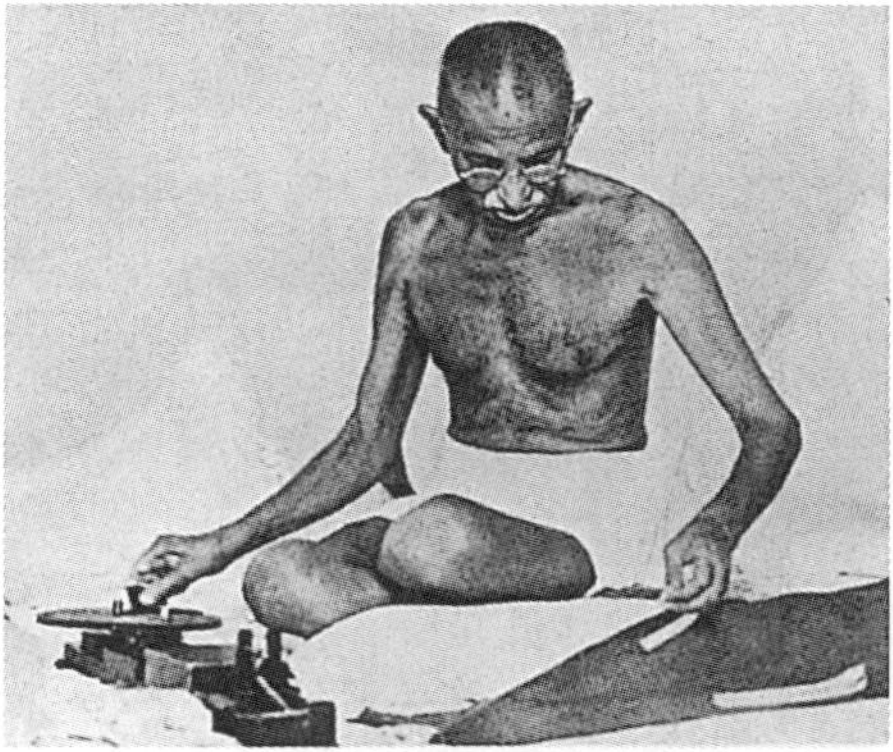
チャルカ（手紡ぎ車）で糸を紡ぐガンジー

　こうしたことがヴィジャプルで起きている間

に、道場《アシュラム》では、手紡ぎ車が急速に地歩を得てきた。マガンラル・ガンジーは、機械に対する彼のすばらしい知能の全部を手紡ぎ車に傾けて、それに幾多の改良を施した。そして、手紡ぎ車とその付属の道具が、道場で製造されるようになり始めた。道場で作られた手織布地《カーディ》の最初の一反は、一ヤードに十七アンナかかった。わたしは躊躇《ちゅうちょ》せずに、この非常に目の粗《あら》い手織布地を、この値段で友人たちに買えとすすめた。友人たちは、喜んでその値段で買いとってくれた。

わたしは、ボンベイで、病気のため寝込んでしまった。しかし、そこで手紡ぎ車を捜すことぐらいはできた。ついにわたしは、二人の紡ぎ手に行き当たった。彼らは、一シーアの綿糸、つまり二十八トーラ[*7]または一ポンドの四分の三ぐらいに当たる量の綿糸に、一ルピーを取った。当時、わたしは、手織布地の経済には無知だった。手で紡いだ綿糸を確保するのに、それくらいの値段は高くないと思った。わたしが払っている値段とヴィジャプルで支払っている値段とくらべてみて、わたしはごまかされていたことを知った。紡ぎ手は、代金の値引きには応じなかった。そこでわたしは、彼らに働いてもらうことをやめなくてはならなかった。

しかし、彼らは役に立った。彼らは、シリマティ・アヴァンティカバイ、[*8]スリジャット・シャンカルラル・バンカーのお母さんで寡婦のラミバイ・カムダル、それからシリマティ・ヴァスマティベンに紡ぎかたを教えた。手紡ぎ車は、わたしの部屋でぶんぶんと楽しい音をたて始めた。そして、このぶんぶんいう音が、わたしの健康を回復するのに小さくない役割を果たしたのだった。こう言っても誇張でもなんでもない。わたしとしては、肉体的というより、むしろ精神的な効果があったことを認めるのにやぶさかではない。しかしまた一方では、人間の肉体はその精神にいかに力強く反応するかが、はっきりと示された。わたしはまた、手紡ぎ車に手をかけてみた。しかし、そのときは、たいしたことはできなかった。

ボンベイでは、手製の篠《しの》の供給を確保するという古くからあった同じ問題が、またもや持ち上がっていた。スリジャット・レヴァシャンカルの屋敷のそばを毎日のように通る一人の梳棉《そめん》人がいた。わたしは彼を呼びにやった。そして、彼が布団《ふとん》につめる棉を梳《す》いていることがわかった。彼は棉を梳いて篠を作ることを承知してくれたが、それに法外の値段を要求した。けれども、わたしは、それを支払った。こうして作られた綿糸を、わたしはヴァイシュナヴァ派の友人の幾人かに売って、それでパヴィトラ・エカダシ祭の花輪を作らせた。

スリジャット・シヴジーは、ボンベイで紡ぎかたの教室を始めた。これらの実験全部をやるのには、出費が大変だった。しかしそれは、祖国を愛する者で、手織布地を崇拝する愛国的な友人たちが、快く支払ってくれた。わたしの卑見によれば、こうして使われた金は、むだ金ではなかった。それによって、私たちは豊かな経験を貯えることができた。そして、私たちに、手紡ぎの可能性に目を開かせてくれた。

今度は、自分の着物を手織布地だけで作ってみよう、としきりに思うようになった。わたしのドーティは、まだ、インド工場製の布地でできていた。道場やヴィジャプルで作られる粗布の手織布地は、三〇インチの幅しかなかった。わたしは、ガンガベンに手紙を書いて、わたしのためにここ一ヵ月以内に、幅四五インチの手織布地製のドーティを作ってくれないと、わたしは、目が粗《あら》くて、短い手織布地製のドーティを着てしまう、と言ってやった。この最後通牒《つうちょう》に、彼女は驚いた。しかし彼女は、突きつけられた要求をうまくこなした。ちょうど一ヵ月たったころ、彼女は、わたしのところに幅四十五インチの手織布地製のドーティの一揃《そろ》いを送って来た。こうして、困難な状況からわたしを救い出してくれた。

ほぼ同じころ、スリジャット・ラクシミダスが、織り手のスリジャット・ラムジーと彼の妻ガンガベン[*9]をラチから道場に連れて来て、手織布地製のドーティを道場で織らせることにした。手織布地の普及にこの夫婦が果たした役割は、けっして意義のないものではなかった。彼らは、グジュラートおよびほかの地域のおおぜいの人に、手紡ぎ糸で織る技術の手ほどきを与えてくれた。

84　有益な対話

手織布地《カーディ》運動は、当時、国産奨励《スワデシ》運動と呼ばれていた。手織布地運動は、そもそもの初めから、さかんに紡績工場主から批判を受けていた。彼自身、有能な紡績工場主であった故ウマル・ソバニは、わたしに、彼自身の知識と経験の恩恵を与えてくれたのみならず、またほかの紡績工場主の見解をいつも教えてくれた。彼はこれらの工場主の一人が披瀝《ひれき》した議論に、強い印象を受けた。彼は、わたしに、ぜひ会ってみるようにとすすめた。わたしは同意した。

ソバニ氏が会見を取り計らってくれた。その工場主は、つぎのように会話の口火を切った。

「あなたは、以前、国産奨励運動があったことをご存じでしょうか?」

わたしは答えた。

「ええ、知っています」

「あなたは、また、ベンガル分割反対事件[*10]のとき、私たち紡績工場主が、よく国産奨励運動《スワデシ》を利用したことをご存じですね。運動が最高潮になったとき、私たちは、綿布の値段をつり上げましたし、また悪い品のものさえ上げました」

「そう、わたしは、そういうことを、いくらか聞いていました。そして、それを残念に思いました」

「わたしは、あなたが残念がるのはわかります。しかし、わたしには、その根拠はないように思えます。私たちは、慈悲の心から商売をしているのではありません。私たちは利潤をねらってやっているのですし、株主を満足させてやらなくてはなりません。品物の値段は、その需要いかんによって支配されます。だれが需要供給の法則を止めることができますか?ベンガル人は、彼らの運動によって、国産布地《スワデシ》の需要を刺激して、それで必然的に値段をつり上げることになってしまったことを、知っていたはずです」

わたしは口をさしはさんだ。

「ベンガル人は、わたしに似て正直な性質を持っています。彼らは、紡績工場主が、危機に際して、彼らの国を裏切ったり、さらに、実際に彼らがやったように、外国製の布地を国産布地とふれ込んでだますことまでをしたりするほど、利己主義的でも、非愛国的でもない、と信じきっていました」

彼は抗弁して言った。

「わたしは、他人を信ずるあなたの性質がわかりました。それなんですよ、あなたにわざわざおいでを願ったのは。あの単純なベンガル人と同じ過失を犯さないように、警告したかったからです」

こう言って、その紡績工場主は、そばにいた彼の事務員に手まねきして、最近彼の工場で作っている反物の見本を持って来させた。それを指さしながら、彼は言った。

「この反物を見てください。これは、私たちの工場の新製品で、ずいぶん広く出ています。私たちは、これを屑糸《くずいと》から作りましたから、安いのはもちろんです。私たちは、これを、北はヒマラヤの渓谷まで送っています。私どもは、全国いたるところ、あなたの名声がとどかないところやあなたの代理人が行かないところにも、代理店を置いています。もうこれ以上の代理店は必要としないということは、あなたもおわかりになったでしょう。そのうえ、あなたに知っていただきたいのは、インドの布地の生産は、その需要に追いついていないことです。だから、国産奨励の問題は、おもに生産の問題になってしまうでしょう。私たちが生産を十分に増加でき、そしてその品質を必要な限度まで改善した瞬間、外国製布地の輸入は自動的にやむでしょう。したがって、わたしがあなたにおすすめしたいのは、現在のとおりあなたの運動を進めていくことをやめて、新しい工場の建設にあなたの注意をふり向けていただくことです。私たちに欠けているのは、商品の需要を拡大するために宣伝することではなくて、生産の増大です」

わたしは尋ねた。

「では、もしわたしが、今おっしゃったことにすでにとりかかっているとしますと、祝福していただけますかね？」

「そんなことがあるでしょうか。が、あるいは、あなたは新工場の建設を奨励しようと考えているかもしれません。もしそうならば、全く願ったりのことです」

と彼はちょっと困って、大声で言った。

わたしは説明した。

「わたしは、それとはちょっと違ったことをやっています。わたしは手紡ぎ車の復活と取り組んでいます」

「なんですか、それは……」

彼は、いよいよわからなくなって尋ねた。

わたしは彼に、手紡ぎ車についての一部始終、それを長い間捜し回った経過を話してやった。そして、つけ加えて言った。

「あなたの意見のとおりだと信じます。わたしが紡績工場主の代理店になっても、なんの役にも立ちません。それは、国のためになるよりも、害になるほうが多いでしょう。私たちの紡績工場は、これから先長い間、お得意がつかないということはないでしょう。わたしの仕事は、もともと手織りの布地の生産を組織することや、こうして生産された手織布地《カーディ》をさばく道を見つけることにあったのです。わたしは、この国産《スワデシ》の形態を奨励したい。というのは、それを通じて、わたしは、半ば飢え、半ば仕事のないインドの婦人に仕事を与えられるからです。これらの婦人に糸を紡がせ、そしてそれで織った手織布地で、インドの人々に着物を作って着せることが、わたしの理想なのです。今は始めたばかりですが、この運動がどこまで進んでいくものか、わたしは知りません。しかし、これに全幅の信頼を置いています。とにかく、害になることではありません。反対に、この国の布地生産に、たとえ少量なりとも追加されるのだから、確実な利益といえましょう。こうしてあなたは、わたしの運動が、あなたのおっしゃったような害悪から解放されていることをお認めになるでしょう」

彼は答えた。

「あなたの運動を組織するに当たって、生産増加を考えておられるならば、わたしはそれに反対することはありません。手紡ぎ車が、動力機の現代に発展できるものかどうかは別の問題です。しかしわたしは、あなたのご成功を祈っている者の一人です」

85　上げ潮

わたしは、これ以上の章をその後の手織布地《カーディ》の発展に当てることは許されない。これからの章を書くわたしの目的は、真実を対象としたわたしの実験の過程で、自然の成り行きとはいいえ、いろいろの事件がどういうふうにわたしと関係を持ってきたか、その経緯を簡単に叙述することである。

さて、非協力《ノン・コーポレーション》運動の話をむし返そう。アリ兄弟が始めた強力なキラファット運動がさかんだったとき、わたしは、故マウラナ・アブドゥル・バリとそのほかのイスラム教神学者《ウレマ》たちと、この問題について、ことにイスラム教徒が非暴力の規則を守っていける限度はどこまでかについて、長時間にわたって協議した。最後に彼らはみんな、イスラム教は、その信奉者たちが政策としての非暴力に従うことを禁じていないこと、さらに、彼らがその政策を誓った以上は、彼らはそれを忠実に実行する必要があることに意見の一致をみた。

ついにキラファット会議に、非協力決議案が上程された。そして、長時間の審議ののちに可決された。初め、故ハキム・サヘブは非暴力非協力の実際性について懐疑的だった。しかし、彼の懐疑が解消されたあとは、彼は全身全霊をあげて、それに打ち込んだ。そして、運動に対する彼の援助は、非常に貴重なものだった。

つぎに、その後まもなく開かれたグジュラート政治会議で、わたしから非協力決議案が提出された。反対派から提起された予備的論戦によると、会議派の地方会議には、会議派大会に先立って決議を採択する資格はない、ということであった。これに対する反対論として、わたしは、制限というものは、後ろ向きの運動にのみ適用できるものである。しかし、前向きの運動であれば、下部組織でも、その運動をする十分な資格があるのみならず、下部組織に必要な勇気と自信があるならば、義務として率先して行なうべきである、ということを述

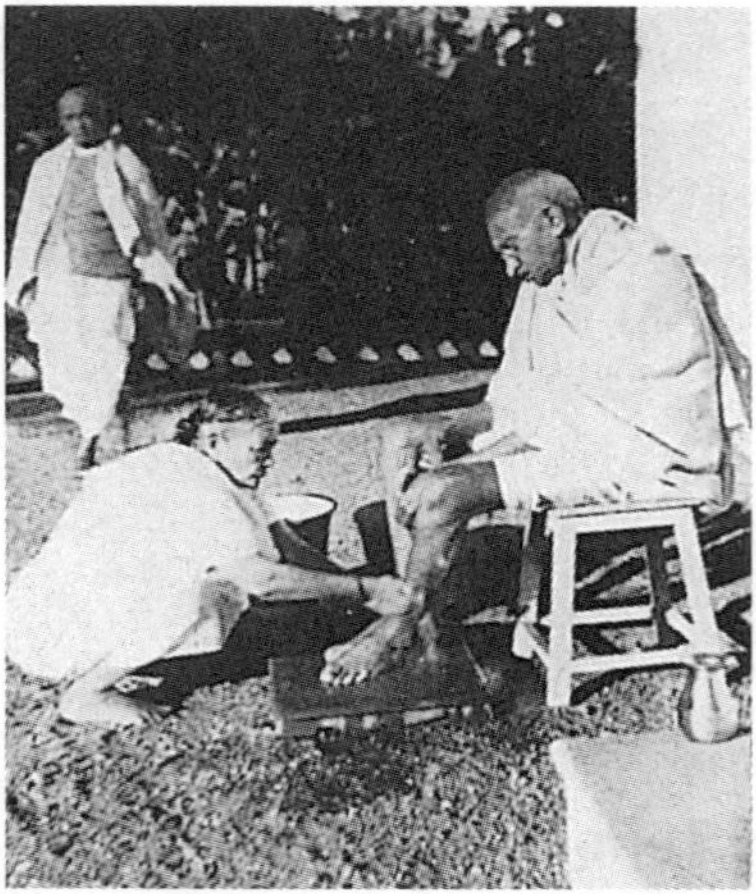

日課の一つであった夕方の散歩のあと、カストゥルバ夫人に足を洗ってもらうガンジー（1939年）

べた。わたしはまた、下部組織が行なう運動で、上部組織の威信を高め、下部組織それ自身の責任において行なわれるものは、上部組織の許可はいらない、と論じた。

この提言は、それから理非曲直をめぐって論じられたが、その「和《なご》やかな理性的な」雰囲気に劣らず、論戦そのものの先鋭さが注目された。投票によって決議は圧倒的多数をもって可決された、と言明された。

会議派全国委員会は、この問題を審議するために、一九二〇年九月、カルカッタで会議派臨時大会[*11]を開くことを決定した。そのための準備が大規模に行なわれた。ララ・ラジパット・ライ[*12]が議長に選ばれた。会議派とキラファット運動の臨時列車が、ボンベイからカルカッタまで運転された。

マウラナ・ショウカット・アリの要請に基づいて、わたしはこの汽車の中で、非協力に関する決議の案文を用意した。このときまで、わたしは、わたしの書いた草案では、非暴力という言葉の使用をだいたい避けてきたが、わたしの演説のなかでは、いつもこの言葉を使っていた。この問題に関するわたしの用語は、まだ形成の過程にあった。わたしは、非暴力と同義語のサンスクリット語を使っていたのでは、わたしの言いたいところをイスラム教徒の聴衆にわかってもらえないことを発見した。そこでわたしは、マウラナ・アブル・カラム・アザッドに頼んで、ほかの同義語をいくつか教えてもらおうとした。彼は「バ・アマン」という言葉はどうか、と言ってくれた。同じように非協力には、彼は「タルク・イ・マヴァラット」という用語を教えてくれた。

こうして、非協力《ノン・コーポレーション》に代わる適当なヒンディ語、グジュラート語、それからウルドゥ語を懸命になって工夫しているとき、わたしは波瀾《はらん》ぶくみの会議派大会に提出する非協力決議案の作成を頼まれた。わたしは、この決議案の草稿には、「非暴力」という言葉を入れないままにしておいた。わたしは、同じ車で旅行していたマウラナ・ショウカット・アリに、この省略のことはなんにも言わずに、その草稿を渡した。

わたしは夜、このあやまちに気がついた。あくる朝になって、草稿が印刷屋に渡される前にその省略したところを訂正しておいてもらいたい、との手紙を持たせて、秘書のマハデオ・デサイを使いにやった。しかし、草稿はすでに印刷に付されてしまい、挿入は不可能となったような感じがした。その夕方、大会議事委員会が開催される予定になっていた。そういうわけでわたしは、草稿を印刷した案文に必要な修正をしなくてはならなかった。わたしは、もし草稿を用意しておかなかったならば、たいへんめんどうなことになっていただろう、ということをあとで知った。

それにもかかわらず、わたしの苦境といったら、全く情けないものだった。だれが決議案に賛成なのか、また、だれが決議案に反対なのか、わたしには皆目、見当がつかなかった。ララジーがどんな態度をとるか、さっぱりわからなかった。わたしは、カルカッタ大会での論戦をめがけて集まって来た練達の闘士たちの、威風あたりを払う一群を見ただけであった。そのなかには、ベサント夫人、パンディット・マラヴィアジー、スリジャット・ヴィジャヤラグヷヴァチャリ、パンディット・モティラルジー、それからデスバンドゥ・C・R・ダスがいた。

わたしの決議案では、パンジャブの虐殺ならびにキラファットに対する不法の償いを求める見地から、非協力が要求されていたにすぎなかった。しかし、それはスリジャット・ヴィジャヤラグヷヴァチャリにとっては、賛成できないことだった。彼は論じた。

「非協力を宣言するならば、なぜそれは特定の不法に関連づけて行なわれなくてはならないのか。自治《スワラジ》の欠如は、この国が苦しめられている最大の不法ではないのか。非協力はその不法に反対して行なわれるべきではないか」

パンディット・モティラルジーは、自治の要求を決議のなかに挿入することを欲した。わたしは喜んでその提案を受け入れて、決議案のなかに自治の要求を組み入れた。わたしの決議案は、とことんまで真剣に、そしてやや荒れ気味の論議を経たのち通過した。

モティラルジーは、この運動に最初に賛成した人だった。わたしは今もって、決議案について彼ととりかわした議論を楽しく思い出すのである。彼は、わたしの選んだ字句にいくつかの修正を言い出した。彼はデスバンドゥ・C・R・ダスを運動のほうに説き伏せようとした。デスバンドゥ・C・R・ダスの心は、そのほうに傾いていた。しかし、彼は運動方針を実行する民衆の能力に疑問を感じていた。彼とララジーがそれを全幅的に支持するにいたったのは、ナグプルでの会議派大会[*13]であった。

わたしが、故ロカマニア・ティラクのいなくなったことを非常に深刻に感じたのは、このカルカッタの臨時大会であった。もしもロカマニアが生きていたならば、あの場合、彼はわたしに、まちがいなく祝福を与えてくれただろう、と今日になっても、わたしは固く信じている。しかし、たとえそうではなかったにしても、そして彼がその運動に反対であったにしても、しかもなおわたしは、彼の反対を、わたしに対する特別の恩恵であり教育であると考えたにちがいない。私たちの意見が違うのはいつものことであった。しかし、それでも、仲たがいまでにはならなかった。彼はつねに、私たちの結びつきは緊密そのものであることを感じさせた。そのことを書いている今でも、彼が死んだときのありさまが、わたしの目の前にはっきり浮かび上がってくるのだった。ちょうど真夜中の時刻だった。そのとき、わたしといっしょに仕事をしていたパトワルダンが、電話で彼の死の知らせを伝えてくれた。わたしのまわりには、仲間がたくさんいた。我知らずに、叫びがわたしの唇《くちびる》からもれて出た。

「わたしの最も頼みにしていた砦《とりで》がなくなった」

非協力運動はそのとき、たけなわだった。わたしは、彼から激励され鼓舞されるのを心から望んでいた。非協力運動の最後の段階に対する彼の態度が、はたしてどんなものかは、全く想像の問題であるし、また、今さらそれを考えてもむだなことである。しかし、これだけは確かである。すなわち、彼の死のあとに残された大きい空洞《くうどう》は、カルカッタに居合わせたすべての人の心を重々しく打ち沈ませたのだった。すべての人が、民族の歴史における危機に当たって、彼から忠告を得られなくなったことを、身にしみて感じたのだった。

86　ナグプルにて

カルカッタで開かれた会議派の臨時大会で採択された諸決議は、ナグプルで開かれる会議派の年次大会の承認を受けなくてはならなかった。カルカッタのときと同じく、ここに、またもや、傍聴者や代議員の大群が押し寄せた。大会に出席する代議員の数は、そのときはまだ制限されていなかった。その結果、わたしの思い出せるかぎりでは、このときの代議員数は約一万四千に達した。

ララジーが学校のボイコットについて、少しばかりの字句の修正を強く主張した。それをわたしは受け入れた。同じように、いくつかの修正がデスバンドゥ・C・R・ダスの発議で行なわれた。その後、満場一致で非協力の決議案は採択された。

会議派の規約修正に関する決議もまた、この大会でとり上げられることになっていた。小委員会の草案は、カルカッタの臨時大会に提出されていた。だから、問題はすでに徹底的に論議されていたし、また練りに練られてもいたのであった。ナグプル大会で最後の処理が行なわれるはずであった。大会の議長は、スリジャット・ヴィジャヤラグヮヴァチャリだった。議事委員会は、この草案をただ一ヵ所のみ、重要な修正を加えて採択した。わたしの草案では、代議員の数は千五百名に決められていた、と覚えている。議事委員会は、六千という数字をこれに替えた。わたしの意見では、この増加は、軽率な判断のためであった。そして、近年の経験に照らしても、わたしの見解の正しいことが確認されている。代議員の数が多ければ、とにかく仕事をうまく運ぶ助けになるとか、民主主義原理の擁護になると思ったりすることは、全くの思い違いだというのがわたしの見解である。

民衆の利益を守ることに懸命であり、心の広い、そして誠実な代表千五百名のほうが、無造作に選出された無責任な人々六千名よりも、いつかはよりよい民主主義の擁護者になるだろう。民主主義を守るためには、人々は、独立、自尊、および一致の明確な観念を持たなくてはならない。また彼らの代表としては、善良であり、また誠実な人々だけを選ぶことにしなくてはならない。しかし、議事委員会のように、人員の考えにこだわると、六千の数を越えることになりかねなかった。したがって、六千という制限は、一種の妥協であった。

会議派の目標の問題は、轟々《ごうごう》たる議論を呼んだ議題となった。わたしが提出した会議派規約では、会議派の目ざす目標は、できればイギリス帝国の枠《わく》内における、さらに必要なら、枠外における自治《スワラジ》の達成、ということになっていた。会議派のなかの一派は、目標をイギリス帝国の枠内における自治のみに限ろうとした。この見解は、パンディット・マラヴィアジーとジンナー氏から出された。しかし彼らは、多数の賛成票を得ることはできなかった。規約の草案はまた、目的達成の手段は平和的であり合法的であるべきである、と規定した。この条件は、また、反対に遭った。それは、採用する手段には制限をつけるべきではないと反論した。しかし、大会は、教訓的な率直な論議の後、原案を採択した。わたしは、もしこの規約が民衆によって正直に理性的に、そして懸命に実行されていたならば、それは大衆教育の有力な道具になっていただろうと思う。そして、それを実行する過程は、私たちに自治をもたらしてくれただろう。しかし、この論題を論議するのは、ここでは不適当であろう。

ヒンドゥ、イスラム両教徒の統一、アウトカースト制度の排除、ならびに手織布地《カーディ》についての各決議もまた、この大会で採択された。そしてそれ以来、会議派内のヒンドゥ教徒は、ヒンドゥ教からアウトカースト制度の呪《のろ》いを取り除く責任を彼ら自身に課したのであった。また、会議派は、手織布地を通じてインドの「スケレトン」[*14]との生きた結びつきを確立した。キラファットのために非協力を採用したことは、それ自体、ヒンドゥ、イスラムの統一をもたらそうとして会議派が行なった、大きい実際的な企てであったのである。

87 別れの辞

いまや、この稿を閉じるときがきた。今後のわたしの生涯は、公的になってしまったので、人々が知らないことはほとんどなくなった。さらに、一九二一年以後、わたしは会議派の指導者と非常に密接に提携しながら活動していたので、彼らとわたしとの関係に言及することなしには、それ以後のわたしの生涯におけるどんな話にしろ、述べることはほとんどできない。というのは、私たちは、今なおいっしょに生活し、活動しているその他おおぜいの老練な会議派指導者がいる幸運を持っているからである。

会議派の歴史は、今なお形成中である。しかも過去七ヵ年間のわたしの主な体験は、ことごとく会議派を通じて得られたものばかりであった。したがって、わたしが、今後、わたしの実験を書くことにすれば、指導者たちとわたしとの関係に言及することは避けられないことになろう。そしてわたしは、少なくともここ当分、礼儀を尊ぶ気持だけからでも、このことはやらないつもりである。最後に、わたしが今やっている実験からのわたしの結論は、まだ決定的なものとはみなされない。したがって、ここで、この話を終わることが、わたしの義務であるように思えるのである。事実、わたしの筆は、本能的に先に進むのを拒否している。

読者に別れを告げなくてはならないことは、哀惜の情なしにはありえない。わたしは、わたしの実験に高い価値を置いた。わたしの実験で公正を行なうことができたかどうか、わからない。ただ、忠実に物語ることに全力を尽くした、ということだけは言える。

真実がわたしに映ったとおりに、また、わたしが真実に到達したとおりに、正確に真実を描くことこそ、わたしが絶えず努力してきたところであった。

修練こそ、わたしにえもいわれぬ神聖な心の平和をもたらしてくれた。というのは、迷える者に真実と非殺生《アヒンサ》の信仰がもたらされることは、わたしの切なる期待であったからである。

祈るガンジー（1946年）

経験は、いずれも、真実以外に神はないことをわたしに信じさせた。そして、これらの各章の各ページがすべて、真実を実現するただ一つの手段は、非殺生であることを読者に宣言していなかったならば、わたしは、これらの章を書いたわたしの努力といったものは、ことごとくむだであったと思う。さらに、たとえこの点におけるわたしの努力が水泡《すいほう》に帰したとしても、悪かったのは、その原理そのものではなくてその手段であったことを、読者は知っておいてもらいたい。

　わたしの非殺生追求の努力は、真摯《しんし》なものであったかもしれないけれども、今日でも、いぜん不完全で適切でないものなのである。したがって、わたしが持つことのできた真実の、小さい、束の間の一瞥《いちべつ》をもってしては、真実なるものは、私たちが私たちの目で毎日見ている太陽の光よりも、百万倍も強い、名状すべからざる輝きを持っている、という考えかたを伝えることはほとんどできない。事実、わたしがとらえたものは、かの強大な光彩のうちの、最もかすかな閃光《せんこう》にすぎない。しかしわたしは、あらゆる実験の結果として、確信をもって、真実の全き姿を見ることは、非殺生を完全に実現したのちにしかありえない、と言うことができる。

普遍的な、そしてすべてに内在する真実の精神に直面するためには、人は最も微々たる創造物をも、同一のものとして愛することが可能でなければならない。しかも、それを追求する人は、あらゆる生活の分野から離れていてはならないのである。これが、真実に対するわたしの献身が、わたしを政治運動の分野のなかに引き込んだ理由である。しかもわたしは、なんのためらいもなしに、またきわめて謙虚な気持で、宗教は政治となんら関係がないと言明する者は宗教の何であるかを知らない者である、と言うことができる。

　あらゆる生命を持つものを同一視することは、自己浄化なしには不可能である。自己浄化なしに守られた非殺生の法則は、虚《むな》しい夢にとどまってしまわなければならない。神は、心の清らかでない者には、けっして実現されないだろう。だから、自己浄化は、生活のすべての歩みのなかの浄化を意味するものでなくてはならない。また、浄化は、非常に伝染しやすい自我の浄化であるから、必然的にその人の周囲の浄化になっていくのである。

　しかし、自己浄化の道は困難で、かつ険しい。完全な純潔を達成するためには、人は思想において、言葉において、行為において、絶対に喜怒哀楽の情から解放されていなくてはならない。愛と憎悪《ぞうお》、愛着と嫌悪《けんお》の相反する流れから、超越していなくてはならない。それを目ざして、わたしはつねに間断なく努力しているにもかかわらず、まだこの三重の純潔[*15]にいたっていない。だから、世界から賞讃されても、わたしの心は動かない。かえって、わたしを苦しませることさえしばしばある。

　とらえがたい喜怒哀楽の情を克服することは、わたしにとっては、武器の暴力によって世界を征服するよりも、はるかに困難なように思われる。インドに帰国して以来、わたしは自分のなかに、じっと動かずに隠れ潜んでいる喜怒哀楽の情についていろいろの経験をした。喜怒哀楽の情が何であるかを知ったとき、わたしは、圧倒されることはなかったが、侮辱された感じにさせられた。経験と実験とはわたしを励まし、そして大きな喜びを与えてくれた。しかし、わたしの前には、なお、登るに困難な道がある。

私自身を無に帰せしめなければならない。人は、自由意志から、自分を同胞の最後の列に置くようにならないかぎり、救いはない。非殺生は、謙譲の極限である。

読者にしばしの別れを告げるに当たって、真実の神に対する、思想、言葉、そして行為における非殺生の恩恵を与えたまえ、とのわたしの祈りに、ともに加わっていただきたいと願う。

訳　注

はしがき

1　一九二一年、ボンベイに起きたヒンドゥ、イスラム両教徒間の宗派の違いに基づく騒動（宗派暴動）のこと。二〇年から開始された第一回反英非協力運動は、チョウリ・チョウラでの警察署焼打ち事件など、流血の惨事をみたので、ガンジーの命令で、二二年に突如中止された。この中止は、ヒンドゥ教徒だけのことを考えたガンジーが勝手にやったことだとして、イスラム教徒から反対された。インドを支配するイギリスの策動もあり、この反感がつのったすえ、大騒動になった。以来、インドに宗派騒動が絶えたことがない。四七年独立の際、ヒンドゥ教徒のインド連邦とイスラム教徒のパキスタンに分裂したのも、この両教徒の対立・騒動が、そもそもの発端をなしている。

2　……殿の意。Sjt と略す。姓名の一部になっている。

3　南アフリカにおけるサッティヤーグラハ運動の研究著述のこと。一九二八年に『南アフリカにおける非服従運動』という名で公刊された。ガンジーの『自叙伝』が内面の精神に関する書とすれば、この書は外面の政治運動に関する書である。本書には、この『非服従運動』の一部分を第六部に挿入した。

4　ガンジーは六年の禁固刑を言い渡されていた。

5　インド国民会議派（以後は、ただ「会議派」とする）の幹部。スワミは、ヒンドゥ教の聖者の意。

6　「新しい生」という意味。一九一九年秋からアーメダバードで出されたガンジーの機関紙ともいうべき週刊タブロイド版の新聞。その英語版が『ヤング・インディア』で、同年、ガンジーが編集者となった。八〇章参照。
7　ガンジーは、毎週月曜日を「沈黙の日」とし、面会しても筆談ですました。この日を設けた理由は、少なくとも一週一回は、みんなからの質問攻めからのがれ、静かにチャルカ（手紡ぎ車）を回しながら考えたいからであった、とガンジーは述べている。
8　南アフリカとインド帰国後のサッティヤーグラハ運動のこと。
9　マハは「偉大」、トマは「魂」、すなわち聖人の意。ガンジーに、民衆から、この称号が初めて捧げられた正確な日付は不明である。この言葉は、インド古代の哲学書『ウパニシャッド』（「奥義書」と訳される。四五八ページ注21参照）に由来する。神を意味し、また知と愛によって神に帰した者を意味する。
彼は輝ける一人、万有の創造主、マハトマなり。

つねに人々の胸に宿り、愛により、直観により、知によりて啓示さる。彼を知りし者は不滅とならん。

一九二一年十二月、ガンジーが入獄中で留守のアーメダバードのアシュラム（道場）を訪れたインドの文豪、ラビンドラナート・タゴールも、この辞句を引用してガンジーに捧げている。しかしガンジーは、この「マハトマ」と言われるのを非常にいやがった。そして普通、親愛をこめて使われる尊称で「おとうさん」「おじいさん」という意味の「バプー」か、ただの敬称「ジ」を好んだ。
10　一八九三年ごろから一九二三年ごろまで、すなわち、南アフリカで、イギリス人に辱しめられていたインド人移民の、人間としての尊厳と利益を守るため、サッティヤーグラハ運動を開始してからのこと。
11　「モクシャ」はサンスクリット語。ガンジーは、人間の原罪は認めるが、この原罪をのがれるのは、神の恩寵にすがるだけでは得られない、神の激励を受けながら、人間自身がたえず努力しなくては、この「解脱」に達することはできない、としている。しかも、それは達成不可能なことで、ちょうどわらで大海の水を一滴一滴すくい出して、からにしてしまおうとするようなものである、とガンジーは言っている。

12　大変な誤算ということ。七九章参照。

13　聖典『ラーマヤナ』のなかに述べられている二人の聖者の名。ヴィシュヴァミトラは、もとは力のある王であった。あるとき、聖者ヴァシシュタの飼っている牛をほしくなって奪ったが、ヴァシシュタの神通力で奪い返されてしまった。そこで、バラモン（四五六ページ注6参照）の偉大な力を知らされたヴィシュヴァミトラは、ヴァシシュタとの対話のなかで、武力より精神の力が強いことを認め、真実に目ざめ、苦行して欲望をおさえ、バラモンになろうと決心を語った。ヴィシュヴァミトラはのちに聖仙になった。

14　サンスクリット語で、サッティヤは「真実」または「愛」、アグラハは「堅持」、そこから生まれる「力」という意味の言葉。つまり、真実の力、または愛の力の意味。真実および愛は魂の属性だから、真実または愛の力は魂の力、精神力という意味になる。ガンジーは、サッティヤーグラハを自分のめざす目標としたが、「それは敵に対してではなく、自分の自我に苦悩を与えることによって、真実を証明することである」と言っている。ガンジーは自分の一生を実験台にして、サッティヤーグラハの実験を科学的にやり、それを、サッティヤーグラハ学と言った。一五ページ参照。

15　アシュラムとは誓いをたてて修行する所、または道場を意味するサンスクリット語。仏教の僧坊を一般の俗世界に開放したものと解してよい。ガンジーは南アフリカで、フェニックス、トルストイの二農園を作ったが、これがガンジーのアシュラムの前身であった。ガンジーはインドに帰ってから、一九一五年にアーメダバードに、続いて一七年にサバルマティにアシュラムを作った。さらに一九三六年に、インド中央部のワルダ近郊に、新アシュラムを作った。ガンジーのアシュラムには、いずれにも、非暴力、誠実、盗みをしない、無所有、禁欲、恐れずの六つの美徳に関する誓いが、なんらかの言葉でたてられ、それを守ることがアシュラムに入る条件になっていた。アシュラムの生活は、労働による自給自足がたてまえになっていた。

第一部

1 「白い町」の意味。アラビア海に臨むインドの西海岸北部に位する。この地方はカチアワル（今はサウラシュトラと呼ばれる）といわれ、そこには、町を中心にした小さい土侯国がいくつかあった。ポルバンダル、ラジコット、ワンカネル、ドーラージ、ジュナガートなど。一八七二年でポルバンダル国の人口は七万二千人。

2 イギリス支配下のインドには、日本の藩のような国が五百あまりあった。土侯国とも藩王国とも訳されている。その国の首相。

3 土侯にはヒンドゥ教徒とイスラム教徒があるが、これはイスラム教徒の土侯をあらわすもの。

4 ヒンドゥ教では、右手は神聖とされているから、敬礼をするのに左手で行なうことは非礼とされる。なお、ヒンドゥ教徒は、こうして、とかく左手を使わないが、ガンジーは両手がともに神聖だとして、左手で字を書くことを練習した。

5 当時からインドの小学校教育は五学年制。イギリスの支配時代には、義務教育ではなかった。そのため、インドの非識字率は、独立前、九〇パーセントを越えていた。

6 正しくはブラフマナという。ヒンドゥ社会の四つのおもな身分（カースト）のうち、最高の地位を占めるもので、その仕事は主として「教えることと学ぶこと」に限られている。なお他の三つの身分は、クシャトリア（武士）、ヴァイシャ（商人）、シュードラ（奴僕、手工業者）である。ガンジーはヴァイシャの出身。ネルーはバラモンの出身である。バラモンはブラフマンの化身とされている。ブラフマンというのは、ヒンドゥ教によると、目に見える世界の動因であり、宇宙にあまねく行きわたった精神であり、そこからすべてが創造され、創造されたものが吸収される本質とされている。「梵（ぼん）」と訳される。

7 『バガヴァッド・ギーター』のこと。聖典の一つ。四五八ページ注21参照。

8　ヒンドゥ教の一派。解説参照。
9　ラジコットにある寺院の名。
10　ガンジーの生地グジュラートでは、太陽が顔を出さない「雨季」が、五月末から九月末まで四ヵ月もつづく。その他の八ヵ月は「乾季」であるが、この「雨季」の間は、断食、または一日一食を誓う、長い大斎の時期となっている。チャは四という語で、それから四ヵ月の大斎の期間という意味。
11　月の満ち欠けに従って、毎日の食物の量を加減する勤行の一種。
12　カチアワル地方でいちばん大きい町で土侯国。
13　インドの学校制度は州で差があるが、当時から、一般的には小学校五年、中等教育として六年制高等学校、ついで大学となっていた。ガンジーは、ラジコットのアルフレッド高等学校に入学した。
14　インドの教育はすべて、インド政府の補助と監督下におかれた。イギリスの直轄州では州政府が、また土侯国では中央政府が監督した。そして、その監督行政に当たる視学官には、インド人ではなくイギリス人が任命されることになっていた。
15　『ラーマヤナ』に基づく伝説の劇。若い信心深いシュラヴァナが、目の見えない両親を負いひもで背負い、巡礼の旅にのぼって行く。そして、ダシャラタ王の弓で、あやまって射られて殺されることを描いた芝居。
16　『ラーマヤナ』に出てくる主要人物の一人。自由と真実の信奉者として有名なアヨーディヤ国の王。妻が、神のはかりごとで死刑にされるなど、きびしい試練に耐えて、真実を守り抜いた人物として、多くの戯曲、物語に登場している。
17　インドの地方行政は、最上級に土侯国（State）あるいはイギリス直轄州（Province）があり、それぞれに下級の行政区画として、県（Division）、郡（District）がある。
18　インドの貨幣の一単位。一ルピーの十六分の一が一アンナ。一ルピーは現在（二〇〇四年）、日本円で約三円。

19　ユークリッドの『ストイケイア（幾何学原本）』第一巻の第十三命題は「一直線が他の一直線と交わって角を作るとき、その直線は二つの直角を作るか、あるいは、その和は二直角に等しい」である。

20　インドの古典語。

21　ヒンドゥ教徒の聖典としては、まず『ヴェーダ』があげられる。これは讃歌、祈禱、犠牲の祭式、呪法、壮麗な自然詩の寄せ集めで、「知る」という意味の Vid から出た『ヴェーダ』は、古代に存在したいろいろの人間知識の結集である。その最古のものは、紀元前一五〇〇年ごろにできたといわれる『リグ・ヴェーダ』で、おそらく人類の持つ最も古い書物であろう。それに続いて『アタルヴァ』『ヤジュル』『サーマ』の各ヴェーダが成立した。第二の聖典としては、紀元前五〇〇年ごろ成立したとみられる『ウパニシャッド』である。真実への依存、追求がこの聖典の特質で、「真実はつねに勝つ。虚妄は然らず。真実によって神への道は鋪装されている」と、光明と知識の追求が説かれている。第三の聖典は、インド古代の二大叙事詩といわれる『ラーマヤナ』と『マハーバラタ』である。数百年かかって形成されたもので、仏教以前のものといわれるが、その後追加された部分もある。『マハーバラタ』の一部の『バガヴァッド・ギーター』のごときがそれである。それでも紀元一世紀には成立をみている。この二大叙事詩の聖典ほど、後世のインド人の倫理生活に影響を及ぼしたものはない。

22　インドの言語は、北方のインド基幹部の中央部で行なわれるインド・アーリア系言語と、南方の半島部で行なわれるドラヴィダ系言語に大別される。両系言語とも、多くの地方語にまた分かれている。ヒンディ語は、インド・アーリア系言語地域のほぼ中央部で行なわれる語群である。現在インドの商業的共通語とされるヒンドスタニー語もそのなかに含まれる。現行のインド憲法に記載されている言語のうち、インド・アーリア系言語の地方語には、ヒンディ語のほか、ベンガル、グジュラート、マラータ、シンド、パンジャブ、オリア、アッサム、カシミールの各語がある。またドラヴィダ系言語のなかには、タミール、テルグ、マラヤラム、カンナダの各地方語がある。なおインドの言語の一つで、インド・アーリア系言語地域の中央部のイスラム教徒の間で用いられているウルドゥ語は、ペルシア文字で書かれはするが、話し言葉としては、ヒンディ語と大差はない。また英語はインド全体の共通語の役割を果たし、インド憲法の規定によって、一九六六年から国語になったヒンディ語とともに、インド統一の言語的土台をなしている。

23　インドの貨幣の一単位。一パイセは三パイ、六十四パイセが一ルピー。四五七ページ注18参照。

24　その一人は悪友のシェイク・クリシュナ・メタブといい、ガンジーより年長で、幅跳、高跳を得意としていた。

25　ガンジーの幼年時代、つまり十九世紀の後半は、インドの狂瀾怒濤の時代であった。精神的に、肉体的に、インド全般に改革の要求が行なわれた時代である。この進歩と改革の風潮を「改革」（リフォーム）といい、その風潮を身につけた者を「改革主義者」（リフォーマー）といった。また、古代インドの再発見が行なわれて、宗教復興（リヴァイヴァル）も高まった時代である。

26　十九世紀後半に多くの評論や詩を書いたグジュラート地方の作家。

27　サンスクリット語で、スワは「自己」、ラジは「統治」の意味、それでこの語は「自治」、または「独立」のこと。この自治の問題について、ガンジーは独特の定義を与え、彼独特の自治獲得の方法を明らかにした『ヒンドゥ・スワラジ』という小冊子を公刊した。

28　アヒンサは「非暴力」のことで、「害を与えないこと」「非殺生」という意味のサンスクリット語。憤怒、怨恨、恐怖などをしりぞける心構えをいい、このアヒンサがあって人間は存在していると、インドの聖典は説いている。古代以来、インドの思想の底流をなしてきた観念で、平和、非暴力の考えがインドに強いのは、このアヒンサの思想に基づいている。このアヒンサの思想はヒンドゥ教正統派よりも仏教、ジャイナ教によって、インドに広められたのである。

29　元来は「純潔」という意味のサンスクリット語。聖典によると、ヒンドゥ教徒の一生は、ブラフマチャリア（学生の生活）、グラハスチャ（家長の生活）、ヴァーナプラスタ（隠者の生活）、サニヤース（托鉢の生活）の四つのアシュラマ（段階）に分かれると規定されている。ここからブラフマチャリアは、独身、禁欲の生活ということになった。ガンジーは、一九〇六年三十七歳のとき、この生活に入ることを決意して、妻のカストゥルバの協力を得て、死ぬまで変わった夫婦生活をすることに成功し、一歩神に近づくことができたとした。四六章参照。

30 ちょうせんあさがお草属の植物。

31 原文ではダルシャンと書かれているが、これは「神や偉人にまみえる」という意味のサンスクリット語。手を合わせて拝んだりするのも一つの祝福の形式であるが、神の化身と思われる聖者、偉人、たとえば、ガンジー、ネルーを、自分の目でしっかりと見たり、あるいは足もとにひざまずいたり、聖者の着ている衣服、それから手や足に触れるだけで、神との一致ができる、安心立命の感じを得られる、というのがインド人一般に見られる祝福の形式である。この祝福を受けようとして、何万、何十万の群衆が、訪れて来たガンジー、ネルーのところに殺到して来るわけで、会議派の地方宣伝などに多数の群衆が集まって来るのは、必ずしも民衆の政治意識の高さを示すものではなく、このような宗教意識から生まれてきたものと理解したほうがよい。それにもかかわらず、群衆参集の政治的意義の大きいことはいうまでもない。

32 四五七ページ注15参照。

33 インド古来の医術書『アユル・ヴェーダ』によって治療する医者。

34 一般にイスラム教徒の医師をこう呼ぶ。

35 祈りの言葉。インドの聖典の『ラーマヤナ』の主人公ラーマをヴィシュヌ神の化身として敬い、その「ラーマ」をとって、祈りの言葉にしたもの。

36 民衆詩によく使われる表現形式。ドゥは二、チョーは四のこと。

37 ガンジーの生地グジュラート地方では、インドのほかの土地と違って、詩人・思想家トゥルシダス（一五三二〜一六二三）が『ラーマヤナ』をヒンディ語に翻訳し、『ラーマの行ないの湖』

という題で流布したために、民衆のなかに深く浸透していた。北方のインド人にはほとんど聖書のような教化的意義をもっている。ガンジーもこの『自伝』でしばしばこのなかから引用している。

38　インドの破壊神シヴァを最高神としてまつるヒンドゥ教の一派。

39　『ラーマヤナ』の主人公ラーマを主神として信仰するヒンドゥ教の一派。ヴァイシュナヴァ派とは姉妹宗派。

40　ジャイナはジナ（勝者、修行を完成した人）の教えという意味。仏教とほとんど同時に、マハヴィラ（偉大な英雄の意）が開いた宗教。マハヴィラは、事物に関しては絶対的で一方的な判断をくだしてはならない、と主張した。もしなんらかの判断をくだそうとするならば、「ある点から見ると」という制限をつけなくてはならない、と述べた。マハヴィラはこの観点に立って、ヴェーダ聖典の権威を否定し、バラモンの行なっている日常の祭祀は無意義、無価値であると主張し、カーストに反対し、普遍的な法（ダルマ）が存在すると考えた。信徒には商人が多い。

41　インドのゾロアスター（拝火）教徒。紀元七世紀、宗教的迫害のために、ペルシアからのがれて、インドの西海岸、グジュラート地方に定住して、今日にいたっている。イギリスのインド支配に協力した結果、いろいろの活動の便宜を得られたために、このなかから、タタ財閥のような大資本家が現われるにいたり、この種族が今日のインドの土着資本家を代表するようになった。

42　当時、インドの総人口のうち、キリスト教徒は約二、三％、約一千万人を数えた。教徒には、アウトカーストや英印混血人が多い。その文化も宣教師から摂取したため、普通のインド人と衣服や慣習のうえで違いが出ている。スペイン、ポルトガル、それからイギリスの各勢力の渡来といっしょにインドに入ってきたのが始まりである。なお、ここでガンジーが、キリスト教をきらいだったと言ったのは、宣教師がイギリス権力を背景にして、独善的であったからだった。

43 グジュラート地方の民衆詩人シャマル・バットの作。
44 王位という意味。それから高い位、高職の意味になった。
45 ガンジーの生まれ故郷あたりに多く住んでいる商人カーストの名、またはそのカーストの人々。
46 ガンジーの属するモード・バニアという商人カーストの親方をいう。シェートを姓にしている人もある。
47 インドで資格試験に合格して弁護士になった人をいう。イギリスで資格をとったバリスター(法廷弁護士)と比べて一枚下と見られ、大法廷には出られない。
48 パーシー人、インド民族運動の先覚者(一八二五〜一九一七)。細かな数字を使って、イギリスがインドの富を奪い、インドを貧困におとしいれている事実を証明して、いわゆるインドの「富の流出」理論を案出し、独立運動の理論的正当化を行なった。一九〇六年、初めて会議派が自治(スワラジ)を打ち出したときの会議派議長で、「会議派の父」と言われた。一八九二年、イギリスで自由党から立候補し、インド人として初めて下院議員に当選した。
49 インド人(ヒンドゥ教徒)には、親愛の情を表わすときに「さわる」習慣がある。
50 シンドがペルシア湾や紅海との海上交通の中継地だったので、シンド人は、インド人のなかでも、アラビア人、ことにアラビアの商人の血をいちばん多く受けている人々である。シンドの商人といえば、商売上手なことで日本でも有名。今はパキスタンに属する。
51 ヴァイシュナヴァ派のヒンドゥ教徒、またはジャイナ教徒は、厳格に非殺生(アヒンサ)の教義を守るので、肉食はタブーであり、彼らが食べられるものとしては野菜、果物、種子以外にはほとんどなかった。ガンジーの生まれたグジュラート地方は、菜食主義の地方としてインドでも有名である。
52 シラはギリシア神話に出てくる六つの頭を持つ怪物で、イタリア半島とシシリー島の間のメシナ海峡のイタリア側に住んでいる。その反対側のシシリー島には、もう一つの怪物、カリブディスがいる。それから、どちらに転んでもよいことがない、絶体絶命の危機に直面したという意味を表わす。

第二部

1　三紙ともロンドンで発行されている大新聞。いずれも保守系であるが、『デーリー・ニューズ』は大衆紙、『デーリー・テレグラフ』は外交問題、『ザ・ペルメル・ガゼット』はインド問題にくわしいことが特徴である。

2　ガンジーは、パリで開かれた万国大博覧会を一八九〇年に見物に出かけ、フランス見物の宿願を果たした。ガンジーは、七日間パリに滞在し、地図を手にしてほうぼうを見物したが、ノートルダム寺院などの静寂と荘厳がひどく気にいったようである。ただし、博覧会の人気の焦点で、高さ三一二メートル、全部鉄製のエッフェル塔についてのガンジーの感想は、そのなかには芸術はないと極論して、「人間の知恵ではなく、ばか者の記念塔だ」と言ったトルストイに共鳴した。

3　イギリスの古い金貨。二十一シリングが一ギニアに当たる。給料、宝石、絵画の値段、寄付金などの計算の単位に使われる。

4　イギリスの詩人（一八三二〜一九〇四）。一八五六年から六一年まで、インドのプーナにあるサンスクリット語学校校長を勤めたことがあり、夫人は日本人である。仏陀の生涯をうたった彼の長篇詩『アジアの光』を、ガンジーはイギリスで読み、大いに共鳴したと言っている。また『天来の歌』という訳詩は、『バガヴァッド・ギーター』を訳したものである。

5　ポーツマス沖のワイト島南岸にある海水浴場。

6　接神論（セオソフィー）は、イギリス人のヘレナ・P・ブラヴァツキー夫人が創始した、超自然的な霊体を信仰する一種の神秘主義。インドの中産階級にその信者が多く、またインドの独立運動とも密接な関係をもった。ネルー家も、一時この影響を受けたことがあった。ネルーは、そのときのことを『自叙伝』のなかで書いている。「わたしは、霊体を夢み、広漠たる空間を飛んでいる自分を空想した。空中高く飛翔する（器械を用いないで）という、このわたしの夢は、わたしの生涯を通じてしばしば浮かびでてくる夢であった。それは時としては、生き生きした現実的なものとなり、大きなパノラマとなって、いなかの景色が、わたしの足下に横たわっているように思われることもあった。近代的な夢の解釈者であるフロイトは、この夢をいったいどのように解釈するだろうか」

7　ロンドンにある接神論者の集会所を、創始者の名をとってブラヴァツキー・ロッジ（小屋）と呼んでいた。

8　アンニー・ベサント（一八四七～一九三三）。アイルランド生まれ。無神論から接神論にうつり、接神論者としてインド民族の独立運動にとび込んだ。自分でインド自治連盟を組織し、とくに第一次大戦の一九一七年には、会議派の議長をつとめるなど、指導的な役割を果たしたことがある。現在のベナレス大学の創始者の一人。

9　イスラエルのガリラヤ湖畔の山上で、キリストが与えた教訓のこと。新約聖書『マタイ伝』第五章～第七章がそれである。

10　「山上の垂訓」によってキリスト教を、ギーターによってヒンドゥ教をと、ガンジーの宗教理解は進んでいったが、このとき、ワシントン・アーヴィングの『マホメットの生涯と後継者たち』や、トーマス・カーライルの『英雄および英雄崇拝』を読んで、預言者としてのマホメットを知るようになった。

11　弁護士の資格を取るには、大学生の資格が必要であるのみならず、法学院 Inns of Court という特別のルートを通らなくてはならない。ガンジーが会食うんぬんと言っているのは、この法学院でのことである。以前は、弁護士の資格を取りたい学生が全部法学院に住んで、現役の弁護士や判事たちと密接な接触を保つことになっていたが、ガンジーがイギリスに行った一八八八年からは、学生はどこに住んでもよいことに変わってしまった。

12　ローマ法はゲルマン法と対立しているヨーロッパの二大法の一つであるが、ゲルマン法と違って、ヨーロッパの多くの国で採用されている。また慣習法というのは、イギリス全土の地方や町で、地方治安判事が何世紀にもわたっていろいろな係争事件を裁いてきた、その判例記録の集大成である。

13　グジュラートの人。当時インド法曹界の第一人者といわれた、雄弁をもって聞こえた弁護士。会議派の指導者でもあり、穏健派に属する。

14　バッドラッディン・チャッブのこと。雄弁をもって聞こえた弁護士。初期の会議派の指導者。

15　全六巻で、最初の二巻はJ・ケーの、後の四巻はG・B・マレッソンの筆になり、一八八九～九三年に出版された。

この反乱は、一般に「シポイの反乱」または「第一次反英独立戦争」といわれる。この反乱を機として、イギリスのインド支配は固まったが、一方、インド人の民族的自覚、独立意識が生まれ、今日の新インドの出現に道を開いた、インド近代史上の画期的な事件。また、中国の太平天国の乱、日本の明治維新とともに、アジア近代史上の三大事件の一つでもある。反乱は、一八五七年五月、北インドのミーラット兵営で、イギリスの東インド会社に雇われたインド兵（シポイ）が、シポイの宗教的風習を無視したイギリス軍当局に反乱を起こしたのが始まりで、デリー、ラクナウの各兵営に広がり、さらに大反乱となって各地に波及した。それで、シポイの反乱といわれるわけだが、反乱の根は深かった。というのは、兵士の反乱は五七年の夏からはしだいに下火になったものの、農民反乱がそれに代わって、兵士の反乱より広い地域に広がり、東はカルカッタから西はボンベイに達する北インド一帯が反乱の舞台になったからである。しかし反乱の指導勢力は、旧ムガール帝国の残党、イギリスにいためつけられたヒンドゥ教徒の封建領主であった。このようにインドの二大教徒が反乱に参加し、イギリス反対の熱情に燃えてはいたが、相互の団結を欠いていた。そのため、本国から増派されたイギリス軍のために各個に撃破され、五八年三月には、苛烈な弾圧によって大部分が鎮圧された。反乱が終息したのは、一八五九年に入ってのことであった。反乱の歴史的意義については、カール・マルクスの書いた有名な論文がある。
16 ヒンドゥ教、シク教では、神と人間との間にあって、人生を導いてくれる先達のことをいう。
17 レフ・ニコラーエウィチ・トルストイ（一八二八～一九一〇）。『戦争と平和』『アンナ・カレーニナ』の名作をかいたロシアの文豪。
18 ジョーン・ラスキン（一八一九～一九〇〇）。イギリスの作家、文明批評家。
19 ボンベイ地方に多いヒンドゥ教徒の商人カーストの一つ。
20 弁護士であるが、訴訟依頼人に会うことなどは絶対にせず、法廷でのみ職務を行なうどころからこの名が出た。イギリスの制度では、弁護事務はソリスター（事務弁護士）が行なう。また英語のアトーニーも弁護士であるが、これは、ある人を代理して事件の処理にあたる人をいい、バリスターもソリスターもアトーニーである。なお本書では、職務、資格をはっきりさせる必要があるときは、法廷弁護士とした。
21 イギリスはインドにある数多い土侯国を征服して、これを直轄地に編成する代わりに、保護国とし、各土侯国に、全権を与えたイギリス人の政治理事官をおいて目付役とし、支配を固めた。
22 ボンベイ、カチアワル地方に住む、主として商人からなるイスラム教の一派の人々。

第三部

1 ベンガル人式のターバンをいう。プーグリとは、ベンガル語でターバンをいう言葉。
2 大変な厄介者のこと。
3 このときのガンジーの服装や生活様式は、裸のガンジーからは想像できないほど、ヨーロッパ式にこったものであった。流行のフロックコート、折り目のきちんとついたズボン、ぴかぴかに磨いた靴、それにきれいなターバンであった。ターバンは、普通ヒンドゥ教徒のつけるものではなかったが、自分が一般のインド人と違うということを明示するために、上流のヒンドゥ教徒はつけていた。ガンジーもその一人だったわけである。このようなことに気をつかわなくてはならないほど、南アフリカの社会は、人種差別のみならず、社会の上下層の差別のひどい社会であった。

4　このマリッツバーグ駅の一夜のことについて、後年ガンジーは、アメリカ人宣教師ジョーン・モット博士に対して、「一生のうち、いちばん創造的な経験だった」ともらした。

5　南アフリカの人種差別政策は古く、ガンジーが南アフリカに来る八年前から、人種差別が法律になっていた。ことに、オランダ人農業移民の子孫ボーア人が作ったオレンジ自由国とトランスヴァール共和国で人種偏見がひどかった。（これら両国は、ボーア戦争に敗北してイギリス領の一州になり、ガンジーがいる間に、すなわち一九一〇年、イギリスの植民地ケープとナタルがいっしょになって、南アフリカ連邦をつくった。）オレンジ自由国では、一八八八年から、インド人の権利をいっさい奪い、そこに住もうとするインド人は、ホテルの給仕とか、それに似た職業の者でなければならなかった。商人は国外に追放された。トランスヴァールでも、ほぼ同じであった。一四八ページ参照。

6　一般には、アジア人の不熟練労働者をいい、特に中国人、インド人の労働移民を軽蔑していう言葉。

7　ヒンドゥ教の聖者、主人を意味する言葉のスワミ swami がなまって、サミ sami になったもの。しかし南アフリカでは、インド人をばかにしていうときに使われる。

8　ナタル在住のアブドゥラ・シェートのこと。後出のシェート・アブドゥル・ガニは別人で、ヨハネスバーグ在住。

9　インド人を呼ぶとき、南アフリカでは、サミと並んでクーリー（肉体労働者）と呼ぶ。インド人商人は、クーリー商人である。ガンジーもクーリー弁護士という名で知られた。

10　一ポンドにあたるイギリス金貨。

11　正しくはフレンド派という。十七世紀の半ば、イギリスに起こったキリスト教の一派である。人はその内心に、神から直接の啓示を受けることができると説き、これを「内なる光」と言った。

12　ヒンドゥ教徒から、聖木として扱われている木の名。

13　初めポルトガル語であったが、英語に取り入れられた言葉で、普通インドの四大社会集団（階級）ならびに無数の社会集団をさしていう。カーストにあたるサンスクリット語は二つある。一つはヴァルナ Varna で、インドの古代から存在したといわれる四大階級をさしている。もう一つは、ジャチ Jati で、そのほかの雑多の社会集団をさしている。ヴァルナはアーリア族がインドに侵入して、先住のドラヴィディア族を南に追ったときには、すでに発生していたものである。『リグ・ヴェーダ』の讃歌には、この四大カースト（バラモン、クシャトリア、ヴァイシャ、シュードラ）のことがのっている。ヴァルナの発生原因については、ヴァルナが色という意味の言語であるところから、先住種族と皮膚の色を異にすることがあげられているが、労働の分業説もある。紀元前二世紀ごろに成立した『マヌの法典』によって、この四大カーストの職務がくわしく決められている。ジャチの発生についても、ヴァルナ制度の分割細分化説などがあるが、定説はないようである。現在、ヴァルナ、ジャチを含めて、約三千のカーストがあるが、カーストは生まれによって決定ずみであり、出世してもこれには影響を及ぼさない。カースト別に職業が一定されており、食事、社交についても厳格な規則が定められている。また、洗濯、歯のみがきかた、衣服、すわりかた、横たわりかたにも、カースト別にそれぞれ規則がある。他のカーストとの結婚は許されないが、血族間の結婚の範囲も決められている。冠婚葬祭の儀式にも、それぞれの規則が定められており、インドに西方文化が入ってきても、その影響をなかなか受けないほど、根強い風習になっている。なおカーストで問題になるのは、多数のインド人をアウトカーストとして、カースト外に追放し、非人間的扱いをしていることである。ガンジーは、分業制度としてのカーストに絶対反対ではなかったが、このアウトカースト制度の存在に強く反対し、その撤廃のために後半生を捧げた。

14　「吠陀」と書く。本来は、Vid すなわち、「見ること」からきた「知ること」「知識」「聖なる知識」を意味する言葉である。インド古代における最も古い書物をいい、それは宗教的性質を具えている古代インド文学の全特色をあらわしている聖典である。四五八ページ注21参照。

15　南アフリカに行った当初、ガンジーは、自分が何であるかについて考えることが多かった。そのとき、キリスト教へ改宗するようすすめられたことがあった。しかし、ガンジーは、生まれながらのヒンドゥ教徒として、ヒンドゥ教を捨てる気になれず、いろいろヒンドゥ教の研究をすすめているとき、トルストイのこの著書（書名は新約聖書、『ルカ福音書』第六章二十節による）を読んで、非常な感動を受け、初めてキリスト教にも眼を開くことになった。一一〇ページ参照。

16　四六七ページ注5参照。

17　各人に同額を課する税のこと。

18　（一八二五〜一九〇〇）。ケープ植民地のオランダ系移民の子に生まれる。トランスヴァール共和国建国の功労者で、一八八三年から九八年まで大統領。

19　ガンジーは、「事実こそ法の四分の三」という信念をもち、訴訟にも事実調査を非常に重んじた。

20　ナタル州ダーバン付近の海水浴場。

21　ボンベイで発行されている有力英字新聞。

22　イギリスでいちばん有力な高級紙。保守系。

23　幹事、書記をおくなど、簡単な組織であったが、会員となるには、一ヵ月五シリングを納入しなくてはならなかった。組織運営は、主として寄付金によってまかなわれた。

24　インド半島東岸南部、マドラス地方に住むドラヴィダ族系の住民。

25　治安取締りのために任命され、軽犯罪を罰する。普通は名誉職である。

26　イギリスのインド史研究家。

27　現在の南アフリカ共和国ナタル州北部の山岳地帯の原住民。イギリス人、オランダ人が来る前は、南アフリカの主人として振舞っていたが、しだいに不毛の山岳地帯に追いあげられた。

28 一八六二年三月から六三年十一月までと、一八九四年一月から九九年一月まで在任。

29 この場合、子供は男子なら十六歳以上、女子なら十三歳以上は課税されることになっていた。

30 当時ラジコットには、兄のラクシミダス・ガンジーが、弁護士をしていた。

31 インドのアラハバードで発行されていた英字新聞。

32 ガンジーは、ここでもあがってしまう癖が出て、演壇で立往生をした。初め体じゅうがぶるぶるふるえ、はたでサー・フェロズシャーから「しっかりやれ」と激励されると、いよいよ声が出なくなって、ついに演説草稿を代読してもらった。

33 バール・ガンガダール・ティラク（一八五六〜一九二〇）。マハラシュトラに生まれる。会議派のなかの過激派の指導的人物。サンスクリット学者で、ギーターに新解釈をほどこして、ヒンドゥ教が厭世の宗教ではなくて、行動を要求する宗教であることを明らかにし、『ケサリ』『マラータ』などの新聞を通じて、インド人、ことに青年の奮起をうながすこと多大だった。一九〇五年のベンガル分割に反対する反英運動を指導して、逮捕、六ヵ年の刑でビルマのマンダレーに投獄された。出獄後、ガンジーと並んで会議派を指導したが、一九二〇年病没した。民衆から敬愛されてロカマニア（「人民に愛される人」の意）の称号を捧げられた。

34 ゴパル・クリシュナ・ゴカーレ（一八六六〜一九一五）。マハラシュトラ地方の生まれ。プーナのファーガッスン大学で、経済学と英語を教えた。また「インド奉仕協会」を作って、その会長になった。会議派の穏健派に属し、一九〇五年には議長を勤めた。ガンジーの師といってよい。

35 一六〇ページ以下参照。

36 ガンジーの姉ラリアトベンの息子と、長男のハリラルと次男のマニラルのこと。

第四部

1 新聞記者出身のガンジーの共働者。インドのグジュラート地方のスーラトの生まれで、書記的な仕事の手腕で知られるホワイト・カラーの人々のカースト、カヤスタに属している。なお、スリジャットは敬称。

2　ナタル州の検事総長。

3　ダーバンに住むパーシー人の商人。ガンジーの支持者。

4　ジョセフ・チェンバレン。次男のネヴィルは第二次世界大戦勃発の際のイギリス首相。

5　イギリスが南アフリカのトランスヴァール、オレンジ自由の二国を攻めて征服した戦争。次のページ注8参照。

6　これは、インドに行くとよく経験することである。西洋風の様式を取り入れていないところでは、上流の民家やホテルですら、一般に便所はなく、部屋ごとに便器の壺と手洗い水を入れた壺の二つが置いてある。この壺の水でからだの汗も拭きとる。これは宗教からきたものではないが、古い慣習である。

7　ガンジーとカストゥルバ夫人とが、いつごろから通常の夫婦ではなくなり、試練を経た友だち関係になったかといえば、ガンジーが一九〇六年、ズールー族の反乱で、六週間の従軍生活をしたとき、担架をかつぎながら戦場を走り回っていて、ふと完全に家庭から解放されようと思い、そのために夫婦の一方を情欲の対象と見ないという誓い、言いかえればブラフマチャリアの誓いをたててからのことである。この誓いの動機がなんであったかについては、彼自身はっきりしたことは語っていない。あるときは、公共の義務に応えるためと言い、あるときは、すでに四人の子供を持っていて、これ以上の子供を持つ必要はないから、という理由をあげている。またカストゥルバ夫人がひどい内出血をして、ようやく命だけはとりとめたこともあり、妊娠には母体が耐えられなかったのではないかとも考えられる。ともかく、ガンジーは神にまみえる手段として、ブラフマチャリアを実行しようとして、これまで二回企てて失敗した。夫婦の寝床を別にして寝たり、一日の仕事でくたくたになってから寝床に入るなど、いろいろの工夫をこらした。四六章参照。

8　一八九九年から一九〇二年まで、南アフリカで、イギリス人とオランダ系移民のボーア人との間に戦われた戦争。イギリス例の指導者はセシル・ローズであり、ボーア人の指導者はクルーガー将軍であった。この戦争の原因は、豊富な金鉱が発見されたボーア人の二つの国、オレンジ自由国とトランスヴァール共和国を、南に隣接するケープとナタルの両地方を根拠地にしていたイギリスが奪おうとしたことであった。結局、ボーア軍はイギリス軍に敗北し、二国はイギリスの支配下に入った。一九一〇年、この四つの地方をそれぞれ州として、今日の南アフリカ共和国ができた。

9　個人的にはボーア人に同情を寄せながら、イギリス側についた理由を、ガンジーは二つあげている。一つは、インド人はイギリスの奴隷となっているけれども、イギリス帝国内の地位を改善しようと願っている以上、今回の戦争ではイギリスを支持して、地位の改善をはかる好機ではないかと思われたこと。もう一つは、イギリスの市民としての便宜供与を求めているのだから、市民としての義務を果たしておく必要があることである。

10　ボーア戦争中の激戦。イギリス軍は、一時的だが敗北し、危機に見舞われた。

11　十五世紀の人。インドのラジプト族の王妃で宗教詩人。ヴイシュヌ神を熱烈に信仰、崇拝したため、神像が開いてその裂け目の中に消えうせたという伝説がある。北方インドの婦人のあいだに、深い感化を及ぼした。ガンジーの好きな宗教詩人の一人。

12　ガンジーは職業政治家ではなかった。そのうえ、これまでのガンジーの活動舞台がインド本国ではなかったので、会議派に加入しなかった。このときは、ガンジーは会議派の大会の席を借りて、南アフリカのインド人問題を訴えるはずであった。

13　ボンベイ出身。サー・フェロズシャー・メータの片腕として働いた会議派の幹部。

14　会議派は一年一回、年末から年始にかけて、大会を開く。これが、初期の会議派の全活動であったが、年々大会に出席する代表、傍聴者が多くなり、このカルカッタ大会でも、参加者が一千人以上にのぼったので、会場整理のため、志願者を募って大会警備に当たらせた。なお、会議派の歴史はつぎのとおりである。一八八五年、イギリス人のオクタヴィアン・ヒュームによって創立された。創立の当初は、イギリスの統治に協力する、インドの都市に住む上流知識層の政治サロン的性格のものであったが、やがて二十世紀の初めごろから、民族主義的性格を強化して、独立運動を指導する政党にまで成長した。ガンジーが指導するころになると、労働者、農民まで加入し、独立運動のための全社会層の共同戦線組織になった。インドの独立後は、つねに第一党として政権についてきた。一九五四年には、党員六五〇万を数え、運営委員会という指導部を持ち、それは重要な問題のあるごとに開かれる。

15　サー・サレンドラナート・バネルジー（一八四五～一九二五）のこと。会議派初期の穏健な指導者。

16　一八九九年から一九〇四年まで、および一九〇四年末から一九〇五年十一月までの二回にわたってインド総督になった。その間、インドを基地として、近東、中国など帝政ロシアの南下を防ぐための広域防衛体制をしいた。しかし、その一つとして広大なベンガル州を二州に分割しようとはかり、ベンガル分割反対の運動をインド人に起こさせ、民族独立運動を激化させることになった。

17　インド総督やインドの土侯が行なう接見の儀式は、ヒンディ語で「ダーバー」という。後出の「レヴィー」はフランス語。

18　ヒンドゥ教徒の土侯をラージャといい、その意味は統治者ということである。マハラージャは大（マハ）土侯。

19　男が腰にゆるく巻く布のこと。

20　チャールズ・ハーディング。インド総督。一九一〇年十一月から一九一六年四月まで在任。

21　パンディット・マダン・モーハン・マラヴィア（一八六一～一九四六）。インドの連合州（いまのウッタル・プラデシュ州）出身の弁護士。一九〇九年に会議派の議長になった長老。マハラージャに知己が多く、ヒンドゥ第一主義の傾向が強く、のちに反イスラム教の政治団体ヒンドゥ・マハサバの議長を勤めた。のちに会議派を脱退して国民党をつくった。保守的で主義も違ったが、終始ガンジーに協力した。ベナレス大学の創設者の一人。

22 長目のボックス型上衣。

23 ヴァイシュナヴァ派の修行僧ラーマナンダ（一三七〇～一四四〇、ベナレスの人）が説いたもので、とくに神に対するバクチ（献身）によって解脱へ達する道を強調した。彼は第一に、ヴィシュヌ神の崇拝者にとっては、カーストの区別は存在しない、と主張し、だれでも教団に入ることを許した。教団では俗語を使い、清純で貞節を守るラーマとその妃シーターの崇拝を導き入れた。こののち、バクチの思想は、全インド、特に下層階級にひろがった。バクチについては、訳者あとがき参照。

24 ガンジーは、このときベンガルをよく知ろうとして、こまめにほうぼうを歩き、有名人をたずねた。羊を殺して、その犠牲の血で罪を洗うシヴァ宗（ヒンドゥ教の一派）のお寺に参拝し、犠牲になった羊に同情し、これが宗教であろうかと疑った。また、ベンガルから生まれた近代インドの覚醒運動であるブラーモ・サマージの本部をたずねて、議論をかわしたりした。文豪ラビンドラナートの父、マハルシ（大師）・デヴェンドラナート・タゴールをたずねたが、おりあしくタゴール側の都合で会うことを果たせなかった。また、ラーマ・クリシュナ・ミッション（宗教団）を作って、全世界の大同団結を説いたインド近代宗教の偉人ヴィヴェカーナンダ（一八六三～一九〇二）が隠棲しているベラル・マトに、遠路を歩いてたずねて行った。しかし、ちょうど病気でカルカッタで寝ていたので、ついに会うことはできなかった。ヴィヴェカーナンダは、それからまもなく死んだ。

25 ダルマシャラはヒンドゥ教の寺院にある宿坊、パンダーはイスラム教の寺院にある宿坊。

26 ガンジーのイギリス留学を勧めてくれたガンジー家の友人マヴジー・ダーヴェの息子。弁護士。八章参照。

27 ガンジーはボンベイに落ち着く決心で、ボンベイのインド人街のギルガウンに家を借り、またボンベイ市内に法律事務所を開いた。

28　ガンジーのまたいとこに当たる。サッティヤーグラハという言葉は、マガンラルが受動的抵抗の代わりに「サダグラハ」（善行の力）という言葉を思いついたのを、ガンジーが修正して作りあげたものである。このように、マガンラルは、ガンジーのよき共働者として尽くし、またガンジーからは、真の後継者として信頼された。しかし一九二八年四月、病気のためサバルマティのアシュラムで死んだ。ガンジーは、その年の四月二十六日の『ヤング・インディア』紙に、つぎのような追悼文をのせた。

「わたしが、わたしのすべての後継者とねらっていた彼は、もはやいない。彼は綿密にわたしの精神的発展の経過を研究し、それに従った。わたしがブラフマチャリアを、真実を求めるための生活の規律として、既婚の共働者にもちかけたとき、彼はそれを実行することの美しさと必要性を認め、妻に自分の見解をおしつけるのではなくて、彼女を忍耐強く説くという、恐るべき闘いののちに実行にまでもっていった。……彼はわたしの腕であり、足であり、目であった」

29　アジア人局のこと。

第五部

1　接神論者の協会は、また神智協会とも訳されている。

2　ヒンドゥ教によると、人はすべて生まれたときはシュードラで、一定の儀式を行なってのち初めて、バラモン、クシャトリア、ヴァイシャに再生するといわれる。

3　ラージャ・ヨーガとは正統なヨーガ行法という意味である。ヨーガの哲学は、個人の神霊的背景をさぐり、それによってある種の知覚と精神の制御とを発展させる、一つの実験的学派である、とネルーはその著『インドの発見』のなかで述べている。

4　ヨーガの修行によって人間は解脱（モクシャ）に到達するとして、その根本の教えを集めた格言（スートラ）集。今日でも四冊が残っているが、三冊は紀元前に、一冊は五世紀ごろにできたもの。

5　ガンジーはこの「受託」という考えの重要なことをイギリスでの法律勉強中に知るとともに、ギーターのなかにも、この考えが盛られていることを発見した。ガンジーはこの考えを経済不平等を是正するために使おうとした。地主は農民の耕している土地の受託者であるとし、地主は受託者らしくふるまい、小作料を多く取ってはならないと説いて、ネルーその他から批判、反対された。

6　ボンベイの医師メータ博士の兄で、シリ・レヴァシャンカル・ジャグジヴァンのこと。一〇八ページ参照。

7　ボンベイ生まれのインド人でヨハネスバーグ在住。小学校校長を勤めた後、ダーバン市で『インディアン・オピニオン』紙を発行したが、経営困難になり、一九〇四年、同紙をガンジーに譲った。

8　イギリス人の新聞編集者。ヨハネスバーグでガンジーに出会ったのは、一九〇三年のことである。ガンジーの依頼でダーバンに移り、『インディアン・オピニオン』の編集人になる。フェニックス農園に住み、ウェスト夫人は靴工場の女工だったので、サンダルなどの製造指導に当たった。

9　ヘンリー・S・L・ポラク。一八八二年イギリスのドーヴァー生まれ。トルストイに心酔して菜食主義者になった。ヨハネスバーグでガンジーに出会ったのは一九〇三年で、そのときは、『トランスヴァール・クリティク』紙の編集次長であった。ガンジーのすすめでスコットランド人のミリーと結婚し、フェニックス農園、つづいてヨハネスバーグに移る。そのすばらしい実行力で、ガンジーを助けた。ガンジー帰国後はイギリスに帰る。

10　当時ガンジーは、しだいに弁護士業から遠ざかり、民衆奉仕一本の生活をしようと志していた。そこでラスキンの著書に感動したのを機に、農園開設にふみきったのである。「フェニックス」の名は、ガンジー自身が命名した。

11　一エーカーは約四千平方メートル。
12　一フィートは約三十センチ。
13　ドイツのライプチッヒの医者、クーネ博士が始めたパン焼方法。クーネ博士は自然療法の研究家で、ガンジーは『治療の新科学』というその著書を読んで共鳴した。
14　ハリラルは普通の学校教育を受けたいと言い張って、親もとをとびだしてボンベイに行った。
15　反乱といっても、イギリスのズールー族に対する懲罰作戦であり、警察行動であった。ズールー族は十九世紀の初め、チャカという民族的英雄が出現し、ナタル、トランスヴァールにわたって強力な王国をつくった。王国は一八七九年イギリス軍と戦って敗北し、イギリスの勢力下におかれ、一八九八年にはナタルの一部に編入されて、ズールーランドと呼ばれた。
16　昔からズールー族の住んでいたズールーランドのうち、肥沃な地域はイギリスに占領され、不毛の土地のみが彼らに残された。そこへはイギリス商人が入ったことはなく、ズールー族の村落（クラールという）の商売は、インド人の行商人によって行なわれていた。
17　ガンジーにとっては、禁欲は肉体の禁欲ばかりではなかった。食事、感情、言葉の節制をはじめ、憎悪、憤怒、暴力、不実など、思想、言葉、行為の抑制を意味し、これを三重の純潔と呼んだ。
18　讃歌または祈りの言葉。仏教用語では真言（しんごん）と訳されている。『ヴェーダ』はすべてこのマントラと散文の部分のブラフマナに分かれる。ブラフマナは祭儀書と訳されている。
19　ガンジー夫人はアーメダバードのアシュラム以来、アシュラムの母としてバ（母）と呼ばれるようになり、本名のカストゥルバイと呼ぶのをやめて、カストゥルバと自分でも呼ぶようになった。
20　いずれも内出血による貧血症だった。
21　ガンジーは、病気を治すには薬を使う必要はなく、からだの内部の抵抗力を増大させて治療するのがよく、そのためには、規則正しい食事と、土療法または水療法その他の家庭療法で効果があがる、という意見を持っていた。食事としては、新鮮な果物とくるみがよいとした。土療法は、ガンジーのいうところでは、きれいなネルのうえに、汚れのついていない土を冷水でしめしたものを塗り薬のようにのせ、下腹部に当てて包帯するのである。就寝のときそれをやり、夜中でも朝でも、いつでも目をさましたときにとり除く。水療法は、ドイツの医者クーネの創案したものをガンジーが紹介したところによると、一日に数回、三分間の腰湯を使わせたり、全身をぬれタオルで包み、頭にもぬれタオルをのせるといったものである。ガンジーはのちに、インドの西部プーナにあるディンシャー・メータ博士の自然療養研究所を、自分の事業の一端として支持応援した。

22　ガンジーの初めての入獄は、一九〇八年一月十一日から三十日までで、ヨハネスバーグの刑務所だった（五二章参照）。なお、二回目の入獄はフォルクスラストの刑務所で、そのときのガンジーの囚人カードは、次男のマニラルが所持しているが、クリーム色で横二インチ八分の七、縦三インチ八分の一である。「姓名」はM・S・ガンジーとまちがって書き込まれ、「職業」は下級弁護士のソリスター、「ペンネーム」なし、「判決の内容と日時」には、二十五ポンドの科料か、それとも二ヵ月の禁固、一九〇八年十月十日とあり、「釈放予定日」は一九〇八年十二月十三日と書かれている。裏側は「獄内の賞罰なし」とあり、彼は模範囚であった。

23　ガンジーの言うことが精神主義的であると言われるのは、この一点である。自分自身で意識して精神そのものの改造を行なわないかぎり、外的条件、肉体の改造ぐらいでは、人間生活の改善はできない。中心になっているのは精神だ、というのである。ガンジーの好きな祈りの歌に「どんなに努力しようとも、欲望を捨てないで、対象だけを捨てたのでは、それは長続きはしない」という意味のものがある。

24　十一日目という意味の言葉。ヒンドゥ教徒は月の満ち欠けのそれぞれの十一日目を聖なる日とみなし、断食をする。

25　イスラム暦の九月をいい、その月じゅうイスラム教徒は日没まで断食をする。

26　夕方までの断食。

27　『バガヴァッド・ギーター』第二章は七二の頌から成るが、これは第五十九番目の頌。ガンジーは、この第二章を彼の思想と行動の最大の拠りどころとしていた。

28　四五九ページ注29参照。

29　兄弟という意味。

第六部

1　ガンジーは、一八九七年ダーバンでイギリス人暴徒の襲撃にあって（二九章参照）以来、自己抑制の生活にきびしさを加え、一九〇六年には、ついにブラフマチャリアの誓いをたてる（四六章参照）にいたった。その一方、貧しい契約労働者と苦悩を分かち、そのなかでもまれながら、彼らの救済に、よりいっそう生活を捧げていった。彼が、『バガヴァッド・ギーター』（四五八ページ注21参照）の教えに従って、真実の力、精神の力の偉大さの実験を、自分自身、自分の家庭からさらにひろげて、インド人居留民を対象にして行なおうとしたのが、一九〇六年の悪法反対の闘争からであった。この段階で発見された闘争原理が、サッティヤーグラハであった。

2　ガンジーは『ヒンドゥ・スワラジ』のなかでも、「受動的抵抗」という一章を設けて説明している。これは明らかに、トルストイの反教会反皇帝の「受動的抵抗」から名称を借りてきたものである。しかし、精神力を持っている闘争は受動的抵抗ではないとして、サッティヤーグラハと区別するようになった。

3　ボーア戦争以来イギリスの直轄支配下にあったトランスヴァールは、一九〇七年一月一日から自治が認められることになり、議会が設置され、議員が選出された。

4　パンディットの称号を持つ者は、バラモンのカーストに属し、それだけでインド人のなかでの社会的地位は高く、尊敬されることも厚い。

5　一オンスは約二八グラム。

6　ヨハネスバーグの日刊紙『トランスヴァール・リーダー』の編集長アルバート・カートライトは、ガンジーの投獄以来、スマッツ将軍とインド人側との間の斡旋に努力していたが、それが功を奏し、ガンジーは一九〇八年一月三十日釈放された。スマッツ将軍とプレトリアで会見した結果、悪法撤回についてのガンジー・スマッツ協定が成立した。

7　ジャン・クリスティアン・スマッツ（一八七〇～一九五〇）。ケープタウンに生まれたボーア人系政治家。トランスヴァール共和国の要職につき、ボーア戦争では、軍司令官としてイギリスと戦った。戦後、対英協力方針を推進して、南アフリカ連邦を成立させ、国防相となった。第一次世界大戦では、イギリスの戦時内閣に入閣し、帰国後は一九一九年から二四年まで、さらに三九年から四八年まで連邦首相をつとめた。連邦党党首。

8　インド西北部およびアフガニスタン東部の山地に住むイラン系住民。イスラム教徒が多く、勇猛で知られている。

9　一九四八年一月三十日、ガンジーが暗殺されたときに、彼の口から出たのもこの言葉であった。

10　ジョーゼフ・J・ドーク。イギリスのバプティスト派の牧師。ドークの書いたガンジーの評伝『南アフリカのインド人愛国者』は、ロマン・ロランの書いた『マハトマ・ガンジー』と並んで古く、かつ興味あるものである。

11　そのころ、トランスヴァールのヨハネスバーグで発行されていた日刊新聞は、すべて、どこかの金鉱主の所有になるものであったが、この連中の利益をおびやかさない場合、編集者は、とらわれずに意見を発表していた、とガンジーは批評している。

12　ハーマン・カレンバッハ（一八七一～一九四五）。ユダヤ系ドイツ人で、建築家。仏教に興味を持っていたことが縁になって、ヨハネスバーグを見下ろす丘の上の豪壮な家を捨て、ガンジーの共同生活者、同志となり、ガンジーにつぐ、サッティヤーグラハ運動の指導者となった。この関係は、ガンジーのインド帰国後も続いた。カレンバッハはガンジーとの同行を願ったが、ドイツ人であるためインド入国を政府が許可せず、両人は、いったん別れた。しかし、その後入国を許可され、カレンバッハは死ぬまで、ワルダのアシュラムでガンジーと起居をともにした。ガンジーは彼について、「強固な意志と厚い同情心と子供のような単純さを持った人だ」と評している。

13　農場にあった千本ばかりの果樹は、みかん、あんず、すももなどで、季節になると、食べきれないほどの実がなった。飲料水を得る場所は宿舎から五百メートルほど離れており、毎朝てんびん棒をかついで水を運搬した。

14　トルストイ農場で、すでに三つの言語が話されているわけだが、インド全体になると、憲法で明記した地方語だけで十三あるのだから、インドの言語問題は、意志を疎通させる問題、公用語の決定問題など、政治、経済、社会的に大問題である。ことに、グジュラートのインド人には、南方のタミール語は外国人の言語に等しい。日本の方言ぐらいと思っては、大まちがいである。ガンジーはヒンディ語のほか、タミール語を少々知っていたが、ベンガル語は勉強を途中でやめた。そのほかに英語を使った。

15　ルイス・ボータ（一八六二〜一九一九）。南アフリカ生まれのボーア人系政治家で、ボーア戦争では、トランスヴァール軍司令官としてイギリスに対抗し、一九〇七年、トランスヴァール自治政府の成立とともにその首相になった。スマッツ将軍と並び称せられる政治家。

16　一九一〇年、連邦成立以後は、南アフリカ全体は、ケープタウンにある中央政府に統治されることになった。本文にある「南アフリカ政府の判定」というのは、ケープにある連邦最高裁判所の判事シアールが、ある訴訟事件の判決中、このような判定をくだしたことをさしている。

17　闘争に参加した婦人は十一名であった。

18　十六歳以下の子供を除くフェニックス農園の定住者で、そのなかには『インディアン・オピニオン』の編集者数名もふくまれていた。このとき、カストゥルバ夫人は、みずから買って出て闘争に参加した。

19　一九一三年九月二十三日のこと。

20 ナタル州の州都。
21 一ポンドは一六オンスで、約四五三グラム。
22 チャールスタウンの衛生担当官。
23 歌の形式をとった祈りの言葉。
24 ガンジーの指導した巡礼者たちの副官格の人。
25 逮捕に激昂した労働者を説得し、逮捕されることに労働者を踏み切らせたからである。
26 オレンジ自由州ブルームフォンテーンの刑務所。
27 一九一〇年、イギリスはそれまで自治州だったトランスヴァール、オレンジ自由の二州とケープ、ナタルの二直轄州を合併して南アフリカ連邦をつくり、その政府所在地をケープタウンとした。
28 ロード・ラッセル。元マドラス州知事。一九〇四年の臨時総督で、ガンジーの知友であった。
29 自由党の指導者（一八五八～一九四五）。このときは植民地相。このほか枢密院議長、インド事務大臣、陸軍大臣を歴任した。
30 ガンジーは、一九一四年の八月から一五年の一月までの五ヵ月間イギリスに滞在した。

第七部

1 「平和の宿るところ」の意味。カルカッタの北方に位するこの地を、文豪タゴールは青年教育のために一九〇一年に開放していた。二六年になって、ヴィシュヴァバラティ（世界）大学が開設された。
2 インドの土侯国は形式的には独立国で、イギリスの直轄植民地の各州との境界には税関が設けられていた。しかし、税関の検査は大土侯国以外、きびしくなかった。
3 チャールズ・F・アンドリュース（一八七一～一九四〇）。この人ほど長期間にわたってガンジーに近かったヨーロッパ人はいなかった。キリスト教の牧師として、一九〇四年、ニューデリーのキリスト教大学で教鞭をとるためイギリスから移って来た。一九一三年、南アフリカのインド人問題が大きな問題になったときに、彼は志願して南アフリカにおもむいた。ダーバン港の波止場でガンジーに紹介されるなり、ひざまずいてガンジーの足下に手をついた。それ以来、ガンジーとの交遊は二十七年間、死ぬまで続いた。一九二四年、ガンジーは彼について「血を分けた兄弟のようだ」と言い、アンドリュースもまた、ヨーロッパ人のなかで彼一人がガンジーを「モハン」と呼んだ。彼はまた、文豪ラビンドラナート・タゴールとも親しくしていた。彼はインド人の多いフィジー島、南アメリカ、南アフリカを訪れるなどひろく世界を旅行して、インド人の援助に全生涯を捧げた。彼は、ヨーロッパ人中、群を抜いたガンジーの紹介者で、彼の編纂になる『ガンジー自叙伝』がある。

4　ウィリアム・W・ピアソン。イギリス人。アンドリュースとともに南アフリカに行って、ガンジーに会ってから、その崇拝者になった。

5　文豪タゴールのこと。

6　インドの楽器名。五弦の楽器。

7　シャンティニケタンからプーナに行くのには、バードワンで乗り換える必要がある。

8　ガンジーは、のちになって、この三等車旅行は健康上続けられなくなってやめた。

9　三等寝台車は、真中の細い通路をはさんで一方の側に普通の座席があり、反対側に二段か三段の寝台が並んでいる型のものが多く、上の寝台は、補強するために鎖でつるした格好になっている。

10　このアシュラム（道場）の名称について、ガンジーが友人に相談すると、セヴァシラム（奉仕の家）とか、タポヴァン（端正な家）とか、いろいろの案が出された。四五五ページ注15参照。

11　ガンジーの共働者。ケダのサッティヤーグラハ闘争にも参加した。

12　ダニベンのベンは、ミラバイのバイとともに、婦人の名につけて呼びかけの親しさを表わす言葉。また、婦人の名の一部になっている。

13 ビハール州の北部にある地方の名。

14 この農民はアウトカーストだった。

15 ライオトとは「支配される」という意味から「土地を耕す」という意味に変わり、農民のことをいう。イギリス支配時代のインドの土地制度には、大別してザミンダル、ライオトワルの二種類があった。ライオトワル（ワルは「……する者」の意味）は、土地を耕していた農民をそのまま土地所有者とし、その農民から直接に地代を納めさせた制度であるが、この制度下の農民もライオトワルという。一方、イギリスは、そのインド征服以前から地代＝地租を徴収していた収税人をそのまま地主として法制化し、封建的搾取関係を温存しながら支配した。これがザミンダル（ザミンは「土地」、ダルは「所有する者」の意味）の制度で、不在地主が多かった。この制度下の耕地は、全インド耕地面積の約四分の一に及び、ベンガル、ビハール両州では耕地の大部分、オリッサ州では約半分、マドラス州では約三分の一を占めていた。なお、この制度下の地主で在郷の地主をタルカダル（タルクは「領地」の意味）と呼んだ。

16 ビハール州の州都。

17 インド初代の大統領ラジェンドラ・プラサド（一八八四～一九六三）のこと。チャンパランの農民争議でガンジーに私淑し、高等法院の弁護士になる希望を捨てて、会議派の運動に入った。ガンジーに忠実な会議派指導者の一人だったが、一九四七年には、ガンジーの反対を無視して会議派議長、五〇年大統領に就任した。ガンジーに出会ったとき、彼は三十三歳、ガンジーは四十八歳だった。なお、バブは有識人の尊称で、……さんの意。ガンジーじいさんの意味のガンジー・バプーとは違う。バプーはグジュラート語で、ガンジーに対してのみ用いられる。

18 インド東海岸にある聖地。

19 J・B・クリパラニ（一八八八～）。ガンジーとの最初の出会いは、一九一五年タゴールのシャンティニケタンでであった。一九一七年、このチャンパランの農民争議でもガンジーを助けた。四六年、会議派大会の議長となる。五一年、会議派を脱退し、現在は人民社会党の党首。

ガンジーは、若いクリパラニがシュチェタと恋愛の末結婚しようとしたとき、これに反対し、シュチェタを呼んで、結婚は一生を奉仕に捧げるクリパラニのためにならない、と結婚せぬように説得したことがあった。しかし、のちにはガンジーのほうが改心し、シュチェタを自分の娘のようにして、クリパラニに嫁がせた。

20　ビハール州の西北部を占める地方。政治中心地はムザファルプル。

21　カイト語はビハール州北部の地方言語。ウルドゥ語は話し言葉としてはヒンディ語と大差ないが、ペルシア文字で書き表わされている。主として北インド中央部のイスラム教徒が用いている。

22　ラジェンドラ・プラサドとは別人。

23　インド政府の特高警察のこと。Criminal Investigation Department の略。

24　学校で行なう手紡ぎに使う綿などの材料のこと。

25　インド奉仕協会の指導者で、ガンジーの共働者。

26　チャンパランの闘争で、ガンジーは、一九一七年の初め七ヵ月をチャンパランで過ごし、医療センターや六つの村落の小学校を開いたりして、その後も数回チャンパランを訪れて指導に当たった。ここで学校教師の志願者として迎え入れたのが、後にガンジーの秘書兼記録係となったマハデオ・デサイ（一八九二〜一九四二）とナラハリ・パリクの二人の青年であった。このほかに、サバルマティのアシュラム（道場）から、四男のデヴァダスやカストゥルバ夫人も応援にかけつけた。夫人は食事を受け持ち、村落の人に清掃や身だしなみについて教えた。

27　法律用語。一応の証明のある事件のこと。

28　ティンカティア制度のもとで、インド藍の強制栽培を廃止させた法案。この農業法の成立と人工染料の発達で、今までの栽培園主は土地を農民に売り払うか、または、砂糖きびに作付転換をした。その後まもなく、インド藍農業は衰微してしまった。

29　一九一八年二月、アーメダバードの紡績工場の争議が始まったとき、チャンパランのインド藍問題は、まだ結末をみていなかった。
30 ガンジーの故郷グジュラートの一部。アーメダバードから南西、カンペイ湾にいたるサバルマティ川の流域一帯の農業地方をいう。
31 シリマティは、婦人の姓の前につける尊称。アナスヤベンはアーメダバード第一の紡績工場主アンバラル・サラバイの妹で、ガンジー・アシュラムの近所に住んでいた。争議のときはガンジーの側につき、それ以後アシュラムの一員になった。
32 チャンパラン地方の搾乳を職業とするカースト。
33 彼はアシュラム（道場）の総管理人だった。四七五ページ注28参照。
34 （一八七五～一九五〇）。アーメダバードの弁護士。一九一八年、紡績工場のストライキでガンジーと出会い、収入の多い弁護士業を放棄して、ガンジーの忠実な使徒になった。一九二〇年、ガンジーに協力してバルドリ地区（グジュラート地方）の農民を組織して、第一回反英非服従運動に活躍した。インド独立後は、副首相として土侯国の統合に腕をふるい、サルダルの称号を一般から捧げられた。会議派右派の指導者。
35 ケダ地方の農業カースト。
36 インドの地租徴収細目には、貨幣単位を用いた「アンナ基準」といわれる独特の地租査定基準が設けられている。この基準によると、平年作の収穫量（五年ごとに調整）を一ルピー（十六アンナ）とし、ある年の収穫高が平年作の五〇％であれば、その年の収穫量は一ルピーの五〇％、つまり八アンナと査定表記する。本文の「収穫高が四アンナ」とは、平年作の二五％の収穫高になる。
37 弁護士。ガンジーの英字機関紙『ヤング・インディア』の発行人。
38 町村役場の役人のこと。
39 ベサント夫人（四六四ページ注8参照）は、ティラク（四七〇ページ注33参照）とともに、一九一六年、Home Rule League（自治連盟）を結成し、全国の大都市を飛び歩き、火のような扇動演説でたちまち中産階級の支持を得て、全土に連盟支部を作りあげた。ガンジーも、この連盟に参加した。

第八部

1　ガンジーがこの運動を始めたのは一九一八年であった。

2　ガンジーの親友のショウカット・アリ（兄）とモハメッド・アリ（一八七八〜一九三〇）。ともにイスラム教徒の著名な指導者で、キラファット運動（このページ注6参照）を指導し、一九二〇年代のインドの民族運動、反英非協力運動に大きな役割を演じた。モハメッドは、一九二四年、会議派議長を勤めた。

3　いずれも、マディヤ・プラデシュ州の刑務所の所在地。

4　インドのイスラム教徒の近代化運動の祖サー・アーマッド・カーンが、一八七七年パンジャブ（今の東パンジャブ州）のアリガルに建てた大学。

5　人間を導いて神の門に入らせるイスラム教の行者。

6　カリファットともいう。カリフ（イスラム教主）制度のことで、トルコのサルタンが兼ねていた。第一次世界大戦でドイツが負けると、ドイツに味方したトルコのカリフ制度を廃止することに、イギリスその他連合国の意見は一致したが、インドのイスラム教徒はイギリスに反対し、カリフ存続の運動を起こした。一九一九年十一月末、第一回キラファット会議が開かれた。キラファットは、ウルドゥ語で「反対する」という意味もあって、一般のイスラム教徒に支持された。おりから、ヒンドゥ教徒の間に起きていた反英気運と合流して、その結果、両教徒協力の反英大衆運動になった。両教徒の融和一致を念願するガンジーは、終始これを支持し、指導を与えた。

7　デヴィッド・ロイド＝ジョージ（一八六三〜一九四五）。イギリス自由党の指導者で、第一次世界大戦時の首相。

8　チャールズ・F・アンドリュース（四七一ページ注3参照）に捧げられた尊称で、「貧者の友」という意味。

9　（一八六八～一九三三）。一九一六年四月から二一年四月までインド総督であった。その間、インド事務相のモンターギュとともにモンターギュ・チェルムズフォード改革法というインド統治法を作った。四九二ページ注46参照。

10　ヒンドスタニー語は、ヒンディ語を母体にして、これにウルドゥ語をまぜて作った人造語で、商業語として広く使用されている。ヒンディ・ヒンドスタニー語とは、このヒンドスタニー語を話すのに、ヒンディ語の話しかたで話す場合をいう。ウルドゥ語の話しかたで話をする場合は、ウルドゥ・ヒンドスタニー語という。

11　携帯用の寝具で、インドの汽車旅行には不可欠のものである。

12　ガンジーは、肉食を避けたように、体内に入る注射液も宗教的見地から植物性のものに限っていた。

13　ヒンドゥ教の聖典を意味するが、数学から舞踊にいたるまでのあらゆる種類の知識や学問の教科書のこと。

14　パーシー人の医者。

15　搾乳の方法の一つ。牝牛のからだに空気を注入したり、何か異物を入れて刺激したりして、多量に搾乳する方法。

16　イギリスはインド自治の拡大を図る一方、イギリス人のシドニー・ローラットを委員長とする秘密調査委員会を設けて、新しい治安立法を準備させた。その委員会の報告が一九一八年夏、政府に提出され、その一部が新聞に公表された。ガンジーを驚かせたのは、その新聞報道であった。法案が法律になったのは、一九一九年三月のことであった。この法律は三ヵ年の時限立法で、令状なしの逮捕、裁判なしの投獄などを定めている。

17　ボンベイの紡績工場主。ガンジーの機関紙発行のための資金提供者の一人。

18　（一八七九～一九四九）。マドラス出身。「インドのうぐいす」といわれた女流詩人。劇作家であるとともに、ガンジーの人と思想に傾倒し、一九三〇年のガンジーの「塩の行進」にも参加するなど、インド民族運動の指導者として献身した。一九二五年会議派の議長を勤め、独立後は、女性として初めての州知事になった。彼女にとっては、政治は「愛の一つの表われ」であった。詩集『黄金のしきい』『時の鳥』『破れた翼』などが有名。

19　B・G・ホーニマン。イギリス人。週刊の会議派系新聞『ボンベイ・クロニクル』の中心的な編集者。

20　この会合は一九一九年二月に開かれ、インド本国のサッティヤーグラハ闘争の口火を切る形で、出席者一同で「サッティヤーグラハの誓い」が行なわれた。「誓い」のなかで「これらの法案が法律になった場合、撤回されるまで、われわれはこれらの法律、および非服従に適するとみなされるその他の法律に従うことを、市民として拒否する」ことや「この闘争で、われわれは真実に忠実に従い、生命、個人、および財産に対する暴力をさし控える」ということを確約している。

21　サバは「集まり」「集会」の意味。

22　「サッティヤーグラハの誓い」のための署名運動を開始したところ、二週間で、予期に反して一千二百人もの署名が集まった。

23　南インドの著名な政治家。

24　シリ・チャクラヴァティ・ラジャゴパラチャリ（一八七九～）。一九一九年のサッティヤーグラハ闘争に参加してから、ガンジーの共働者となった。会議派の最右派。その娘ラクシミ（バラモンのカースト）は、ガンジーの四男デヴァダス（ヴァイシャのカースト）と結婚した。ガンジーは初め強硬に反対したが、二人の忍耐強さに根負けして許した。インド独立後の一九四八年から、イギリス人マウントバッテンについで、インド人として初めてのインド総督となった。五〇年総督辞任後は、会議派長老の地位にあったが、五八年、農業の協同組合耕作問題でネルーと意見が対立し、会議派を脱退し、スワタントラ（自由）党を創立した。

25 南インドのバンガロールとマドラスとの間にあり、現在は工業の中心地となっている。

26 仕事の中止をいう。すべての労働を中止し、すべての店を閉じるなど、非暴力示威の一形式。

27 このサッティヤーグラハ闘争は、もともと会議派とは関係なく、ガンジーとそのサバの一党が独力で計画し、始めたものである。会議派は、その年の末ようやくガンジーを迎え入れて、反英非暴力、非協力運動を決議した。その際、著名な指導者はネルーの父モティラル以外は全部反対した。そのため、ベサント夫人のごとく政治的生命を失った者さえあった。

28 デリーのサッティヤーグラハ闘争の指導者で、スワミ・シュラッダ・ナンドジーがヒンドゥ教徒、ハキム・サヘブがイスラム教徒。

29 デリーにあるイスラム教の大寺院。ここへヒンドゥ教徒が入って演説するということは未曾有のことである。いかに両教徒の気合いが一致していたかをよく物語っている。

30 サイフディン・キチレウ。パンジャブ地方のイスラム教徒の指導者。会議派に属し、一九五二年インド平和会議の委員長となり、五三年スターリン平和賞を受けた。

31 アラビア海に面した「インドの門」からマラバルの丘にいたるボンベイの海岸をいう。しばしばここで大集会が開かれる。

32 スワは「自己」、デシは「作る」。自力生産という意味だが、国産奨励の意味にも用いられた。

33 貧乏人が粥やパンをうまく食べられるのは塩あってのことだが、この貴重な塩に税をかけているというので、ガンジーは塩税撤廃運動をやったのである。

34 四二章参照。サルヴォダヤというのは「万人に幸福がもたらされる世界」の意味。

35 インドの西北部にある州。パンジャブというのは「五つの河」という意味。シク教徒とイスラム教徒が多い地方である。

36 バンデー・マタラムは、母国讃歌といい、ベンガル人の作家バンキム・チャンドラ・チャテルジーが時のイスラム教徒の領主の弾圧に抗して血みどろの闘いをやったベンガルのヒンドゥ教徒の闘いを題材にして書いた小説の一部を、文豪タゴールが作曲したもので、一時は「会議派の歌」といわれたほど、よく歌われた。しかし、イスラム教徒からは反イスラムとしてきらわれた。アラホー・アクバルは「神は偉大なり」というイスラム教徒の祈りの言葉である。

37　ボンベイは、イギリス人が開いた植民地都市で、開設された当初、イギリス人はポルトガルの海軍と戦ったり、当時マラータ人がつくっていた一大王国マラータ連邦の軍勢の襲撃を防ぐために、港に面して要塞を作った。フォートとは、その要塞跡をいい、今日では商店、会社街になっている。

38　四八九ページ注19参照。

39　インドの新聞の発行部数は、非識字と貧困のため、一般に非常に少ない。四万という数は、部数としては多いほうである。

40　一八六四年、インドのシムラに生まれ、アイルランドのミドルトン大学に入り、一八八五年、イギリス陸軍に入った。西北辺境州のパターン族の制圧作戦、ビルマ戦争、第一次世界大戦に従軍した。アムリッツァーに出動を命ぜられたとき、パンジャブ州のジャランダーに駐屯した旅団の司令官であった。

41　手紡ぎの糸で作った手織布地。カッダルともいう。

42　四五八ページ注22参照。

43　第一次世界大戦後、連合国代表とトルコ政府との間で交渉中だった講和条約のこと。この交渉の結果、一九二〇年八月、カリフ制度の廃止、その他不平等条項を定めたセーヴル条約が調印された。四八七ページ注6参照。

44　一九一九年には全インドにわたって、初めてのサッティヤーグラハ闘争が行なわれ、アムリッツァーその他各地で惨虐事件が起きたが、その年の十二月開かれた会議派のアムリッツァー大会は、二十世紀の開幕以来引き続いてずっと会議派を指導してきた穏健派と、大衆をバックに高揚してきた民族派とが、勢力を入れかえる舞台となった。大会の決議そのものは、イギリス側の自治拡大の意向を反映して、「できるだけ完全な責任政府がすみやかに樹立されるよう改革のために努力する」という、変わりばえのしないものだった。しかし、注目すべきは、ガンジーの登場であり、その主張である。この大会で、ガンジーは、アムリッツァーやアーメダバードで起きた、イギリス人の殺害を含む大衆行動を非難した動議を提出し、「もし大会でこの決議が通らなければ、会議派から脱退する」とおどかしまでしたのであった。大会は「多くの人命と財産の損失をもたらした行為の行き過ぎであったことを遺憾とし、これを非難する」との決議を採択した。このほか、この大会で通過した決議に、つぎのようなものがある。㈠スワデシ（国産奨励）、㈡乳牛の輸出禁止と牝牛の育成、㈢各州の禁酒政策、㈣三等客の苦痛の改善。そのほかに、キラファット問題に関する対英抗議、イスラム教徒に対すると牛禁止の要請などがあった。なお穏健派は同じ十二月、カルカッタで大会を開き、自由党（リベラルス）という新党をつくって会議派を脱退した。

45　ジャワハルラル・ネルーの父。

46　インド事務相モンターギュ、インド総督チェルムズフォードの連署したインド統治改革案に基づいた「インド統治法」で、一九一九年十二月に実施された。この統治法の特徴は、中央集権を改め、地方の権能を拡大してインド人の政治参加を許す一方、知事の強大な権限をそのままに残すいわゆる「両頭政治制度」（ダイアーキー）を作ったこと、中央に上下二院の立法議会を設け、その過半数の議員を民選としたこと、インドに連邦制を樹立することを明らかにしたこと、などである。

47　サー・シンハは、一九一五年末の会議派の大会で議長を勤めたとき、新しい世代を満足させ、無政府的傾向に走らせないために、イギリスは将来の目標として、民主主義を約束せねばならない、とイギリスに訴えた。彼の所論は、善政より肝心なのは自治である、ということである。シンハの匂いとは、このことをさして言ったものである。

48　（一八七〇～一九二五）。デスバンドゥとは「国の友」という意味。ベンガルの弁護士。彼の高い人格と国への献身は、広く国民の信望を集めた。一九一九年の反英非協力運動に参加して、逮捕された。会議派の議長を勤めたが、ガンジーの対英非協力方針を批判し、死ぬ直前にはモティラル・ネルーとともに、議会闘争を主眼としたスワラジ（自治）派をつくった。

49　モハメッド・アリ・ジンナー（一八七六〜一九四八）。カチアワル地方生まれの裕福な弁護士。初め、イスラム教徒とヒンドゥ教徒の統一論者だったが、後にガンジー、ネルーと仲たがいし、一九三四年には、全インドイスラム教徒連盟（一九〇六年創立。連盟と呼ぶ）の指導者になった。続いてイスラム教徒だけの国、パキスタンの樹立運動を始め、終始会議派と競り合いながら、パキスタンの樹立に成功した。パキスタンの父であり、その初代の総督であった。「ケイ・ド・アザム」（正義に尽くす人）と呼ばれた。

50　ベンガル出身。二十世紀の初めに活躍した会議派のなかのベンガル過激派の指導者。ガンジーの反英非協力運動に反対したため、ティラク、ベサント夫人、ラジパット・ライとともに大衆の支持を失ってしまった。

第九部

1　ガンジーの思い違いで、実際は一九〇九年である。あとがき参照。

2　ガンジーは、手で紡いだ糸を、このように呼んだ。

3　会議派は一九〇六年、スワラジ（自治）獲得を目標にかかげてから、民族教育を重視し、政府の奴隷教育からインド人をひき離そうと努めた。そのため、各地に教育会議を開いた。ブローチ（グジュラート地方の一地区）のはその一つ。

4　インドの有力な土侯国で、その土侯は裕福なことで有名であった。

5　糸に紡ぐ前の状態のもの。綿糸を作る工程には、生棉の種子や塵埃を除去するための打棉・開棉・展棉があり、つぎに糸を紡ぐのに適さない繊維を除き、良質の繊維を平行に集め直径一・五センチほどのひも状とする梳棉（そめん）がある。こうしてできたものを篠（しの）といい、これに撚りをかけて紡ぎ、綿糸とする。

6 ボンベイの紡績工場主。

7 シーアもトーラもインドで用いられる重さの単位。

8 ゴカーレの妻。

9 ガンガベン・マジムンダルとは同名異人。

10 会議派の運動を、親英穏健なものから反英過激なものに転換させた、初期インド民族独立運動史上の画期的な事件。一九〇五年七月、総督ロード・カーゾンは、それまで単一の州であったベンガル・ビハール・オリッサを二つの州に分割する案を発表した。このベンガル分割案は、「ベンガルの行くところインドこれ従う」と言われたほど、民族的自覚の進んでいたベンガル人を刺激し、激烈な反対運動を呼び起こした。それにもかかわらず、分割は同年十月強行されたので、ついにイギリス当局とベンガル人との正面衝突となった。ビピン・パルやオロビンド・ゴーシュ（近代インド最大のヒンドゥ哲学者、一八七二〜一九五〇）に率いられた会議派の過激派が、一挙に力を確立して、これに、ボンベイ方面でティラク、パンジャブ方面でララ・ラジパット・ライが呼応したので、ベンガル分割の騒ぎはインドの大半に及んだ。この間に、イギリス綿布のボイコット、スワデシ（国産奨励）、スワラジ（自治・独立）、民族教育が叫ばれ、インドの人心は反英に向かって大きく変化した。イギリス当局は取締り法令を乱発したり、ティラクのビルマ追放などの弾圧策に出たが、ついに一九一一年、分割を取り消し、首都をカルカッタからニューデリーに移した。この事件の過程で、一九〇六年から会議派はスワラジを目標にかかげるようになり、また同年ヒンドゥ教徒の強さに恐れをいだいたイスラム教徒が、会議派に対抗して自分たちの利害を中心に全インドイスラム教徒連盟を創立した。

11 臨時大会の会期は一九二〇年九月四日から九日までであった。そのときインドの各地では、すでに八月一日からガンジーの指導のもとに反英非協力運動が始まっていた。いっさいの称号および名誉職が返還された。法廷の弁護、学校、立法機関への参加、政府の公式接見の拒否、軍務の拒否、外国商品のボイコット、国債の応募拒否など、あらゆる非協力の行動がとられていた。この臨時大会の特色は、カーディ（手織布地）服の代表が圧倒的に多かったことである。ガンジー時代の開幕を知らせた大会であった。

12　（一八六五～一九二八）。パンジャブ出身。ララジーと呼ばれた。パンジャブ自治運動を指導し、会議派内の過激派のリーダーで、一九一五年国外追放を命ぜられ、数ヵ月日本に滞在した後、さらに追われてアメリカに渡り、一九一九年帰国した。

13　一九二〇年十二月に開かれ、さきに開かれたカルカッタの臨時大会の決議を全面的に承認した。この大会以後、「非協力によって、スワラジ（自治）を獲得しよう」が会議派の公約となった。またガンジーの発議で、規約改正を行ない、指導部の運営委員会の設置をはじめ、会議派組織の大衆化、全国化が図られた。以後会議派は、一年任期の議長の下に、書記長、財政委員など十余名の運営委員会、約三、四百名からなる会議派全国委員会（A・I・C・C）、各地方の会議派州委員会（P・C・C）、さらにその下に数段階の委員会が最下級組織の村落委員会までである、ピラミッド型の組織をとることになった。

14　「骨格に当たる中心的部分」の意味。

15　四七七ページ注17参照。

訳者あとがき

＊

わたしが、初めてガンジーの「自伝」を読んだのは、一九二八年のことであった。旧春秋社発行の「ガンジー全集」第四巻、高田雄種訳『真理探究者の手記』(上)がそれである。それから二年後、同じ訳者の手によって、『ガンジー自叙伝』(上)(下)全訳が、同じ春秋社から出版された。わたしはそれも読んだ。しかしその時のことを思い返してみると、わたしは、ガンジーの思想の核心にあたるものにはまったく気をとめずに読みすごしていたのだった。

思えばわたしは、ガンジーの自伝に、「真実（Truth）をわたしの実験の対象として」という副題がつけられていることの深い意味を理解できずにそれを読んだのだった。「真実をわたしの実験の対象として」という副題は、英語では The Story of My Experiments with Truth というのである。日本の訳書では、このトルース（Truth）がすべて「真理」と訳されていた。当時、若い読者の一人であったわたしは、このトルースを、人間社会における真理、つまり道理と合点してしまった。そのころのわたしは、求道者ガンジーのきびしい態度に心を打たれたし、また、ガンジーが「人生実験」と呼んでいることに、自然科学者が科学各書目の下段の数字はISBNコードです。978－4－12が省略してあります。

ま-9-5
理趣経
松長有慶
セックスの本質である生命力を人類への奉仕に振り向け、無我の境地に立てば、欲望は浄化され清浄となる。明快な真言密教入門の書。〈解説〉平川 彰
204074-8

い-25-4
東洋哲学覚書 意識の形而上学 『大乗起信論』の哲学
井筒俊彦
六世紀以後の仏教思想史の流れをかえた『起信論』を東洋的哲学全体の共時論的構造化の為のテクストとして現代的視座から捉え直す。〈解説〉池田晶子
203902-5

S-22-3
世界の歴史3 古代インドの文明と社会
山崎元一
ヒンドゥー教とカースト制度を重要な要素とするインド亜大陸。多様性と一貫性を内包した、インド文化圏の成り立ちを詳説する。
205170-6

S-22-14
世界の歴史14 ムガル帝国から英領インドへ
佐藤正哲
中里成章
水島 司
ヒンドゥーとムスリムの相克と融和を課題とした諸王朝の盛衰や、イギリスの進出、植民地政策下での葛藤など、激動のインドを臨場感豊かに描き出す。
205126-3

ロ-6-2
砂漠の反乱
T・E・ロレンス
小林 元 訳
第一次世界大戦の最中、ドイツと同盟するトルコ帝国を揺さぶるべく、アラビアの地に送り込まれた青年ロレンスが自らの戦いを詳細に記した回想録。
205953-5

S-18-1
大乗仏典1 般若部経典 金剛般若経／善勇猛般若経
長尾雅人
戸崎宏正 訳
「空」の論理によって無執着の境地の実現を目指す『金剛般若経』。固定概念を徹底的に打破し、「真実あるがままの存在」を追求する『善勇猛般若経』。
203863-9

S-18-2
大乗仏典2 八千頌般若経Ⅰ
梶山雄一 訳
多くの般若経典の中でも、インド・チベット・中国・日本など大乗仏教圏において最も尊重されてきた『八千頌般若経』。その前半部分11章まで収録。
203883-7

S-18-3
大乗仏典3 八千頌般若経Ⅱ
梶山雄一
丹治昭義 訳
すべてのものは「空」であることを唱道し、あらゆる有情を救おうと決意する菩薩大士の有り方を一貫して語る『八千頌般若経』。その後半部を収める。
203896-7

さ-58-1

つぶれた帽子 佐藤忠良自伝

佐藤 忠良

作ることにあこがれ、二二歳ではじめて粘土を手にしてから、ひたすら土を手にしてきた——自らを「職人」と呼ぶ、世界的な彫刻家の自伝。〈解説〉酒井忠康

205524-7

や-36-2

自伝 若き日の狂詩曲

山田 耕筰

童謡・オペラの作曲を始め、わが国交響楽運動の創始者として、近代音楽史に輝かしい足跡を残した山田耕筰の破天荒な青春記。〈解説〉井上さつき

206218-4

チ-2-1

第二次大戦回顧録 抄

チャーチル
毎日新聞社 編訳

ノーベル文学賞に輝くチャーチル畢生の大著のエッセンスをこの一冊に凝縮。連合国最高首脳が自ら綴った、第二次世界大戦の真実。〈解説〉田原総一朗

203864-6

い-61-2

最終戦争論

石原 莞爾

戦争術発達の極点に絶対平和が到来する。戦史研究と日蓮信仰を背景にした石原莞爾の特異な予見は、日本を満州事変へと駆り立てた。〈解説〉松本健一

203898-1

き-13-2

秘録 東京裁判

清瀬 一郎

弁護団の中心人物であった著者が、文明の名のもとに行われた戦争裁判の実態を活写する迫真のドキュメント。ポツダム宣言と玉音放送の全文を収録。

204062-5

あ-36-2

清朝の王女に生れて 日中のはざまで

愛新覚羅《あいしんかくら》顕琦《けんき》

故郷や実姉の「女スパイ」川島芳子の思い出、女子学習院留学から文革下二十数年の獄中生活など、さすらいの王女の感動的な自伝。〈解説〉上坂冬子

204139-4

ひ-19-4

はじめての仏教 その成立と発展

ひろさちや

釈尊の教えから始まり、中央アジア、中国、日本へと伝播しながら、大きく変化を遂げた仏教の歴史と思想を豊富な図版によりわかりやすく分析解説する。

203866-0

な-14-4

仏教の源流——インド

長尾 雅人

ブッダの事蹟や教説などを辿るとともに、ブッダの根本教理である縁起の思想から空の哲学を経て、菩薩道の思想の確立へと至る大成過程をあとづける。

203867-7

中公文庫既刊より

各書目の下段の数字はISBNコードです。978－4－12が省略してあります。

マ-11-1
完訳 マルコムX自伝（上）
マルコムX
濱本武雄 訳
スラムの中で麻薬を常用、強盗にまで堕したマルコムは、刑務所で自己の価値に目ざめ、黒人イスラム教団の最も戦闘的で説得力のあるリーダーとなる。
203997-1

マ-11-2
完訳 マルコムX自伝（下）
マルコムX
濱本武雄 訳
非宗派的な黒人解放組織を設立し、新しい活動を深めるなかでの暗殺。なぜ黒人は人間であることを否認されるのか。問いは今も重い。〈解説〉猿谷 要
203998-8

タ-3-2
新版 チベットわが祖国 ダライ・ラマ自叙伝
ダライ・ラマ
木村肥佐生 訳
四歳でチベット仏教最高位「ラマ」と認定されたダライ・ラマ十四世が、中国の介入により、インドに亡命するまでを描いた自伝。〈解説〉鯉渕信一／大川謙作
206212-2

フ-13-1
藁のハンドル
ヘンリー・フォード
竹村健一 訳
20世紀初頭、自動車産業に革命をもたらしアメリカ社会を一変させたヘンリー・フォードが、その経営思想と大衆社会への夢を情熱溢れる筆致で紡ぐ自伝。
203985-8

カ-5-1
カーネギー自伝
カーネギー
坂西志保 訳
貧しい移民の子から鉄鋼王へ。社会福祉に全力を注ぎ、富の福音を説いたカーネギー。アメリカン・ドリームはいかにしてなったのか。〈解説〉亀井俊介
203984-1

ロ-5-1
ロブション自伝
J.ロブション
伊藤 文 訳
世界一のシェフが偏食の少年時代、怒濤の修業、三つ星を負った苦悩、日本への思い、フリーメイソン、引退・復活の真相を告白。最新インタビュー付。
204999-4

な-59-1
遺し書き 仲代達矢自伝
仲代達矢
「陰気は私のコンプレックスだった」。貧しさと飢えの中で育ち、敗戦で人間不信に陥った少年は、ある女性と出会い名優への道を歩み出す。渾身の自伝。
205344-1

中公文庫

ガンジー自伝《じでん》

1983年 6 月10日　初版発行
2004年 2 月25日　改版発行
2019年 8 月 5 日　改版11刷発行

著　者　マハトマ・ガンジー
訳　者　蠟《ろう》山《やま》芳郎《よしろう》
発行者　松田陽三
発行所　中央公論新社
〒100-8152　東京都千代田区大手町1-7-1
電話　販売 03-5299-1730　編集 03-5299-1890
URL http://www.chuko.co.jp/

DTP　平面惑星
印　刷　三晃印刷
製　本　小泉製本

Published by CHUOKORON-SHINSHA, INC.
Printed in Japan　ISBN978-4-12-204330-5 C1123

定価はカバーに表示してあります。落丁本・乱丁本はお手数ですが小社販売部宛お送り下さい。送料小社負担にてお取り替えいたします。

各書目の下段の数字はＩＳＢＮコードです。978－4－12が省略してあります。

S-18-12
大乗仏典12 如来蔵系経典
髙﨑直道 訳
衆生はすべて如来の胎児なりと宣言した如来蔵経、大乗仏教の在家主義を示す勝鬘経など実践の主体である心を考察する深遠な如来思想を解き明かす五経典。
204358-9

S-18-13
大乗仏典13 ブッダ・チャリタ（仏陀の生涯）
原　実 訳
世の無常を悟った王子シッダルタを出家させまいと誘惑する女性の大胆かつ繊細な描写を交え、人間仏陀の生涯を佳麗に描きあげた仏伝中白眉の詩文学。
204410-4

S-18-14
大乗仏典14 龍樹論集
梶山雄一
瓜生津隆真 訳
人類の生んだ最高の哲学者の一人龍樹は、言葉と思惟を離れ、有と無の区別を超えた真実、「空」の世界へ帰ることを論じた。主著『中論』以外の八篇を収録。
204437-1

S-18-15
大乗仏典15 世親論集
長尾雅人
梶山雄一 訳
荒牧典俊
現象世界は心の表層に過ぎない。それゆえ、あらゆるものは空であるが、なおそこに「余れるもの」が基体としてあると説く世親の唯識論四篇を収める。
204480-7

お-76-3
仏教人生読本
岡本かの子
愛と憎、悲観と楽観、恋愛、結婚、生死に至るまで、人生の機微に触れながら、仏心をもってしなやかにしたたかに生きる術を伝授。〈解説〉瀬戸内寂聴
206161-3

テ-6-1
仏の教え ビーイング・ピース ほほえみが人を生かす
ティク・ナット・ハン
棚橋一晃 訳
詩人・平和活動家として名高いヴェトナム出身の禅僧である著者が、平和に生きること、仏の教えを平易な言葉で語る。現在のこの瞬間への冒険と発見の書。
203524-9

モ-9-1
白檀《びゃくだん》の刑（上）
莫《モオ》言《イエン》
吉田富夫 訳
膠州湾一帯を租借したドイツ人に妻子と隣人の命を奪われた孫丙は、復讐として鉄道敷設現場を襲撃する。哀切な猫腔の調べにのせて花開く壮大な歴史絵巻。
205366-3

モ-9-2
白檀の刑（下）
莫　言
吉田富夫 訳
捕らわれた孫丙に極刑を下す清朝の首席処刑人・趙甲。生涯の誇りをかけて、一代の英雄にふさわしい未曾有の極刑を準備する。現代中国文学の最高峰、待望の文庫化。
205367-0

S-18-4
大乗仏典4 法華経Ⅰ
松濤誠廉
長尾雅人
丹治昭義 訳

『法華経』は、的確な比喩と美しい詩頌を駆使して、現実の人間の実践活動を格調高く伝える讃仏・信仰の文学である。本巻には、その前半部を収める。

203949-0

S-18-5
大乗仏典5 法華経Ⅱ
松濤誠廉
丹治昭義
桂紹隆 訳

中国や日本の哲学的・教理体系の樹立に大きな影響を与えた本経は、今なお苦悩する現代人の魂を慰藉してやまない。清新な訳業でその後半部を収録。

203967-4

S-18-6
大乗仏典6 浄土三部経
山口益
桜部建
森三樹三郎 訳

阿弥陀仏の功徳・利益を説き、疑いを離れることで西方極楽浄土に生まれ変わるという思想により、迷いと苦悩の中にある大衆の心を支えてきた三部経。

203993-3

S-18-7
大乗仏典7 維摩《ゆいま》経・首楞厳三昧《しゅりょうごんざんまい》経
長尾雅人
丹治昭義 訳

俗人維摩居士の機知とアイロニーに満ちた教えで、空の思想を展開する維摩経。「英雄的な行進の三昧」こそ求道のための源泉力であると説く首楞厳経。

204078-6

S-18-8
大乗仏典8 十地経
荒牧典俊 訳

「菩薩道の現象学」と呼び得る本経は、菩薩のあり方やその修行の階位を十種に分けて解き明かし、大乗仏教の哲学思想の展開過程における中核である。

204222-3

S-18-9
大乗仏典9 宝積部経典
迦葉品／護国尊者所問経／郁伽長者所問経
長尾雅人
桜部建 訳

「世界の真実を見よ」という釈尊の説いた中道思想を易しく解説し、美しい言葉と巧みな比喩によって「心とは何か」を考察する「迦葉品」。

204268-1

S-18-10
大乗仏典10 三昧王経Ⅰ
田村智淳 訳

本経は、最高の境地である「空」以上に現実世界での行為に多くの関心をよせる。格調高い詩句と比喩を駆使して、哲学よりも実践を力説する物語前半部。

204308-4

S-18-11
大乗仏典11 三昧王経Ⅱ
田村智淳
一郷正道 訳

真理は、修行によってのみ体験しうる沈黙の世界である。まさに「三昧の王」の名にふさわしく、釈尊のことばよりも実践を強調してやまない物語後半部。

204320-6

実験に対処する態度にも似たところがあることに共感をもった。それはフランスのモラリストたちの心理分析を思い出させた。

しかしずっと後にわたしがわかったことであるが、トルースは、ガンジーの故郷グジュラート地方の言葉では、サッティヤ（Satya）というのを英訳したものであった。そしてサッティヤとは存在——心臓《ハート》に根ざした——を意味している。したがって、トルースを真理と訳しても、全くあやまりとはいえないにしても、ガンジーが使った場合においては「真実」と限定的に訳した方が当を得ている。

わたし自身も一九五〇年に出版した岩波新書『マハトマ・ガンジー』（絶版）では、真理と訳している。当時のわたしは、ガンジーが、自伝の各ページにおいて、「人生行路の指針の参考に」と呼びかけていたことについても、また、トルースという言葉のなかに秘められたガンジーの人間観——真実は神である——にも気づかずに読んでいたのだった。

さて、ガンジーは自伝の序文のなかで、つぎのように言っている。

「本格的な自叙伝を書こうというのは、わたしのねらいではない。わたしは単純に、わたしの行なったかずかずの真実に関する実験について話をしようと思っているにすぎない。そしてわたしの生涯は、これらの実験だけでできあがっているのだから、話といえば自伝の形をとってしまうことはまちがいない。さらに、たとえその一ページ一ページがみんな真実に関する話になったとしても、わたしはべつにかまわない」

こうしてガンジーの自伝は、通常の自伝というものではなく、また、「私の精神史」とも

いえない、ユニークな内容の「自伝」が生まれたのである。

　ガンジーの序文はさらに続けて、なぜ自伝の副題を「真実をわたしの実験の対象として」にしたか、について、つぎのように言っている。

「政治の分野で行なわれたわたしの実験は、今日、インドのみならず、『文明化された』世界にもまた、ある程度知られている。わたしにとっては、それらは、それほど大きな値打ちのあるものではない。したがってまた、政治の分野での実験でかちえた『マハトマ（大きな魂）』の尊称はいっそう値打ちの小さなものである。

　しかし、精神の分野で行なったわたしの実験は、ぜひ話しておきたい。というのは、それらの実験はわたし自身しか知らないものだからである。またわたしが政治の分野における活動用として持ち合わせた能力は、すべて、これらの実験から引きだされたものだからである。

　わたしがここ三十年間（一八九三年頃から一九二三年頃まで）達成しようと努力し、思い悩んでいることは、自己実現、神にまみえること、人間解脱《モクシャ》に達することである。この目標を追求するなかで、わたしは生き、動き、そして存在している。語ったり、書いたりの、わたしの行ないの一切と、政治の分野におけるわたしの冒険のすべては、これと同じ終局目的に向けられているのである。

　しかしわたしは、一人の人に可能なことは、万人に可能であると、初めから信じているから、わたしはもろもろの実験を密室のなかで行なわないで、おおっぴらに行なってきた。

　もしもわたしが、ただ学究的な原理を論議するのであるならば、自伝などを企てるはず

はなかろう。わたしの意図は、非暴力、独身生活、断食、『沈黙の日』その他の、『真実』とは別個のものと信じられている、もろもろの行為の原則を、いろいろ実践的に適用してみたところを話そうということにあった。それで、自伝に、『真実をわたしの実験の対象として』という副題をつけたのである」

なお、自伝は、「生まれと両親」と題した第一章ではじまっている。その初版は一九二七年に上巻が、下巻は一九二九年に、ガンジーの故郷グジュラート地方の中心都市アーメダバッドのナヴァジヴァン（新生）社から、グジュラート語版と、ガンジーの秘書M・デサイ訳の英語版がいっしょに発行されている。

自伝は、一九二〇年十二月ナグプルで開かれ、ガンジーの政界入りの舞台を提供し、インド独立運動史上記念すべき政治集会となった、全インド国民会議派（通称会議派）のナグプル年次大会を記述した「ナグプルにて」を最終の章とし、続いて読者に対して「別れの辞」が記され、終りとなっている。

このように、ガンジーが、政界入りを機に自伝を書くことをやめたことは、とりも直さず、政治の分野におけるかずかずの実験については、自伝に加える値打ちはないと、ガンジーが評価していたからである。「政治はわたしに蛇のようにまとわりついて離れない」としばしば洩らしていた。

こうしてガンジー自伝は、一九二〇年代と三〇年代、四〇年代と三つの年代にそれぞれ一度ずつ、ガンジーの天才的な政治指導の下に、反英独立運動の大きなうねりが高まったこと、

その結果、一九四七年八月、英領インドはついに独立を達成したのであるが、それらのことにはふれていない自伝となった。

なかんずく、無気力な大衆を反英に蹶起させた一九三〇年三月の、ガンジー＝アシュラムの同志らが行なった有名な「塩の行進」や、一九四二年八月、ビルマとの国境沿いに、日本の大軍が今にもインドにおそいかからんばかりの態勢をとっていた時、ネルーをはじめ国民会議派の領袖たちは、英国に反対すべきかどうかに迷ったが、その間にあってガンジーは、今こそイギリス勢力にインドから撤退してもらおうと激励鞭撻して、未曾有の大規模な第三次反英運動を起したこと、さらに一九四六年から四七年にかけて、ヒンドゥとイスラム両教徒の融和のために、老齢を顧みず全国行脚に出たことなど、通常の自伝ならば見落とすことのできないハイライトともいうべき問題、事件の片鱗さえ、ガンジー自伝からはうかがえないことになったのである。

なおガンジーは、一九四八年一月三十日デリーでの「祈りの夕」において、ヒンドゥ、イスラム両教徒の和解、融和に反対の、ヒンドゥ教徒青年の兇弾に射たれ、その偉大な生涯を閉じた。

射たれたガンジーは徐々に、くずれるように腰を地におとした。「アイ・ラマ・ラマ」とふたこと、つぶやくような声で洩らした。ラマはガンジーが敬してやまない神の名である。

＊　＊

真実に関するガンジーの思想は、実は、ガンジー自身の創出したものではなく、敬虔な、信心深い両親からの伝承であった。それは古来から伝えられてきたインド土着の思想であった。ガンジーは、新しい思想を創出することこそしなかったけれども、インド古来からの真実なるものが「永遠の真実」であることを、己れの実験をとおして証明しようと試みた唯一の近代人であった。彼はこの「永遠なる真実」に関する思想を基本とし、前述したように、自分自身を投げ出しての実験を通じて、いくつかのインド古来からの思想に、近代人にわかる解釈、つまり、日本人にもよくみられる「古いものの読みかえし」を行なって、それらの思想に再生を与えたのであった。

まずはっきりさせておきたいことは、ガンジーの抱く「永遠の真実」という思想が、インドの下層社会の人びとに信じられている宗教思想、すなわち、行動を重んじ、私心のない献身と奉仕を重んずるバクチ（Bakti）の教義であるということである。知識を重んじた「ヴェーダ」の思想や、「ウパニシャッド」の哲学などの、ヒンドゥ教の正統思想の立場からは、それはつねに原始宗教や、イスラム教に影響された異端の思想であるとして、取り扱われてきたものであるということである。

仏教出現後のヒンドゥ教は、さまざまな傾向を生むようになったが、だいたいにおいて「神に到達する道」として、ジナナ（知識によるもの）、カルマ（行動によるもの）、バクチ（献身によるもの）の三つがあった。そしてジナナによる第一の方法が、ヒンドゥ教にとって正

統とされ、インドの諸聖典とともに、カースト制度の最高位にある少数の階層、バラモンの独占するところとなった。これに対してバクチによる第三の方法は、献身と自己鍛練であり、ジナナの知識の方法にくらべ煩雑さがなかったので、バクチによって神に到達しようとする運動は、支配され、圧迫され、搾取されながら労働する貧しい民衆の間に人気を呼ぶのは当然のことであった。

なお、主要なバクチの運動は、「偉大」という意味の保護の神ヴィシュヌ（日本でいう遍照天のこと）、または破壊の神シヴァ（日本でいう吉祥天）への献身をめぐって展開されているが、そこから、バクチの運動には、ヴィシュヌ神を崇拝し献身するヴァイシュナヴァ派と、シヴァ神を崇拝し献身するシャイヴァ派の二派が生まれた。ガンジーは、ヴァイシュナヴァ派として信心深いガンジー家に生まれ、両親から大きい影響を受けたのである。

バクチの運動としてのヴァイシュナヴァ派は、十一世紀、南インドに生まれたバラモンのラーマヌジャ（一〇一六―九二）の哲学によって、初めて知的裏づけを与えられ、ヒンドゥ教の有力な一派に発展するいとぐちを開いた。

それまでのバクチの教義は、アルワルという尊称で呼ばれる吟遊詩人の群れによって、南インドの各地にひろめられていった。ラーマヌジャは、彼らによって吟詠された詩を、ヴァイシュナヴァ派のヴェーダと呼び、それらの詩を集めて正統派と違った神の観念を創始したのだった。

ラーマヌジャによれば一つの存在、すなわちブラフマン、または神の存在は認めるが、そ

の一方、有限、多様の実在を正統派哲学のように、マーヤ（幻想）とか単なる外形とはみない。すべての外的対象物、肉体、自我は有限ではあるが、すべて実在であるとみている。そして有限、多様の実在と一つの普遍的実在との間の関係、言いかえれば個と神との関係について、注目すべき独特な考えを展開した。すなわち、人間の魂は神の創造ではない。それは神の一部である。人間の魂は神に依存するものではあるが、しかし神とおなじく始元的なものであって、神と共存するものである。したがって正統派が説くような「人間は神ではなく、人間のなしうることは、ただ神のなにものであるかを知ることのみである」のではなくて、「人間は神に到達することが可能であり、神を会得し、目にみえるものにする努力を行なうべきである」としたのである。

とりわけラーマヌジャが、むずかしい哲学的思弁ではなくて、「神はすべてのものに宿っている」「すべての人間は神と根源を一つにする」とし、人間はヴィシュヌ神への献身によって神の恩寵《おんちょう》にあずかり、神と人間との差別をなくするという教えを説いたことは、民衆の共感をよび、民衆の心に多大の影響を与えることになった。そしてラーマヌジャは、後年、下層民の間で最も有名なバクチの運動―ヴァイシュナヴァ派の開祖とみなされるに至った。

ラーマヌジャ以後のバクチの運動は、つぎのような行者たちによって護持されてきた。

「人間共感の精神に基く私心のない活動」を説いたジャワネスヴァラ

「カースト制度を否認」したラーマナンダ

「奉仕の実践を尊し」としたチャイタニア

「万人は兄弟であること」を説いたトゥルシダス
「人びとには愛と奉仕の精神をもって対せよ」と説いたラーマ・クリシュナ
バクチの行者から霊感を得た、不朽の詩「ギータンジャリ」の作者タゴール
これらの先達と同様に、ガンジーはインドの大衆にとってバクチの行者であった。彼の行くところ人びとは土下座をして、彼の足や裾に手を触れ、そのことによって身を清めてもらい、神に近づく祝福《ダルシャン》を受けようとした。手でさわれなくても、自分の目で一目彼の姿を見れば祝福《ダルシャン》を受けられたと満足した。そのために、何万何十万という群衆が、停車場に、また演説会場に集まってきた。ガンジーの存在は人びとの疲れた顔に輝きをもたらした。

＊＊＊

「世界に激変が起こった。依然としてわたしは真実と非暴力を信奉している。原子爆弾はわたしの信仰を爆破してしまわなかった。それは爆破されなかったのみではない、真実と非暴力というこの双生児こそ世界において最も強大な力であることがわたしにはいっそう明らかになった。この前には原子爆弾もかたなしである。

二つの相反する、まったく種類を異にした力がある。一方は道徳的な精神の力であり、他方は物理的な物質の力である。前者が後者よりすぐれていることは、比べるまでもない。他方にはその本性上終りがあるが、一方の、精神の力はつねに前進してやまないし、終りがな

い。もし完全に開花すれば、世界においてこれに打ち勝つものはなくなる。

こう言ったからといって、わたしはとりたてて目新しいことを述べたわけではない。ただ事実の証人になったにすぎない。なお、魂のすぐれた力は皮膚の色になんら関係なく、男にも女にも、子供にも、あらゆる人びとのなかに宿っていることをつけ加えておきたい。ただ多くの人びとにあっては、それは休眠状態にあるというだけのことで、思慮分別をもった訓練によって、休眠からめざめさせることが可能である。

さらにわたしは、真実を認め、真実にまみえるために、それ相応の努力を払わなければ、自己破滅からの逃げ口はどこにもないと言いたい」

このガンジーの論文は、『ハリジャン』というガンジーが発行していた週刊紙の、一九四六年二月十日付に「原子力戦争」という題で掲載された。それは、私たちの日本が、人類最初の原子爆弾の被爆国になってから六ヵ月目のことであった。

ガンジーの原子戦争批判論文は、まさに、人間の品位、威厳の強烈な示威である。その迫力は今もなおはげしくわたしに迫ってくる。

原文の no effect を「かたなし」と訳してみたが、わたしはこの論文を読むたびに、空全体をまっ黒におおった原子雲が、次第にうすらいでいって、そのあとの大空に、ガンジーのシルエットが大きく、くっきりと浮かび上る思いがするのである。

〔後記〕ガンジー自身の筆になる自伝的著作には、『自叙伝』と、『南アフリカにおける非

服従運動』の二作がある。ガンジーの死後、ヴァランタン・クマラッパを中心とするガンジー著作編集委員会は、一冊で、しかも完結した自伝を編集出版する必要を認め、前掲の二著作をそれぞれ整理し、一冊の自伝に編集して、ガンジー自筆の『自叙伝』と同じ書名を付し、一九五二年二月、ナヴァジヴァン社から出版した。本書はこの版の英語版の全訳で、本邦初訳である（「世界の名著」63、一九六七年、中央公論社）。さらに本書のテキストとした版が、前掲の二著作から削除している叙述で、訳者が重要だと判断した部分を挿入、追加した。

蠟山芳郎

解　説

松岡正剛

日本の現代では政教分離がやかましい。政治と宗教は、たとえ見えないところでつながっていたとしても、社会的な手続きや信仰の表明にあたっては、これをいささかも連動させないことが原則になっている。これがレギュラーだ。

ところがキリスト教やイスラムの社会では、そもそも信仰を社会活動から切り離すこと自体がイレギュラーなことになる。イスラム圏では政治に宗教が介在していないほうが稀有なのだ。

ガンジーはヒンドゥ教徒であり、バクチの教義を貫こうとした人である。もともとバクチはヒンドゥ教の主流ではなくて、知識や活動に依存せず、もっぱら献身と奉仕を重視する流派であった。したがってながいあいだ、遊行者や吟遊詩人の一群がこれを遊動的に広め、伝えてきた。やがてバクチに徹した聖者が次々に出現し、各地で崇められることになる。ラーマナンダ、ラーマ・クリシュナはそういう聖者だった。

ガンジーはこのようなバクチの聖者に連なる人なのだ。マハトマ・ガンジーの「マハトマ」とはそうした聖者に与えられる「偉大な尊者」「大いなる魂」の意味をもつ。

そのようなガンジーがインドを独立させるために闘った。いや、闘うことなく独立運動の大半の礎をつくりあげた。今日のような政治と宗教が入り交じって戦火を交える時代からみると、このようなガンジーの思想と決意と実行には驚くべきものがある。

本書はいかにもガンジーらしい自伝である。こういう自伝はめったにない。ガンジーの他にこういう自伝は書けなかったなどといえば、何を当たり前のことを言っているのかとおもうだろうが、どうしてもそのように言いたくなるものがある。

理由ははっきりしている。この自伝にはガンジーがもっと遠慮なく自慢してもいいだろうことや、われわれが誇りたくなるようなガンジーのことがいっさい触れられていないのだ。たとえば、世界中を驚かせ感動させ、インドの民衆にとっても忘れられない誇りとなった一九三〇年三月の「塩の行進」については、一行も触れられていない。のみならず、反英独立運動の再三にわたる歴史的な高揚についても、まったく触れられてはいない。

わかりやすくいえば、アカデミー賞をとったリチャード・アッテンボローの映画『ガンジー』で描かれたあのガンジーの、まさにガンジーらしい想像を絶する勇気と不抜の忍耐と民衆の共感による胸こみあげる高揚は、この自伝では綴られてないわけなのだ。

ようするに、ガンジーが自分で政治的な活動だとみなしているすべての活動と、その活動に関する感想が、ほとんど省かれてしまっているのである。

この自伝が「伝記のガンジー」や「映画のガンジー」を彷彿させないようになった第一の

大きな理由は、この自伝が一九二〇年の全インド国民会議派のナグプル年次総会の記述で打ち切られていることにある。これでは当然のことながら、その後の反英運動や「塩の行進」や独立のための苦闘は入らない。

これはガンジー自身が自分の履歴を綴ることを一九二〇年あたりで、確固たる自覚のもとにあえて打ち切ったためでもあった。書こうとおもえばいくらも書けた。ところがそうしなかった。ガンジー自身がこのあと突入していく政治の季節の叙述を拒否したともいえるわけなのだ。そして、そのように自伝の主旨をも頑固に貫いたところに、やはりただならないガンジーがいる。

ただしもうひとつ、第二の理由もある。それは、ガンジーが「自伝」という様式に疑問をもっていたということだ。

だいたいアジアには自伝を書く習慣がない。自伝というのはヨーロッパ人が発明した奇妙な習慣であり、ヨーロッパにおける「個人」のわざとらしい強調なのである。自伝を書くアジア人は、たいていはヨーロッパの学校教育を受けているか、ヨーロッパでの生活が長かった者が多い。

周囲から自伝の執筆を頼まれたとき、ガンジーはこのことについて悩む。けれども周囲の希望は熱心だった。誰もがガンジーの生い立ちやイギリスでの日々やインド回帰のことを知りたがっていた。もともと寡黙なガンジーはあれこれ弁解しない人だったけれど、まして自

分の個人的な悩みなど、周囲にめったに洩らさない。そうでなくとも、毎週月曜日を「沈黙の日」にして、筆談でしかコミュニケーションをしなかった人なのだ。

しかし、たっての執筆要請が募ってくると、アジアの誇るべき伝統を曲げて、ガンジーは自伝を書くことにした。そのかわり、この自伝を「真実のための実験」の記録だけにしぼることを決意するのである。それも最初は刑務所に投獄されたときに限ろうとした。これがガンジーの自伝が珍しいものになっている第二の理由にあたる。

ガンジーの「真実のための実験」とは、ガンジーが「ここ三〇年間になしとげようと努力し、切望してきたこと」と書いていることだが、それは「自己の完成」「神にまみえること」「人間解脱に達すること」である。

このことをガンジーは本書の副題にも掲げた。「真実をわたしの実験の対象として」というものだ。ガンジーのこの言葉は、ガンジーにはどうしても掲げるべきモットーであり、告白であり、確信だった。本書にはくりかえしこの確信が述べられる。

そういうガンジーをついに政治の舞台の中央に押しやったのは、第一次世界大戦後のイギリスがアジアにもたらした最悪の悪法ともいうべきローラット法だった。令状なしの逮捕、裁判なしの投獄、上告は禁止というイギリス押しつけの暗黒法で、大戦後には自治を保証されるはずのインド国民はまたまた奈落に突き落とされた。ガンジーは「パンを求めて石を与えられた」と表現した。

ガンジーがこのとき示した第一歩は、本書の「かの記念すべき週間」の章に詳しいが、全国民にハルターを呼びかけたことである。断食だ。いっさいの活動を停止し、業務を離れることを呼びかけた。こうして一九一九年四月六日、最初の大いなる第一歩が「真実のための実験」として踏み出されることになった。ガンジーはこの日、すでに発禁になっていたグジュラート語の二冊の本を公然と印刷頒布することを決意する。

その本というのが、ガンジー自身の『ヒンドゥ・スワラージ』と、ジョン・ラスキンの『この最後の者にも』の翻訳書だった。ラスキンの著書が選ばれていることに、ガンジーの意志が象徴されている。ラスキンは、ガンジーにとってのイギリスの〝良心〟だったからである。

本書は、この自伝の主旨にふさわしくカーディとチャルカの話で締めくくられている。カーディは手織布地、チャルカは手紡ぎ車のことである。ガンジーは増大しつづけるインドの貧困を、この二つのあまりにも簡素な武器によって克服しようと考えたのだ。

最初の目標は、自分たちの着物のすべてを自分たちが作った布で着ることである。こんな心ぼそい決断がどうしてインド全体を変えたのか、おそらく本書だけでは窺い知れないかもしれないが、けれども、ただそれだけのことが断固としてガンジーが譲らなかった「真実のための実験」の方針であり、それがインドを独立させたのである。

のちにタゴールがゆっくりした口調で記者に語ったことがある。「ガンジーは私よりはる

かに偉大な人間だ」と。記者は「どうしてそんなふうに思われるのか」と聞いた。タゴールがふたたび答えた、「ガンジーは自分自身に完全に誠実に生きた。それゆえに神に対しても誠実であり、すべての人々に対しても誠実だった」と。

タゴールはさらに加え、「ガンジーは勇気と犠牲の化身である」と結んでいる。この言葉はガンジーと親しかったタゴールの言葉として、ガンジーの本質を過不足なく言い当てている。「真実をわたしの実験の対象として」という副題もまた、ガンジーにしかつけられない副題なのである。

（編集工学研究所所長）

本作品は『世界の名著』63（一九六七年　中央公論社刊）を底本とし、『自叙伝』『南アフリカにおける非服従運動』の二作品から削除されている叙述の一部を追加し、再構成したものです。